“十三五”国家重点图书出版规划项目

改革开放
40年
中国教育学科新发展

主编　编委会

高等教育学卷

主　编　刘海峰
副主编　陈兴德

高等教育出版社·北京

图书在版编目（CIP）数据

改革开放40年中国教育学科新发展．高等教育学卷／刘海峰主编．-- 北京：高等教育出版社，2021.9

ISBN 978-7-04-056252-1

Ⅰ．①改… Ⅱ．①刘… Ⅲ．①高等教育学 – 学科发展 – 中国 – 文集 Ⅳ．① G40-03

中国版本图书馆 CIP 数据核字（2021）第 120225 号

GAIGE KAIFANG 40 NIAN ZHONGGUO JIAOYU XUEKE XIN FAZHAN
GAODENG JIAOYUXUE JUAN

策划编辑 韩 筠　　责任编辑 丁 扬　　封面设计 李小璐　　版式设计 杜微言
责任校对 刘 莉　　责任印制 耿 轩

出版发行	高等教育出版社	咨询电话	400-810-0598
社　　址	北京市西城区德外大街4号	网　　址	http://www.hep.edu.cn
邮政编码	100120		http://www.hep.com.cn
印　　刷	北京宏伟双华印刷有限公司	网上订购	http://www.hepmall.com.cn
			http://www.hepmall.com
开　　本	787mm×960mm　1/16		http://www.hepmall.cn
印　　张	32.75	版　　次	2021年9月第1版
字　　数	360千字	印　　次	2021年9月第1次印刷
购书热线	010-58581118	定　　价	64.00元

物 料 号　56252-00

序

今年是改革开放40周年。40年来我国教育取得了巨大的成绩。现在已经有多家出版社组织编写和出版了反映我国教育各领域的成就的成果，高等教育出版社也想出一套丛书来纪念这个伟大的时代。为了避免重复，我提议编写一套反映40年来教育学科的发展的丛书。

我国教育学科在改革开放以后发生了巨大的变化，在这之前，可以说只有一本教育学一统天下，可谓一枝独秀。但改革开放40年来教育学科呈现出百花齐放的局面。在“解放思想，实事求是”的思想路线指导下，我国教育学界引进世界各国的教育理论，总结我国几千年来的优秀教育传统，创造了许多新兴学科和交叉学科，为我国的教育改革提供了理论支撑，也丰富了教育理论宝库。总结40年来的教育学科的发展，展现其发展历程，不仅反映了40年来学科发展的过程，同时激励我们不忘初心，继续努力，为建设和完善中国特色社会主义教育理论体系做出贡献。

本丛书共九卷，分别是“教育哲学卷”“课程与教学论卷”“教育技术学卷”“教育经济学卷”“教育政策学卷”“比较教育学卷”“教育管理学卷”“教育社会学卷”“高等教育学卷”。编写的体例是各卷先综述该学科的发展，然后选编40年来各个历史阶段的代表性论文。这样既反映了学科发展的历程，也是一种历史文存，具有文献留存的价值。本丛书不设总主编，由各卷主编负责。因为我帮助出版社出了点主意，他们邀我写丛书的序，我就把这个过程说清楚。

2018 年 8 月 27 日

目录

第一部分

改革开放40年高等教育学的发展

第1章　新兴的“高等教育研究大国”与中国“高等教育学”学科的确立

人类历史宛如一条大河，在多数时候它平稳迂缓、波澜不惊地向前延展，但在某些历史节点上可能突然转变方向，从而彻底改变社会发展的进程。就此而言，1978 年 12 月 18—22 日召开的党的十一届三中全会之所以值得铭记，其重要意义在于——它以“解放思想，实事求是”取代了“两个凡是”的思想路线，确立了以邓小平为核心的党的第二代领导集体。通过坚持改革开放和“四项基本原则”，全党、全国的工作重心转移到经济建设上来。改革开放同时开创了中国高等教育事业拨乱反正、继往开来的崭新局面。周远清认为，“大改革”“大发展”“大提高”正是中国高等教育沧桑巨变的真实写照。[①] 以高等教育规模的变迁为例，1979 年全国高等学校仅有 633 所，在校生 102 万人。到 2017 年，全国共有普通高等学校 2 631 所（含独立学院 265 所），各类高等教育在学总规模达到 3 779 万人，高等教育毛入学率为 45.7%。[②] 高等教育规模变化只是中国高等教育系统变迁的一个缩影。以此为基础，作为世界第一“高等教育大国”的中国正稳步迈向“高等教育强国”行列！

虽然“世运之明晦，人才之盛衰，其表在政，其里在学”[③]，但是政治、经济的发展对学术研究具有决定性影响。改革开放缔造的伟大

① 周远清：《大改革 大发展 大提高——中国高等教育 30 年的回顾与展望》，载《中国高教研究》2008 年第 1 期，第 1 ～ 3 页。

② 教育部：《2017 年全国教育事业发展统计公报》，载 http：//www.moe.gov.cn/jyb_sjzl/sjzl_fztjgb/201807/t20180719_343508.html，访问日期：2019 年 12 月 1 日。

③ 张之洞：《劝学篇》，广西师范大学出版社 2008 年版，第 2 页。

时代，不仅带来了中国社会经济的全面发展，也促进了中国科学研究事业的繁荣进步。时值改革开放40周年，各个学科都在以各自不同的方式总结回顾本学科过去40年的成就、经验，并纷纷使用“劫后重生”“恢复”“重建”“续写辉煌”等主题词来形容过去40年本学科发展历程。但是，高等教育研究理论工作者对于改革开放与高等教育研究的感受可能更为特别。因为，中国高等教育学科是应改革春风而“生”，随高等教育事业发展而“长”，在这个意义上，“创生”与“嬗变”生动地刻画了改革开放与中国高等教育事业、高等教育研究的良性互动。“创生”揭示了中国高等教育学科从“无”到“有”的历程，“嬗变”则展现了中国从“高等教育研究大国”向“高等教育研究强国”转型的责任与挑战。

“教育是一个永恒的概念，高等教育是一个历史的概念。”① 自从有了高等教育，人们对它的探究、反思就从来没有停止过。一般认为，中国近代高等教育萌芽于以京师同文馆为代表的洋务学堂，成型于京师大学堂、北洋大学堂等最早的一批近代大学。随着中国近代高等教育的产生，高等教育研究成果随之出现。清末郑观应、张之洞、康有为、梁启超、王国维等对传统高等教育进行了深刻的反思。进入民国以后，包括蔡元培、梅贻琦、郭秉文、蒋梦麟、胡适、傅斯年、雷沛鸿、庄泽宣、舒新城、孟宪承、郑若谷等一批大学校长、学者就发表过不少探讨高等教育问题的名篇佳作。② 在这一时期出版的《中华教育界》《教育杂志》《东方杂志》《新教育》《独立评论》等刊物上，不

① 潘懋元：《多学科观点的高等教育研究》，载《高等教育研究》2002年第1期，第10～17页。

② 李均：《中国高等教育研究史》，广东高等教育出版社2005年版，第36～63页。

时可见一些高水平的高等教育研究论文。但是，这些研究常常是自发、薄弱、松散的，多数属于感悟或介绍性质，理性思维和系统阐述明显不足，计划性、组织性、系统性也有待提高。在正式提出“高等教育学”的概念以后，中国的高等教育研究才走向理论化和系统化，并促使研究出现飞跃。①

一门学科确立其“合法性”依赖于一些基本的要素，如确立公认学科名称、纳入专业和课程体系、开展系统化专业训练、授予正式学位、出版专业期刊、组建专门学会、加入图书分类目录等。②然而上述标准主要强调了知识的存在方式和被确认的途径，忽略了大师或先驱对一门学科建立、成熟的关键性影响。正如今天我们一提起社会学就必然会联想到孔德，一提到经济学就会想到亚当·斯密一样，中国高等教育学作为一门专门的学科得以确立，中国高等教育研究事业能有今天这样来之不易的局面，是与刘佛年、朱九思、王承绪、潘懋元、余立、汪永铨、薛天祥等诸位前辈顶着压力和阻力，摇旗呐喊、上下求索分不开的，同时是与历任教育部领导、众多高校领导的支持理解分不开的。③在这里，要特别提及潘懋元所发挥的关键性作用。张应强在评价潘懋元作为“中国高等教育学科的主要创始人”时指出：“如果没有潘先生以崇高的学科使命和博大的学科胸怀引领全国的高等教育研究，今天中国的高等教育学可能仍然停留在零散研究阶段。虽然没有到‘天不生仲尼，万古如长夜’的程度，但没有潘懋元先生，中国

---

① 李均：《中国高等教育研究史》，广东高等教育出版社2005年版，第4～5页，“序二”。

② ［美］华勒斯坦等：《开放社会科学》，刘锋译，生活·读书·新知三联书店1997年版，第31～32页。

③ 杨德广：《潘懋元教授与我国第一本〈高等教育学〉》，载《高等教育研究》2008年第4期，第14～16页。

的高等教育学可能今天仍然在摸索之中，可能仍然处在‘作为一个研究领域’的阶段。”①

我国从倡言建立高等教育的专门学科到高等教育学科地位的正式确立，这中间经历了诸多曲折。就像美国学者波林所言：“似乎重要的真知灼见等到时代精神准备接受的它时，才能降临，否则它如果在时代精神前，来得过早，就将会为人所淡忘和抛弃，一直到了文化转过来，准备给它欢迎时，它才能重现于世。”② 早在 1957 年，潘懋元和厦门大学教育学教研组的其他教师一起写了《高等学校教育学讲义》，该书“前言”明确提出应逐步地建立一门称为“高等专业教育学”或“高等学校教育学”的教育科学。这是国内学者首次提出建立高等教育学的构想。③ 但是，此后发生的“整风”“反右”“大跃进”等政治运动使高等学校教育教学秩序受到严重冲击，高等教育研究被迫中止。到 1966 年“文化大革命”爆发，高等学校教学和科研陷入停顿，建立高等教育学科、推动高等学校教育教学研究工作的计划被迫搁浅。然而对于潘懋元而言，建立高等教育专门学科，推动高校教育教学工作的初心从未改变。20 世纪 70 年代末，党的十一届三中全会召开后，我国迎来了科学的春天，高等教育也在春风中勃发生机。研究教育规律，成为当时高等教育界的热门话题。④ 正是在此背景下，潘懋元以一个教育家的战略眼光敏锐地洞悉了这样一个有利时机。1978 年，他先后在

---

① 张应强：《像潘懋元先生那样做高等教育学大学问》，载《高等教育研究》2010 年第 8 期，第 15 ～ 21 页。

② ［美］波林：《实验心理学史》，高觉敷译，商务印书馆 1981 年版，第 40 页。

③ 厦门大学教育学教研组编：《高等学校教育学讲义》，厦门大学 1957 年版。

④ 潘懋元：《中国高等教育研究的历史与未来》，载《中国地质大学学报》（社会科学版）2006 年第 9 期，第 1 ～ 6 页。

《光明日报》《厦门大学学报》（哲学社会科学版 ）发表题为《开展高等教育理论的研究》《必须开展高等教育的理论研究——建立高等教育学科刍议》的文章，积极呼吁在全国范围内广泛开展高等教育研究，使高等教育研究为广大教师干部所重视，使高等教育工作逐渐在教育规律和科学理论指导下进行。[①] 这两篇呼吁开展高等教育研究的文章引起全国高等教育界热烈的反响。此后，“高等教育研究的春天”真正到来了。潘懋元认为，以下几个时刻或事件标志着中国高等教育研究成为一门专门的学科：

——1978 年 5 月，我国第一个专门研究高等教育的机构——厦门大学高等教育科学研究室成立，这是高等教育研究在中国成为一个专门研究领域的重要标志。不久后，北京大学、清华大学、兰州大学、华东师范大学（当时称“上海师范大学”）、华中科技大学（当时称“华中工学院”）等大学的高等教育研究机构如雨后春笋般纷纷建立。

——1979 年，厦门大学、华东师范大学、上海市高等教育局等 8 家单位在上海联合筹备组建“全国高等教育研究会”。次年，有 34 家单位参加的中国高等教育学会筹备会议在厦门召开。1983 年 5 月，与中国教育学会平行的“中国高等教育学会”正式成立。[②] 中国高等教育学会的成立使当时全国已经设立的十几个地方性高等教育学会连成一个系统，使中国高等教育研究开始向有组织的方向发展。中国高等教育学会第一、二届会长由教育部前部长蒋南翔担任，以后一般由教育部副部级领导担任，这从一个侧面反映了教育部对高等教育研究工作

---

① 潘懋元：《开展高等教育理论的研究》，《光明日报》1978 年 12 月 7 日；潘懋元：《必须开展高等教育的理论研究——建立高等教育学科刍议》，载《厦门大学学报》（哲学社会科学版）1978 年第 4 期，第 1 ～ 9 页。

② 1985 年创刊的《中国高教研究》成为中国高等教育学会会刊。

的重视程度。1993年，“全国高等教育学研究会”[①]在中国高等教育学会下创建起来。该研究会由潘懋元等人发起，是一个集中研讨高等教育基本理论问题，致力于高等教育科学学科群的发展，在深层次上促进中国高等教育发展的专业性二级学会，它对我国高等教育学科理论发展起到了极大的推动作用。[②]

——1981年，厦门大学招收了我国第一个高等教育学专业的硕士研究生，并于1984年被国务院学位委员会批准为我国第一个高等教育学硕士点。

——1983年，国务院学位委员会公布的学科专业目录将高等教育学正式列为教育学的二级学科，高等教育学的学科建制得到确认。

——1984年，潘懋元主编、9位专家合作编写的《高等教育学》，由人民教育出版社和福建教育出版社联合出版。这是我国第一部高等教育学的系统专著，它的诞生标志着中国高等教育学科作为一门新兴学科的正式确立。[③]

改革开放后，中国高等教育学科形成过程中一个突出的特征是最早参与学科建设的主要是一些综合性大学，尤其是一些以工科为主的大学。到今天，包括综合性大学、师范大学在内，几乎所有的中国大学校内都设有高等教育研究机构，虽然这些机构名称上可能叫“教育研究院”“教育科学研究院”“高等教育（科学）研究所”“政策研究室”“教师发展研究中心”等不一而足，但它们大多从事高等教育基本

① 全国高等教育学研究会以1980年创刊的《高等教育研究》为学会会刊。

② 潘懋元：《加强高等教育基本理论的研究工作》，载《高等教育研究》1994年第1期，第13～15页。

③ 潘懋元：《高等教育研究在中国发展的轨迹——为〈高等教育研究在中国〉（英文本）而作》，载《高等教育研究》1998年第1期，第1～7页。

理论、高等学校研究、高等学校教师教育等方面的研究。截至目前，全国授予高等教育博士点由最初的厦门大学、北京大学、华东师范大学、华中科技大学发展成现在超过20家，授予高等教育学硕士点超过100个，全国高等教育研究机构超过1 000家，专职研究人员超过5 000人，兼职研究人员更是数以万计。40年来，我国形成了一支规模庞大，专职为主，“专”“兼”结合的高等教育研究队伍，这从当前中国高等教育学会规模上可以得到一定的印证——截至2018年3月，中国高等教育学会共有团体会员121个，其中省级高等教育学会29个、大学高等教育学会12个、行业高等教育学会16个、学会分支机构64个。另外，学会还有高校单位会员314个①。从这些数字可以看出，说我国拥有世界最大规模的高等教育研究队伍毫不为过。

40年来我国出版和发表了很多高等教育研究专著、论文。据集美大学航海学院高等教育研究室和厦门大学高等教育研究所合作开发的“高教研究信息微机处理系统”所收录的论文条目，20世纪90年代上半期，全国每年发表的高等教育研究论文在15 000篇以上，这还只是一个不完全的统计数据。同时，1985年以后每年都有100部以上的高等教育研究专著公开出版。②据《中国高等教育研究50年（1949—1999）》“高等教育著作目录”统计，全国1978—1984年7年间才出版高等教育著作113部，而1985—1998年则出版高等教育著作2 197部，平均每年出版157部。③

---

① 中国高教学会简介，载http://www.hie.edu.cn/overview_12570/20150114/t20150114_993091.shtml，访问日期：2018年12月1日。

② 潘懋元：《中国高等教育研究的历史与未来》，载《中国地质大学学报》（社会科学版）2006年第5期，第1～6页。

③ 陈学飞总主编：《中国高等教育研究50年（1949—1999）》，教育科学出版社1999年版，第1页，总序。

2018 年 3 月 1 日，笔者根据中国知网（CNKI）“中国学术期刊网络出版总库”统计数据得知，1979—2018 年，以“高等教育”为主题词的期刊论文达 209 783 篇，核心期刊论文（含 CSSCI 论文）达 64 875 篇，2003 年以来中国知网每年收录的核心期刊论文超过 3 000 篇。此外，中国知网还收录授予学位名称为“高等教育学”的硕士学位论文 6 765 篇，博士学位论文 547 篇，这还没有考虑大量交叉学科的高等教育研究学位论文，以及未纳入中国知网或基于保密原因未放到网上的学位论文。[①] 正如有学者指出的，1978 年以后，中国高等教育研究发展速度极为迅猛，呈现“超常规”“跨越式”发展的特征，不仅研究规模庞大，而且创立了高等教育学以及分支学科，形成了中国特色的“高等教育学科范式”，创造了世界高等教育研究史上的奇迹。[②]

---

① 参见中国国家图书馆网站：http：//epub.cnki.net/KNS/brief/result.aspx?dbprefix=CMFD，访问日期：2018 年 12 月 1 日。

② 潘懋元、李均：《高等教育研究 60 年：后来居上 异军突起》，载《中国高等教育》2009 年第 8 期，第 15 ～ 19 页。

第2章　蔚为大观的中国高等教育学学科群建设

当前，人们对“高等教育学”有两种不同的理解，一种理解是指在国务院学科专业目录“教育学”一级学科下设立的二级学科，与教育学原理、教育管理学、课程与教学论、教育史、比较教育学、教育技术学等并列；另外一种理解是指在高等教育学学科内部与“高等教育基本理论”（或称“高等教育学原理”）相对应的内容，它与高等教育经济学、高等教育管理学、高等教育社会学、高等教育政策学、高等学校课程与教学论、高等教育史、学位与研究生教育学、高等职业技术教育学等一起构成高等教育分支学科。但无论从哪种角度讲，今天的中国高等教育研究已经成为一个阵容庞大的学科群。如果说高等教育基本理论不断深化高等教育领域基本概念、基本原理的研究，对于构建高等教育理论体系，形成高等教育基本规律具有基础性意义，那么其他数量众多的分支学科则在促进高等教育学与邻近学科的对话、交叉与融合，同时在运用相关理论服务高等教育实践方面做出了重要的贡献，这在很大程度上体现了高等教育学科总体上作为一门应用性学科的基本特征。下文我们将选取高等教育基本理论、高等教育经济学、高等教育管理学、高等教育社会学等九大分支学科对改革开放40年中国高等教育研究的总体情况做全面的概括和梳理。

第1节　40年来的高等教育基本理论研究

传统上，“教育基本理论研究”或“教育学原理”重点关注教育的本质与属性、教育功能与目的、教育结构与制度、课程与教学等一系列基本概念、原理和规律，它为其他二级学科提供理论观点和思想方法，为研究各级各类教育提供理论基础。[①]然而，高等教育学科从建立的那一天起就具有强烈的应用性、实践性特征，以至于在发展过程中“基础理论研究”与“应用研究”水乳交融、难分难解。相对而言，高等教育学专著、教材较能代表高等教育基本理论研究的趋势与进展。高等教育学专著、教材不仅概括总结高等教育基本理论研究成果，对构建高等教育学科体系具有重要意义，同时对高等教育学专业课程、教学起着积极促进作用，是高等教育学科理论成熟的重要标志。

自潘懋元的《高等教育学讲座》（1983）出版以来，我国已出版高等教育学专著达70余部。[②]这些著作分别以“高等教育学”“新编高等教育学”“高等教育学概论”“高等教育学新论（新探）”“（简明）高等教育学教程”等为书名，大致可分为作为“教材”和作为“学术性专著”的高等教育学著作两种类型，并且，就数量而言“培训类”教材数量远远多于“学术性”专著。前者多以传授高等教育教学与管理经验为目的，突出经验性与操作性，多为集体完成，适用于高校领导、

① 喻岳青概括高等教育基本理论“高等教育原理”涉及高等教育领域的这样一些理论问题：（1）高等教育的本质与属性；（2）高等教育价值观（包括高等教育的价值、目的、功能、作用与任务）；（3）高等教育与社会（包括高等教育与社会的政治、经济、文化、科技等的关系）；（4）高等教育的教育观（包括教育性质、教育目标、教育质量观、教育途径、师生关系等）；（5）其他关于高等教育的若干理论问题（如高等教育现代化、民主化、终身化、国际化、学术自由等）。喻岳青：《应答实践对理论的呼唤——高等教育原理研究50年回顾》，载陈学飞总主编：《中国高等教育研究50年（1949—1999）》，教育科学出版社1999年版，第3页。

② 所查询书目，主要是以“高等教育学”命名的书籍，同时包括一些高等教育原理、概论之类的书籍，再版、电子书不重复计算。贾佳发表于2016年的文章统计分析了66部高等教育学专著的基本情况，参见贾佳：《我国高等教育学学科建设的演进》，载《教育与考试》2016年第4期，第70～76页。

教师以及学生；后者则从学科建设或知识探索的角度出发，强调理论性和学术性，多为个人独立创作，并以个人学术志趣为内在依托。当然，这样的划分具有相对性，譬如潘懋元等所著《高等教育学讲座》既是专著，出版后也作为教材使用。但多数高等教育学著作的编写旨趣、服务对象仍相当分明。

有学者以“高等教育学教材”的创建期（1978—1984）、第一建设高潮期（1985—1992）、第二建设高潮期（1993—1998）、建构与反思期（1999 年至今）来概括 40 年来我国高等教育学专著的发展轨迹。[①]第一个时期最突出的成果是 1984 年由潘懋元组织编写，人民教育出版社、福建教育出版社联合出版的《高等教育学》一书。从体例上看，普通教育学著作一般包括总论（概论）、教学论、德育论和学校管理，这部《高等教育学》则分为总论、分论、体制、历史与方法四个部分。这部《高等教育学》提出了一系列高等教育的重大理论问题，例如教育基本规律及其运用、高等教育的本质和功能、高等学校的社会职能、高等学校的培养目标、大学生身心发展的特征、大学教师的培养提高、高等学校教学理论、高等学校课程理论、高等学校德育理论、高校教学与科研关系、高等教育学与其他学科的关系、高等学校招生制度、高等学校的领导体制等。这些问题事实上为高等教育学分支学科、应用研究的开展提供了方向和指引，上述问题也成为日后中国高等教育研究的核心问题，对中国高等教育知识生产起了重要的促进作用。李均认为，如果说第一个高等教育研究机构的建立标志着中国高等教育研究开始成为一个专门研究领域的话，那么第一部《高等教育学》的

① 张忠华、吴莉：《高等教育学教材建设 30 年：历程、经验与问题》，载《高校教育管理》2010 年第 1 期，第 85 ～ 90 页。

出版则是中国高等教育学科正式建立的标志。[①]

第二个时期，一方面是受到第一部《高等教育学》的激励，另一方面，随着1985年《中共中央关于教育体制改革的决定》的颁布，国家对高等教育目标、体制、结构进行全面的调整和改革，高等教育理论研究步伐进一步加快。在此背景下，一大批高等教育学教材和专著相继问世，掀起了一个高等教育学著作出版的高潮。如郑启明、薛天祥编的《高等教育学》(1985)，中央教育行政学院编的《高等教育原理》(1987)，田建国的《高等教育学》(1990)，刘蕴宽主编的《简明高等教育学》(1991)，杨德广主编的《高等教育学概论》(1991)，眭依凡等的《高等教育学》(1991)，孙绵涛的《高等教育学概论》(1992)等。这些著作吸收了这一时期高等教育研究的新成果，注重理论联系实际，其中很多著作本身就是为推进高校领导、在职教师培训而编写。这些著作的出版对中国高等教育研究热潮的形成起了相当积极的作用。薛天祥把此阶段的高等教育学体系称为“经验体系”。所谓经验体系是从外在联系和展现的侧面反映对象，是作为知识的逻辑形式对个别事物、个别现象记叙性的判断体系，在实践上其适用范围不能超过现有经验本身。[②]上述著作中，田建国的《高等教育学》由“高等教育基础理论”“宏观高等教育学”“微观高等教育学”三部分组成，作者试图“从微观与宏观、内部规律与外部规律的结合上构建高等教育学科体系”[③]。于北辰认为，该书试图跳出普通教育学的窠臼，另立高等教育体

① 李均：《中国高等教育研究史》，广东高等教育出版社2005年版，第139页。

② 薛天祥主编：《高等教育学》，广西师范大学出版社2001年版，第4页。

③ 参考田建国于1990年9月30日致潘懋元的信函及2000年张向东对田建国的访谈《研究学问的管理干部——访省委高校工委副书记田建国》，参见李均：《中国高等教育研究史》，广东高等教育出版社2005年版，第218页。

系的努力是“一次大胆的、成功的尝试。这对中国高等教育事业无疑是一个有益的贡献”①。

1992年，邓小平南方谈话和党的十四大确立以建立社会主义市场经济体制为改革目标。1993年3月,《中国教育改革和发展纲要》颁布，1998年全国人大通过《中华人民共和国高等教育法》。这一系列重要事件推动了我国高等教育改革与发展进入新时期，同时中国高等教育迎来了学科建设的新阶段。1993年10月，“全国高等教育学研究会”在华东师范大学成立，在该学会成立前后分别召开了“全国高等教育学学科建设”（厦门大学，1992）、“建设有中国特色的社会主义高等教育理论体系”（华东师范大学，1993）、“重新认识高等教育基本理论问题”（汕头大学，1995）三次学术研讨会。受此影响，一个以“高等教育学学科建设”研究为中心的研究热潮逐步形成，一批高等教育学教材和专著不断涌现。1993年，潘懋元的《高等教育学讲座》修订出版。随后，潘懋元等的《高等教育学》（1995）、胡建华等的《高等教育学新论》（1995）、潘懋元主编的《新编高等教育学》（1996）、蔡克勇的《高等教育学引论》（1996）、谢安邦的《高等教育学》（1998）等相继面世。比较而言，这一时期的高等教育学著作理论性、学术性成分明显增加。尤其是由国家教育委员会人事司组织编写的两套教材水平较高，潘懋元主编的“中国大学管理人员培训教材”《新编高等教育学》影响较大，是目前我国被中国社会科学引文索引（CSSCI）收录的引用量最高的高等教育学专著。谢安邦的《高等教育学》则被看作首部全国性高等学校教师岗前培训教材，在我国高等教育学专著中总被引

① 田建国：《高等教育学》，山东教育出版社1990年版，“序”。

用量最高。[①] 胡建华等合著的《高等教育学新论》以“历史—现实—未来”为框架，把全书分为学科论、历史论、逻辑论、价值论、目的论、结构论、过程论、未来论和研究论九章，从不同角度探讨高等教育各个方面的本质与规律。[②] 有学者评价该书条理清晰，结构严整，是“朝着（构建中国高等教育学科完整的科学理论体系）这个目标跨过一大步，在‘走向成熟的学科’的岩间攀上了一个新台阶”[③]。

1999 年是中国高等教育承上启下、继往开来的重要时间节点。1999 年年初，国务院颁布了《面向 21 世纪教育振兴行动计划》，年中召开了全国第三次教育工作会议，年末中共中央、国务院颁布了《关于深化教育改革全面推进素质教育的决定》。与此同时，高等教育“大扩招”序幕拉开，中国高等教育格局发生深刻变化。21 世纪以来出版的高等教育学教材和专著主要有王冀生的《宏观高等教育学》(2000)、方展画主编的《高等教育学》(2000)、薛天祥主编的《高等教育学》(2001)、王伟廉主编的《高等教育学》(2001)、杨德广主编的《高等教育学概论》(2002)、杜作润等编的《高等教育学》(2003)、胡弼成主编的《高等教育学》(2005)、钟玉海主编的《高等教育学》(2005)、周川主编的《简明高等教育学》(2006)、傅树京主编的《高等教育学》(2007)、顾建民主编的《高等教育学》(2008)、戚万学主编的《高等教育学》(2008)、杜希民等主编的《高等教育学新探》(2009)、杨德广等主编的《高等教育学》(2009)、王建华的《高等教育学建构》(2009)、胡弼成主编的《高等教育学》(2010)、杨德广主编的《高等

① 贾佳：《我国高等教育学学科建设的演进》，载《教育与考试》2016 年第 4 期，第 70 ～ 76 页。

② 胡建华等：《高等教育学新论》，江苏教育出版社 1995 年版。

③ 胡建华等：《高等教育学新论》，江苏教育出版社 1995 年版，“序”。

教育学概论》（修订版，2010）、张楚廷的《高等教育学导论》（2010）、孟燕主编的《高等教育学教程》（2011）、韩延明主编的《高等教育学》（2012）、孙华的《高等教育学概论》（2012）、侯怀银的《高等教育学》（2014）等。事实上，自20世纪90年代以来，中国高等教育研究出现不少新趋势、新议题，诸如高等教育与社会主义市场经济关系、高等教育与知识经济关系、高等教育现代化与国际化、高等教育大众化、现代大学理念、现代大学制度、高等教育质量保障、中外合作办学等问题逐渐纳入高等教育学专著的关注视野，使得这一时期的高等教育学著作更富理论性、时代性。上述著作中，薛天祥主编的《高等教育学》首次引入“逻辑起点”的概念，全书以“高深专门知识的教与学”作为高等教育学学科理论体系的逻辑起点，按照学科的内在规律，层层推导，逐步展开，从抽象上升到具体，构成一套严谨的高等教育学逻辑体系，将高等教育学学科理论体系的建构带入新的阶段。[①] 此外，王冀生的《宏观高等教育学》、王建华的《高等教育学的建构》、张楚廷的《高等教育学导论》都是颇具特色的个人学术性专著。总体而言，一方面，40年来我国高等教育学教材、专著作者来源既有专门从事高等教育学研究的人员，有行政领导，也有普通教育工作者，还有不是高等教育领域科班出身的人员，高等教育学教材、专著的频出进一步促进了我国高等教育理论研究的深入和高等教育学专业人才队伍的成长；但另一方面，高等教育学“教材”与“专著”混同，内容上“不时出现‘千人一面’、‘大同小异’和雷声雨点不一致的纷纭散乱”[②]

① 薛天祥主编：《高等教育学》，广西师范大学出版社2001年版，第6页。

② 陈元晖：《“一般系统论”与教育学》，载瞿葆奎主编：《教育学文集》第1卷，人民教育出版社1993年版，第608～609页。

的现象。同时，众多的高等教育学教材内容体系偏于传统和陈旧，未能及时跟进、吸收近年来高等教育领域新问题、新成果，这些都值得关注。

与通常意义上高等教育“问题研究”或“实践研究”注重政策、策略分析不同，高等教育基本理论研究主要关切高等教育学科一些基础性、根本性的“元命题”，譬如“高等教育”概念的界定、高等教育的本质与属性、高等教育功能、高等教育价值观、高等学校的社会职能、高等教育的学术型与职业性、通才教育与专才教育、专业教育与素质教育、大学的精神和大学理念、高等教育的课程理论与教学理论等诸多命题。[①]40 年来，高等教育基本理论研究取得了一系列重要的成果，不论是高等教育的本质、规律、结构、功能的研究，课程与教学的原理，德育与美育、体育的内涵，社会、政府与高校的关系，教师与学生的关系，还是高等教育的价值观、质量观、发展观、方法论的研究，都有许多创新性的研究成果。

明确“高等教育特点”的意义在于通过厘清高等教育（本质）属性，框定高等教育学研究对象和学科边界，这是确立高等教育研究“合法性”的重要命题。在《高等教育学》一书中，“高等教育特点”就被视作全书的理论基础之一。潘懋元认为，高等教育的两个基本特点是：其一，在性质、任务上“高等教育是建立在普通教育基础之上的高等专业教育，以培养专门人才为目标”；其二，高等教育对象为“一般全日制大学本科学生的年龄是二十岁左右的青年，他们的身心发

① 潘懋元：《高等教育研究在中国发展的轨迹》，载《当代中国教育学家文库 · 潘懋元卷——理论自觉与实践建构——高等教育的历史、现实与未来》，北京师范大学出版社 2014 年版，第 90 页。

展已趋于成熟”。[①]1992 年，他进一步指出，第一个特点是高等教育的本质属性，可作为高等教育这一概念的界定，即“高等教育是建立在普通教育基础上的专业教育”[②]。这一观点陆续被《中国大百科全书》（教育卷）（1985），《辞海》（1999），郑启明、薛天祥主编《高等教育学》（1985），中央教育行政学院编《高等教育原理》（1987）等高等教育学著作引用，得到高等教育工作者广泛接受。近年来，有人对“专业教育”能否作为高等教育本质属性提出质疑。卢晓中认为，从总体上说，高等教育是专业教育，但专业教育不一定都是高等教育，专业也并不一定在高等教育的每一阶段都明显地体现出来。专业性应当是高等教育的一个基本属性，但非其所特有的本质属性。[③]有人认为，按《国际教育标准分类法》，“中学后教育”并不完全等同于“高等教育”。随着社会和高等教育的发展，高等教育机构及其目标、任务和教育工作不断变化，“专业教育”已经不再是高等教育的基本特征，高等教育概念应随着高等教育实践和认识的发展而不断地被重新审视。[④]对此，潘懋元在《关于高等教育学科建设的反思》一文中做出回应，认为高等教育第一个特点仍存在，作为界定仍然是正确的：首先，中专、中职等学校，只招收初中毕业生，初中教育不是完整的普通教育。国外把高等教育称作“中学后教育”，不需要称为“高中后教育”，并不存在与中专、中职等混淆的

---

① 潘懋元主编：《高等教育学》上册，人民教育出版社、福建教育出版社 1984 年版，第 3 页。

② 潘懋元：《关于高等教育学学科建设的若干问题——在全国高等教育学学科建设研讨会上的报告》，载黄宇智主编：《潘懋元高等教育学文集》，汕头大学出版社 1997 年版，第 118 页。

③ 卢晓中：《高等教育：概念的发展及认识》，载《高教探索》2001 年第 3 期，第 60 ～ 63 页。

④ 马凤岐：《高等教育概念：昨天的认识与今天的发展》，载《教育研究》2012 年第 7 期，第 65 ～ 70 页。

问题。其次，高等学校虽然开设了许多普通教育、通识课程，但这些课程大多数围绕有关专业设置。高等教育是培养专门人才的教育，其“主修课程”“核心课程”一般是专业课程；按系、院招生、培养，只是拓宽专业口径并非废除专业。至于本科阶段只修普通教育课程，而将专业教育推迟至研究生阶段，只是一种超前的设想。因此，在可见的未来，高等教育的第一个特点作为概念的界定是成立的。至于第二个特点，因为它不是高等教育的本质属性，即使有所改变，也不影响高等教育的界定。①

高等教育学科的构建不能只是问题研究的汇编，必须有它的基本理论，构成理论体系。“教育基本规律在高等教育上的体现及其在高等教育研究与实践中的运用就是高等教育基本理论之一。”②1980 年，潘懋元在为一机部所属高校领导干部教育科学研究班讲学时第一次提出了教育的两条基本规律：“一条是教育外部关系规律，指的是教育作为社会的一个系统与整个社会系统及其他子系统——主要是经济、政治、文化系统之间的相互关系的规律，简称教育外部规律；一条是教育内部关系规律，指的是教育作为一个系统，它内部各个因素或子系统之间的相互关系规律，简称教育内部规律。”③1983年，他在《高等教育学讲座》中对教育外部关系规律做了一定的修正，认为教育的外部规律是指教育与政治、经济、文化的关系。这条规律可以这样表述：“‘教育必须与社会发展相适应’，也就是‘社会主义教育必须与社会主义社会发展相适应’。适应，包含两个方面的意义：一方面教育要受一定社

① 潘懋元：《潘懋元文集》第六卷，广东高等教育出版社 2010 年版，第 214 页。

② 潘懋元：《教育基本规律及其在高等教育研究与实践中的运用》，载《上海高教研究》1997 年第 2 期，第 1 ～ 7 页。

③ 潘懋元：《潘懋元高等教育文集》，新华出版社 1991 年版，第 155 页。

会的政治、经济、文化科学所制约；另一方面教育必须为一定政治、经济、文化科学服务。所以，这条规律也可以表述为：‘教育必须受一定社会的政治、经济、文化科学所制约，并为一定社会的政治、经济、文化科学服务’。”[①] 刘振天认为，内部规律是教育的本体性规律，外部规律是教育的动力性规律；外部规律是内部规律作用的条件，内部规律是外部规律作用的尺度。他还认为“教育内外部关系规律说的提出，可以说是对教育规律第一次明确的表述和概括”[②]。教育内外规律说提出后，在教育界引起了不同的反响，其中也不乏批评与质疑，但总的来看，赞同和支持的声音居多。[③] 各种教育辞典以及许多教育学教材、文章纷纷引用这一观点。[④]1995 年，全国教育科学规划领导小组办公室主笔的新中国成立以来第一个《我国教育学学科研究现状与发展趋势调查报告》，不仅把内外规律说作为一个重要的学术观点，而且还在多处使用这一概念来分析概括我国教育科学研究的状况、特点及发展目标和趋势。[⑤] 李均认为，教育内外部关系规律学说的提出不仅较为科学地解决了 20 世纪 70 年代末以来教育界关于“教育规律是什么的”的重大难题，而且为《高等教育学》的编写和高等教育学理论的研究提供了重要的理论指导。第一部《高等教育学》正是在教育内外部关系规律学说指导下

---

① 潘懋元：《高等教育学讲座》，人民教育出版社 1983 年版，第 34 页。

② 刘振天：《也论“教育内部关系规律与外部关系规律”说》，载《清华大学教育研究》1998 年第 1 期，第 17 ～ 23 页。

③ 孙喜亭主编：《教育学问题研究综述》，天津教育出版社 1989 年版；邢永富《应加强教育学概念及其体系的研究》，载《教育研究》1991 年第 8 期；孙振东：《教育规律问题探讨》，载《教育研究》1994 年第 9 期。

④ 程少堂等：《“教育的外部规律”说不能成立吗？》，载《教育研究》1992 年第 10 期。

⑤ 全国教育科学规划领导小组办公室主笔的《我国教育学学科研究现状与发展趋势调查报告》，分两部分连载于《教育研究》1995 年第 9 期和第 10 期。

编写的。[①] 此外，20 世纪 80 年代以来，在诸如高等教育应如何迎接新技术革命挑战、民办高等教育发展、高等教育地方化、高等教育与市场经济、文化传统与高等教育的关系等重大理论问题研究中，一些学者自觉运用教育内外部关系规律开展理论探讨，说明教育内外部关系规律已经成为他们研究问题、解决问题的重要理论基础。

过去，人们批评“大学对一切都进行研究而就是不研究自己”[②]，认为大学里开展的科学研究涉及宇宙、自然、人类社会等广泛领域，但是，大学对于“自我”的观照，人们对于大学系统运行的内在逻辑、基本规律认识模糊、莫衷一是。“二战”以后，与世界高等教育的迅速发展相一致，各国高等教育研究方兴未艾，大学对于“自己”的研究有了长足的进步。在中国，自潘懋元 1978 年发表倡导高等教育理论研究、探讨高等教育研究历史与现状的系列论文以来[③]，以“高等教育研究”为对象，系统总结中国高等教育研究成果的文献日渐增多。1988 年，兰州大学高等教育研究室编写的《建国以来高等教育资料索引》，

---

① 李均认为，第一部《高等教育学》总论部分的第一章根据教育的外部规律，阐述了高等教育的性质和任务；第二章根据教育的内外部关系规律，阐明了高等教育的培养目标。分论各章，则主要是在教育内部关系规律指导下进行分析和论述的。书中提到的不少重要理论和观点都是在教育内外部关系规律学说的指导下提出的。参见李均：《中国高等教育研究史》，广东高等教育出版社 2005 年版，第 155 ～ 156 页。

② ［南斯拉夫］纳伊曼：《世界高等教育的探讨》，令华等译，教育科学出版社 1982 年版，第 13 页。

③ 作为中国高等教育学科发展的重要推动者和见证人，潘懋元发表的一系列关于中国高等教育学科建设历史的文章清晰呈现了中国高等教育研究史的变迁过程。参见潘懋元：《高等教育学科建设的回顾与展望》，载《高等教育研究》1993 年第 1 期，第 1 ～ 5 页；潘懋元：《高等教育研究在中国发展的轨迹》，载《高等教育研究》1998 年第 1 期，第 1 ～ 7 页；潘懋元：《中国高等教育研究：历史、现实与未来》，载《中国地质大学学报》（社会科学版）2006 第 9 期，第 1 ～ 6 页；潘懋元、李均：《高等教育研究 60 年：后来居上 异军突起》，载《中国高等教育》2009 年第 8 期，第 15 ～ 19 页。

收录了自1949年10月到1986年年底国内各种报刊登载的高等教育论文篇目12 000余条，合计80余万字。陈学飞总主编的《中国高等教育研究50年（1949—1999)》（1999）分“高等教育原理”“高等学校课程与教学”“高等教育管理”等八大专题，每个专题均全文收入代表性论文，合计400余篇，并附“基本论文目录”和“著作目录”。全书收入1949—1997年发表的高等教育研究论文篇目12 000条，收入1949—1998年出版的高等教育著作篇目2 400条。以上两部具有工具书性质的文献，可以说是对新中国成立五十年来高等教育科学研究成果的全面检阅。自2002年以来，谢安邦主持编纂的《中国高等教育研究新进展》年度报告，围绕“高等教育基本理论问题研究”“高等教育宏观管理体制改革研究”“高等教育发展战略与规划研究”“高等学校内部管理体制改革研究”“高等学校招生与就业研究”等十个专题，全面梳理和研究高等教育研究领域每个年度的发展情况，揭示研究达成的共识和取得的进展，审视后续研究的态势。《中国高教研究》先后刊出《中国高等教育研究的前沿与进展》年度报告。改革开放30周年时，不少刊物围绕高等教育各个分支学科发表研究回顾与展望文章，但总体来看，这些研究成果对于中国高等教育研究的跟踪研究不够系统、持续。比较而言，李均的《中国高等教育研究史》相对系统地叙述并分析了中国高等教育科学研究的历史——从前学科时期到今天成为备受关注、成果丰硕的一个重要的研究领域。该书以翔实的历史资料论证了发展中国家的科学与学术并非只能处于“边缘”，依附于西方；论证了中国高等教育学科对西方的经验与理论虽有所借鉴，但始终以本土化为立足点追踪中国高等教育的现实问题，在反映中国高等教育体制与解决中国高等教育现实问题的过程中，创立了本土气息的理论框架。[①] 吴玫的《中国高等教育研究中的若干方法论问题》一文，根据当前高等教育研究的现状及特殊性，提出现阶段高等教育学方法论的研究应从问题而不是体系着手，以问题研究为途径寻找和抽取高等教育学方法论的脉络，为日后方法论体系的最终建立做出前期准备性工作。[②]

“学科化”发展路径也催生了对于高等教育学学科建设的系统反思，此类成果可以称为“元高等教育学”研究。王建华的《高等教育学的构建》在其已发表的多篇论文基础上形成，该书力求以人性假设为前提，以“高深学问”为基础，试图构建高等教育的理论体系，全书旨在论证高等教育不仅可以作为一门独立的学科，还可能发展成为一门超越教育学分支学科、跨越众多人文社会学科的综合性学科。[③] 刘小强的《学科建设：元视角的考察——关于高等教育学学科建设的反思》一书从元学科、元科学层次的反思出发，研究了高等教育学的学科建设问题，认为科学转型带来了学科框架的改变，必须重新认识高等教育学的研究对象、研究方法和学科知识体系，构建新型的学科组织和学科文化。[④] 方泽强的《高等教育学的学科建设研究》以“高等教育是不是不一门学科”为切入点，阐发了高等教育学的基本理论问题。

---

① 李均：《中国高等教育研究史》，广东高等教育出版社 2005 年版，第 4 ～ 5 页，序一。

② 吴玫：《中国高等教育研究中的若干方法论问题》，厦门大学 2005 年博士学位论文。

③ 王建华：《高等教育学的建构》，广东高等教育出版社 2009 年版，第 2 页。

④ 方泽强：《高等教育学的学科建设研究》，广东高等教育出版社 2014 年版，第 1 ～ 2 页，序。

第2节　蓬勃发展的高等教育分支学科研究

一、高等教育经济学研究

西方现代教育经济学在20世纪50年代末60年代初创立并迅速发展，但是，直到1978年以后，在于光远、许涤新、董纯才等著名经济学家和教育家呼吁下，学术界才开始承认教育具有经济意义，才开始为我国教育经济学学科的形成做思想准备，进而催生了中国高等教育经济学学科。40年来，在厉以宁、陈良琨、王善迈、靳希斌、闵维方、范先佐等学者引领下，我国高等教育经济学研究应时代之需获得了快速成长。[①] 目前，直接以“高等教育经济学”为题名的著作至少有8部，而有关高等教育经济学专门研究的著作则为数更多。在此过程中，北京大学教育学院为我国高等教育经济学发展做出了卓越贡献，尤其是在闵维方的带领下，包括陈晓宇、丁小浩、阎凤桥等中青年学人围绕中国高等教育改革与发展提出不少真知灼见，产生了一大批获得国际认可，体现中国与国际高等教育研究“接轨”的标志性成果。[②]

我们可以以“初创”（1978—1985）、“兴起”（1985—1992）、“繁荣”（1992—2002）、“成熟”（2002年至今）四个时期来概括中国高等教育经济学40年的发展轨迹，这四个时期呈现了从“改革开放的发轫”“教育改革的展开”“市场经济的建立”“科学发展”到“新时代”

---

① 高等教育经济学涵盖了“高等教育经济”与“高等教育财政研究”，后者可视作教育经费筹措、分配、使用和管理的实际问题和政策问题的研究分支。参见喻岳青、谢维和主编：《20世纪的中国高等教育·高等教育研究卷》，高等教育出版社2009年版，第243页。

② 丁小浩、由由：《中国教育经济学的发展、挑战和愿景》，载《教育经济评论》2018年第1期，第18～25页。

与中国高等教育经济学研究的互动。一言以蔽之，中国高等教育经济学研究的发展鲜明地体现出应发展之需，借发展之力，为发展服务的倾向和导向。有学者考察了“六五”以来全国教育科学规划高等教育经济学研究选题立项情况，认为贯穿始终的是“高等教育与经济的关系问题”和“高等教育投资与高等教育经费”两大问题。据此认为，在初创阶段，结合教育本质大讨论，重点强调高等教育的经济功能；兴起阶段，受教育改革的影响，重点研究高等教育结构与经济结构的调整适应问题；在繁荣阶段，受科教兴国战略的影响，重点研究高等教育与高科技发展以及综合国力提升的关系问题；在成熟阶段，受科学发展观的影响，重点研究高等教育与经济的协调发展问题。[①] 闵维方指出，我国高等教育经济学不少研究回答和厘清了部分长期争论不休的问题，譬如“高等教育对经济发展的作用”问题，改变了长期以来把教育当作纯消费、纯福利事业的看法，自觉而强烈地把教育与经济发展联系了起来。特别是通过实证分析，肯定了高等教育在经济发展中巨大的积极作用——包括对高等教育与经济发展之间的关系进行了国际比较；探讨了高等教育与技术进步之间的关系；对高等教育与就业、经济增长率、资源利用率、实际收入水平和收入分配结构等方面的关系进行了论证。这些研究使学者们对“高等教育在经济发展中作用”的论证不再是一种空谈，而成为有丰富内容的、有大量例证的、有说服力的论点。基于这些论证，闵维方确立了高等教育投资是生产性投资的观点，从而在根

① 李桂荣：《改革开放30年中国教育经济学发展历程回眸》，载《教育与经济》2009年第4期，第33～38页。

本上否定了传统的教育投资是非生产性投资的论点。[①]“高等教育投资与高等教育经费问题”是高等教育经济学研究的核心，但在不同阶段又有不同侧重。在初创阶段，研究关注的是高等教育经费在国民收入中的比例和高等教育投资的经济效益问题；在兴起阶段，研究关注的是高等教育多渠道筹资、高等教育投资决策以及高等教育投资使用效率问题；在繁荣阶段，则全方位研究了高等教育投资与财政体制问题、高等教育利用外资问题；在成熟阶段，研究主要关注高等教育财政体制和高等教育财政政策问题、高等教育投资绩效评价问题、高等教育投资风险问题和高等学校债务问题。[②]

改革开放以来，我国高等教育中的经济学研究突出“经世致用”导向，紧密结合经济社会重大现实需要，密切关注中国高等教育改革发展中的“大问题”，做“大文章”。[③]这些问题包括“高等教育经费在国民生产总值中的比例”[④]“高等教育发展形式与内部效率”[⑤]“高等

---

① 闵维方、丁小浩：《对我国高等教育经济学研究的回顾和展望》，载《高等教育研究》1999年第3期，第6～11页。

② 李桂荣：《改革开放30年中国教育经济学发展历程回眸》，载《教育与经济》2009年第4期，第33～38页。

③ 丁小浩、由由：《中国教育经济学的发展、挑战和愿景》，载《教育经济评论》2018年第1期，第18～25页。

④ 代表性成果如厉以宁：《教育经济学研究》，上海人民出版社1988年版；秦宛顺：《教育投资决策研究》，北京大学出版社1992年版。

⑤ 主要成果如闵维方：《高等教育规模扩展的形式与办学效益》（1990）、丁小浩：《中国高等院校规模效益再分析》（1993）、闵维方等：《高等校系和专业的规模效益研究》（1995），厉以宁：《教育投资决策研究》，北京大学出版社1992年版；丁小浩：《中国高等院校规模效益的实证研究》，教育科学出版社2000年版。

教育的外部效率”[①]“高等教育拨款体制与模式”[②]“高等教育的运行机制”[③]“高等教育经费的多渠道筹措和成本分担”[④]“高等教育的个人需求”[⑤]“扩大高等教育规模对短期经济增长和就业的影响”[⑥]“高等教育学

---

① 主要成果如陈晓宇：《论中国高等教育的预期收益与劳动力市场变化》，载《教育研究》1999 年第 1 期；陈晓宇等：《近代我国城镇私人教育收益率的变化》，载闵维方等主编：《为教育提供充足的资源——教育经济学国际研讨会论文集》，人民教育出版社 2002 年版。

② 邵金荣：《改革高等教育投资体制之我见》（1989）、王善迈等：《我国普通高等教育经费拨款体制》（1991）、魏新等：《关于我国实行高等教育基金制的研究》（1994）、汪利兵：《中英高等教育拨款机制比较研究》，杭州大学博士学位论文，1994 年；闵维方等：《我国高等教育经费需求与投资体制改革》（1994）、官风华等：《高等教育拨款模式研究》（1995）、陈国良：《中国高等教育财政体制改革研究》（1996）、李文利等：《中外高等教育拨款方式比较与中国高等学校拨款制度改革趋势》（1997）；范先佐：《筹资兴教：教育投资体制改革的理论与实践问题研究》，华中师范大学出版社 1999 年版；王蓉：《高等教育规模扩大过程中的财政体系——中日比较的视角》，教育科学出版社 2008 年版；周学飞：《高等教育拨款模式研究》，安徽教育出版社 2012 年版；王善迈等：《公共财政框架下公共教育财政制度研究》，经济科学出版社 2012 年版。

③ 周奉年：《中国高等教育运行机制研究》，广东高等教育出版社 1994 年版；闵维方：《高等教育运行机制研究》，人民教育出版社 2002 年版。

④ 主要成果如陈良琨：《中国高等教育经费来源分析》，载《教育研究》1994 年第 4 期；闵维方等：《中国高等教育经费需求与投资体制改革》，载《教育研究》1994 年第 12 期；陈良琨：《我国高等教育实行个人（家庭）成本补偿的必然性》，载《教育研究》1996 年第 8 期；陈晓宇：《论高等教育成本补偿》，北京大学博士学位论文，1998 年；陆根书、钟宇平：《高等教育成本回收的理论与实证分析》，北京师范大学出版社 2002 年版；杨明：《政府与市场——高等教育财政政策研究》，浙江教育出版社 2007 年版；符得团、马建欣：《研究生教育成本分担与资助》，中国社会科学出版社 2009 年版；唐祥来：《高等教育成本分担——制度创新与发展趋势》，经济科学出版社 2007 年版；甘国华：《高等教育成本分担研究——基于准公共产品理论分析框架》，上海财经大学出版社 2007 年版；陈晓宇：《中国教育财政政策研究》，北京大学出版社 2012 年版；秦福利：《高等教育成本分担研究》，北京理工大学出版社 2012 年版；柴江：《高等教育收费政策评价与学生实际付费能力研究》，苏州大学出版社 2018 年版。

⑤ 李文利：《中国居民高等教育需求研究》，北京大学博士学位论文，2000 年；李明华：《农民工高等教育需求、供给和认证制度研究》，中国言实出版社 2011 年版；赵勇：《中国高等教育需求的人口社会学考察》，中国社会科学出版社 2016 年版。

⑥ 樊安群：《高等教育经济学》，南海出版公司 1998 年版；丁小浩、陈良琨：《高等教育扩大招生对经济增长和增加就业的影响》，载《教育发展研究》2000 年第 2 期；毛建青：《高等教育宏观规划的理论与方法研究——聚焦中国高等教育规模的规划》，中国社会科学出版社 2015 年版。

生资助和学生贷款”[①]“高等教育入学机会平等”[②]等。围绕这些问题，研究者搜集大量数据，运用实证方法，提出了不少针对性强、行之有效的政策建议，相关研究不少已经直接或间接地转化为我国高等教育改革措施，对我国高等教育决策咨询产生了重要影响。例如，关于“高等教育经费在国民生产总值中的比例”的研究对我国政府应该达到的教育投资水平提供了有力的参考依据，积极地推动了增加教育投资的国家宏观决策。以此为依据，1993 年中共中央、国务院颁布的《中国教育改革和发展纲要》指出了到 20 世纪末我国财政性教育经费支出占国民生产总值的比例应达到 4% 的政策目标，并规定了教育经费“三个增长”的原则。[③]关于“高等教育发展形式与内部效率”的研究，有力地影响了高等教育总体规模以内涵式发展为主，小规模院校合并、办学结构调整等政策的制定。关于“高等教育拨款体制与模式”的研究推动了实行教育经费预算单列，也有利于高等教育基金制的建立和实行。关于“高等教育的外部效率”的研究，为我国制定更为合理的劳动工资政策提供了有力的证据，同时也为劳动力配置从以政府直接管理为主到以市场调节为主的市场经济形式提供了有益的理论基础。关于“扩大高等教育规模对短期经济增长和就业的影响”的研究，计算

① 代表性成果如张民选：《理想与抉择——大学生资助政策的国际比较》，人民教育出版社 1998 年版；王康平：《高校学费与学生资助政策研究》，厦门大学博士学位论文，2000 年；杨周复：《高等学校学生资助政策研究》，高等教育出版社 2003 年版；沈红：《中国高校学生资助的理论与实践（1997—2016）》，中国社会科学出版社 2016 年版；吴跃东：《高校学生资助政策体系的教育公平问题研究》，上海三联书店 2016 年版；曲绍卫等：《中国高校大学生资助绩效评估研究》，中国社会科学出版社 2016 年版。

② 此部分成果与高等教育社会学研究有所交叉，详见高等教育社会学研究部分。

③ 李文利：《20 世纪中国高等教育经济学研究的发展及重要成果》，载《清华大学教育研究》2004 年第 2 期，第 29 ～ 34 页。

了高校扩招带来的有关行业最终需求的增加产生的就业影响。关于“高等教育的运行机制”的研究，实证地分析了高等教育的规模与经济发展的关系、高等教育的内部资源配置、高等教育的外部效率、外部资源配置以及经济因素对高等教育需求的影响。以上种种说明，中国高等教育经济学研究一直紧紧扣住教育领域中经济现象的核心问题，已经而且正在为教育政策的制定提供重要的参考依据。①

在某种程度上，北京大学教育学院所倡导的“国际的视野、跨学科的路径、实证的态度和方法上的多元性”学术研究范式为中国高等教育研究的转型提供了方法论启示。②解决高等教育发展中的问题不能只是依靠纯粹理论的推演，我们对很多高等教育问题进行演绎的前提都应是经过实证检验的，由此得到的结果也应该经得住实证检验，这是高等教育经济学研究中所具有的科学特质及其基本属性。因此，中国高等教育经济学研究不仅应该有效运用现代经济学中经验证的、具有科学合理性的相关理论作为理论前提，而且应适当运用现代经济学中行之有效的具有相对精确性的数理、计量模型等分析工具作为研究方法。40 年来，正是坚持这种重视实证的态度与方法，我国高等教育经济学界不仅培养和造就了一批掌握了现代科学的研究方法，能够与国外同行进行平等对话交流的研究人员，而且缔造了中国高等教育研究中一个最具国际化的研究领域，为高等教育研究的国际交流与对话，为在世界高等教育研究舞台展示中国话语、发出中国声音提供了有益启示。值得一提的是，在积极吸收国外高等教育经济学研究方法、手

① 闵维方、丁小浩：《对我国高等教育经济学研究的回顾和展望》，载《高等教育研究》1999 年第 3 期，第 6 ～ 11 页。

② 陈洪捷：《北大高等教育研究：学科发展与范式变迁》，载《北京大学教育评论》2010 年第 4 期，第 2 ～ 11 页。

段的同时，有一些研究已经结合中国的具体国情，并对西方的传统方法进行了改善和修正。例如，北京大学对教育的个人内部收益率的计算就是一个例子。在计算收益率的过程中，研究人员结合中国现有的统计口径，设计并采用了能够从农村以家庭为单位的经营性收入中分离出劳动者个人所做贡献的方法，这是西方传统的方法没有涉及的。①

二、高等教育管理学研究

高等教育管理学是高等教育学科群中最早建立的分支学科之一。今天，它或许也是高等教育学各分支学科中思想最活跃、研究人员最多、成果最纷繁的研究领域。就一般而言，高等教育管理学研究之所以引人关注，主要是由于“面对现代社会的每个主要问题，分析到最后，总是一个管理的问题，……每个社会问题，最后都要通过管理职能的某种方式求得解决”②。然而，中国高等教育管理学的兴起与成长有着更为深刻的历史背景。

1978 年 5 月掀起的“真理标准大讨论”催生了教育战线思想大解放和高等教育管理方式的反思。1979 年年初，唐敖庆发表《要按“两个中心”的要求办好大学》③，年底，《人民日报》刊发苏步青、刘佛年等四所大学校长、书记的文章，发起“给高等学校一点办学自主权”的讨论。④《人民日报》为文章附加的“编者按”指出，学校应不应该有点自主权、应该有哪些自主权、教育体制如何改革才能更好地适应

---

① 闵维方、丁小浩：《对我国高等教育经济学研究的回顾和展望》，载《高等教育研究》1999 年第 3 期，第 6 ～ 11 页。

② W. G. 莫纳汉：《教育管理的理论维度》，转引自［尼日利亚］恩旺克沃：《教育管理的理论与实践》，史景文、张耀源译，教育科学出版社 1987 年版，第 2 页。

③ 唐敖庆：《要按“两个中心”的要求办好大学》，《光明日报》1979 年 2 月 1 日。

④ 其中尤以苏步青的《应该相信校长能管好大学》、刘佛年的《教育部门不要只勇行政手段管学校》等反响较大，参见《人民日报》1979 年 12 月 6 日。

工作重点的转移，这是值得认真探讨的问题，希望全社会就此提出建设性意见。这一系列文章就像导火线，点燃了教育主管部门、高等学校参与高等教育管理研究的热情。这方面尤以朱九思为校长的华中工学院（今华中科技大学）最为典型，该校通过广泛调查研究制定发展规划的经验随后在全国许多高校推广，它体现了广大高校痛感极左路线给我国高等教育所造成的极大损失，经过痛定思痛，开始努力把学校的发展建立在科学决策的基础之上。正是在上述背景下，以第一次全国教育科学规划会议（1979 年 4 月）以及全国高等教育学会筹备会（1979 年 10 月）的成立为标志，我国有组织地开展高等教育管理研究全面展开。这意味着我国高等教育改革发展主要从“以政治为主导的经验决策”向“基于研究的科学决策”的深刻转变。①

经过四年的“筹备组”阶段，1983 年 5 月中国高等教育学会成立，1984 年中国高等教育管理研究会成立，随后，各省（自治区、直辖市）和许多学校也纷纷成立高等教育学会和高等教育研究机构。此时，一个高等教育战线广大管理干部学习、研究高等教育管理理论的热潮到来，中国高等教育管理学学科的诞生已经呼之欲出。1982 年，蔡克勇、王端庆分别发表《应把高等学校管理作为一门学科来研究》《社会主义高等学校管理学导论》的文章，呼吁把高等学校管理作为一门学科来研究，阐释建立和发展高等学校管理学对于促进高等学校经验系统化、理论化、管理现代化的重要意义。② 随之，李冀主编的《普通高等学校

① 蔡克勇：《中国高等教育管理研究 50 年》，载《高等教育研究》1999 年第 3 期，第 20 ～ 27 页。

② 蔡克勇：《应把高等学校管理作为一门学科来研究》，载《上海高教研究》1982 年第 4 期，第 12 ～ 17 页；王端庆：《社会主义高等学校管理学导论》，载《高等教育研究》（东北工学院）1982 年第 3 期，第 1 ～ 5 页。

管理》(1982)、朱九思等主编的《高等学校管理》(1983)、王亚朴主编的《高等教育管理》(1983)等著作相继问世。李冀主编的《普通高等学校管理》一书基本结构是“总论”加“分论”，分论按照教学、科研、人事、后勤等高校管理领域设计框架和内容，初步奠定了高等学校管理学的知识体系；① 朱九思等主编的《高等学校管理》力求从高等学校管理干部的实际需要出发，在吸收高等教育学、高等教育发展史和管理科学相关内容基础上，试图比较系统地阐述高等学校管理的理论和实际问题。② 作为国内第一部以“高等教育管理”为名的专著，王亚朴主编的《高等教育管理》区分了“高等学校管理”和“管理高等学校”的性质差异，提出高等教育管理的“宏观”和“微观”视角，主张高等教育管理学既要研究高等教育宏观管理、高等学校总体管理问题，也要对高等学校内部管理工作加以探讨。总体而言，朱九思、王亚朴分别担任主编的高等教育管理专著“初步形成了高等教育管理学科的知识体系，它们与未能公开出版但广泛流行的李冀主编的《普通高等学校管理》一起标志着中国高等教育管理学科的建立”③。

20世纪80年代初，国内虽然已经出版了三部高等教育管理学著作，但是，高等教育管理学的学科地位尚未被普遍承认，高等教育管理学队伍还不够壮大，学科研究的深度也很不够。随着第一次全国教育工作会议（1985年5月15日—19日）的召开、《中共中央关于教育体制改革的决定》(1985年5月27日)的颁布，以及国家教育发展研究中心（1986）的设立，上述状况有了根本性的改变。《中共中央关于

① 李冀主编：《普通高等学校管理》，辽宁省高等教育学会1982年版。

② 朱九思等主编：《高等学校管理》，华中工学院出版社1983年版。

③ 李均：《中国高等教育研究史》，广东高等教育出版社2005年版，第163～167页。

教育体制改革的决定》颁布前经过了反复调研、讨论，征集了教育系统内、外意见，汲取了改革开放以来教育研究最新成果。《中共中央关于教育体制改革的决定》强调指出“改变政府对高等学校统得过多的管理体制，在国家统一的教育方针和计划指导下，扩大高等学校的办学自主权”，这些重大决定直接推动了学术界关于高等教育办学体制、管理体制、投资体制、高校招生和毕业生就业制度以及校内管理体制的系统研究。此外，在时任国务院副总理万里的直接推动下，国家教育发展与政策研究中心（后改名为“国家教育发展研究中心”）于1986年正式设立，这体现了中央对加强教育的宏观管理和指导，使教育决策更加科学化的高度重视，反映出对教育发展和改革中若干具有全局性的重大问题进行较深入的研究已经成为一项十分迫切的任务。国家教育发展与政策研究中心成立后，团结全国广大教育科学研究工作者，围绕国家教育发展和改革的重大问题尤其是高等教育管理问题，进行比较系统深入的研究，为我国教育发展科学决策做出了积极贡献。① 事实上，自《中共中央关于教育体制改革的决定》颁布和国家教育发展与政策研究中心成立以来，关于我国重大教育改革纲领性文件的制定、实施、修订的基本工作机制已经逐渐形成——一个强调“自上而下”与“自下而上”相结合，注重理论研究与调查实践相统一，充分吸收群众意见，广泛听取专家建议，既尊重民主，又做到集中的教育政策科学决策机制逐步确立。此后，在包括《中国教育改革和发展纲要》（1993）、《全国教育事业“九五”计划和2010年发展规划》（1996）、《面向21世纪教育振兴行动计划》（1998）、《2003—2007年教育振兴行动

① 蔡克勇：《中国高等教育管理研究50年》，载《高等教育研究》1999年第3期，第20～27页。

计划》（2004）、《国家中长期教育改革和发展规划纲要（2010—2020年）》（2010）、《关于公布世界一流大学和一流学科建设高校及建设学科名单的通知》（2017）等涉及高等教育发展的重要文件，以及《中华人民共和国高等教育法》（1998）、《中华人民共和国民办教育促进法》（2002）、《中华人民共和国中外合作办学条例》（2003）等重大法规制定、修订过程中上述工作机制都发挥了相当重要的作用。

受1985年《中共中央关于教育体制改革的决定》关于“改革高校管理体制”“扩大高校自主权”的鼓舞，我国高等教育管理学学科迎来了明媚的春天。自第一部“高等教育管理学”出版以来，又有多部以“高等教育管理学”为题名的著作出版，包括夏书章编《高等教育管理学讲话》（1985）、陶增骈主编《高等教育管理学原理》（1987）、于北辰主编《高等教育管理学》（1988）、陈谟开主编《高等学校管理专论》（1988）、余立等主编《高等教育管理学体系》（1988）、薛天祥的《高等教育管理学导论》（1990）、邓晓春的《现代高等教育管理学》（1990）、母国光等主编《高等教育管理》（1995）、邓晓春等《高等教育管理学》（1996）、薛天祥主编《高等教育管理学》（1997）、柯佑祥主编《高等教育管理》（2000）、姚启和的《高等教育管理学》（2000）、薛天祥主编《高等教育管理学》（2001）、姚纬明等编著《高等教育管理》（2004）、姜树卿编著《高等教育行政管理学》（2005）、肖玉梅主编《高等教育行政管理学》（2006）、杨德广主编《高等教育管理学》（2006）、柏昌利编著《高等教育管理导论》（2006）、熊庆年编著《高等教育管理引论》（2007）、姜华等编《高等教育管理教程》（2008）、王孙禺主编《高等教育组织与管理》（2008）、别敦荣的《高等教育管理与评估》（2009）等。上述高等教育管理学著作中，薛天祥一人就出版了4部，可谓用力最勤，贡献尤多。余立、薛天祥主编《高等教育管理学体系》用11章篇幅分别研究了高等教育管理学的理论基础、学科体系、研究对象和范围、概念、研究方法，以及高等教育管理的本质、特点、原则、管理者等高等教育管理学科的基本理论问题。有人评价该书集当时高等教育学学科建设研究各种理论观点之大成，是高等教育管理研究迈向学科体系化道路的一项里程碑式的成果。① 总的来看，20世纪80年代末90年代初，我国学者对于高等教育管理学“系统体系”或“理论体系”的探索尤为关切，薛天祥的《高等教育管理学导论》和邓晓春的《现代高等教育管理学》是这方面的代表性著作。前者试图“努力按科学方法去构建高等教育管理学理论体系”，后者力求集原来高等教育管理学的“工作体系”“原理体系”“职能体系”“方法体系”于一身，构建高等教育管理学的“系统体系”。② 在20世纪90年代出版的高等教育管理学著作中，毋国光、翁史烈主编的《高等教育管理》从宏观和微观角度分别阐述了高等教育管理和高等学校管理，该书被不少高校作为大学管理人员培训教材和教学参考资料，产生了较为广泛的影响。薛天祥主编的《高等教育管理学》是在《高等教育管理学导论》基础上修改完成的，该书试图以高等教育系统为逻辑起点，以高等教育目的为中介概念，高等教育管理为中心概念，高等教育管理原则为过渡概念，高等教育管理活动为逻辑终点来构建高等教育管理学的理论体系。③ 该书可视作这一时期高等教育管理理论体系探索的代表性著作。

---

① 李均：《中国高等教育研究史》，广东高等教育出版社2005年版，第226页。

② 薛天祥：《高等教育管理学导论》，教育科学出版社1990年版；邓晓春：《现代高等教育管理学》，职工教育出版社1990年版。

③ 薛天祥主编：《高等教育管理学》，华东师范大学出版社1997年版，第1页；2001年，作者对该书修订、完善后再次出版。薛天祥主编：《高等教育管理学》，广西师范大学出版社2001年版。

同一时期，姚启和出版了《高等教育管理学》，该书专门探讨了被其他高等教育管理著作忽略的高等教育发展问题。

如果将上述著作看作高等教育管理的系统性研究，那么，尚有大量的高等教育管理专题研究著作。这些专题性著作涵盖“高等教育各层次、各科类、各类型教育的研究”“高等教育、高等学校各部门管理的研究”“高等教育管理学与其他学科的交叉学科”“有关高等教育管理体制改革的若干问题的研究”等方面。① 经过40年的发展，一个关于高等教育管理学的学科体系已经呼之欲出——这一学科体系的第一层次是高等教育管理学的基本理论学科，包括高等教育管理哲学，高等教育管理发展史，比较高等教育管理，高等教育管理心理学，高等教育统计、测量与评价等；第二层次是高等教育管理的专业基础学科，包括高等教育管理学、高等教育行政学和高等学校管理学；第三层次是高等教育管理的专业学科，包括建立在高等教育行政学基础之上的高等教育政策学、高等教育法学、高等教育人事行政、高等教育预测与规划、高等教育督导等宏观方面的高等教育管理学科等。②

40年来，高等教育管理学研究取得了令人瞩目的丰硕成果，但如果细究高等教育管理学的“研究对象到底是什么？”这恐怕仍是令很多人感到困惑的问题。早期的几部“高等教育管理学”著作言说不一。③ 李冀主编的《普通高等学校管理》一书，将高等教育管理学的内容分为管理概述、学校领导体制、招生就业、教育评估、学校办学自

---

① 李均：《中国高等教育研究史》，广东高等教育出版社2005年版，第226页。

② 孙绵涛：《中国教育管理学30年：成就、特点与问题》，载《教育研究》2009年第2期，第21～28页。

③ 于北辰：《高等教育管理学》，上海交通大学出版社1988年版，第3页；薛天祥主编：《高等教育管理学》，华东师范大学出版社1997年版，第12页。

主权、其余宏观管理和其他管理研究等 14 项，充分展示了高等教育管理学研究的综合性、实践性和应用性特征。这里，我们倾向于将高等教育管理学研究的对象做“宏观”和“微观”的区分，如阎凤桥所指出的：“宏观高等教育管理研究以国家或地区高等教育系统为对象，关注高等教育系统与社会发展的适应与协调，着眼点常聚焦于高等教育的制度、机制、体制、模式、结构；而微观高等教育管理研究以大学为分析单位，研究大学的目标、技术、结构、过程和活动。”①在一定意义上，宏观、微观的高等教育管理与“高等教育行政管理”“高等学校管理”大体对应，前者是指政府对高等教育事业的管理，后者是指高等学校的内部管理。下文我们试图从“宏观”与“微观”角度对高等教育管理学研究成果做进一步的说明。

宏观的高等教育管理学研究主要涉及高等教育结构、系统、制度、体制、机制、模式等方面的内容。

（一）关于高等教育结构、系统、制度研究

关于高等教育结构与系统的基础研究，代表作如齐亮祖、刘敬发主编的《高等教育结构学》（1986），该书借鉴现代结构理论及其研究方法，根据社会结构和教育结构的特点，研究高等教育体系的构成、运行机制和演化规律，这为从事高等教育结构研究提供了具体的理论指导。②关于高等教育系统的研究，代表作如赵文华的《高等教育系统分析——高等教育结构、规模、质量、效益的系统观》（2000），该书从分析高等教育系统的特征入手，提出高等教育系统以学术组织、专业

① 阎凤桥：《高等教育管理研究：从组织理论角度进行评述》，载褚启宏主编：《中国教育管理评论》第 1 卷，教育科学出版社 2003 年版，第 47 页。

② 齐亮祖、刘敬发主编：《高等教育结构学》，黑龙江教育出版社 1986 年版，第 1 页。

组织和行政组织等为表现形式，同时，运用系统论的观点，以结构分析为核心，探讨了高等教育发展中的规模、质量、效益等现实问题。①此外，赵文华又有《高等教育系统论》（2001），该书是在作者博士学位论文基础上补充完善而成的，赵文华认为高等教育系统的要素由主体和客体组成，管理活动主体包括行政管理者、举办者和办学者。学术活动主体是教育者和受教育者。客体是以学科形式存在、以课程为媒介传播的知识，通过要素的确认推导出高等教育结构属性。薛天祥评价该书所确立的分析线路为高等教育研究的知识积累和深化提供了新的路径和视角。②

关于中国高等教育结构的系统研究，代表作如郝克明、汪永铨主编的《中国高等教育结构研究》（1987），该书既对 1949—1986 年我国高等教育层次、科类结构的发展变化和历史经验进行了研究和探讨，又对美、日、法、英四国高等教育的层次和科类结构的历史演变与现状进行了分析研究，并辅以 1980 年世界上 37 个国家的高等教育层次结构和 36 个国家的高等教育科类结构的量化研究，以探讨高等教育结构的共性问题和发展趋势。③郝克明主编的《当代中国教育结构体系研究》（2001）除了对我国教育结构体系进行回顾和对国际教育结构体系进行介绍，还着重研究了农业、电子、电力、冶金、建筑、金融等行业人力结构与教育结构，分析了这些行业的人力结构状况以及行业发展对教育结构的要求。这是该时期我国高等教育宏观结构研究具有代

① 赵文华：《高等教育系统分析——高等教育结构、规模、质量、效益的系统观》，复旦大学出版社 2000 年版。

② 赵文华：《高等教育系统论》，华东师范大学出版社 2001 年版。

③ 郝克明、汪永铨主编：《中国高等教育结构研究》，人民教育出版社 1987 年版。

表性的理论成果。[1] 此外，一些学者具体考察了省域高等教育结构改革问题，如叶品樵主编的《福建高等教育结构研究》（1993）回顾总结了福建高等教育结构调整的历史经验，分析了福建省经济社会、人才需求的状况和高等教育结构现状，并在此基础上开展战略目标和对策的研究。[2] 宋旭峰的《地方高等教育发展轨迹——江苏高等教育结构演变实证研究》（2008）描述了江苏省高等教育结构演变的历史轨迹，归纳了江苏省高等教育发展的主要特点和某些内在机制。该书为我们具体地认识高等教育结构演变的“非线性”特点，认识我国高等教育管理决策和权力运作的特点提供了有力的证据。[3] 其他代表性著作包括《社会转型与教育结构选择——山东教育结构研究》（2002）、《省域高等教育结构调整的理论与实证——以云南省为例》（2012）、《省域高等教育结构和理性评价研究》（2017）等。[4]

《中国高等教育大众化的结构与体系》（2008）是潘懋元主持的“中国高等教育大众化”系列研究课题的成果之一。该书先从宏观上整体把握，再从普通高等教育、成人高等教育、高等职业教育、民办高等教育、远程高等教育、自学考试等各种具体的形式多方位分析了中国高等教育大众化进程中结构与体系的演变情况，然后对大众化进程中存在的若干重大问题进行了思考。该书将理论分析与实证分析有机结合，力求理论联系实际，试图提出中国特色的高等教育大众化结构与

---

① 郝克明主编：《当代中国教育结构体系研究》，广东教育出版社 2001 年版。

② 叶品樵主编：《福建高等教育结构研究》，福建教育出版社 1992 年版。

③ 宋旭峰：《地方高等教育发展轨迹——江苏高等教育结构演变实证研究》，南京师范大学出版社 2008 年版，第 4 页。

④ 山东教育结构研究课题组编：《社会转型与教育结构选择——山东教育结构研究》，科学出版社 2002 年版；刘六生：《省域高等教育结构调整的理论与实证——以云南省为例》，人民出版社 2012 年版；刘六生等：《省域高等教育结构和理性评价研究》，科学出版社 2017 年版。

体系改革创新的对策与建议，以促进和完善我国大众化高等教育结构与体系。此外，又有关于学科结构、专业教育结构、研究生教育结构、新建地方高校专业结构方面的研究。如张光斗主编的《高等工程教育结构改革研究》（1987）、袁本涛等《我国研究生教育结构调整问题研究》（2015）等。[①] 尤其是进入2000年以后，学科结构、专业结构改革的研究成为研究热点，代表性的著作如俞曙霞等编著《地方综合性大学专业结构优化》（1996）、胡建雄等《学科组织创新——高等学校院系学科结构的改革研究》（2001）、陈笃彬主编《调整与优化——新建地方性本科院校专业结构调整和人才培养模式改革探索》（2004）、徐书业等主编《适应与超越——西部沿海高校专业结构调整探索》（2008）、刘少雪的《高等学校本科专业结构、设置及管理机制研究》（2009）、杜才平等编著《地方性高校专业结构调整研究》（2010）、闫亚林的《高等教育层次与科类结构研究》（2010）、罗丹的《规模扩张以来高校专业结构变化研究》（2010）、巴果的《西藏高等教育学科专业结构研究》（2014）等。其中，闫亚林的《高等教育层次与科类结构研究》旨在通过对42个国家高等教育系统在1950—2000年的层次和科类结构及其演变过程的研究，揭示“二战”后各国高等教育结构和促进社会发展的一般规律，寻找高等教育结构之间协调发展的机制与模式。[②]

关于外国高等教育结构、系统的研究，如中央教育科学研究所比较教育研究室编写的《六国高等教育结构》（1988），该书分别考察了

① 张光斗主编：《高等工程教育结构改革研究》，重庆大学出版社1987年版；袁本涛等：《我国研究生教育结构调整问题研究》，经济科学出版社2015年版。

② 闫亚林：《高等教育层次与科类结构研究》，山西出版集团、山西人民出版社2010年版，第5页。

美国、英国、法国、联邦德国、日本、苏联六国高等教育的类型、层次、课程和专业结构。[①] 韩梦洁的《美国高等教育结构变迁——市场机制、公共选择与学术逻辑》（2016）一书以社会结构理论为基础构建高等教育结构分析框架，从定性和定量的视角考察及分析了美国高等教育结构变迁历程及其制度化的阶段性特征。同时，该书创造性地构建了高等教育结构变迁机制模型，以分析不同国家高等教育系统的类型特征。[②]

关于高等教育运行机制问题的研究，代表作如《中国高等教育运行机制研究》（1994）、《高等教育运行机制研究》（2002）等。周奉年等的《中国高等教育运行机制研究》考察了中国高等教育运行机制的历史和新时期运行机制的转换，围绕国家、社会、市场和学校四个要素，分别比较了四个发达国家和四个经济腾飞的发展中国家与地区的高等教育运行机制，对社会主义市场经济条件下高等教育运行机制的选择提出了原则意见。[③] 颇具分量的《高等教育运行机制研究》一书是闵维方主持的全国教育科学规划“九五”国家重点课题“社会主义市场经济条件下高等教育的运动机制研究”的研究成果，这部汇集北京大学教育与经济管理研究所众多学者编写的重要著作在中国国内率先比较系统、全面地提出了社会主义市场经济条件下高等教育运行机制的分析框架，这对于丰富和发展我国教育经济学、高等教育管理学原理，为我国社会主义市场经济条件下的高等教育发展战略提供了重要

---

① 中央教育科学研究所比较教育研究室：《六国高等教育结构》，贵州人民出版社 1988 年版。

② 韩梦洁：《美国高等教育结构变迁——市场机制、公共选择与学术逻辑》，科学出版社 2016 年版。

③ 周奉年等：《中国高等教育运行机制研究》，广东高等教育出版社 1994 年版，序。

参考。该书坚持理论与实践相结合，努力创新，获得了一批符合中国实际的、有原创性的研究成果。①

关于高等教育模式的研究，代表作如《现代高等教育模式论》（1993）、《发展中国家高等教育模式的国际比较研究》（2009）。顾明远认为，冯增俊的《现代高等教育模式论》从纵向上追溯到大学的起源和700余年来的变迁过程，横向上比较研究了各国大学的模式，从现代高等教育的发展模式、运行模式和目标模式的纵横点三个不同方面探讨了现代高等教育的发展规律和基本模式，对当代高等教育研究中的重大理论问题阐述了自己独到的见解。②王承绪主编的《发展中国家高等教育模式的国际比较研究》从国际移植的角度对发展中国家高等教育的发展、变革及现代化问题开展了专题研究。该书选取了泰国、马来西亚、菲律宾、印度尼西亚等七个具有典型特征的国家作为研究案例，试图由此来把握发展中国家高等教育模式国际移植的整体情况。③在比较教育研究普遍关注西方发达国家教育的背景下，该书关于发展中国家高等教育的观察视角尤其值得肯定。

关于高等教育制度的研究，主要有熊志翔的《高等教育制度创新论》（2002）、崔玉平的《高等教育制度创新的经济学分析》（2002）、陈爱娟的《中国高等教育市场化模式选择与制度安排》（2006）、雷晓云的《中国高等教育制度变迁及其文化透视》（2007）、林荣日的《制度变迁中的权力博弈——以转型期中国高等教育制度为研究重点》（2007）、朱平的《高等教育制度伦理研究》（2011）、田联进的《反思与重构中

---

① 闵维方主编：《高等教育运行机制研究》，人民教育出版社2002年版。

② 冯增俊：《现代高等教育模式论》，广东高等教育出版社1993年版，序。

③ 王承绪主编：《发展中国家高等教育模式的国际移植比较研究》，浙江大学出版社2009年版，第2页。

国高等教育制度》（2015）等。其中，林荣日的《制度变迁中的权力博弈——以转型期中国高等教育制度为研究重点》一书以制度变迁理论和博弈论为研究工具，在扼要分析中国历代高等教育制度特征及各权力关系特点的基础上，运用独创的权力博弈模型和权力量化手段，着重对转型期中国高等教育制度环境、各权力主体的权力场演变特征、权力博弈的方式与性质等进行了仔细研究，得出了一些独特的结论。[①] 此外，也包括高等教育制度的专题研究，如刘晖等《中国研究生与学位制度》（1988）、蓝秀华的《中国高等教育收费制度变迁研究》（2012）、刘湘玉的《普通高等教育收费制度研究》（2006）、赵军的《民办高等教育制度变迁中的政府行为研究》（2014）等。并且，又有从比较视野关注高等教育制度问题的著作，如孙宏的《中美两国教育制度的比较研究》（1993）、王保星的《美国现代高等教育制度的确立》（2005）、魏姝的《政策中的制度逻辑——美国高等教育政策的制度基础》（2007）等。吴式颖认为，王保星的《美国现代高等教育制度的确立》一书以南北战争至20世纪初美国现代高等教育制度的确立为主线，生动地体现了美国高等教育制度的确立过程是在不断解决“内部逻辑”与“外部压力”之间的矛盾的基础上逐渐推进的过程，揭示了美国高等教育制度发生、发展与演变的机制，为近年来关于美国高等教育历史研究的一部佳作。[②]

比较而言，关于高等学校教育制度（学制）的研究相对比较薄弱。这方面的代表性的成果如：肖海涛的《中国高等教育学制改革》

① 林荣日：《制度变迁中的权力博弈——以转型期中国高等教育制度为研究重点》，复旦大学出版社2007年版。

② 王保星：《美国现代高等教育制度的确立》，河北教育出版社2005年版，第2～3页，序。

（2011）。该书在对中国近现代学制，尤其是高等教育学制的发展、沿革和历史变迁进行系统梳理的基础上，比较了德国、法国、俄罗斯、英国、美国、日本和我国台湾地区学制概要及高等教育学制的特点，同时从理论上分析了影响高等教育学制变迁和改革的动因，进而分析了高等教育学制改革的价值选择及一般原则。并且，该书在对我国高等教育发展现实分析的基础上，着重讨论了我国普通高等教育学制系统改革、高等职业教育学制系统改革，指出建立开放多元的高等教育系统是高等教育学制改革的大方向。①姚加惠的《高等教育学制比较研究》（2014）通过大量的事实与数据资料对美国、俄罗斯和我国台湾地区现行高等教育学制进行研究，形成关于它们高等教育学制的科学认识与现实看法。这一研究对我国高等教育学制改革具有理论意义和现实意义。②

（二）高等教育管理体制改革研究

1. 外部管理体制研究

高等教育体制改革涉及高等教育办学体制、管理体制、投融资体制、招生与就业体制、高校内部管理体制等方面。这里着重介绍“高等教育管理体制”“高等教育办学体制”方面的研究状况。高等教育管理体制可分为“外部管理体制”和“高校内部管理体制”两个方面。前者是指中央和地方行政组织机构的设置、隶属关系和相互间的职权划分，以及政府主管部门和高等学校的关系。后者主要指大学内部校、院、系之间的组织与制度安排。

分析不同历史时期高等教育改革的纲领性文件可以发现，管理体

① 肖海涛：《中国高等教育学制改革》，广东高等教育出版社 2011 年版。

② 姚加惠：《高等教育学制比较研究》，厦门大学出版社 2014 年版。

制改革的重心和表述体现出鲜明的时代性与针对性。譬如，《中共中央关于教育体制改革的决定》（1985）强调建立中央、省（自治区、直辖市）和中心城市三级办学体制，扩大计划经济体制下受到束缚的地方和高等学校的办学自主权，提高高等学校面向社会办学的主动性、积极性。《中国教育改革和发展纲要》（1993）强调要进一步理顺政府与高校、中央与地方、国家教育委员会与中央各业务部门之间的关系，在此基础上，在增强各级政府对于高等教育宏观管理职能的同时，鼓励高校面向社会、面向市场自主办学，努力建立与社会主义市场经济相适应的高等教育管理体制和运行机制。1998 年颁布的《中华人民共和国高等教育法》，确认了高等学校的法人资格和大学在“专业设置和调整”“教学计划制定”等 7 个方面的自主权利，这是中国在大学与政府关系立法上的一个显著的进步。中共中央、国务院发布的《关于深化教育改革全面推进素质教育的决定》（1999）强调为了深化高等教育内涵式发展，推进素质教育，应通过“共建、合作、合并、协作”等形式完成高等教育管理体制和布局结构的调整，合理配置教育资源，提高教育质量和办学效益。《2003—2007 年教育振兴行动计划》（2004）提出为促进世界一流大学和高水平大学建设，在完善中央和省级人民政府两级管理、以省级人民政府管理为主的高等教育管理体制的同时，深化学校内部管理体制改革，探索建立现代大学（学校）制度。《国家中长期教育改革和发展规划纲要（2010—2020 年）》（2010）进一步提出为在 2020 年基本实现教育现代化，基本形成学习型社会，进入人力资源强国行列，应大力推进人才培养体制改革、考试招生制度改革，推进政校分开、管办分离，落实和扩大学校办学自主权、完善中国特色现代大学制度。《关于深化教育体制机制改革的意见》（2017）提出，到 2020 年，要基本建立教育基础性制度体系。健全促进高等教育内涵发展的体制机制，依法落实高等学校办学自主权，完善中国特色现代大学制度，坚持和完善党委领导下的校长负责制，发挥党委领导核心作用。要改进高等教育管理方式。研究制定高等学校分类设置标准，制定分类管理办法，促进高等学校科学定位、差异化发展，统筹推进世界一流大学和一流学科建设。可以看到，管理体制始终是改革开放以来尤其是 20 世纪 80 年代中期以来高等教育改革的一条主线，高等教育体制改革研究一直保持研究的热度，但是由于这一问题的复杂性，所以它也成为高等教育管理研究中的热点、焦点和难点问题。

大量的高等教育管理体制研究成果以论文形式散见于各类学术期刊中，比较系统或以高等教育管理体制改革为研究重点的著作也很多，有：陶增骈主编《高等教育体制改革简论》(1985)、邵金荣的《中国高等教育宏观管理体制改革研究》(1994)、冒瑞林主编《教育体制改革的若干理论与实践问题》(1995)、陈学飞主编《美国、日本、德国、法国高等教育管理体制改革研究》(1995)、郝克明主编《市场经济与教育改革》(1996)、郝克明等主编《走向 21 世纪的中国教育——中国教育发展战略研究》(1997)、郝克明主编《中国教育体制改革 20 年》(1998)、蔡克勇等主编《跨世纪的中国高等教育——办学与管理体制改革研究》(2002)、姚启和主编《90 年代中国教育改革大潮丛书：高等教育卷》(2002)、应国良等《WTO 背景下我国高等教育公共管理战略和体制》(2006)、应望江主编《中国高等教育改革与发展 30 年（1978—2008）》(2008)、那木罕编著《中国高等教育改革回顾与展望》(2010)、葛继平等《行业划转院校发展战略研究》(2011)、任钢建的《中美高等教育地方分权制度比较研究》(2014)、向爱国的《高等教育管理体制改革研究》（2017）等。其中，国家教育发展研究中心长期关注高等教育改革宏观研究，中心原主任郝克明、原副主任蔡克勇发表了关于高等教育体制改革的大量论文和著作。郝克明先后参与了《中共中央关于教育体制改革的决定》《中国教育改革和发展纲要》《社会主义市场经济与教育改革》《中国教育发展“九五”计划和2010年远景目标》等一系列重大教育决策的研究[①]，除主编前述著作外，还发表了《改革和创新是教育事业发展的动力——纪念党的十一届三中全会召开20周年》《从高等教育体制改革入手，促进教育与社会发展相适应》《中央业务部门直接管理高等学校体制存在的问题值得注意》《关于中央业务部门办学及其管理体制改革的研究报告》《社会主义市场经济与教育体制改革》《正确处理教育发展与社会主义市场经济的关系》等系列论文，这些论文被收入《教育·社会·未来：郝克明教育文集》一书中。[②]作为对我国高等教育管理学发展有突出贡献的学者，蔡克勇在我国高等教育体制改革的诸多领域均有重要的建树，特别是对管理体制改革的重点和难点——中央业务部门办学和管理体制改革有过深入分析。他不仅发表了《我国高等教育体制改革的态势》《建立和完善高等教育的新体制》《21世纪我国高等教育办学和管理体制改革的走向》等重要论文[③]，而且出版了关于我国高等教育体制改革的多部著作。由他主编的《我国高等教育体制改革及其综合效益分析》（1997）一书针对高等教育体制改革中亟待解决的重点和难点问题进行了细致分析。尤其是该书对于研究比较薄弱的高等教育体制改革进行了综合效益分

① 杨银付：《郝克明：我国宏观教育研究的领跑者》，载《国家教育行政学院学报》2004年第6期，第1～3页。

② 郝克明：《教育·社会·未来——郝克明教育文集》，广东教育出版社2008年版。

③ 蔡克勇：《蔡克勇教育文选》，高等教育出版社2009年版。

析，提出了高等教育宏观体制改革综合效益评价指标体系，可以说是非常具有创新性的举动。[①] 蔡克勇、韩民主编的《跨世纪的中国高等教育——办学与管理体制改革研究》（2002）一书就世纪之交我国高等教育办学和管理体制改革的动力、目标和模式做了深入的研究与概括；同时就我国高等教育由精英阶段走向大众化阶段的办学和管理体制改革从多方面做了比较深入及全面的探索。[②] 此外，蔡克勇主编的《20世纪的中国高等教育·体制卷》（2003）一书对高等教育体制百年变革进行了细致的梳理，系统研究了20世纪中国高等教育体制变革史，并从宏观上论述了20世纪中国高等教育体制的变迁及影响体制变迁的经济、政治和文化等因素。[③]

高等教育办学体制是有关举办或创立高等教育机构的主体结构形态及其相应制度规范的总和，具体来说分两个层面：一是由谁来举办，如是由政府举办，还是由社会力量举办等；二是怎么办，如每所高校具体的办学行为。40年来，我国经济体制由单一的“公有制”走向多种所有制并存，办学主体也经历了从单一的以政府为主体的“公办高校”向多种所有制主体的“民办高校”“独立学院”“中外合作办学”“混合所有制高校”的转变。总体上，除上文提到的高等教育体制改革成果外，高等教育办学体制改革相关著作还包括徐晓东等《社会转型与办学体制创新》（2004）、刘铁的《中国高等教育办学体制研究》（2006）、胡卫等主编《办学体制改革：多元化的教育诉求》（2010）等。刘铁的

① 蔡克勇主编：《我国高等教育体制改革及其综合效益分析》，人民教育出版社1997年版，第1页。

② 蔡克勇、韩民主编：《跨世纪的中国高等教育——办学与管理体制改革研究》，广西教育出版社2002年版，第2页。

③ 蔡克勇主编：《20世纪的中国高等教育·体制卷》，高等教育出版社2003年版。

《中国高等教育办学体制研究》一书是国内少有的聚焦"高等教育办学体制"的专题性著作。该书引入准公共产品理论和第三部门理论，认为高等教育既可以由政府提供，也可以由社会提供，政府应减少对高等教育的干预。该书主张我国高等教育办学体制改革应走"体制外增长之路"，而明晰产权是我国高等教育办学体制改革的制度保障。① 胡卫等主编的《办学体制改革：多元化的教育诉求》一书被称作国内首部系统阐述20世纪80年代以来我国办学体制改革理论与政策问题的专著。该书在集中对包括高等教育在内的办学体制改革的理论基础、价值导向与政策趋势进行深入的理论探究的同时，对于办学体制改革过程中出现的各种颇具争议的办学新形式如股份制办学、转制学校、独立学院、民办高校等进行了详细剖析。②

民办高等教育的产生与发展是改革开放以来我国高等教育办学体制变革的重要范畴。新中国成立前，我国既有私立大学的办学传统，以当时的南开大学、厦门大学等为代表的一大批私立大学不仅培养了新中国建设中的杰出人士，而且涌现了张伯苓、陈嘉庚等杰出的教育家。新中国成立后，私立大学一度被取消。改革开放以来，民办高等教育在中国重新崛起，有人称之为当代中国高等教育改革大潮中一道最亮丽的风景线。截至2017年，全国共有普通高等学校2 631所，其中民办高校747所（含独立学院265所，成人高校1所），普通本科、专科招生规模达175.37万人。③ 可以说，民办高校不仅成为我国高等教育的重要组成部分，而且为实现我国高等教育由"精英化"向"大

---

① 刘铁：《中国高等教育办学体制研究》，广东高等教育出版社2006年版，第7页。

② 胡卫、何金辉、朱利霞：《办学体制改革多元化的教育诉求》，教育科学出版社2010年版。

③ 《2017年全国教育事业发展统计公报》，载教育部网站：http：//www.moe.edu.cn/jyb_sjzl/sjzl_fztjgb/201807/t20180719_343508.html，访问日期：2019年7月19日。

众化”的转变，甚至为下一步的高等教育“普及化”做出了不朽的贡献。关于民办高等教育的专题性研究，代表作有：魏贻通主编《民办高等教育研究》（1991）、项秉健等主编《中国社会力量办学问题研究》（1996）、贺向东等主编《中国社会力量办学概论》（2000）、庞丽娟等主编《聚焦中国高等教育体制创新 ——民进中央高等教育体制改革研讨会（2003）论文集》（2004）、柯佑祥的《适度盈利与民办高等教育的发展》（2003）、徐绪卿的《新时期中国民办高等教育发展研究》（2005）、杨炜长的《民办高校治理制度研究》（2006）、张剑波的《民办高校可持续发展研究》（2007）、张日新的《人力资本与中国高等教育体制改革研究》（2007）、陈磊主编《民办高等教育研究》（2008）、胡建波的《民办高等教育发展的实践与探索》（2008）、李晓明的《中国民办高等教育 30 年（1978—2008）》（2008）、丁剑等编著《陕西民办高等教育发展研究》（2009）、贾东荣的《公共财政与民办高等教育》（2009）、肖俊杰的《民办高等教育财政研究》（2009）、徐绪卿的《新时期中国民办高等教育理论研究》（2010）、饶爱京的《经济欠发达地区民办高等教育研究——以江西为例》（2010）、夏季亭主编《民办高等教育的发展与创新》（2011）、刘龙刚的《民办高校核心竞争力研究》（2012）、李钊的《民办高校风险管理——理论与实践》（2012）、王昆来编著《民办高等教育管理研究》（2012）、韩方希的《民办高校竞争力研究》（2013）、柯佑祥等《民办高校定位、特色与发展研究》（2013）、王佐书主编《中国民办教育发展报告（2013—2014）》（2014）、曾小军的《民办高等教育政府干预研究》（2014）、赵军的《民办高等教育制度变迁中的政府行为研究》（2014）、毕振力的《民办高等教育的财政资助——现状、障碍与突破》（2015）、周江林的《民办高校可持续发展的基本条件研究》

（2015）、周海涛等《民办学校分类管理政策研究》（2016）、张利国的《民办学校产权制度研究——以分类管理为视角》（2016）、湛中乐主编《民办教育法治理论与实践》（2016）、潘留仙等《民办高等教育的治理创新与风险防范》（2017）、杨军的《民办高校治理结构研究》（2017）、张铁明编著《抉择——民办教育分类管理新起点新挑战》（2017）、胡大白等《民办高校现代大学制度建设》（2017）、孙惠敏等《民办高校教育基金会运行与发展研究》（2018）等。这里要特别提到厦门大学教育研究院在我国民办高等教育研究、民办高校发展中的突出贡献。

有人统计，从1988年到2018年，潘懋元关于民办高等教育方面研究的文献有近40篇，在这些文献中，既有以民办高等教育现实发展为对象的问题研究，也有对民办高等教育研究进行探索的元研究；既有针对民办高等教育自身发展进行的路径研究，也有呼吁国家、政府给予民办高等教育更多支持的政策研究；既有关于民办高等教育发展历史的回顾与总结研究，也有关于民办高等教育未来进展的前瞻性预测研究；既有对民办高等教育发展的普遍性研究，也有对民办高等学校办学的个案研究。① 值得一提的是，20世纪90年代初期，我国民办高等教育发展还存在着理论和实践上的种种障碍，甚至成为学术研究的禁区。在这种情形下，潘懋元指导魏贻通完成了博士学位论文《民办高等教育立法之前期研究》（1994），该论文从间接到直接、从一般到具体，回答了民办高等教育立法所不能回避的一些疑难问题。这是国内最早的关于民办高等教育的博士学位论文。可以说，在当代中国教育家群体中很少有人能像潘懋元那样数十年如一日对民办高等教育倾

① 王严淞：《论潘懋元民办高等教育思想》，载《山东高等教育》2016年第1期，第91～92页。

注满腔热情。他有关民办高等教育的相关论述，不仅在理论上回应了市场经济条件下中国高等教育大众化的实施途径问题，更在实践上促进了我国民办高等教育事业的飞速发展。潘懋元有关民办高等教育发展的论述，既是科学研究后的理性选择，更是改革开放以来教育战线解放思想、勇于创新的积极成果，体现了新时期中国高等教育思想发展的重大突破。①

在潘懋元的带领下，厦门大学教育研究院形成了民办高等教育研究的传统，邬大光发表民办高等教育研究论文20余篇，其中比较有代表性的如《我国民办教育的特殊性与基本特征》（2017）、《民办高等教育与资本市场的联姻——国际经验与我国的道路选择》（2003）、《中国民办高等教育的市场化特征与政策走向分析》（2001）、《民办高等教育介入资本市场的思考》（2003）、《21世纪民办高等教育的使命》（1999）、《我国民办高等教育发展的第三条道路》（2012）等。②这些论文集中讨论了我国民办高等教育的“投资办学”属性，民办高等教育与高等教育民主化和高等教育大众化的内在关联，如何利用资本市场解决民办高等教育投资困境、民办高校如何在“非营利”与“营利”之外将教育等公益性与投资的营利性有机统一，从而走出符合国情的中国民办

---

① 陈兴德：《潘懋元民办高等教育思想研究》，载《民办教育研究》2009年第4期，第1～6页。

② 部分重要的论文包括：邬大光：《21世纪民办高等教育的使命》，载《高等教育研究》1999年第4期；邬大光：《中国民办高等教育的市场化特征与政策走向分析》，载《中国高等教育》2001年第11期；邬大光：《民办高等教育与资本市场的联姻——国际经验与我国的道路选择》，载《教育研究》2003年第1期；邬大光：《民办高等教育介入资本市场的思考》，载《中国高等教育》2003年第24期；邬大光：《投资办学：我国民办教育的本质特征》，载《浙江树人大学学报》2006年第6期；潘懋元、邬大光、别敦荣：《我国民办高等教育发展的第三条道路》，载《高等教育研究》2012年第4期；邬大光：《我国民办教育的特殊性与基本特征》，载《教育研究》2017年第1期。

高等教育模式等问题。不少观点新颖、大胆，引人深思。此外，他还指导博士生撰写出一批以民办高等教育为主题的博士学位论文。

此外，北京大学教育学院文东茅、阎凤桥、郭建如等在世界银行、联合国教科文组织、福特基金会等资助下开展了中国民办高等教育系列研究，阎凤桥特别提到北京大学教育学院学者在从事民办高等教育研究过程中从关心现实、关心政策到理论建构的转变。如王蓉从财政和所有制角度，对中国教育系统进行了分析，在比较中发现，中国教育系统具有“小的民办教育和大的非公共财政”的特点。① 郭建如则研究了民办高等教育的地域性特征，发现民办高等教育因地域存在较大的差异，地方性政策在形成这种格局中发挥了重要的作用。② 阎凤桥利用统计资料，发现民办高等教育在整个教育系统中所占的比例与地方人均 GDP 有显著的因果关系，人均 GDP 越高的地区，民办高等教育的相对比例也越大。阎凤桥还对中国民办大学的组织特征进行了分析，认为在中国社会转型过程中出现的民办大学组织具有与国外私立大学的“专门性”相对的“通用性”特征。③ 此外，还应提及，西安外事学院董事长、院长黄藤于 1996 年 9 月率先在全国民办高校中创建了开放的实体性、专业性民办教育研究机构——七方教育研究所。2016 年 12 月升格为七方教育研究院。七方教育研究院长期致力于研究民办教育改革发展中的关键问题，为繁荣我国民办教育研究事业，推动我国民

---

① Wang Rong，Private Education in China，PPT，KL，Malaysia，World Bank Conference，2004. June 14—15.

② 郭建如：《民办高等教育地域性发展的多维分析》，载《高等教育研究》2004 年第 6 期，第 44 ～ 52 页。

③ 阎凤桥、吴沛涓：《中国民办高等教育研究：回顾、比较与展望》，载《高等教育研究》2005 年第 5 期，第 45 ～ 50 页。

办教育决策的科学化和民主化做出了突出贡献。学校自2002年开始创办以民办教育理论与实践为研究对象的专业性学术期刊《民办教育研究》（双月刊），这是国内最早创办的、致力于民办教育研究的高层次学术平台，有力地促进了我国民办高等教育研究的进步。

独立学院产生于1999年，是我国高等教育改革中出现的一种新的办学形式。1999年第三次全国教育工作会议之后，我国东部一些经济发展较快的地区的普通高校，开始尝试用自身富余的优质教育教学资源与社会投资资本合作，共同举办“二级学院”。截至2019年，全国独立学院已达到257所，成为中国高等教育大军中的重要组成部分。从我国高等教育发展的形势来看，独立学院是适应我国高等教育大众化发展需求，推动高等教育多元化发展的战略选择，是高等教育规模扩张的一个方向。关于独立学院的相关著作，如来茂德主编《独立学院：中国高等教育发展的新探索》（2004）、杨继瑞等《高校独立学院市场化运作的经济学分析》（2007）、徐辉等主编《独立学院人才培养的理论与实践》（2007）、夏志强的《高校独立学院市场化运营研究》（2007）、许为民等《独立学院的发展与运行研究》（2008）、金彦龙等《独立学院管理模式与运行机制》（2008）、鄢烈洲等《我国独立学院治理研究》（2009）、荆光辉等《独立学院发展研究》（2011）、王志强主编《独立学院发展模式研究》（2011）、高新芝的《独立学院管理概论》（2013）、彭华安的《诞生与危机——独立学院制度运行的案例研究》（2013）、荆光辉等主编《独立学院发展与创新研究》（2014）、朱健的《独立学院改革与发展研究》（2015）、费坚的《中国独立学院发展的战略审视》（2015）、万卫的《混合所有制职业院校发展研究》（2016）、阙海宝的《独立学院转设政策的执行与偏差》（2017）、张梅荷的《我国独立学院核心竞争力的培育研究》等。这些研究从最初对独立学院性质的认识，到分析独立学院与母体高校关系；从对独立学院产权关系的探讨，到独立学院公益性问题的解读，等等。总体来看，独立学院为实现高等教育大众化，探索我国高等教育多元化发展，为促进高等教育体制改革与创新发挥了不可替代的重要作用。

独立学院经过创办期（1999—2002）、独立期（2003—2008）、规范期（2008年至今）三个发展阶段。[①] 尤其是2008年教育部“26号令”的发布，廓清了近年来围绕独立学院发展的一系列理论与实践问题，独立学院的发展进入新阶段，规范性、内涵式的发展成为这一阶段独立学院发展的特点。但是，独立学院如何成功地转设为民办普通高校，如何进一步实现内涵式发展，提高办学水平和人才培养质量还在探索中。当前，独立学院发展的几个核心问题体现为：独立学院不“独立”，与民办高校处于非平等竞争地位；独立学院产权关系不明晰；市场化运作不充分；投资、收益与分配不明确；资源配置与可持续发展不稳定。

随着经济全球化的发展和高等教育国际化趋势的增强，高等教育资源的跨境流动方兴未艾。作为教育领域对外开放、引进国际优质教育资源，提高我国教育现代化水平的重要形式，中外合作办学应运而生。自20世纪80年代中期开始，中国人民大学与国外大学合作举办中美经济学班、复旦大学与国外大学合作举办中美法学培训班、天津财经学院（今天津财经大学）与美国俄克拉荷马城市大学合作举办工商管理硕士（MBA）班等，中外合作办学开始起步。我国中外合作办学经历了探索发展阶段（从20世纪80年代到1995年《中外合作办学暂行规定》

① 王志强主编：《独立学发展模式研究》，电子科技大学出版社2011年版，前言。

颁布之前）、规范发展阶段（从 1995 年发布《中外合作办学暂行规定》到 2004 年教育部发布《中华人民共和国中外合作办学条例实施办法》）、规范管理阶段（从 2004 年 8 月教育部开始对中外合作办学机构和项目进行复核，到 2009 年开展中外合作办学评估工作）、快速发展阶段（从 2010 年 7 月发布《国家中长期教育改革和发展规划纲要（2010—2020 年）》至今）①。根据《中华人民共和国中外合作办学条例》，中外合作办学指中国教育机构与外国教育机构在中国境内合作举办的，以中国公民为主要招生对象的教育教学活动。截至 2018 年 6 月，我国有中外合作办学机构和项目共有 2 342 个，其中本科以上机构和项目共有 1 090 个。中外合作办学发展如火如荼，这一领域的研究也经历了从“冷门”向“热点”的转化。目前出版的代表性著作包括：张兴的《高等教育办学主体多元化研究》（2003）、王剑波的《跨国高等教育与中外合作办学》（2005）、龚思怡的《高校中外合作办学模式与运行机制的研究》（2007）、胡亮才的《国际合作办学模式创新》（2008）、张亚的《高等教育服务贸易理论与政策研究》（2009）、张民选等编著《中外合作办学认证体系的构建与运作》（2010）、赵彦志编著《中外合作办学——治理与发展》（2010）、李晓述的《跨境教育法律问题研究》（2011）、程良龙的《中外合作办学历史·政策·现状》（2014）、陈大立的《中外合作办学法律问题研究》（2014）、尹玥的《中外合作办学项目效率评价及优化研究》（2015）、赵彦志等《中外合作办学质量保障体系研究》（2015）、李晓辉的《中外合作办学——法律制度与实践》（2017）。这里要特别提到厦门大学中外合作办学研究中心。作为中国第一家以中外合作办学为研究对象的专门

① 陆根书等：《中外合作办学：现状、问题与发展对策》，载《高等工程教育研究》2013 年第 4 期，第 75 ～ 80 页。

研究机构，该中心发起筹建了中国高等教育学会中外合作办学研究分会，主办了全国中外合作办学年会暨国际论坛，发布了《中外合作办学发展报告》，有力地促进了我国中外合作办学研究的发展。该校林金辉出版的《中外合作办学教育学》是中外合作办学教育学的第一本教材。该书对于中外合作办学研究的理论化、学科化具有重要意义。

当前，中外合作办学还存在一些发展中的问题，如办学机构与项目不平衡、办学层次结构不合理、办学机构法人治理结构不完善、优质教育资源不充分等。此外，以厦门大学马来西亚分校为代表，中国高校境外办学日益成为趋势，这些都是亟待中外合作办学研究者关注的问题。

高等教育办学体制改革除上述几个方面以外，“混合所有制办学”成为目前正在发生、发展中的一个教育热点话题，学界对此的关注焦点主要在于“混合所有制”会不会成为民办高等教育、高等职业技术教育、独立学院发展的新趋势。

高考与改革开放具有紧密的联系，1977 年正是因为邓小平果断地决定恢复高考，教育战线才因此走向拨乱反正。自《中共中央关于教育体制改革的决定》（1985）提出“改革高等学校的招生计划”以来，高考改革成为历次教育改革的焦点。高考涉及广大人民群众最关心、最直接、最现实的利益，是社会的重大关切。学者们将高考改革比喻为教育改革的“关节”“枢纽”“发动机”“牛鼻子”，这都体现了高考在教育系统改革中的重要性。自 20 世纪 80 年代以来，高考研究逐渐从国外招生制度的经验介绍转向理论性、实践性研究，其中的代表性著作如：贾非的《各国大学入学考试制度比较研究》（1990）、基俊主编《中国高校招生制度》（1990）、吴世淑等主编《高考、会考与考试改革》

（1991）、吴世淑编著《国外高等学校招生制度》（1992）、田子镒等《高考忧思录——废除高考行得通吗》（1993）、王秀卿编著《高等学校招生考试理论研究》（1994）、赵亮宏主编《普通高等学校招生制度概述》（1994）、邱洪等主编《十国高等学校招生制度》（1994）、教育部高校学生司编《中国普通高校招生并轨改革》（1998）、林汉川的《高考冲击波》（1999）、裴世柏的《高考招生改革与管理》（2001）、康乃美等《中外考试制度比较研究》（2002）、于钦波等主编《中外大学入学考试制度比较与中国高考制度改革》（2000）、孙东东的《论争象牙塔——高考与素质教育》（2004）、郑超编著《高考之痛》（2007）、蔡荣生等编著《实现梦想——高考招生政策研究》（2007）、张民选主编《高校招生考试制度改革研究》（2008）、程斯辉主编《高校招生考试问题研究》（2010）、林才溪等编著《地方性高校招生就业问题研究》（2010）、冯用军等《考试新论——以科举和高考为中心》（2012）、刘玉祥主编《上海高校招生考试发展史纲》（2014）、刘进的《中国高校自主招生公平问题研究》（2015）、宋洁绚的《我国高校招生考试制度的形成与演化——基于国家主义的视角》（2015）、杨聚鹏的《大学组织在自主招生政策执行中的机会主义行为研究》（2015）、王志武的《高考论说》（2015）、陈为峰的《美国一流大学本科招生综合评价制度研究》（2015）、虞宁宁的《中国近代教会大学招生考试研究》（2016）、胡向东的《高考改革与考试管理研究》（2016）、吕慈仙的《高考制度公平性研究——异地高考政策与随迁子女社会融入》（2017）。教育部考试中心前主任杨学为不仅主持了20世纪80年代的高考改革，而且对高考及考试史研究倾注了大量心血。他主编《中国考试史文献集成》（2003）、《高考文献》（2003）、《中国考试大辞典》（2006）等文献，出版《中国考试改革研究》

（2001）、《中国高考史述论：1949—1999》（2007）等专著。[①] 杨学为的《中国高考史述论：1949—1999》一书内容包括高考简史、高考述论、考试沿革、中国高考大事记等，该书以权威的史料，生动的叙述，展示了新中国成立 50 年以来高考的风雨，再现了整整 1 300 年科举考试的波诡雾谲。

多年来，以刘海峰为核心的厦门大学考试研究中心潜心从事高考重大理论和政策研究，关注高考改革频仍与历经反复的内在原因，揭示高考改革的历史规律，提出高考改革的政策建议，对提升高考研究水平，促进高考改革沿着正确方向发展，具有重要的学术价值和现实意义。该团队持续进行高考改革的系列课题研究，先后承担 50 余项考试研究课题，产生了一大批具有广泛社会影响的考试研究成果。关于高考这么一项影响重大、万众瞩目的重要制度，过去总体而言是“三多三少”，即新闻报道多、理论研究相对较少，一般议论多、深入分析相对较少，零星探讨多、系统研究相对较少。在某种程度上，由于厦门大学考试研究中心团队的努力，这种情况得到了相当大的改善。截至目前，厦门大学考试研究中心团队是全国对高考研究最系统、出版著作最多的一个群体。[②] 厦门大学考试研究中心主任刘海峰兼任国家教育咨询委员会委员、国家教育考试指导委员会委员，在高考方面，他不仅发表了《高考改革中的全局观》（2002）、《高考改革何去何从》

---

① 杨学为：《中国考试改革研究》，北京大学出版社 2001 年版；杨学为总主编：《中国考试史文献集成》，高等教育出版社 2003 年版；杨学为主编：《中国考试大辞典》，上海辞书出版社 2006 年版；杨学为编：《高考文献》，高等教育出版社 2003 年版；杨学为：《中国高考史述论（1949—1999）》，湖北人民出版社 2007 年版。

② 刘海峰、史秋衡主编：《高等教育研究的国家队——厦门大学教育研究院 40 年的研究贡献》，厦门大学出版社 2018 年版，第 84、89 页。

（2005）、《高考改革的统独之争》（2006）、《高考改革的回顾与展望》（2007）、《高考改革：公平为首还是效率优先》（2011）等一大批产生广泛影响的高水平论文，还出版了《高考改革的理论思考》（2007）、《高校招生考试制度改革研究》（2009）、《高考改革论》（2013）、《考试历史的现实观照——融汇古今的教育研究》（2016）、《高考改革的理论与历史》（2016）、《高考制度变革综论》（2017）等系列个人专著。其中，《高校招生考试制度改革研究》为教育部人文社会科学研究重大课题攻关项目“高考招生考试制度的理论与实践研究”结项成果，该书是这一时期我国高考研究的标志性成果。此外，郑若玲在自主招生、美国大学招生考试制度、高考公平研究方面也取得了瞩目成果，出版的专著有《科举、高考与社会之关系研究》（2007）、《高考思辨》（2013）、《苦旅何以得纾解——高考改革困境与突破》（2011）、《考试机构文化建设概论》（2016）。[①] 张亚群在自主招生、近代私立大学招生政策、残疾人考试招生政策方面有独到研究，出版的专著有《高校自主招生与高考改革》（2012）、《中国研究生招生考试改革研究》（2013）。[②] 近年来，厦门大学考试研究中心培养了一大批青年考试研究工作者，这集中体现为在2017年恢复高考40周年之际，华中师范大学出版社隆重推出了刘海峰主编的“高考改革研究丛书”。该丛书共22卷、约768万字，主要由刘海峰本人的著作和他指导的博士学位论文、博士后出站报告所构成。这是中国第一套高考改革研究丛书，全面系统地展现了中外

① 郑若玲：《科举、高考与社会之关系研究》，华中师范大学出版社2007年版；郑若玲等：《苦旅何以得纾解——高考改革困境与突破》，江苏教育出版社2011年版；郑若玲：《高考思辨》，经济科学出版社2013版；来启华等：《考试机构文化建设概论》，高等教育出版社2016年版。

② 张亚群：《高校自主招生与高考改革》，中国社会科学出版社2012年版；张亚群等：《中国研究生招生考试改革研究》，广东高等教育出版社2013年版。

高校招生考试制度的最新研究成果。该丛书的出版，为推进高考改革提供了重要的理论支撑，对高考改革的顶层设计、对高考改革的顺利推行都具有重大的意义。[①]

2. 内部管理体制研究

高校内部管理体制指高校内部的组织结构体系，包括管理机构的设置、隶属关系和管理权限的划分，以及内部管理运行机理。人们常说高校内部管理体制改革决定着高等教育体制改革的成败，这是因为在历次高等教育改革过程中，宏观管理体制改革是重点，而内部管理体制改革则是落脚点。[②]高等教育改革需要有顶层设计，更需要将政策、理念落到实处。尤其是，改革重点或突破口常常围绕人事制度、分配制度展开，因此，内部管理体制改革最为高校管理者和教职工所关注，直接影响广大教职员工的切身利益。1985年，《中共中央关于教育体制改革的决定》明确提到推进高校内部管理体制改革。自此，我国高等学校内部管理体制改革已经历四个发展阶段：试点阶段（1985—1993）、改革阶段（1993—1997）、深化阶段（1997—2015）、攻坚阶段（2015年至今）。回顾改革历程，可以发现近年来我国高校内部体制改革体现出以下特征——高校后勤社会化改革起步较早、最有成效；人事与分配制度改革涉及面最广、社会关注度最高；高校自主权下放呼吁最强烈、进展最缓慢；现代大学制度建设目前讨论最热烈；党委领导下的校长负责制的健全与完善操作分歧最大。[③]

---

① 刘海峰、史秋衡主编：《高等教育研究的国家队——厦门大学教育研究院40年的研究贡献》，厦门大学出版社2018年版，第98页。

② 胡弼成：《论高校内部管理体制改革的症结》，载《高等教育研究》2000年第5期，第26～28页。

③ 张应强、程瑛：《高校内部管理体制改革：30年的回顾与展望》，载《高等工程教育研究》2008年第6期，第32～38页。

1985年，薛天祥、唐安国在《江苏高教》上发表了《对高等学校管理的若干问题的再认识》一文，受此影响，学界掀起对高校内部各项管理体制研究的热潮。[①] 此后，高校内部管理体制改革研究始终是高等教育管理学研究的热点，在这个领域，学者出版和发表了大量著作和论文。限于篇幅，我们选择其中几个比较重要的问题加以概括。一是关于高校内部管理体制改革的相关成果，如国家教育委员会人事司编《高等学校内部管理体制改革的实践与探索》(第1册、第2册，1994)、毕宪顺的《权力整合与体制创新——中国高等学校内部管理体制改革研究》(2006)、赖雄麟等主编《高等学校内部管理体制创新论》(2009)、徐绪卿的《我国民办高校内部管理体制改革和创新研究》(2012) 等。[②] 受到范德格拉夫等编著《学术权力——七国高等教育管理体制比较》(1989) [③] 的启示，我国不少学者借用"学术权力""行政权力"博弈视角讨论大学内部管理体制改革，认为两种权力的冲突与平衡对于大学内部管理具有重要影响。代表性的著作如谷贤林的《美国研究型大学管理——国家、市场和学术权力的平衡与制约》(2008)、夏民的《法学视野中的大学自治——以大学权力为中心的分

---

① 薛天祥、唐安国：《对高等学校管理的若干问题的再认识》，载《江苏高教》1985年第1期，第33～38页。

② 国家教育委员会人事司编：《高等学校内部管理体制改革的实践与探索》第1册，北京师范大学出版社1994年版；国家教育委员会人事司编：《高等学校内部管理体制改革的实践与探索》第2册，北京师范大学出版社1994年版；陈文博主编：《高等学校内部管理体制改革的实践与探索》，北京师范大学出版社1994年版；毕宪顺：《权力整合与体制创新——中国高等学校内部管理体制改革研究》，教育科学出版社2006年版；赖雄麟，张铭钟主编：《高等学校内部管理体制创新论》，中国矿业大学出版社2009年版；徐绪卿：《我国民办高校内部管理体制改革和创新研究》，中国社会科学出版社2012年版。

③ [美] 约翰·范德格拉夫等编著：《学术权力——七国高等教育管理体制比较》，王承绪等译，浙江教育出版社2001年版。

析》（2009）、赵俊芳的《论大学学术权力》（2012）、李莉的《大学与政府——俄罗斯高等教育与国家崛起》（2012）、毕宪顺的《决策·执行·监督——高等学校内部权力制约与协调机制研究（2013）、李海萍的《大学学术权力现状研究》（2013）、陈金圣的《大学学术权力的制度化建构——基于组织分析的新制度主义视角》（2014）、陈权的《中国公立高校内部权力研究——结构与运行》（2014）、刘敏的《法国大学治理模式与自治改革研究》（2015）、刘伦编著《政治学视阈下的中国现代大学制度建设研究》（2017）、陆军恒的《可持续发展视角下大学十类关系研究》（2017）、王务均的《包容性治理——大学内部权力结构的新机制》（2017）、湛中乐的《高校行政权力与学术权力运行机制研究》（2018）。潘懋元指导、张德祥的博士学位论文《高等学校的学术权力和行政权力》（厦门大学，1997）是国内最早系统研究大学学术权力与行政权力的文献。

近年来，现代大学制度研究成为高等教育研究的热门话题，这实质上也是高等学校内部管理体制改革研究范畴。[①] 这一研究的兴起，主要有以下两方面原因。一是 1998 年 5 月，江泽民在纪念北京大学建校 100 周年讲话中提出了“创建世界一流大学”的目标，教育部时任副部长袁贵仁认为：“建立现代大学制度，是新时期高等教育改革的方向，发展的必然要求。”[②] 二是我国高等教育的规模、质量、结构与

---

① 现代大学制度包括两个基本层面，一是国家层面的关于大学的制度安排，涉及大学与政府的关系、大学与社会的关系、大学与大学的关系等方面。二是大学自身层面的内部制度设计，主要表现为大学的内部治理结构。实质上是要解决两个基本问题：如何促进大学的社会化，形成大学与社会的有效互动机制；如何解决好大学自身发展逻辑与服务社会的目的冲突问题。参见张应强：《把大学作为学术组织来建设与管理》，载《中国高等教育》2006 年第 19 期，第 16 ～ 17 页。

② 袁贵仁：《建立现代大学制度，推进高等教育改革》，载《中国高等教育》2000 年第 3 期，第 21 ～ 23 页。

效益的协调发展越来越依赖高等教育的制度创新，需要高等教育研究者对现代大学制度的概念、理论基础、主要内容、建设路径等进行深入探讨。为此，理论界发表和出版了大量以“现代大学制度”为主题的文章、著作，不少学位论文也以之为对象进行研究。这一方面的著作，如胡建华的《现代中国大学制度的原点——50 年代初期的大学改革》（2001）、万力维的《控制与分等——权力视角下的大学学科制度》（2005）、胡建华等《大学制度改革论》（2006）、方明等主编《现代大学制度论》（2007）、赵文华等主编《现代大学制度：问题与对策》（2007）、高桂娟的《现代大学制度演进的文化逻辑》（2007）、朴雪涛等《大学制度创新与中国研究型大学建设》（2007）、王建华的《第三部门视野中的现代大学制度》（2008）、彭江《中国大学学术研究制度变革》（2009）、韩春虎的《大学治理——一种科学发展视阈下的制度安排》（2009）、胡炳仙的《中国重点大学政策的历史逻辑与制度分析》（2010）、王飞的《制度突破与文化变迁——透视中国大学发展的百年历程》（2010）、孙雷的《现代大学制度下大学文化研究》（2010）、樊艳艳的《双重起源与制度生成——中国现代大学制度起源研究》（2011）、兰军瑞的《现代大学制度的建立与运行》（2012）、王洪才的《中国大学模式探索——中国特色的现代大学制度建构》（2013）、张征的《新自由主义背景下大学制度变革研究》（2014）、王晓辉等《理念与制度——现代大学治理》（2015）、胡娟的《大学制度论》（2015）、胡仁东的《我国大学学院组织制度变迁研究》（2016）、唐世纲的《大学制度价值论》（2017）、李昕的《公立大学法人制度研究》（2017）等。其中，胡建华的《现代中国大学制度的原点——50 年代初期的大学改革》是作者在日本名古屋大学完成的博士学位论文《关于中国社会主义大学制度成立过程之研究——以50年代初期大学教学改革为中心》的基础上修改而成。曾任日本比较教育学会会长的马越彻评价胡建华的著作，认为作者以“院系调整”为中心的制度改革与以“设置专业”“制订教学计划”“成立教学研究组”为主要内容的教学改革两个方面，成功地阐明了20世纪50年代初期大学改革的特点，是关于新中国成立初期社会主义大学制度形成过程研究的一部力作。[①]胡建华等《大学制度改革论》在制度层面，对整体的与局部的、历史的与现代的、中国的与外国的大学改革实践进行了理论上的整理、思考与概括，是该时期大学制度研究的重要力作。

全国高等教育学研究会理事长，华中科技大学教育科学研究院张应强除发表了《论高等教育学的学科定位》《超越“学科论”和“研究领域论”之争——对我国高等教育学学科建设方向的思考》《高等教育学的学科范式冲突与超越之路——兼谈高等教育学的再学科化问题》《高等教育学到底有什么用》《当前我国高等教育学的危机与应对》等一系列论述高等教育学学科性质、学科建设与发展的系列论文[②]，还出版了《文化视野中的高等教育》(1999)、《高等教育现代化的反思与建构》(2000)、《大学的文化精神与使命》(2008)、《精英与大众——中

---

① 胡建华：《现代中国大学制度的原点——50年代初期的大学改革》，南京师范大学出版社2001年版，第5页，序。

② 张应强关于我国高等教育学学科建设的代表性论文，可参考张应强、郭卉：《论高等教育学的学科定位》，载《教育研究》2010年第1期，第39～43页；张应强：《超越“学科论”和“研究领域论”之争——对我国高等教育学学科建设方向的思考》，载《北京大学教育评论》2011年第4期，第49～61页；张应强：《高等教育学的学科范式冲突与超越之路——兼谈高等教育学的再学科化问题》，载《教育研究》2014年第14期，第13～23页；张应强、唐萌：《高等教育学到底有什么用》，载《中国高教研究》2016年第12期，第56～62页；张应强：《当前我国高等教育学的危机与应对》，载《高等教育研究》2017年第1期，第8～11页。

国高等教育60年》（2009）等专著。[①] 其中，《文化视野中的高等教育》一书的理论价值与实践意义在于以“文化、教育、人”的内在联系作为研究框架，揭示文化与高等教育间复杂的、潜在的、深层次的本质联系；从文化的国际性与民族性论证不同国家高等教育现代化的共性与特性，为建立有中国特色的高等教育体系提供理论依据。[②]《高等教育现代化的反思与建构》为其在南京师范大学鲁洁指导下完成的博士后出站报告基础上修改而成。该书在广泛吸取相关学科研究成果的基础上，以开阔的研究视野、独特的研究视角和研究方法，重新解读了现代化的内涵，全面把握了高等教育现代化的历史进程和高等教育现代化的本质。该书最突出的贡献还表现在高等教育现代性的理论建构上，作者试图确立一种以人为中心的高等教育哲学。正如作者所指出的：“高等教育现代性的理论建构，其实就是确立一种新的高等教育哲学，就是对教育本质、教育目的、教育功能、教育过程等的重新思考，提出关于教育的总体性认识。”[③] 此外，张应强长期关注中国特色大学制度建设和大学治理问题，并发表了《关于中国特色现代大学制度的理论认识》（2003）、《新中国大学制度建设的艰难选择》（2012）、《全球化背景下的我国现代大学制度改革》（2013）、《高等教育全面深化改革需要对高等教育改革进行改革》（2014）、《关于将高等教育改革纳入法治化轨道的思考》（2015）、《我国高等教育改革的反思和再出发》（2016）、

---

① 张应强：《高等教育现代化的反思与建构》，黑龙江教育出版社2000年版；张应强主编：《精英与大众——中国高等教育60年》，浙江大学出版社2009年版；张应强：《大学的文化精神与使命》，安徽教育出版社2008年版；张应强：《文化视野中的高等教育》，南京师范大学出版社1999年版。

② 张应强：《文化视野中的高等教育》，南京师范大学出版社1999年版，第6页。

③ 张应强：《高等教育现代化的反思与建构》，黑龙江教育出版社2000年版，第189页。

《从类市场化治理到准市场化治理：我国高等教育治理变革的方向》（2018）、《中国特色现代大学制度建设任重道远》（2018）等文章。[①] 这些文章清晰地阐述了我国现代高等教育制度的形成过程，当前高等教育改革所面临的困境与问题，以及深化我国高等教育改革的理念、路径与制度选择等，体现了高等教育研究者对于现代大学制度改革的深度思考。

与现代大学制度建设具有密切联系的是“世界一流大学”研究，这不仅是因为建设世界一流大学是我国建设现代大学制度的基本目标，同时因为在中国建设世界一流大学的过程中需要不断地借鉴国外一流大学的建设经验。尤其是随着国家“985 工程”的实施，学界对世界一流大学的研究日趋热烈。此方面著作如：李家宝等编译整理《世界10 所著名一流大学的教学》（2002）、王英杰等《世界一流大学的形成与发展》（2008）、张东海的《美国联邦科学政策与世界一流大学发展》（2010）、郭鑫的《世界一流大学战略联盟》（2011）、程星的《世界一流大学的管理之道——大学管理决策与高等教育研究》（2011）、罗志敏的《校友文化与世界一流大学创建》（2013）、刘宝存等主编《光荣与梦想——世界一流大学建设》（2015）、田稷等编著《世界一流研究型大

---

① 张应强、蒋华林：《关于中国特色现代大学制度的理论认识》，载《教育研究》2013 年第 11 期，第 35 ～ 43 页；张应强：《新中国大学制度建设的艰难选择》，载《清华大学教育研究》2012 年第 6 期，第 25 ～ 35 页；张应强：《全球化背景下的我国现代大学制度改革》，载《高等教育研究》2013 年第 9 期，第 1 ～ 7 页；张应强：《高等教育全面深化改革需要对高等教育改革进行改革》，《中国高教研究》2014 年第 10 期，第 16 ～ 20 页；张应强：《关于将高等教育改革纳入法治化轨道的思考》，载《江苏高教》2015 年第 6 期，第 1 ～ 4 页；张应强：《我国高等教育改革的反思和再出发》，载《深圳大学学报》（人文社会科学版）2016 年第 1 期，第 140 ～ 155 页；张应强、张浩正：《从类市场化治理到准市场化治理：我国高等教育治理变革的方向》，载《高等教育研究》2018 年第 6 期，第 3 ～ 19 页；张应强：《中国特色现代大学制度建设任重道远》，载《探索与争鸣》2018 年第 6 期，第 43 ～ 45 页。

学联盟综合竞争力分析》（2015）、王莉华等《世界一流大学学科竞争力》（2015）、别敦荣等《世界一流大学教育理念》（2016）、赵跃宇主编《世界一流大学内部治理体系研究》（2016）、北京大学党校办公室主编《大学之间——世界一流大学建设的实践与思考》（2016）、喻恺等《世界一流大学永续型基金发展与管理研究》（2016）、王战军主编《世界一流大学世界一流学科建设政策汇编》（2018）。此外，由汪霞主编的“世界一流大学研究丛书”，目前已出版《世界一流大学研究生培养模式和课程体系研究》（2015）、《世界一流大学通识教育课程研究——以美国大学为例》（2017）、《世界一流大学教学助理制度研究》（2017）、《世界一流大学案例研究——高质量的秘密》（2018）4 部专著。有别于其他学者集中讨论世界一流大学的制度、科研，该丛书侧重于探讨世界一流大学的课程体系、教学管理，是研究一流大学人才培养问题的代表性作品。①

近年来，大学“排行榜”问题备受关注。邱均平运用科学计量学方法连续公布中国与世界大学排行榜，出版的《中国大学及学科专业评价报告》《中国研究生教育评价报告》《中国学术期刊评价报告》《世界一流大学与科研机构评价报告》等系列评价报告，产生了广泛的社会影响。② 上海交通大学刘念才团队发表的 Academic Ranking of World Universities（ARWU，世界大学学术排名），现已成为世界上影响力

① 汪霞主编：《世界一流大学研究生培养模式和课程体系研究》，南京大学出版社 2015 年版；汪霞、钱铭主编：《世界一流大学通识教育课程研究——以美国大学为例》，南京大学出版社 2017 年版；汪霞、钱小龙主编：《世界一流大学教学助理制度研究》，南京大学出版社 2017 年版；汪霞、顾露雯主编：《世界一流大学案例研究——高质量的秘密》，南京大学出版社 2018 年版。

② 邱均平等编：《世界一流大学和一流学科评价研究报告（2017—2018）》，科学出版社 2018 年版。

最大的大学排名之一。刘念才主编的“世界一流大学研究文库”聚焦“一流大学建设”主题，力求从一流大学的国际经验、发展中国家路径选择等展开分析，目前已经出版近30部著作。

在世界一流大学研究中，学科建设问题引起学者的广泛关注，也产生了一批具有较高学术水平的研究成果。在通常情况下，学科具有三层含义：一是知识分类、知识生产及其相关政策；二是与知识分类相联系的大学院、系组织分类，核心是人才队伍建设；三是与人才培养相联系，落脚点是专业、课程建设等。近年来，在一流大学建设研究中，关于学科的讨论涵盖了上述三个方面，但讨论的核心在于与知识分类相联系的学科布局、师资队伍建设、科学研究与人才培养。概括一流大学建设中的学科研究，可以发现主要讨论了以下一些问题：一是学科制度与学科文化研究，如万力维的《控制与分等——权力视角下的大学学科制度》（2005）、庞青山的《大学学科论》（2006）、蒋洪池的《大学学科文化研究》（2011）、高山的《大学学科文化管理研究》（2016）、胥秋的《大学学科文化的冲突与融合》（2016）、王建华的《学科的境况与大学的遭遇》（2014）、宣勇的《大学变革的逻辑——学科组织化及其成长》（2009）、张炜的《学术组织再造——大学跨学科学术组织的成长机制》（2012）、贾莉莉的《基于学科的大学学术组织研究》（2013）等。二是学科改革与发展研究，如李铁君的《大学学科建设与发展论纲》（2004）、陈久青等《大学学科建设论稿》（2009）、李枭鹰的《大学学科发展论》（2011）、翟亚军的《大学学科建设模式研究》（2011）、舟航等《研究型大学学科组织创新研究》（2004）、王沛民等编著《面向高新科技的大学学科改造》（2005）、曾冬梅等《协同与共生——大学“学科—专业”一体化建设研究与探索》（2008）、周朝成的《当代大学中的跨学科研究》(2009)、童蕊的《大学跨学科学术组织的冲突问题研究》(2012)、文少保的《美国大学跨学科研究资助政策与组织机制》(2016)、李佳敏的《跨界与融合——基于学科交叉的大学人才培养研究》(2016)等。三是学科评价研究，如廖益的《大学学科专业评价》(2014)、王莉华等《世界一流大学学科竞争力》(2015)、李春林等《大学学科组织的学术创业力研究》(2016)等。四是中国特色一流大学学科建设研究，如罗云的《中国重点大学与学科建设》(2005)、郭树东的《研究型大学学科生态系统发展模型及仿真研究》(2011)、关少化的《大学学科建设领导行为对学科发展的影响研究》(2012)、杨传平的《高水平大学学科建设研究》(2015)、李春林的《创新型大学一流学科的生成机理与治理策略》(2016)、斯日古楞的《中国近代国立大学学科建制与发展史研究(1895—1937)》(2016)、王丽娟的《1912—1936民国国立大学学科价值取向流变研究》(2018)、庞振超的《建国后50年中国大学人文学科的变革》(2007)等。

大学章程建设是实现依法治教、依法治校，转变政府职能、加强宏观管理的内在需要，也是大学完善内部管理、建立现代大学制度的重要内容。尽管《中华人民共和国教育法》(1995)、《中华人民共和国高等教育法》(1998)、《教育部关于加强教育法制建设的意见》(1999)、《教育部关于加强依法治校工作的若干意见》(2003)对于高校制订大学章程多次强调，重申"一校一章程"、高校要"依据法律、法规的规定，尽快制定、完善学校章程"，"学校要依据法律法规制定和完善学校章程，经主管教育行政部门审核后，作为学校办学活动的重要依据"。但此项工作一直进展缓慢，直到吉林大学等校率先发布各自章程，教育部在吉林大学召开了"直属高校依法治校工作经验交流会"(2006年

6月15日至16日），对大学章程制订工作做了明确要求和广泛动员以后，部属高校章程制订工作才全面展开。[①] 近年来，关于大学章程问题的著作主要有米俊魁的《大学章程价值研究》(2006)、马陆亭和范文曜主编《大学章程要素的国际比较》(2010)、张国有主编《大学章程》(2011)、陈立鹏等《大学章程研究——理论与实践的探索》(2012)、王海莹的《中国现代大学章程建设研究》(2013)、朱家德的《权力的规制——大学章程的历史流变与当代形态》(2013)、高玉葆的《微观视角下的现代大学制度建设》(2014)、覃正编著《中外大学章程》(2015)、王云兰的《公立大学章程权威实效性机制研究》(2015)、张继明的《学术本位视域中的大学章程研究》(2015)、教育部政策法规司编《中国特色现代大学章程·"985工程"卷》(2016)、教育部政策法规司编《中国特色现代大学章程·"211工程"卷》(2016)、余敏和付义朝主编《走向法治：大学章程读本》(2016)、尹建锋的《重塑华人大学组织文化与理念：基于香港地区大学章程的调查研究》(2016)；北京大学湛中乐出版多部大学章程与大学治理的著作，如《大学章程精选》(2010)、《通过章程的大学治理》(2011)、《大学章程法律问题研究》(2016)、《大学法治与权益保护》(2011)。同时，北京大学教育法研究中心近年举办了多届大学章程与大学治理的学术研讨会，这对于深化大学章程与现代大学制度建设产生了积极影响。

在讨论一流大学和现代大学制度建设过程中，"大学治理"日益成为一个热门的话题，这一问题的兴起部分是受到"公司治理"的影响，更深层次的原因则是受到我国社会主义市场经济的建立、高等教育体

① 陈立鹏：《关于我国大学章程几个重要问题的探讨》，载《中国高教研究》2008年第7期，第19～22页。

制的转型和高等教育大众化的影响。因此，从“大学管理”到“大学治理”的转变，反映了高等教育利益相关者在大学发展、大学决策中的权势转移、关系调整。不少研究从大学治理的逻辑、大学治理机构、大学治理过程中的利益表达、国外大学治理等多角度开展研究。这方面有代表性的著作主要有黄竹胜等《大学治理的法律问题研究》（2005）、李福华的《大学治理的理论基础与组织架构》（2008）、郭卉的《权利诉求与大学治理——中国大学教师利益表达的制度运作》（2009）、尹晓敏的《利益相关者参与逻辑下的大学治理研究》（2010）、洪源渤的《共同治理——论大学法人治理结构》（2010）、严文清的《中国大学治理结构研究》（2011）、欧阳光华的《董事、校长与教授——美国大学治理结构研究》（2011）、安宗林和李学永的《大学治理的法制框架构建研究》（2011）、李福华的《大学治理与大学管理》（2012）、赵泽虎和颜世欣的《从治理到善治——生态学视野中的大学治理研究》（2012）、张国有主编《大学理念、规则与大学治理》（2013）、许为民等的《学术与行政——中外大学治理结构案例研究》（2013）、张新科的《德国高等教育管理及大学治理》（2014）、余承海的《美国州立大学治理结构研究》（2014）、蒋达勇的《现代国家建构中的大学治理——基于中国经验的实证分析》（2014）、杨文明的《美国州政府对州立大学治理模式的实证研究》（2015）、姜华等的《资源与效率——国外高等教育绩效评价研究》（2015）、王晓辉和刘敏主编《理念与制度：现代大学治理》（2015）、郭平的《现代大学治理及其功能研究》（2015）、朱家德和周湖勇的《大学有效治理研究》（2016）、孟倩的《大学内部治理的分权与制衡——博弈论的视角》（2016）、李旭炎等的《现代大学内部治理结构研究》（2016）、宣勇的《政府善治与中国大学的主体性重建》

（2016）、毕宪顺的《大学治理——理念·规制》（2017）、杨成名的《大学与大学治理——基于利益相关者价值优化的视角》（2017）、刘爱生的《美国大学治理——结构、过程与人际关系》（2017）、顾建亚的《现代大学治理的内部监督制约机制研究》（2017）、王晓辉等《大学治理：理念、模式与制度》（2018）、龙献忠的《大学治理与大学发展》（2018）。其中，宣勇是研究现代大学制度、大学治理问题成果比较丰硕的学者，出版有《大学组织结构研究》（2005）、《大学变革的逻辑》（2009）、《中国大学校长管理专业化研究》（2018）等论著。在《政府善治与中国大学的主体性重建》（2016）一书中，宣勇将政府善治这一公共管理领域的重大主题与高等教育管理研究的焦点主题——大学的主体性问题联系起来，使专著从视角到主题都不同于其他相关研究，这样便有了新意。另外，作者从政府与大学的关系入手，围绕大学的主体性展开理论和实际的阐述，既有历史的审视，又有比较的镜鉴，还有基于政府善治改革的理论建构，给读者丰富的启示。①

美国的院校研究兴起于其高等教育走向大众化时，当时美国大学的组织与管理发生了根本性变化。高等学校开始以现代管理原则与方法取代传统的经验管理，并力求持续地提高学校管理的效率与效益，院校研究因此日益发挥现代大学管理参谋的作用。②具体到中国，院校研究的特殊意义在于，长期以来，高等教育研究的关注焦点是宏观研究、制度和结构研究，关于微观、组织和机构的研究较少给予足够的重视。这部分是由于我国高等教育长期处于计划经济体制，高校成为

① 别敦荣：《论我国大学主体性的缺失与彰显兼评〈政府善治与中国大学的主体性重建〉》，载《复旦教育论坛》2017年第3期，第39～45页。

② 赵炬明：《中国大学与院校研究》，载《高等教育研究》2005年第8期，第1～14页。

具有较强行政性色彩的教学单位，由此导致大学自主管理、自我发展意识不足。随着我国经济体制和教育体制改革的深入，高等教育的市场化、大众化、国际化趋势日渐明显，逐步完善的市场经济体制必然导致办学资源配置由行政性配置向市场化配置转变；大学办学自主权下放，院校的发展竞争和多样化发展不可避免。这就必然要求院校加强对自身的研究，提高院校管理和决策的科学化水平，解决在市场竞争中面临的具体问题，促使学校更快发展。大学发展对于具有针对性、策略性、个案性、行动性的研究需求日益迫切，正是在上述背景下，院校研究一经引入，便风靡全国。

2000 年 3 月，华中科技大学率先成立“院校发展研究中心”，这成为院校研究在中国正式兴起的标志。近二十年来，华中科技大学院校发展研究中心始终是中国院校研究的倡导者、推动者、实践者。在刘献君等人的推动下，中国院校研究走过了从“初步形成”走向“规范发展”的发展历程[①]，实现了从“对院校研究的研究”到“开展中国的院校研究”的转变。就“对院校研究的研究”而言，主要是从学习美国院校研究经验和理论，如 2001 年，华中科技大学院校发展研究中心从美国购买了一批院校研究资料，组织翻译、学习，了解美国院校研究。之后，陆续翻译出版了“新工具丛书”“美国高等教育管理学经典译丛”“院校研究译丛”三套丛书。[②]如此，中国学者对院校研究的性质和特征、研究内容、基本方法，怎样建设院校分析数据库、如何组织开展院校研究等基本问题有了非常深入的了解，达成了院校研究

① 张俊超：《中国院校研究规范发展的实践转向与路径选择》，载《高等教育研究》2013 年第 2 期，第 35 ～ 42 页。

② 刘献君：《华中科技大学教育科学研究院院校研究十年回顾》，载《高等教育研究》2010 年第 9 期，第 41 ～ 48 页。

的功能、特征、方法等的基本共识。就“开展中国的院校研究”而言，主要是实现了院校研究的“中国化”改造，并在“建设院校研究案例库”“开展专题院校研究”等方面取得了重要进展。[①] 尤其是后者，反映了中国院校研究有别于美国院校研究的独特性。刘献君著有《大学之思与大学之治》（2000）、《高等学校战略管理》（2008），主编有《中国院校研究案例》（2008、2010）、《院校研究》（2008）等系列著作。[②] 赵炬明主编了“院校研究译丛”并发表了大量关于美国院校研究、教学管理等方面的论文，并与余东升主编《院校研究与现代大学管理讲演录》（2006）。[③] 刘献君、赵炬明、别敦荣等以学校发展战略规划为突破口，先后应邀到数十所大学，和这些学校的领导、院校研究人员共同研究和制定学校发展战略规划。同时结合其发展实际，面向中层以上干部和部分教师作学术报告。他们累计对全国 300 余所大学进行了管理咨询工作，对这些学校的发展起到了不同程度的推动作用。[④] 此外，2007 年，华中科技大学教育科学研究院牵头申请建立的全国性学术组织——中国高等教育学会院校研究分会获得民政部批准，刘献君当选为首届理事会理事长。院校研究分会的建立，在中国院校研究历

① 张应强：《我国院校研究的进展、问题与前景》，载《高等教育研究》2011 年第 12 期，第 40 ～ 45 页。

② 刘献君：《高等学校战略管理》，人民出版社 2008 年版；刘献君：《大学之思与大学之治》，华中理工大学出版社 2000 年版；刘献君主编：《中国院校研究案例》第 1 辑，高等教育出版社 2008 年版；刘献君主编：《中国院校研究案例》第 2 辑，华中科技大学出版社 2010 年版；刘献君主编：《院校研究》，高等教育出版社 2008 年版；目前，《中国院校研究案例》截至 2018 年已经出版 6 辑。

③ 赵炬明、余东升主编：《院校研究与现代大学管理讲演录》，中国海洋大学出版社 2006 年版。

④ 张应强：《我国院校研究的进展、问题与前景》，载《高等教育研究》2011 年第 12 期，第 40 ～ 45 页。

史上具有里程碑意义，对推动全国的院校研究发挥了重要作用。中国院校研究分会至今已举办16届学术年会，年会围绕高等教育改革热点，聚焦院校研究主题，对于推动我国高等教育中观和微观改革发挥重要影响。① 此外，院校研究著作还包括：程星、周川主编《院校研究与美国高校管理》（2003），程星、周川主编《美国院校研究实例》（2008），蔡国春的《院校研究与现代大学管理——美国院校研究模式研究与借鉴》（2006），蔡国春的《中美高校学生事务管理模式比较研究》（2007），常桐善的《院校研究的发展与应用》（2016）等。② 随着我国加快中国特色现代大学制度建设步伐，院校研究将会获得更大发展空间，并在进一步促进院校改革和发展中发挥更大的作用。

三、高等教育社会学研究

无论从世界还是从中国的角度看，高等教育社会学都是一个新兴的学科或领域。从逻辑上讲，高等教育社会学是“高等教育学”与“社会学”的交叉学科，当然，它也可以理解为“教育社会学”下的二级学科。高等教育社会学的提出主要源自传统教育社会学主要关注普

① 2003—2018年院校研究年会的主题分别是：院校研究的历史、概念、功能及在我国的应用（2003），院校研究与现代大学管理（2004），大学领导与发展战略（2006），以专题研究为突破口推进院校研究（2007），院校研究：建设高等教育质量保证体系（2008），探索院校研究方法，推动高校科学发展（2009），全球化时代的高校人力资源管理（2010），加强管理信息系统建设，推进院校研究规范发展（2011），“以学生为中心”的本科教育变革（2012），院校研究数据分析的对象、内容与方法（2013），大学课程建设与本科教学改革（2014），院校研究与高校综合改革（2015），院校研究与高等教育质量提升（2016），院校研究与学生成长（2017），大数据时代的院校研究与个性化教育（2018）。

② 程星、周川主编：《院校研究与美国高校管理》，湖南人民出版社2003年版；程星、周川主编：《美国院校研究实例》，苏州大学出版社2008年版；蔡国春：《院校研究与现代大学管理——美国院校研究模式研究与借鉴》，教育科学出版社2006年版；蔡国春：《中美高校学生事务管理模式比较研究》，中国海洋大学出版社2007年版；常桐善：《院校研究的发展与应用》，同济大学出版社2016年版。

通教育中的社会现象，或者社会中的普通教育问题。长期以来，由于高等教育研究的滞后，使得人们对高等教育社会学的研究缺少系统的观照和思考。在2000年以前，关于高等教育社会学的研究“就只见到一些就某一高等教育的社会性问题所做的调查报告或论文，如讨论高等教育机会问题、大学生社会道德与社会行为问题、作为社会问题的高校招生与考试、大学毕业生就业问题以及女子教育问题等”[①]。但是，随着社会转型、阶层分化和高等教育改革的进行，高等教育与社会发展、高等教育与社会结构、高等教育与社会变迁、高等教育与社会阶层、高等教育机会均等问题日益引起广泛的关注，从而促进了主题的高等教育社会学研究这一研究领域的长足发展。

目前，分别有张德祥、周润智的《高等教育社会学》（2002）、侯定凯的《高等教育社会学》（2004）、王处辉主编《高等教育社会学》（2009）和帕翠西亚·冈伯特的《高等教育社会学》（2013）4部以“高等教育社会学”名字命名的专著。[②]其中，张德祥、周润智所著《高等教育社会学》是中国第一部以“高等教育社会学”命名的著作。该书虽然参照了若干教育社会学著作的体系与内容，但有自己的特点，除了“概述”和“高等教育社会功能”两章，其他各章各节，“大多是从高等教育现实中重大的社会性问题出发，运用社会学的理论与方法进行分析研究……特别是最后一章高等教育与网络社会的关系……这在

① 张德祥、周润智：《高等教育社会学》，高等教育出版社2002年版，第1页。

② 张德祥、周润智：《高等教育社会学》，高等教育出版社2002年版；侯定凯：《高等教育社会学》，广西师范大学出版社2004年版；王处辉主编：《高等教育社会学》，高等教育出版社2009年版；［美］帕翠西亚·冈伯特：《高等教育社会学》，朱志勇、范晓慧译，北京大学出版社2013年版。

高等教育科学领域是一个刚开辟的前沿阵地”①。侯定凯的《高等教育社会学》一书的新意在于试图实现三个突破：一是强调针对不同对象，采用不同的学科的研究手段，如在讨论“社会分层与高等教育机会均等”“高等教育与社会流动”“专业知识分层”“知识的控制和流动”“大学教师的角色和专业发展”“高等教育的世界系统”时分别采用普通社会学、知识社会学、科学社会学、社会心理学、全球社会学等研究方法；二是主张在高等教育社会学研究中，必须突出高等教育活动最具特殊性等方面，如“学科和专业知识”“大学教师和学生”“高等教育的国际性”等的社会学分析；三是主张以“宏观—微观系统”的功能主义统领不同研究对象，以更符合高等教育组织活动的特点。②王处辉主编的《高等教育社会学》一书提出高等教育社会学研究体系，其内容包括四个部分：高等教育社会学论、社会系统中的高等教育、高等教育系统中的社会、当前中国高等教育发展中若干重大社会问题分析等。作为中国高等教育学会组编的高等教育学硕士研究生教学参考用书，该书可被视为一部较为系统、全面、规范的高等教育社会学教材。此外，钱民辉的《教育社会学——现代性的思考与建构》中第十章“高等教育系统的社会学研究”专门讨论了“高等教育的发展与社会和人的现代性之关系”“高等教育系统的社会学分析”“接受高等教育对社会个体的意义”等内容，体现了高等教育社会学日益被纳入教育社会学体系之中。③

教育公平问题是人类历史上一个永恒的话题。在当代，教育公平

① 张德祥、周润智：《高等教育社会学》，高等教育出版社 2002 年版，第 1 页，潘懋元序。

② 侯定凯：《高等教育社会学》，广西师范大学出版社 2004 年版，前言。

③ 钱民辉：《教育社会学——现代性的思考与建构》，北京大学出版社 2005 年版。

（主要是教育机会平等）已成为世界教育发展的主流。改革开放以来，我国高等教育的发展取得了巨大的成就。但是，由于经济、社会发展和阶层的差异，以及国家的教育政策和制度等方面的原因，高等教育在蓬勃发展的同时也遇到了许多新的问题：高等教育资源区域分布不均衡、高考招生中各地录取分数线的悬殊、高校学生中城乡与阶层差距、高等教育高昂的收费制度使高校“贫困生”现象凸显……这些问题无一不触动当今中国社会各阶层的敏感神经，成为备受公众关注的热点。高等教育公平正在考验着人们的心理承受能力和社会的承受能力。[①] 因此，“公平”问题日益成为高等教育社会学领域一个关键性问题。这方面的研究主要包括：谢维和等的《中国的教育公平与教育发展（1990—2005）》（2008）、李廉水和吴立保的《和谐社会视野下高等教育公平的制度设计研究》（2010）、田晶的《高等教育公平问题研究》（2013）、苑大勇的《终身学习视角下英国高等教育扩大参与政策研究》（2013）、陈新忠的《高等教育与社会公平研究——基于分流施教与和谐互动视角》（2014）、宋韬的《中国高等教育入学机会差异问题研究》（2015）、王卫东的《高等教育过程公平的社会学分析》（2015）、刘中项的《高等教育公平实现之探究——高等教育分层次人才培养与教育公平之关系》（2013）、张玉堂的《中国高等教育公平问题研究》（2015）、李小鲁等的《基于高等教育机会公平的机制建设研究》（2016）、李娜的《中国高等教育过程公平研究》（2016）、任红亮的《高等教育公平问题专题研究》（2017）。清华大学谢维和长期从事教育社会学和高等教育研究，出版《教育活动社会学分析——一种教育社会学等研究》（2000）、《中国高等教育大众化进程中的结构分析——1998—2004 年的

① 华桦、蒋瑾：《教育公平论》，天津教育出版社 2006 年版，第 7 页。

实证研究》(2007)、《中国的教育公平与教育发展(1990—2005)》(2008)等多部著作[①]，其中《中国的教育公平与教育发展(1990—2005)》一书针对中国在20世纪末至21世纪初教育公平的状况及其发展所出现的各种新的情况与特点，应用词频统计、理论减法、规范与实证相结合的方法以及教育社会学的各种研究方法，发现和说明了中国教育公平现象中不能为传统教育公平理论所完全解释的残余，提出了一个关于教育公平的新的理论假设，并且通过背景证明、理论证明、数理证明和扩展证明进行了初步的论证，进而对中国教育公平和教育发展等问题提出了自己的观点，该书对于教育公平的实践和政策分析也具有一定的参考价值。

教育与社会分层历来是教育社会学讨论的重点问题，高等教育作为教育的出口，与社会分层关系更加紧密。这一研究主题包含两大研究内容：一是从宏观制度出发，讨论政治制度、经济改革、教育扩张等制度变迁对个人教育机会获得的影响；二是从微观行为出发，讨论个人教育成就、学业表现的影响因素。代表性著作如：刘精明的《转型时期中国社会教育》(2004)、《国家、社会阶层与教育——教育获得的社会学研究》(2005)、《教育公平与社会分层》(2015)等专著，此外还有董泽芳等的《高等教育分流的理论与实践》(2010)、刘生全的《教育成层研究》(2011)、查啸虎的《教育成层论》(2012)等。刘生全的《教育成层研究》一书，系统地描述了教育成层的发展历程与演变过程，对教育成层及其相关的基本概念进行了专门化的讨论，特别

① 谢维和、文雯、李乐夫：《中国高等教育大众化进程中的结构分析——1998—2004年的实证研究》，教育科学出版社2007年版；谢维和：《教育活动的社会学分析——一种教育社会学的研究》，教育科学出版社2000年版。

是对教育成层的理论做了比较系统的阐述与分析，同时，还结合当代中国社会的转型以及现代社会的发展等维度，进一步阐述了教育成层的意义与价值。[①] 董泽芳等的《高等教育分流的理论与实践》一书在理论上提出了高等教育分流、高等教育合理分流、高等教育分流结构等概念，对高等教育合理分流的意义与特征、理论基础与实践依据、演变脉络与发展趋势、模式构建与运行机制进行了分析和概括；在实践上总结了高等教育分流模式的构成要素，分析了制约高等教育分流模式的因素，提出了高等教育合理分流的基本原则与运行机制，概括了国外高等教育分流的八种模式，揭示了我国高等教育分流的主要问题，探讨了我国高等教育分流的改革对策，这些对于我国高等教育合理分流都具有重要的指导作用。[②]

这里要重点提及南京大学梁晨与香港科技大学李中清研究小组关于高等教育机会的相关研究成果。梁晨等利用北京大学、苏州大学两校现存的数十万学生学籍卡建立的数据库进行系统分析，发现自 1949 年以来，中国（不含港澳台地区）高等教育领域出现了一场革命。高等精英教育生源开始多样化，以往为社会上层子女所垄断的状况被打破，工农等社会较低阶层子女逐渐在其中占据相当比重，并成功地将这一比重保持到 20 世纪末。基础教育的推广、统一高考招生制度的建立以及重点中学的设置等制度安排共同推动了无声革命的出现。这场革命虽然不及社会政治革命那样引人瞩目，却同样意义深远。研究成果先以《无声的革命：北京大学与苏州大学学生社会来源研究

① 刘生全：《教育成层研究》，教育科学出版社 2011 年版，第 2 页，序。

② 董泽芳等：《高等教育分流的理论与实践》，华中师范大学出版社 2010 年版，第 13 页。

（1952—2002）》为题发表，其后又以专著形式出版。[①] 这一研究不仅在研究方法上采用了计量史学、在资料使用中凸显了学籍卡等重要性，而且所提出的相关观点也引起媒体的普遍关注和社会各界的广泛讨论。此后，不少学者利用其他数据考察“无声的革命”是否仍在延续。如李春玲在《“80后”的教育经历与机会不平等——〈兼评无声的革命〉》（2014）中指出，基于三次全国抽样调查数据发现，尽管“80后”普遍受益于教育扩张，但在高等教育机会获得上，仍然存在类似于“70后”的阶层和城乡差异。这意味着“无声的革命”没有在“80后”这一代人身上发生。[②] 刘精明在《能力与出身：高等教育入学机会分配的机制分析》（2014）中认为，个人的教育成就通常受能力和出身（家庭背景）的共同影响，而能力和出身作用的相对大小又是评判教育公平的基本依据。通过采用系数集束化方法，比较能力和出身两种机制对不同层级的普通本科教育机会分配的影响作用，发现能力和出身的影响同时显著存在，高等学校的层级越高，对学生的能力要求越高，出身的影响也显著增强；能力影响始终较大程度地高于出身影响。[③] 上述三篇文章均发表于《中国社会科学》杂志，是近年来关于高等教育机会平等的代表性成果。此外，北京大学刘云杉以北京大学所招农村学生为例探讨身份、地域、资本对于高等教育获得的影响，发表了系列研究

---

① 梁晨等：《无声的革命：北京大学、苏州大学学生社会来源研究》，载《中国社会科学》2012年第1期，第98～118页；梁晨等：《无声的革命：北京大学、苏州大学学生社会来源研究》，生活·读书·新知三联书店2013年版。

② 李春玲：《“80后”的教育经历与机会不平等——兼评〈无声的革命〉》，载《中国社会科学》2014年第4期，第66～67页。

③ 刘精明：《能力与出身：高等教育入学机会分配的机制分析》，载《中国社会科学》2014年第8期，第109～128页。

论文。[①]

此外，厦门大学谢作栩研究团队建立“中国高等教育研究数据库”，这是一个以“2001级～2005级十一个省（自治区、直辖市）大学生简况抽样调查”为基础，容量超过14 000人的大样本数据库。依托该库，谢作栩研究团队开展了中国大学生高等教育机会研究，发表了系列关于不同阶层学生高等教育机会问题的专题论文。代表性的如《闽、湘、川3省社会阶层高等教育机会差异的初步调查》（2004）、《中国大陆高校学费对不同社会阶层子女的影响——实证调查与分析》（2007）、《我国不同社会阶层少数民族的高等教育入学机会差异分析》（2009）、《3种资本对不同民族子女高等教育入学机会影响的差异分析》（2009）、《家庭背景、族群身份与我国不同少数民族的高等教育机会——基于云南省高校少数民族大学生的调查分析》（2012）等。[②]此外，蔡映辉的《中国大学生期望研究》（2011）、王伟宜的《高等教育入学机会研究——社会阶层的视角》（2011）、《高等教育入学机会变

① 刘云杉等：《精英的选拔：身份、地域与资本的视角——跨入北京大学的农家子弟（1978—2005）》，载《清华大学教育研究》2009年第5期，第42～59页；刘云杉：《大众高等教育再认识：农家子弟还能从中获得什么？》，载《中国农业大学学报》（社会科学版）2015年第1期，第119～130页；刘云杉：《教育失败者究竟遭遇了什么？》，载《清华大学教育研究》2014年第4期，第7～15页；应星、刘云杉：《“无声的革命”：被夸大的修辞——与梁晨、李中清等的商榷》，载《社会》2015年第2期，第81～93页。

② 谢作栩、罗奇萍：《闽、湘、川3省社会阶层高等教育机会差异的初步调查》，载《教育与经济》2004年第3期，第3～6页；谢作栩、陈小伟：《中国大陆高校学费对不同社会阶层子女的影响——实证调查与分析》，载《教育与经济》2007年第2期，第12～15页；谢作栩、谭敏：《我国不同社会阶层少数民族的高等教育入学机会差异分析》，载《高等教育研究》2009年第10期，第30～35页；陈小伟、谢作栩：《3种资本对不同民族子女高等教育入学机会影响的差异分析》，载《教育与经济》2009年第4期，第17～21页；谢作栩、杨倩：《家庭背景、族群身份与我国不同少数民族的高等教育机会——基于云南省高校少数民族大学生的调查分析》，载《大学教育科学》2012年第5期，第100～105页。

迁研究》(2015)等专著。[①]《高等教育入学机会研究——社会阶层的视角》一书在横向上分析了我国不同社会阶层子女的高等教育入学机会的总体差异，以及在不同类型高校、不同科类和专业中的入学机会差异，不同家庭文化背景、不同家庭收入子女间的入学机会差异，不同地区间各阶层子女入学机会差异状况。在纵向上通过回溯的方法，分析了1978年以来福建、湖南、陕西三省社会阶层子女入学机会的变化情况。作者在书中运用社会分层理论、文化再生产理论等社会学理论分析了大量的数据，探寻中国高等教育规模扩张过程中缩小社会阶层高等教育入学机会差异的实施策略，得出一些具有独立见解的新观点和结论。[②]

性别研究尤其是高等教育中的性别平等也是高等教育社会学关注的问题之一。这方面的代表性著作，如张建奇的《高等教育中女性地位研究》(1999)、赵叶珠的《美日中三国女子高等教育比较》(2007)、张素玲的《文化、性别与教育——1900—1930年代的中国女大学生》(2007)、王珺的《阅读高等教育——基于女性主义认识论的视角》(2007)、肖巍的《女性主义教育观及其实践》(2007)、杜学元的《社会女性观与中国女子高等教育》(2011)、周廷勇和张兰的《中国女子高等教育》(2014)、王俊的《审思与重构——解读高等教育的性别符码》(2017)、朱峰编的《基督教与近代中国女子高等教育——金陵女大与华南女大比较研究》(2002)、高惠蓉的《女权与教育——

① 蔡映辉：《中国大学生期望研究》，福建教育出版社2011年版；王伟宜：《高等教育入学机会研究——社会阶层的视角》，广东高等教育出版社2011年版；王伟宜：《高等教育入学机会变迁研究》，清华大学出版社2015年版。

② 王伟宜：《高等教育入学机会研究：社会阶层的视角》，广东高等教育出版社2011年版，序。

美国女子高等教育发展研究》（2010）、文春英和金恩净的《韩国女子大学》（2014）等。我国最早的一篇系统地研究中国女子高等教育的论文为赵叶珠《建国后我国女性接受高等教育的研究》（1993），第一部系统研究女性参与高等教育的专著为张建奇《高等教育中女性地位研究》的（1999），均由潘懋元指导完成。张建奇的《高等教育中女性地位研究》一书除研究女大学生的地位之外，还研究女大学教师的地位；除进行历史的构制、现状的分析之外，还做出未来的预测并提出若干建议。该书被著名教育社会学家张人杰评价为填补了该领域的学术空白。①

知识社会学主要关注知识生产、知识人的行为方式如何受到社会结构、制度和文化的影响。近年来，部分学者借鉴知识社会学的视角研究大学组织及其个体，如熊德明主编《冲突与调适——社会转型中大学教师的角色研究》（2013）、吴洪富的《大学场域变迁中的教学与科研关系——一项关于教师行动的研究》（2014）。② 其中，尤以阎光才的系列论述最具代表性。他著有《识读大学——组织文化的视角》（2002）、《精神的牧放与规训——学术活动的制度化与学术人的生态》（2011），主编《美国的学术体制——历史、结构与运行特征》（2011）等专著。③《识读大学——组织文化的视角》一书力图从组织文化的视角，采取“识读”的策略，来认识、领会和理解大学作为组织而存在

① 张建奇：《高等教育中女性地位研究》，中山大学出版社 1999 年版，第 2 页。

② 熊德明主编：《冲突与调适——社会转型中大学教师的角色研究》，华中师范大学出版社 2013 年版；吴洪富：《大学场域变迁中的教学与科研关系——一项关于教师行动的研究》，教育科学出版社 2014 年版。

③ 阎光才：《识读大学——组织文化的视角》，教育科学出版社 2002 年版；阎光才：《精神的牧放与规训——学术活动的制度化与学术人的生态》，教育科学出版社 2011 年版；阎光才主编：《美国的学术体制——历史、结构与运行特征》，教育科学出版社 2011 年版。

的理由、意义和价值，阐述大学所独具的文化内涵。《精神的牧放与规训——学术活动的制度化与学术人的生态》一书试图通过对学术制度的生发和演变的历史分析、当下学术制度的运行状态以及有关实证意义的理论解释，揭示中国学术人生存状态中的众多面相和有关制度建构中存在的问题。此外，他还发表了《学术等级系统与锦标赛制》（2012）、《学术团队的运作与人才成长的微环境分析》（2013）、《年龄变化与学术职业生涯展开的轨迹》（2014）、《学术活力与高校教师职业生涯发展的阶段性特征》（2014）、《年长教师：不良资产还是被闲置的资源》（2015）、《学术系统内部分化结构生成机制探究——基于学术人职业生涯过程中产出稳定性的分析》（2015）、《学术职业选择、阶层趣味与个人机遇》（2017）等系列论文①。这些论文为深入理解转型时期中国大学内外部形势变化、中国大学科研产出的文化和政策变迁、当代大学教师生存环境等提供了非常有意义的视角，也丰富了高等教育社会学等研究内容。

除了上述几个方面，少数民族问题也是高等教育社会学关注的一个领域。这方面的成果如厦门大学的3篇博士学位论文：刘额尔敦吐的《中国高校少数民族招生考试政策研究》（2012，2016）、杨倩的《中国

---

① 阎光才：《学术等级系统与锦标赛制》，载《北京大学教育评论》2012年第3期，第8～23页；阎光才：《学术团队的运作与人才成长的微环境分析》，载《高等教育研究》2013年第1期，第32～41页；阎光才：《年龄变化与学术职业生涯展开的轨迹》，载《高等教育研究》2014年第2期，第41～47页；阎光才、牛梦虎：《学术活力与高校教师职业生涯发展的阶段性特征》，载《高等教育研究》2014年第10期，第29～37页；阎光才：《年长教师：不良资产还是被闲置的资源》，载《北京大学教育评论》2015年第2期，第57～66页；阎光才、丁奇竹：《学术系统内部分化结构生成机制探究——基于学术人职业生涯过程中产出稳定性的分析》，载《高等教育研究》2015年第2期，第13～21页；阎光才：《学术职业选择、阶层趣味与个人机遇》，《华东师范大学学报》（教育科学版）2017年第6期，第1～10页。

不同少数民族高等教育入学机会研究——基于多民族边疆省份云南的调查分析》(2015)、谭敏的《中国少数民族高等教育入学机会研究——基于家庭背景的分析》(2012)。[①]

四、高等教育史研究

田正平以“老学科、新气象”概括改革开放30年来中国高等教育史研究的总体特征,这一表述同样可以适用于形容过去40年中外高等教育史研究的风貌。[②]长期以来,教育史与教育基本理论、比较教育一起构成了教育学科的三大支柱,但是,20世纪90年代初以来教育学科内外部环境的变化,教育史学科发展也面临严峻的形势。此外,中国高等教育改革过程中所出现的各种新问题、新现象又亟须以历史、比较的视野加以解释、提炼和深化。21世纪以来,随着各类专题史研究成果的“井喷”,高等教育史研究进入了一个新的发展阶段,特别是由于计量史学、心态史学、活动史学、身体史学等研究方法的引入,使高等教育史研究焕发出生机与活力。习惯上,中、外高等教育史研究属于相互联系,但又有明显差别的两个研究领域,因此,以下我们将分别对之加以概括。

(一)中国高等教育史研究

早在20世纪80年代初,蔡克勇和熊明安分别编写了《高等教育简史》和《中国高等教育史》,初步确立了高等教育史学科在高等教育

① 刘额尔敦吐:《中国高校少数民族招生考试政策研究》,华中师范大学出版社2012年版、2016年版;谭敏:《中国少数民族高等教育入学机会研究——基于家庭背景的分析》,福建教育出版社2012年版;杨倩:《中国不同少数民族高等教育入学机会研究——基于多民族边疆省份云南的调查分析》,福建教育出版社2015年版。

② 田正平:《老学科 新气象——改革开放30年教育史学科建设述评》,载《教育研究》2008年第9期,第7～16页。

科学中的地位。[①] 熊明安所著《中国高等教育史》（1983）被著名教育史学家毛礼锐评价为“中国第一部关于高等教育发展的专著”[②]，该书系统阐述了从商朝至新中国成立前夕的高等教育发展历史。内容涵盖历代政治经济发展状况与高等教育的关系；历代高等教育的方针、政策、制度；高等教育的机构设置变迁；教师的选拔任用与学生来源；高等教育机构的教学与行政管理；著名教育家生平事迹及主要观点。1988年，该书出版修订版，并大胆介绍了一些新中国成立前有一定影响的教育家如梅贻琦、蒋梦麟等人的高等教育思想。国家教委文科教材办公室将该书作为“高等学校文科教学参考书”予以推介。

北京大学曲士培的《中国大学教育发展史》（1993）广泛搜集各个历史时期的丰富资料，从历史背景、文教政策、大学教育制度、大学教育管理等方面对中国大学教育发展做了比较全面、系统的探讨，不仅剖析了各个历史时期大学教育发展的特点和内涵，总结了历代大学教育改革的经验教训，而且对历代具有代表性的著名教育家关于大学教育的主张和实践做了重点评介。[③] 此外，曲士培的《台湾高等教育》（1990）对我国台湾地区高等教育的历史与现状加以研究，被评价为“大陆第一本系统、全面、深入地研究台湾高等教育的学术专著”[④]。曲士培的《抗日战争时期解放区高等教育》（2005）一书关注的是抗日战争时期党的教育方针和政策、解放区高等教育发展的三个阶段，并重

---

① 蔡克勇的《高等教育简史》（1982）具有教材性质，该书以简明扼要方式阐述了中外高等教育发展进程。该书“内容提要”介绍其为“我国专门论述高等教育发展历史的第一部著作”。参见蔡克勇：《高等教育简史》，华中工学院出版社 1982 年版，“内容提要”

② 熊明安：《中国高等教育史》，重庆出版社 1983 年版、1988 年版，序。

③ 曲士培：《中国大学教育发展史》，山西教育出版社 1993 年版，序。

④ 曲士培编：《台湾高等教育》，湖南教育出版社 1990 年版，序。

点介绍了抗日军政大学、陕北公学等当时根据地有影响的一批大学办学情况，这是这一方面研究比较具有代表性的著作。[①]

郑登云、余立编写的《中国高等教育史》（1994）起于鸦片战争前后旧教育的崩溃、新式高等教育的萌发，止于20世纪80年代中国高等教育新时期。这与上述几部著作有关“中国高等教育起源”的看法有明显的区别，说明作者主张中国高等教育是典型的近代“西学东渐”的产物。该书分上、下两册，由两位作者分别编写完成。此外，该书不采取章节编排，而采取专题分述。每一历史阶段都有一段历史概述；说明高等教育发展与社会、经济、科学、文化的发展的内在联系，以统帅这期间高等教育的历史事件与事实，从而确定这一历史阶段最为本质的问题，予以分别研究。这样既能看出历史发展过程，又可看到历史发展中的重大事件，给人以较完整的历史轮廓和科学概念。[②]

涂又光的《中国高等教育史论》（1997）一书被评价为资料翔实、结构新颖、透露着深邃哲学思维，是“以中国哲学史家来写中国高等教育史论”[③]。该书在结构上独辟蹊径，选取“传说与成均”“孔子与私学”“董仲舒与太学”“朱熹与书院”“蔡元培与大学”五个章节概括了中国四五千年的高等教育史，并用一条“总规律”（即“大学之道，在明明德，在亲民，在止于至善”）把整个历史统整起来，加以阐释。该书认为中国高等教育史分为三大阶段：先秦至清末，为“人文阶段”；清末迄今，为“科学阶段”；将来为“人文·科学阶段”。该书曾经再

---

① 曲士培：《抗日战争时期解放区高等教育》，北京大学出版社2005年版。

② 郑登云编：《中国高等教育史》上册，华东师范大学出版社1994年版；余立编：《中国高等教育史》下册，华东师范大学出版社1994年版。

③ 姚启和：《中国高等教育史研究中的哲学思维——涂又光教授新作〈中国高等教育史论〉介绍》，载《高等教育研究》1998年第3期，第86～92页。

版两次，是20世纪90年代末我国中国高等教育史研究一部力作。

刘海峰、史静寰主编的《高等教育史》（2010）一书为中国高教学会组织编写的高等教育学硕士研究生教材。该书包括中国高等教育史与外国高等教育史两个相对独立的部分。上篇为中国高等教育史，论述从古代到新中国的高等教育；下篇外国高等教育史，论述从古代东方和古希腊古罗马时期的高等教育到现代各主要国家的高等教育；书后还附有中外高等教育大事记。该书以专题形式展开高等教育史，在中国古代高等教育部分突出了“书院”与“科举”两大教育支柱，同时加入我国港澳台地区高等教育演变的内容。该书广泛吸收了近年来中外高等教育史研究成果，是近年来中外高等教育通史研究的一部重要著作。①

此外，中国近现代高等教育史研究的成果也较为丰富。代表性著作包括：朱国仁的《西学东渐与中国高等教育近代化》（1996）、霍益萍的《中国近代的高等教育》（1999）、金以林的《近代中国大学研究（1845—1949）》（2000）、刘虹的《洋务教育与西学东渐》（2008）、张雁的《西方大学理念在近代中国的传入与影响》（2009）、《中国近代大学的现代转型——移植调适与发展》（2012）等。其中，朱国仁的《西学东渐与中国高等教育近代化》一书回应了诸如中国高等教育近代是不是“西方化”，中国高等教育近代化是成功的还是失败的，近代化过程中有哪些经验教训可以为当今中国高等教育现代化提供借鉴等一系列问题。作者认为，作为“西学东渐”潮流组成部分的中国高等教育近代化是“后发外生型”的，在引进西方高等教育模式时，不可避免地存在某些盲目照搬的现象。但总体来说，中国高等教育近代化并非“西方化”。作者提出中国高等教育近代化过程走过曲折的道路，但基

① 刘海峰、史静寰主编：《高等教育史》，高等教育出版社2010年版。

本上是成功的。[①]

20世纪与21世纪之交，正是中国现代大学创立百年之际，国内出版了数部以“百年”为期讨论中国高等教育史变迁与经验教训的著作，主要包括：潘懋元主编的《中国高等教育百年》（2003）、杨东平的《艰难的日出》（2003）、田正平与商丽浩主编《中国高等教育百年史论——制度变迁、财政运作与教师流动》（2006）、茹宁的《中国大学百年模式转换与文化冲突》（2012）等。其中，潘懋元主编的《中国高等教育百年》邀集多位学者从不同视角，细致考察了清末以来我国高等教育体制、人才培养模式、学术管理、课程设置以及高等师范教育、高等专科教育、成人高等教育、女子高等教育、私立大学、教会大学、军校教育等百年历程。其中，“中国近现代大学学术管理的发展历程与特征”“中国女子高等教育百年”“中国军校百年评述”“百年之鉴——20世纪的香港高等教育”均是中国近代教育史书所不涉及或很少涉及的；至于高等专科教育、成人高等教育、私立大学、教会大学等，除非专著，一般中国教育史书也因其不占重要地位而很少对其展开研究。[②]田正平、商丽浩主编的《中国高等教育百年史论——制度变迁、财政运作与教师流动》一书以专题形式，深入阐述了百年来中国高等教育史发展史上事关全局的如中国高等教育的模式转换、制度变迁、财政运作、教师流动等诸多重大问题。在该书的“导论”中，作者认为中国高等教育现代化属于比较典型的“后发外生型”，即起步较晚，且由外来因素所诱发。因此，对西方高等教育的借鉴、模仿、融合所导致的发展模式的不断转换，就成为中国高等教育现代化过程的一个突

---

① 朱国仁：《西学东渐与中国高等教育近代化》，厦门大学出版社1996年版，第6页，序。

② 潘懋元主编：《中国高等教育百年》，广东高等教育出版社2003年版，第2页。

出特点。如何处理外来因素与传统资源的关系，构成了中国高等教育现代化过程中两个相互联系而又具有不同内涵的重要主题。作者详细梳理了近代以来中国高等教育模式转换等7个阶段，对中国高等教育现代化史研究提出了非常概括性的认识。[①] 茹宁的《中国大学百年模式转换与文化冲突》从大学精神文化层面和历史发展视角探讨了中国大学的现代化进程。作者认为，中国大学模式的转换实际是传统文化隐性选择的结果，后者最终决定了中国大学以何种西方大学为模仿对象。但同时，以西方大学文化为显性主导，以中国文化传统进行隐形选择的路径很难开辟出中国现代大学的新模式。[②]

新中国高等教育史研究方面，郝维谦等主编的《高等教育史》（2000）和《中华人民共和国高等教育史》（2011）两部著作均以新中国高等教育改革发展历史为研究对象，前一部著作以新中国成立50周年，后一部以新中国成立60周年为时间半径，系统梳理了新中国各个历史时期高等教育发展的政治、经济和社会背景；教育指导思想与党和政府发展高等教育的方针、政策；中国高等教育重要的教育决策、会议和规章制度；中国高等教育重要的教育事件、教育活动；高等教育的发展对国家政治、经济和社会的影响与贡献等。这两部著作对于清晰了解社会主义高等教育的办学理念、高等教育重大改革与政策出台的历史背景都提供了比较全面、权威的论述。[③] 张应强的《精英与大

---

① 田正平、商丽浩主编：《中国高等教育百年史论——制度变迁、财政运作与教师流动》，人民教育出版社2006年版；该书“导论”又可参考：田正平、张彬：《模式的转换与传统的调适——关于中国高等教育现代化的两点思考》，载《高等教育研究》2001年第2期，第94～101页。

② 茹宁：《中国大学百年模式转换与文化冲突》，知识产权出版社2012年版。

③ 郝维谦、龙正中主编：《高等教育史》，海南出版社2000年版；郝维谦、龙正中、张晋峰：《中华人民共和国高等教育史》，新世界出版社2011年版。

众——中国高等教育60年》（2009）一书突破单纯按照时间顺序介绍高等教育历史与状况的局限，通过总体论述与专题论述相结合，全面呈现新中国高等教育的历史面貌和现实状况。[①] 李均的《中国高等教育政策史》（2014）是其“中国高等教育史研究”系列中的重要组成部分[②]，该书全面梳理了新中国成立60年来高等教育政策的发展轨迹，重现了若干重大高等教育政策的形成过程，分析了高等教育政策与高等教育发展的互动关系，评估了各个时期高等教育政策的实际效益，是关于新中国高等教育史研究的重要著作。此外，几部新中国教育史著作，如方晓东等的《中华人民共和国教育史纲》（2002）、何东昌主编《中华人民共和国教育史》（2007）、胡松柏主编《中华人民共和国教育发展史（1949—2009）》（2009）也将高等教育作为其中的重要章节加以考察。[③]

与通史和断代史相比，中国高等教育史专题研究成果更加丰硕，这进一步彰显了教育史研究的蓬勃生机。以下拟从科举考试史、书院制度史、近现代高等教育专题史、大学校史等几个方面分别加以概要性介绍。

科举考试制度既是中国古代选官制度，也是一项重要的高等教育

① 张应强主编：《精英与大众——中国高等教育60年》，浙江大学出版社2009年版；余风盛、董泽芳主编：《高等教育60年回顾与展望》，华中师范大学出版社2010年版。

② 李均：《中国高等专科教育发展史》，学林出版社2005年版；李均：《中国高等教育研究史》，广东高等教育出版社2005年版；李均：《中国高等教育政策史》，广东高等教育出版社2014年版。

③ 方晓东等：《中华人民共和国教育史纲》，海南出版社2002年版；何东昌主编：《中华人民共和国教育史》，海南出版社2007年版；胡松柏主编：《中华人民共和国教育发展史（1949—2009）》，广西教育出版社2009年版。

制度。[①] 国内众多综合性大学的科举研究多从政治学、文学、社会学等角度展开，教育学者多从科举的教育考试性质出发，尤其关注科举考试与高考制度关联互动，以从历史经验教训中获得启示。在此方面，厦门大学考试研究中心产生了大批成果，刘海峰首倡的“科举学”现已成为一门国际性学问，在人文社科界独树一帜，在海内外都有一定的影响。[②] 自20世纪80年代以来，刘海峰在《中国社会科学》《历史研究》等期刊上发表大量科举研究论文，如《唐代教育与选举制度综论》(1991)、《科举考试的教育视角》(1996)、《科举制与科举学》(2004)、《科举学导论》(2005)、《中国科举文化》(2010)、《中国考试发展史》(第一作者，2002)、《中国科举史》(与李兵合著，2004，2006)、《学优则仕：教育与科举》(与李兵合著，2004，2008)，主编了《科举制百年祭》(2006)、《二十世纪科举研究论文选编》(2009)等著作。同时，他担任多部科举专题研究文集的主编。《科举学导论》一书获得学术界高度评价，李世愉指出“《导论》是一部准确阐述科举学定义，全面、系统论述科举学范畴、宗旨、研究内容的开山之作”；李弘祺在英文权威刊物《中国国际评论》上撰文认为：《科举学导论》“无疑是近年来中国出版的此类著作中最好的一部”，“是综合研究和阐述中国科举制度的历史、实际、意义和影响的

---

① 关于科举研究的主要著作，可以参考刘海峰：《科举学导论》，华中师范大学出版社2005年版；陈兴德：《二十世纪科举观之变迁》，华中师范大学出版社2008年版；何忠礼：《二十世纪中国科举史研究》，载《历史研究》2000年第6期，第142～155页。近年来，刘海峰、刘希伟为“中国科举博物馆”《科举学论丛》杂志系统梳理每年科举研究新出成果。

② 刘海峰：《“科举学刍议”》，载《厦门大学学报》(哲学社会科学版)1992年第4期，第89～95页；刘海峰：《科举学发凡》，载《厦门大学学报》(哲学社会科学版)1994年第1期，第65～71页。

最全面的一部中文著作”[①]。2018年，刘海峰的*The Examination Culture in Imperial China*（《中国科举文化》）由英国帕斯国际出版有限公司（Paths International Limited）出版，这意味着该书进入了国外主流学术发行传播渠道。[②]在刘海峰的影响下，厦门大学考试研究中心张亚群、郑若玲及大批博士生以科举为题，撰写了一批高质量科举学著作，这些专著大多纳入“科举学研究丛书”，主要包括张亚群的《科举革废与近代中国高等教育的转型》（2005）、郑若玲的《科举、高考与社会之关系研究》（2007）、陈兴德的《二十世纪科举观之变迁》（2008）、姜传松的《清代江西乡试研究》（2010）、刘希伟的《清代科举冒籍研究》（2012）、林上洪的《清代科举人物师承研究》（2013）、毛晓阳的《清代科举宾兴史》（2014）、冯建民的《清代科举与经学关系研究》（2016）等。喻岳青评价张亚群的《科举革废与近代中国高等教育的转型》，认为作者“对中国科举制度的革废及其对中国高等教育近代化的影响作了全面、系统、深入的研究。论文不是只就考试制度的层面予以论述，而是把它放在中国社会变革进程的大背景下，探讨了科举革废在中国高等教育，乃至整个教育制度现代化中的历史意义和作用。这不仅扩展了以往研究的视野，而且大大提升了这一研究的史学价值，具有非常重要的理论意义”[③]。郑若玲的《科举、高考与社会之关系研究》一书通过回顾考试和分析考试的社会功能，以及古代科举、现代高考在其

---

① 李世愉：《沉浸浓郁，含英咀华——读刘海峰著〈科举学导论〉》，载《中华读书报》2005年10月18日。李弘祺书评的中译文，参见李弘祺：《中国科举制度：历史特征与现代功用》，车如山译，载《大学教育科学》2010年第3期，第86～91页。

② Liu Haifeng，*The Examination Culture in Imperial China*，London：Paths International Limited，2018，p.324.

③ 张亚群博士学位论文评语，参见《博士论文答辩录》，载《东南学术》2001年第6期，第176～183页。

社会中所处的重要地位，来探讨考试与社会的良性互动关系，并试图发现考试的社会本质及其长期存在的社会原因，探明考试社会形成的历史、文化与社会基础。作者对420册《清代朱卷集成》中8 000多名科举人物的五代家世进行统计分析，同时对厦门大学学生阶层开展调查所获得的数据对于考试考试公平的理论、考试与社会关系的分析都具有较高的学术价值。刘希伟的《清代科举冒籍研究》获得全国百篇优秀博士学位论文，该书重点对于清代科举制的分区定额、原籍应试原则与变通、科举冒籍的类别、冒籍的缘由与社会影响、冒籍的治理机制与治理效果等若干问题展开了全面、系统的研究。同时，该文针对科举冒籍问题进行理论上的反思，并进一步将视线拓展延伸至当代高考移民以及流动人口随迁子女就地高考问题，以此挖掘本研究的现实观照意义。这是目前关于科举冒籍最为全面系统的一部研究著作，也是教育史研究与现实关怀相结合的一个比较成功的案例。目前，“科举学研究丛书”已经出版15部，它与已出版22部的“高考研究系列丛书”相互映照，这既是厦门大学考试研究中心为我国考试研究作出的独特贡献，也成为我国高等教育史研究一道独特的风景线。

书院是唐末五代开始兴起的一种具有典型中国气质、中国精神的教育文化机构，对宋代以后中国传统文化的演化、学术的发展与人才培养产生过重要影响。书院改学堂（1902）以后，传统书院制度实际走向消亡，但是不少学者对书院传承国学、赓续传统文化精神的功能一直念之在兹，民国时期，康有为、章太炎、唐文治、梁漱溟、马一浮等著名学者身体力行地试图重建书院制度，其中不乏办学实绩卓有成效的无锡国专。但在相当长时间里，书院研究远离了学术研究的中心。邓洪波认为，就整个20世纪而言，中国的书院研究经历了一个初起而兴（1923—1949）、附而不绝（1950—1979）、勃然兴盛（1980—1993）、新世纪的新动向（2000年至今）的起承转合。[①]改革开放以后，随着千年学府岳麓书院修复工作的进行，1982年3月，湖南大学成立岳麓书院研究室。1984年3月，该室扩大为岳麓书院文化研究所，下设书院、理学等研究室。此后，国内不少著名高校的教育、历史研究机构将书院学研究列为重要的研究方向。同时湖南、江西等省还相继成立了书院研究会等学术团体，定期举办不同规格的国内、国际学术研讨会，展开书院学术交流，资助会员出国深造、出版学术专著，一门专门研究书院历史、文化与精神的"书院学"焕发出勃勃生机。[②]自20世纪80年代以来，湖南大学岳麓书院始终扮演着中国书院研究重镇的角色，同时涌现了陈谷嘉、朱汉民、李才栋、邓洪波等一批著名的书院学者。由于书院研究成果如汗牛充栋，不胜枚举，其中多数是从思想史、文化史、地方史的角度进行的研究。对此，邓洪波等所撰《八十三年来的中国书院研究》（2007）、蒋建章的《20世纪的书院学研究》（2003）已有比较全面的介绍。这里，我们侧重从高等教育史的角度对书院研究做选择性的分析，其中的代表性著作有：丁钢和刘琪的《书院与中国文化》（1992），李才栋的《江西古代书院研究》（1993）和《中国书院研究》（2005），李国钧的《中国书院史》（1994），季啸风的《中国书院辞典》（1996），朱汉民的《湖湘学派与岳麓书院》（1991）、《中国书院》（1997）、《长江流域的书院》（2003）、《岳麓书院史》（2013，2017），胡青的《书院的社会功能及文化特色》（1996），陈谷嘉、邓洪

① 邓洪波、周月娥：《八十三年来的中国书院研究》，载《湖南大学学报》（社会科学版）2007年第5期，第31～38页。

② 蒋建章：《20世纪的书院学研究》，载《湖南大学学报》（社会科学版）2003年第4期，第16～20页。

波主编《中国书院制度研究》(1997)，邓洪波的《中国书院史》(2004)，李兵的《科举与书院的关系研究》(2004)等。

丁钢、刘琪的《书院与中国文化》认为，书院与我国传统文化的关系之密切，使其在形成与发展过程中反映了中国整个封建社会后期文化的基本特征与走向。这一切启发我们思考教育的文化功能以及教育与文化发展的关系等一系列重大问题。如作者所说，该书“既非就书院而论书院，亦非专门的书院史研究，而是着眼于书院与中国文化的关系研究，以拓展中国教育史乃至文化史的研究领域与视野”[①]。邓洪波的《中国书院史》全面系统地介绍了中国书院的发展脉络，着重分析了每个时期书院发展的特色与成就，还特别提到了书院制度的移植，即书院制度对东洋的日本、南洋的新加坡、西洋诸国以及在华教会学校的影响，观点新颖，引人深思。书中有图16幅，表45张，直观地介绍了中国书院的发展历程。这是目前对中国书院发展史进行系统研究的代表性著作。此外，邓洪波主编的《中国书院章程》(2000)、《中国书院学规》(2000)、《中国书院学规集成》(1～3卷)(2011)为深入理解中国古代高等教育行政、书院办学理念、教育教学管理、校园文化建设等提供了非常重要的史料。李才栋的《中国书院研究》汇集了作者30余年书院研究的菁华。该书对于书院如何产生，汉时的“师法”与“家法”对书院有何启示，“精舍”与书院有何关系，各时代各地方书院的消长，各时代书院的规模、特点与学术倾向，书院之间讨论争辩情形如何等都做了精确的论断，是书院研究中一部具有较高学术水平的著作。[②] 李兵的《科举与书院的关系研究》(2005)一书，大

① 丁钢、刘琪：《书院与中国文化》，上海教育出版社1992年版，前言。

② 李才栋：《中国书院研究》，江西高校出版社2005年版，第2页，序。

量使用第一手数据、结合各类地方志，系统深入地论述了从唐代到清代书院与科举的密切关系，澄清了过去一些似是而非的观点。该书列有大量的关于书院的统计图表，包括对于书院与科举的相关性分析，颇具有学术价值。李弘祺认为该书可被视为讨论书院社会功能的一本专著。[①]此外，刘少雪的《书院改制与中国高等教育近代化》（2004）一书考察了以往较少关注的“书院改制”问题，该书全面地分析了自19世纪中叶到20世纪初叶，书院遭废到新式学校及教育制度建立的过程。围绕书院改制，该书提出了一些富有价值的结论，如促进高等教育改革的最大动力在于社会的需要，高等教育改革的深度主要与教育内部各种因素的累积有关，一定的社会支持会促进高等教育改革的进行。[②]朱汉民、邓洪波所著《岳麓书院史》（2013，2017）洋洋50余万字，对岳麓书院的历史沿革、人才培养、学术传承、教学规制、管理制度及现代转型等内容进行了全面具体的介绍，将古老的岳麓书院以全新的面貌呈现于世人面前。[③]

近现代高等教育专题史研究是一个以清末、民国高等教育为时限和对象的庞大研究领域。这一领域又可以进一步细化为清末、民国时期的高等教育制度史、大学史、机构史、教师（教授）史、大学校长等方面的研究。近年来，有不少博士学位论文以上述问题为研究对象，产生了一批水平比较高的研究成果。其中，一个突出的现象是研究的

---

① 李兵：《书院与科举关系研究》，华中师范大学出版社2005年版，序一、序二；该书又被纳入台湾大学“东亚文明研究丛书”在台北出版，参见李兵：《书院教育与科举关系研究》，台湾大学出版中心2005年版。

② 刘少雪：《书院改制与中国高等教育近代化》，上海交通大学出版社2004年版。

③ 朱汉民、邓洪波：《岳麓书院史》，湖南教育出版社2013年版；朱汉民、邓洪波：《岳麓书院史》，湖南大学出版社2017年版。

主题更加明确，方向更加聚焦，侧重从微观角度深入研究。如从某一所大学的角度反映高等教育与时代变迁，代表作有：王东杰的《政治、社会与文化视野下的大学“国立化”：以四川大学为例（1925—1939）》（2002）、许小青的《从东南大学到中央大学——以国家、政党与社会为视角的考察（1919—1937）》（2004）、孙宏云的《清华政治学系与中国政治学（1926—1937）》（2004）、蒋宝麟的《首都中的“最高学府”：中央大学的学术与政治（1927—1949）》（2010）、刘超的《清华大学成长机制研究——政学互动的视角（1928—1935）》（2011）等。此外，有不少学者将大学教师、大学教授、大学校长作为研究的对象，关注他们的话语与权力表达，考察其生活状况与教育实践等。代表性的成果如张正峰的《权力的表达：中国近代大学教授权力制度研究》（2007）、吴民祥的《流动与求索——中国近代大学教师流动研究 1898—1949》（2006）、邓小林的《民国时期国立大学教师聘任之研究》（2007）、陈媛的《中国大学教授研究：近代教授、大学与社会的互动史》（2012）、李艳莉的《崇高与平凡——民国时期大学教师日常生活研究》（2017）、王昊的《近代中国大学校长的文化选择（2010）、李玉胜的《民国著名大学校长的高等教育理念与实践探析》（2016）、秦俊巧的《民国后期（1927—1945）教育家办大学研究》（2015）等。或者就某种办学形式或教育政策展开研究，如宋秋蓉的《近代中国私立大学研究》（2002）和姜闽虹的《抗战时期的民国大学招生研究》（2016）等。可以看到，上述近现代高等教育史研究的选题，很明显地受到近年来我国高等教育改革，尤其是包括教师改革在内的高等学校内部体制改革的影响，或者是受“一流大学建设”过程中关于重塑大学与政府关系的启发，希望从历史的角度为当代高等教育改革提供启示与借鉴。

留学生是近代中国社会变迁的“报春鸟”，对于引入西方近代文明，加速中国社会由传统向近代的转型，以及推进中国现代化进程发挥了重要的作用。留学教育史也是近现代高等教育史关注的重要内容之一。这方面的著作主要有：李喜所的《近代中国的留学生》（1987）、《近代留学生与中外文化》（1992）、《近代留学生与中外文化》（2006），王奇生的三部著作《中国留学生的历史轨迹（1872—1949）》（1992）、《留学与救国：抗战时期海外学人群像》（1995）、《留学与救国——抗战时期海外学人群像（续编）》（1995），以及黄利群的《中国近代留美教育史略》（1990）、田正平的《留学生与中国教育近代化》（1996）、谢长法的《借鉴与融合——留美学生抗战前教育活动研究》（2001）与《中国留学教育史》（2006）、刘中国的《近代中国留学生之父——容闳》（2005）、刘晓琴的《中国近代留英教育史》（2005）、程新国的《庚款留学百年》（2005）、陈志科的《留美生与民国时期教育学》（2008）和《留美生与中国教育学》（2009）、彭小舟的《近代留美学生与中美教育交流研究》（2010）、李翠莲的《留美生与中国经济学》（2009）、梁碧莹的《近代中美文化交流研究》（2009）、王伟的《中国近代留洋法学博士考（1905—1950）》（2011）、王天骏的《文明梦——记第一批庚款留美生》（2012）、吴汉全的《留学生与近代中国社会变迁》（2012）、姜新的《中国近代留学生研究（1840—1949）》（2013）、邹进文的《近代中国经济学的发展——以留学生博士论文为中心的考察》（2016）、王建明的《留学生与近代中国军事航空研究》（2016）、周棉的《留学生群体与民国的社会发展》（2017）、叶克飞的《先醒来的人——近代中国第一批留学生》（2017）。可以看到，早期的部分留学生史研究大多带有“史话”性质，而近年来以一批博士学位论文为代表的研究则注重资料与实证，体现了留学教育史学术水平的提高。此外，《留学生与中国教育近代化》（1996）一书是田正平以近代化理论范式探索中国近代教育发展问题的代表性作品。该书通过对时人较少关注的留学生这一特殊群体与中国近代教育关系的考察，深入揭示了中国社会内部发生教育近代化的根源、潮流及影响。它体现了田正平在老一辈学者治学传统的基础上，在时代精神的启发之下，开始以新的范式重新审视中国近代教育发展问题，在注重史料发掘与占有的同时，走向理论的自觉的结果。[①]

教会大学是中国近现代高等教育的重要组成部分，也是近代中外文化交流研究的重要内容。民国时期，包括燕京大学、齐鲁大学、圣约翰大学等在内的一批教会大学在人才培养、科学研究和校园文化建设方面形成了独特的风格。但是，因长期受“左”的思潮的影响，教会大学史研究被视为学术禁区，国内学者对教会大学史研究鲜有涉足。改革开放后，随着思想的进一步解放，教会大学史研究开始逐渐进入了学术研究的视野，在此过程中，著名历史学家章开沅发挥了关键性作用。早在20世纪80年代中期，他敏锐地认识到中国教会大学研究的重要性及其学术前景，并不断加强对教会大学史的研究。1989年，章开沅主持召开了首届中国教会大学史国际学术讨论会，并在1994年初在华中师范大学创建了“中国教会大学史研究中心”（2001年更名为“东西方文化交流研究中心”），出版了《中国教会大学史研究通讯》和一系列教会大学史研究著作。[②] 自《中西文化与教会大学——首届中

① 刘正伟：《开放的教育史学——论田正平的中国教育近代化研究》，载《教育学报》2013年第6期，第103～111页。

② 魏文享：《章开沅教授：永无止境的历史求索》，载《中国地质大学学报》（社会科学版）2003年第6期，第1～6页。

国教会大学史学术研讨会论文集》（章开沅、林蔚主编，1991）以来，章开沅主编的教会大学史丛书计有四套：一是“基督教与中国文化丛书”，包括章开沅主编：《文化传播与教会大学》（1996）、《社会转型与教会大学》(1998)；[①] 二是“基督教与中西文化交流丛书”，包括章开沅的《传播与植根——基督教与中西文化交流论集》（2005）；[②] 三是“中国教会大学史研究丛书”，该丛书工程非常浩大；四是“教会大学在中国丛书”。此外，又有王强主编的“近代教会大学历史文献丛刊”，合计 80 册，收集影印近代中国 23 所教会大学有关资料百余种，包括丰富的校史资料和稀见刊物，具有较高学术价值。[③] 总体来看，教会大学史研究内容涉及教会大学的历史地位及其评价、教会大学与中国教育现代化、与中西文化交流、与中国知识分子、与中国民族主义与民族运动的关系等多方面重要问题，取得了相当可观的进展，其中有些专题研究甚至已达到细致入微的程度。[④] 正是因为有了教会大学史研究的突破和深入，以往对于教会大学的片面的认识和刻板印象已经发生重大的改变。正如章开沅所指出的，对教会大学的评价要坚持“两个区别说”。过去，国内之所以难以开展对教会大学史的研究，其症结在于以政治评价取代了学术评价，以较为表层化的民族主义情结代替了对教会大学这一历史事物的理性分析。为此，应将作为教育机构的教会大学和西方殖民主义本身区别开来。另外，还应将早期的教会大学与

---

① 章开沅、马敏主编：《社会转型与教会大学》，湖北教育出版社 1998 年版；章开沅主编：《文化传播与教会大学》，湖北教育出版社 1996 年版。

② 章开沅：《传播与植根——基督教与中西文化交流论集》，广东人民出版社 2005 年版。

③ 王强主编：《近代教会大学历史文献丛刊》（全 80 册），凤凰出版社 2015 年版。

④ 朱英：《在开拓创新中发展——近 20 年来中国近代史新领域、新课题研究述评》，载《史学月刊》1998 年第 6 期，第 7 ～ 15 页。

成熟时期的教会大学区别开来，以正确评价其宗教功能、政治功能与教育功能在不同阶段的发展变化。[①]今天，我们已有可能并且应该排除民族情绪与历史成见中的某些偏颇因素，更为客观地、全面地、科学地从事中国教会大学史的研究，从各个侧面与不同层次探索其发展流变与社会效应。[②]

大学校史是系统反映一所大学发展沿革，全面展现大学的办学理念、传统、成就与精神风貌，保存和赓续大学文化的重要载体。同时，校史不仅仅是一所学校的历史，也在特定角度体现整个高等教育的历史，从“论从史出”的角度看，大学校史是形成和发展高等教育理论的重要来源。因此，从事校史研究工作的人员，不仅仅是为一所学校写历史，而且是为一个国家、一个民族写历史。[③]长期以来，我国的大学校史研究一直处于受冷落的状态，校史研究只是零星地展开。改革开放40年来，中国的大学校史研究经历了三个比较明显的阶段。

第一阶段为20世纪70年代末到80年代后期，南开大学、北京大学、清华大学等率先出版本校的校史研究著作，这是在粉碎“四人帮”、国家实现“四个现代化”的历史转型时期，校史编纂被视为对于中国高等教育历史正本清源、继往开来的重要举措。主要包括：《南开大学六十年（1919—1979）》（1979）、《北京大学校史（1898—1949）》（1981）、《清华大学校史稿》（1981）、《北京师范大学校史（1902—1982）》（1982）、《浙江大学校史稿》（1982）、《中山大学校史（1924—

---

① 魏文享：《章开沅教授：永无止境的历史求索》，载《中国地质大学学报》（社会科学版）2003年第6期，第1～6页。

② 孙邦华编：《会友贝勒府——辅仁大学》，河北教育出版社2004年版，第2页。

③ 潘懋元：《校史研究必须是信史（代序）》，载刘海峰主编：《中国大学校史研究的回顾与前瞻》，厦门大学出版社2016年版，第1页。

1949)》(1983)、《重庆大学校史（上：1929.10—1949.11）》(1984)、《河南大学校史（1912—1984）》(1985)、《厦门大学校史纲要（上）》(讨论稿，1986)、《中原大学校史》(1986)、《山东大学校史（1901—1966）》(1986)、《西北大学校史稿（解放前部分）》(1987)、《东南大学校史研究》(1989)、《南开大学校史（1919—1949）》(1989) 等。其中，不少校史著作出版于 1984 年以后，这与教育部发布《关于编写校史的通知》(1984) 有关。通知认为校史研究的目的是“为了全面、系统地回顾我国近代高等教育的发展历史，总结办学经验，积累和保存资料”①，要求所有“文化大革命”以前建立的高等院校立即着手编写校史，这在当时带有“把‘四人帮’颠倒过来的是非重新颠倒过来”的意味。于是，建校时间较长的高等学校纷纷成立校史研究室，组织力量开展校史编研工作。

第二阶段为 20 世纪 90 年代初至 21 世纪初。新旧世纪之交，同时也迎来了现代中国高等教育百年的历史节点。在国家倡导“世界一流大学”建设的氛围中，不少高校将撰写校史作为挖掘资源、接续传统、凝聚士气、彰显特色的重大工程，投入大量人力、物力，编写出版了各种类型的校史和相关资料文献。大学校史研究可以说方兴未艾、成果迭出，主要有：《中国医科大学校史（1931—1991）》(1991)、《河南大学校史（1912—1992）》(1992、2002)、《武汉大学校史（1893—1993）》(1993)、《北京农业大学史（1949—1987）》(1995)、《东北师范大学校史（1946—1996）》(1996)、《西南交通大学校史（1896—1949）》第 1 卷（1996)、《杭州大学校史（1897—1997）》(1997)、《华

① 国家教育委员会办公厅编：《教育工作文件选编》(1984)，人民教育出版社 1988 年版，第 19 页。

东师范大学校史（1951—2001）》（2001）、《南京航空航天大学校史（1952—2002）》（2002）、《南京大学百年史》（2002）、《中原大学校史》（2003）、《湖南大学校史：公元976—2000》（2003）、《第四军医大学校史（1994.10—2004.10）》（2004）、《复旦大学百年志（1905—2005）》（2005）、《中山大学校史（1924—2004）》（2006）、《吉林大学校史（1946—2006）》（2006）、《世纪弦歌　百年传响：四川大学校史展（1896—2006）》（2007）、《兰州大学校史（上：1909—1976）》（2009）、《甲子华章 中国政法大学校史（1952—2012）》（2012）、《武汉大学校史新编（1893—2013）》（2013）。值得一提的是，由于这一时期部分大学举行了“百年校庆”，加之部分学校在其办学过程中经历关、停、并、转，院校合并、升格引起校名更迭和校史模糊，由此也引发校庆和校史研究中的争议性问题。其中尤以武汉大学百年校庆、湖南大学以公元976年作为办学起点最富争议。对此，刘海峰指出，大学校史追溯是一个科学性、实证性很强的问题，校庆年份的确定最重要的是尊重历史、实事求是。不缩小，不夸大，以可靠的史料进行严肃、严密的校史论证，才能得到大家的认可。这说明一所大学的校庆问题牵涉的是整个中国高等教育史重新书写的问题，校史研究不仅仅是历史的回顾，同时也会介入高等教育现实之中。[①] 其中，部分大学校史研究也呈现出新的气象，如王德滋主编的《南京大学百年史》（2002）在分期上按照南京大学自身发展的历史进程，进行编、章的划分，而各章的小结则按主题划分，兼顾人物思想、学生生活、机构设置、学术研究、重大事件等各方面，资料丰富、结构合理、史论结合、重点突出，是

① 刘海峰：《大学校庆的年轮、日期与功能》，载《华南师范大学学报》（社会科学版）2013年第5期，第76～79页。

一部体现了较高学术水平的大学校史佳作。①

第三阶段为21世纪开始至今。这一时期中国大学校史研究的新突破集中体现在三个方面：

第一个方面是专题性大学史研究成果的涌现。如前述王东杰、许小青、孙宏云、蒋宝麟等的著作之外，又有尚小明的《北大史学系早期发展史研究（1899—1937）》（2010）、刘超的《清华大学成长机制研究——政学互动的视角（1928—1935）》（2011）等，这些研究注重史料考证，或立足微观、以小见大，或留意宏观比较、尝试跨学科研究，均具有较强的问题意识和方法论色彩。②此外，刘海峰主编的“弦歌不辍”系列丛书，刻画了抗日战争时期高校师生以爱国自强奋发向上的精神，在血与火的洗礼中，卓绝奋斗、弦歌不辍，在中国高等教育历史上留下了光辉的篇章。

抗日战争时期，由北京大学、清华大学、南开大学联合组成的西南联合大学成为中国高等教育史上一道独特的风景，一种无法复制的文化现象。早在20世纪80年代初，就有部分关于西南联合大学的著作或纪念文集出版。20世纪90年代以来，面对市场经济浪潮的冲击，学界开始呼唤重塑中国大学理念和知识分子精神，建设“一流大学”的时代使命也促使研究者从诸如西南联合大学可歌可泣的办学历史中寻找精神力量和文化资源。在当代中国大学校史研究中，恐怕很难找到第二所大学吸引了这样多的关注。关于西南联合大学研究涉及众多亲历者的回忆录、学校史料、口述历史和专题研究著作。如王学珍等

① 田正平、潘文鸯：《关于中国大学史研究的若干思考》，载《社会科学战线》2018年第2期，第237～244页。

② 田正平、潘文鸯：《关于中国大学史研究的若干思考》，载《社会科学战线》2018年第2期，第237～244页。

主编《国立西南联合大学史料》（共7卷）（1998）、赵新林和张国龙的《西南联大——战火的洗礼》（2000）、李洪涛的《精神的雕像——西南联大纪实》（2001）、杨立德的《西南联大的斯芬克司之谜》（2005）、封海清的《西南联大的文化选择与文化精神》（2006）、郭建荣的《国立西南联合大学图史》（2007）、西南联大北京校友会编著《我心中的西南联大——西南联大建校七十周年纪念文集》（2008）、王喜旺的《学术与教育互动——西南联大历史时空中的观照》（2008）、谢泳的《西南联大与中国现代知识分子》（2009）、闻黎明的《抗日战争与中国知识分子——西南联合大学的抗战轨迹》（2009）、冯友兰等的《联大教授》（2010）、江渝的《西南联大 特定历史时期的大学文化》（2010）、易社强的《战争与革命中的西南联大》（2012）、吴宝璋编著《享誉世界的西南联大》（2012）、杨绍军的《战时思想与学术人物——西南联大人文学科学术史研究》（2012）、刘宜庆编著《大师之大——西南联大与士人精神》（2013）、张曼菱的《西南联大行思录》（2013）、《西南联大》编辑组编《西南联大》（2016）、任继愈的《自由与包容——西南联大人和事》（2017）、余斌的《西南联大的背影》（2017）。近年来，对于抗日战争时期由北平大学、北平师范大学、北洋工学院等组成的西北联合大学的研究逐渐增多，2012年以来，天津大学、西北工业大学等发起“西北联大与中国高等教育发展论坛”，至今已经举办7届，这进一步推动了对于西北联合大学校史的研究。此方面的著作主要有：姚远主编《西北联大史料汇编》（2012）、方光华主编《西北联大与中国高等教育》（2013）、何宁主编《西北联大与中国高等教育》（2014）、李寻的《知识分子何谓——西北联大知识分子群体研究》（2017）、张在军的《西北联大——抗战烽火中的一段传奇》（2017）、陈海儒和高远主编《热血书生上战场——西北联大与抗日战争》（2017）等。[①]

校长是大学之“魂”，大学校长也成为大学校史研究的重要内容。20世纪90年代初，宋恩荣主编“中国近现代教育家系列研究”，其中多部著作同样可视为从校长角度研究大学校史的著作，如崔运武的《严复教育思想研究》(1993)、陈桂生的《徐特立教育思想研究》(1993)等。进入21世纪以来，对大学校长的研究更加活跃，其中尤以章开沅、余子侠担任总主编的“中国著名大学校长书系”最具代表性。该丛书已出两辑，合计17部，部分作者曾经参与过上述“中国近现代教育家系列研究”撰述工作。新著广泛结合了近年来校史研究的新材料、新观点。该丛书是中国大学校长精神群像的塑造，他们的办学思想、治校方略、实践经验、育人业绩，以及他们作为大学校长所具有的爱国思想和革命抱负、职业素养与人格魅力等被系统、完整地呈现。此外，又有周川、黄旭主编《百年之功——中国近代大学校长的教育家精神》（1994）[②]、程斯辉的《中国近代大学校长研究》(2010)、石慧霞的《萨本栋传——民族危机中的大学校长》(2015)、谢竹艳的《中国近代基督教大学外籍校长办学活动研究（1892—1947)》(2015）均为近现代大学校长研究中比较有代表性的著作。[③]

---

① 姚远主编:《西北联大史料汇编》，西北大学出版社2012年版；方光华主编:《西北联大与中国高等教育》，西北大学出版社2013年版；何宁主编:《西北联大与中国高等教育》，世界图书出版西安有限公司2014年版；李寻:《知识分子何谓——西北联大知识分子群体研究》，西北大学出版社2017年版；张在军:《西北联大——抗战烽火中的一段传奇》，金城出版社2017年版；陈海儒、高远主编:《热血书生上战场——西北联大与抗日战争》，西北大学出版社2017年版。

② 周川、黄旭主编:《百年之功——中国近代大学校长的教育家精神》，福建教育出版社1994年版。

③ 程斯辉:《中国近代大学校长研究》，人民教育出版社2010年版；石慧霞:《萨本栋传——民族危机中的大学校长》，厦门大学出版社2015年版；谢竹艳:《中国近代基督教大学外籍校长办学活动研究（1892—1947)》，福建教育出版社2015年版。

第二个方面是大学校史研究叙事风格的变化。在此方面，北京大学陈平原的系列论著具有较强代表性，包括：《北大旧事》（1998）、《老北大的故事》（1998）、《中国大学百年》（2002）、《民国大学——遥想大学当年》（2013）等。1997年，陈平原主编“学者追忆丛书”，包括《追忆蔡元培》《追忆梁启超》等。陈平原的贡献在于，他对于北京大学和中国高等教育百年历史的阐释使人们感到，在高等教育机构、制度、政策历史研究之外，尚有文化、思想与情感等广泛领域值得关注。大学史既可以是制度史、思想史，也可以是生活史、心灵史、文化史。大学史研究因此变得不再“冰冷”，而是有了温情与热度。同时，包括上述“学者追忆丛书”在内，陈平原对于大学历史与文化的关注，涉及大学人文精神、中国人文学科地位、现代大学制度建设等重要议题，因而引起学术界较为广泛的共鸣。

第三方面体现为对于大学校史研究的理论反思与学科建构。改革开放前，我国大学校史研究处于近乎荒芜的状态，其中不少人物、问题是令人望而却步的“学术禁区”。1984年，教育部发文要求所有“文革”之前建立的大学着手编写校史，具有把“四人帮”颠倒过来的是非重新颠倒过来的意味。这也导致早期的大学校史研究带有很强的被动性、仓促性。但是，正如王杰所指出的，30多年前校史研究是作为学校的一项工作布置开展的，如今虽然也是一项工作，但是作为一项长期的科研任务，已经成为一门学问。大量的研究成果和成功的研究范式，使其具备了学科的特征。[①] 随着大量的专题性校史研究成果的涌现，对于大学校史研究的理论反思、学科建设诉求已经水到渠成。此方面的著作包括王列平的《透视大学校史文化》（2014）、刘海峰的《中

① 王杰：《学府史论　中国近代大学校史研究论文选编》，天津大学出版社2017年版，前言。

国大学校史研究的回顾与前瞻》（2016）、王杰的《学府史论——中国近代大学校史研究论文选编》（2017）等。[①] 此外，田正平、刘海峰、张斌贤、李均等还发表了大学史研究的系列论文。

今后一个时期，中国的大学校史研究如何突破传统的“泛政治化”“革命史化”的编写体例，进一步增强大学发展的内在动力、内部制度和自身规律等方面的探讨与分析；如何发挥官方修史和私人撰述的各自优势，不断提升大学校史研究的学术性和研究性；如何在不断增进大学校史微观问题、微观现象、微观事实的专题史研究基础上构建富有特色的通史类著作方面仍有很长的道路值得探索。

（二）外国高等教育史研究

就像教育科学的许多分支学科都是从教育学中逐渐分化出来的情形一样，外国高等教育史研究则是从一般外国教育史中经过长期的孕育发展脱胎而来的。新中国成立后直到20世纪70年代末，主要由于政治上的原因，对外国教育史包括对外国高等教育史的介绍和研究基本上处于停滞状态。[②] 改革开放重新打开了中国走向世界的大门，外国高等教育史研究是学习世界高等教育强国先进经验的重要组成部分，也是中国高等教育拨乱反正、奋起直追的迫切需求。40年来，从外国高等教育通史、外国高等教育断代史、外国高等教育国别史到外国高等教育专题史，我国的外国高等教育史研究取得了“全方位”的

① 王列平：《透视大学校史文化》，湖北人民出版社2014年版；刘海峰：《中国大学校史研究的回顾与前瞻》，厦门大学出版社2016年版；王杰：《学府史论 中国近代大学校史研究论文选编》，天津大学出版社2017年版。

② 陈学飞：《外国高等教育史研究五十年回眸》，载《高等教育研究》1999年第5期，第47～51页。

进步[①]，有力地改变了高等教育史尤其是外国高等教育史研究长期处于我国高等教育学科发展“短板”的状态。[②]

关于外国高等教育通史的研究，目前所见最早的论文是发表于1981年的赵祥麟的《西方高等教育简史》。[③]该文简要介绍了西方高等教育的历史沿革，首次把西方的大学分为法国、德国、英国和美国四种主要模式来分别加以描述。最早的著作是1982年出版的蔡克勇的中外《高等教育简史》。[④]此外，还包括戴本博主编的《外国教育史》(三卷本，1989—1990)，滕大春主编的《外国教育通史》(六卷本，1990)，吴式颖、任钟印主编的《外国教育思想通史》(十卷本，2002；2017)。[⑤]这些著作注意吸收国内外研究的大量新成果，不仅突破了外国教育史以欧美为中心的传统，而且还包括了从古至今的外国高等教育通史的内容。但是，在较长时间里关于外国高等教育通史研究的专著一直阙如。2003年，黄福涛、贺国庆主编的两部同以《外国高等教育史》为书名的著作相继问世。[⑥]

① 张斌贤曾对大学史探讨范围作出界定，认为包括大学通史、断代史、国别史、区域史、专题史、院校史六个方面，并指出，很多大学史研究“往往是在两个或多方面的交叉点上进行的，例如国别—断代研究、国别—专题研究、区域—断代研究、区域—专题研究、院校—断代研究、院校—专题研究以及国别—断代—专题研究等”。参见张斌贤：《关于大学史研究的基本构想》，载《北京大学教育评论》2005年第3期，第13～17页。

② 胡建华：《大学史研究之于高等教育学科的意义——读张斌贤与贺国庆等翻译的〈欧洲大学史〉》，载《高等教育研究》2009年第1期，第66～70页。

③ 赵祥麟：《外国高等教育简史》，载《上海高教研究》1981年第1期，第116～124页。

④ 蔡克勇编：《高等教育简史》，华中工学院出版社1982年版。

⑤ 戴本博主编：《外国教育史》(上中下)，人民教育出版社1989—1990年版；滕大春主编：《外国教育通史》(六卷)，山东教育出版社1990—1994年版，2005年再版；吴式颖、任钟印主编：《外国教育思想通史》(十卷本)，湖南教育出版社2002年版；吴式颖、任钟印主编：《外国教育思想通史》(十卷本，修订版)，北京师范大学出版社2017年版。

⑥ 黄福涛主编：《外国高等教育史》，上海教育出版社2003年版、2008年版；贺国庆、王保星、朱文富：《外国高等教育史》，人民教育出版社2003年版、2006年版；黄福涛的著作于2003年11月出版，贺国庆等的著作于2003年12月出版。

潘懋元等认为，在两部《外国高等教育史》撰写过程中，著者下了很大功夫，在海内外广为搜集丰富的高等教育史料，同时，广泛地吸收海内外已有的外国高等教育研究成果。尽管在某些具体问题的论证上，仍然存在一些史料相对单薄的问题，但较之过去，进展明显。此外，两书也呈现不同的特色，黄著更注重高等教育制度的演变，力求准确把握高等教育发展变化与社会政治和经济等因素之间存在的直接因果关系。贺著则将高等教育制度和高等教育思想结合，同时注重对一般外国教育史上较少关注但对高等教育发展史相对重要的事件和人物的高等教育思想加以关照。[①] 随着上述两部著作的出版，我国教育学术界对外国高等教育发展历史的关注逐渐升温。

现代大学的确切起源可以追溯到中世纪大学。巴黎大学、博洛尼亚大学被公认为欧洲"大学之母"，对人类文明产生重要影响。近年来，人们越来越认识到，大学是继承与创新的产物，历史与现实之间总是相互映照的。现代大学面临的诸多挑战，也是历史发展中出现的。因此，作为源头的中世纪大学研究愈发显得重要。但是，由于语言、资料、研究力量等方面的限制，国内的中世纪大学研究一直相当薄弱。近年来，这一状况得到很大的改善。译著方面，主要有雅克・韦尔热的《中世纪大学》（2007）、艾伦・B. 科班的《中世纪大学——发展与组织》（2013）等。崔延强主编的"大学：思想与制度"书系收入曾任牛津大学卡莱尔学院院长的拉斯达尔关于中世纪大学的系列著作，该丛书以翔实的史料、开阔的视野，对大学的形成与发展进行了多层次、全方位的论述。第一卷探讨萨勒诺、博洛尼亚两所意大利大学的兴起

① 潘懋元、陈兴德：《高等教育理论呼唤高等教育史研究》，载《教育研究》2004 年第 10 期，第 28 ～ 32 页。

与发展；第二卷重点介绍现代大学的原型巴黎大学；第三卷则集中探讨了英国大学，尤其是牛津大学和剑桥大学。关于中世纪大学的译著，水平最高的当属由欧洲大学校长常设会议（CRE）领导的编委会组织编写，张斌贤、贺国庆共同主持翻译的《欧洲大学史》（四卷本）。该书由具有多学科背景的26位学者集体完成，其中的第一卷为《中世纪大学》，该卷为综合性的专题研究，在空间上涵盖了东欧、中欧和西欧在内的整个欧洲；在时间上，跨越了从大学产生之初到16世纪初的三百多年；在广度上，包括大学的管理、财政、建筑、学科、组织、招生、教学、学生生活、学习、活动等多方面内容，同时还广泛地涉及大学与外部世界（教会、王国、城市）的关系。该书史料丰富、史料涉及语种众多、叙述分析细微具体，堪称近年来中世纪大学史集大成之作。① 此外，贺国庆等的《欧洲中世纪大学》（2009）、王凯的《西欧中世纪修道院教育研究》（2012）、宋文红的《欧洲中世纪大学的演进》（2010）、张磊的《欧洲中世纪大学》（2010）、孙益的《西欧的知识传统与中世纪大学的起源》（2012）、邓磊的《中世纪大学组织权力研究》（2014）、《中世纪英国大学生活》（2017）等专著及张弢所发表的系列论文等都值得关注。其中，张磊的《欧洲中世纪大学》在对中世纪大学基本概念进行分析的基础上探讨了中世纪大学的起源，剖析了中世纪时期大学的设置认可基础性问题。该书抓住中世纪大学的基本特征和核心内涵，对中世纪大学的内部组织、教学、教师与学生等重要问题进行了分析，并对中世纪以来大学的制度演变以及从中世纪

① ［比］希尔德·德·里德－西蒙斯主编：《欧洲大学史》第1卷，张斌贤等译，河北大学出版社2008年版；［比］希尔德·德·里德－西蒙斯主编：《欧洲大学史》第2卷，张斌贤等译，河北大学出版社2008年版；［瑞士］瓦尔特·吕埃格主编：《欧洲大学史》第3卷，张斌贤等译，河北大学出版社2014年版。

大学到德国大学模式的形成进行了分析。孙益的《西欧的知识传统与中世纪大学的起源》将中世纪大学的产生视作特定的知识及围绕知识展开的活动在中世纪以某种独特的形式组织化、制度化过程。作者试图分析不同地域的知识传统如何影响了萨莱诺大学、波伦亚大学和巴黎大学等不同中世纪大学的起源。邓磊的《中世纪大学组织权力研究》选择从组织机构与社会权力的视角来分析中世纪的大学，为此选择两条路径，一是概括分析在中世纪的时代背景下大学如何从历史深处发展而来；二是以社会权力论为基础，从多重维度具体解读早期大学的组织建构与权力来源。

中世纪大学向近代大学的演变是如何发生的？欧洲高等教育近代化过程的动因、途径、结果、经验、教训具体如何？对于外国高等教育史上这些重大问题，过去国内学术界对此虽然有所涉及，然而总体上却长期处于空白状态。在此方面，黄福涛的《欧洲高等教育近代化——法、英、德近代高等教育制度的形成》（1998）取得了重要的突破。该书在梳理总结大量原始文献和国外已有成果的基础上，以法国、英国和德国为例，较系统地探讨了三国传统大学以及欧洲高等教育走向近代化的历程，并提出和讨论了高等教育近代化的理论界说。潘懋元指出："这一结论是否正确，是否足以全面地解释从中世纪大这一结论是否正确，是否足以全面地解释从中世纪大学到近代大学嬗变的过程，还有待于读者的鉴定、认可，但至少可以成为'一家之言'，从而有助于研究高等教育的现代化建设。"[①] 贺国庆的《近代欧洲对美国教育的影响》（1994）全面考察了从美国独立前到 19 世纪英、法、德等

① 黄福涛：《欧洲高等教育近代化——法、英、德近代高等教育制度的形成》，厦门大学出版社 1998 年版，第 7 页。

国对于美国高等教育形成、发展的深刻影响。[①] 该书不仅揭示了美国高等教育崛起的秘密，同时，美国高等教育博采众长而又自主创新的发展经历对于作为发展中国家的中国而言具有重要的借鉴作用。此外，近年来陆续出版的关于近代西方高等教育史的著作，包括王飞麟的《16—18 世纪欧洲政治近代化与高等教育发展研究》（2007）、刘兆宇的《19 世纪英格兰高等教育变革研究》（2008）、王宝玺等的《19 世纪英国大学制度变革研究》（2015）、周保利的《19 世纪剑桥大学改革研究》（2012）、杜智萍的《19 世纪以来牛津大学导师制发展研究》（2011）等。译著方面，《欧洲大学史》第二卷《近代早期的欧洲大学（1500—1800）》，以大量翔实的材料和确凿的事实，纠正和消除了以往研究的偏差与误区，使我们对近代早期大学的认识更趋全面和客观。[②]

国别高等教育史研究方面，关于美国高等教育发展历史研究的著述最多，其次是日本、德国、英国和法国。这些著述包括王清华的《苏联高等教育的历史和现状》（1985）、陈学飞的《美国高等教育发展史》（1989）与《美国、德国、法国、日本当代高等教育思想研究》（1998）、王英杰的《美国高等教育的发展与改革》（1993、2002）、王廷芳的《美国高等教育史》（1995）等。此外，还有科恩的《美国高等教育通史》（2010）和塞林的《美国高等教育史》（2014）两部译著。[③] 其中，陈学飞的《美国高等教育发展史》（1989）对 1636—1986 年美国高等教育发展的历史、现状等情况进行了综合论述，该书同时对美

---

① 贺国庆：《近代欧洲对美国教育的影响》，河北大学出版社 1994 年版。

② 希尔德·德·里德－西蒙斯主编：《欧洲大学史》第二卷《近代早期的欧洲大学（1500—1800）》，河北大学出版社 2008 年版。

③ ［美］亚瑟·科恩：《美国高等教育通史》，李子江译，北京大学出版社 2010 年版；［美］约翰·塞林：《美国高等教育史》，孙益等译，北京大学出版社 2014 年版。

国高等教育科学研究等历史与现状进行了梳理，这是20世纪80年代末我国关于美国高等教育研究的代表性著作。《美国、德国、法国、日本当代高等教育思想研究》系统地探讨了“二战”后美国、德国、法国和日本四国高等教育思想的演变。[①]这种以整个国家发展高等教育事业的基本指导思想为研究对象的尝试，明显地拓展了对外国高等教育史研究的视角和领域。[②]王英杰的《美国高等教育的发展与改革》(1993、2002）是在其博士学位论文《论美国高等教育的发展战略》基础上进一步收集资料完成的。顾明远评价他的论文不仅论述了美国高等教育发展的历史，而且还提出了“市场调节和政府干预是美国高等教育发展的两个重要杠杆”的有创见的论点。[③]张泰金的《英国高等教育的历史·现状》（1995）、张薇的《苏格兰大学发展研究》（2011）、袁传明的《近代英国高等教育改革与发展研究——以伦敦大学百年史（1825—1936）为个案》（2017）是关于英国高等教育史的重要专著。19世纪以来，随着柏林大学的创办，德国大学迅速崛起，这对世界高等教育产生了重要影响。目前关于德国高等教育史的著作，译著方面包括包尔生的《德国大学与大学学习》（2009）[④]，国内则有贺国庆的《德国和美国大学发达史》（1998）、陈洪捷的《德国古典大学观及其对中国的影响》（2002、2006）等。贺国庆的《德国和美国大学发达史》主要论述了德国和美国大学是通过怎样的改革与发展成为世界高等教育强国的

① 陈学飞：《美国高等教育发展史》，四川大学出版社1989年版；陈学飞主编：《美国、德国、法国、日本当代高等教育思想研究》，上海教育出版社1998年版。

② 陈学飞：《外国高等教育史研究五十年回眸》，载《高等教育研究》1999年第5期，第47～51页。

③ 王英杰：《美国高等教育的发展与改革》，人民教育出版社2002年版，第3页。

④ ［德］弗里德里希·包尔生：《德国大学与大学学习》，张驰等译，人民教育出版社2009年版。

历程。作者归纳德美大学发达的历史经验有三——借鉴和学习别国高等教育的先进经验，推动适应本国实际的高等教育模式的发展；注重自由的科学研究及教学与科研相统一的原则；保证国家对大学的财政支持及大学经费的合理使用。①陈洪捷的《德国古典大学观及其对中国的影响》从德国古典大学观中汲取灵感，从历史社会学角度系统研究了19世纪德国的大学观念，在分析大量一手资料的基础上，提炼出19世纪德国大学观念的核心概念——修养、科学、自由和寂寞，并以此为中心分析了德国大学观的基本内涵及其价值指向；此外，他还运用马克斯·韦伯的卡里斯玛（Charisma）理论，论证了德国大学观的卡里斯玛性质，说明了这种观念的独特性质以及独特的作用方式。②

外国高等教育专题史研究方面，代表性研究成果如单中惠主编《外国大学教育问题史》(2006)、贺国庆的《西方大学改革史略》(2011)等。其中，单中惠主编的《外国大学教育问题史》一书选择了大学功能、结构、课程、教学、管理、政策等八个问题，以“问题”为研究主线，对外国大学教育的发展、沿革及特征进行了系统研究。这种“问题史”的研究视角，改变了传统教育史以时间为主线的研究方式，进一步加强了教育历史和教育现实之间的紧密联系。③贺国庆的《西方大学改革史略》一书依次介绍了德国、法国、英国、美国、加拿大等欧美强国在19世纪和20世纪所进行的大学教育改革，从中我们可以看到西方在教育改革上的历程以及革新的成果，进而获得有益于我国大学教育改革的启示或者探索。此外，北京师范大学、华东师范大学、

① 贺国庆：《德国和美国大学发达史》，人民教育出版社1998年版。

② 陈洪捷：《德国古典大学观及其对中国的影响》，北京大学出版社2002年版、2006年版。

③ 单中惠主编：《外国大学教育问题史》，山东教育出版社2006年版，第2页。

河北大学学者指导的一批外国教育史、比较教育专业的学生撰写出一批高质量的博士论文，这些论文从历史到现实，涵盖欧美高等教育的诸多领域，大大丰富和提升了外国高等教育史研究的水平。张斌贤、贺国庆是我国外国高等教育史领域贡献突出的学者[①]，两人联袂主持翻译的四卷本《欧洲大学史》，对促进我国外国高等教育史研究理论水平的提升具有深远影响。

大学校史研究是外国高等教育史研究的重要基石。这方面除已有一批论文外，最有影响的是曹先捷主编的“世界著名学府丛书”，入选的世界著名学府 60 所，其中既有属于发达国家的，也有属于发展中国家的；既有历久常新的传统名校，也有异军突起的后起之秀。丛书采取一书一校的撰述形式，力求全面、深入地介绍所选学府的历史、传统、特色与经验。[②]近年来，大学史研究中学术水平较高的当推单中惠、顾建明主编的“世界一流大学史丛书”。该丛书包括徐来群的《哈佛大学史》(2012)、刘亮的《剑桥大学史》(2012)、周常明的《牛津大学史》(2012)、周雁的《耶鲁大学史》(2012)。这四本著作是在作者各自博士学位论文基础上修改完成，具有结构严谨、史料翔实、论点明确的特点。每本书还补充了若干珍贵附录资料，如每所学校的大事记、学院名录、历任校长名录、诺贝尔奖获得者，培养的政治领导人名录(总统或首相)。该丛书在丰富我国外国高等教育史研究内容的同时，

---

① 张斌贤发表的一系列外国教育史、大学史建设的学科建设论文，可参见张斌贤：《教育是历史的存在》，安徽教育出版社 2007 年版；张斌贤：《张斌贤教育史研究文集》，中华书局 2014 年版；张斌贤、楼世洲主编：《当代中国教育学术思想研究（1949—2009）》，中国社会科学出版社 2011 年版。

② 姜文闵编：《哈佛大学》，湖南教育出版社 1988 年版；张敏、杨援编著：《芝加哥大学》，湖南教育出版社 1994 年版；金龙哲、王东杰编著：《东京大学》，湖南教育出版社 1992 年版；刘文修编：《哥伦比亚大学》，湖南教育出版社 1993 年版。

也为我国一流大学的建设提供了可资借鉴的经验。此外，还有郭健的《哈佛大学发展史研究》（2017）和英国学者格林的译著《剑桥大学简史》（2007）等。

张斌贤指出，自外国教育史研究“落户”中国的一百多年来，从来没有一个时期像最近十余年这样在一个研究领域的成果出现“井喷式”的增长。这对一直被认为处于“危机”之中、面临重重“挑战”且日益被边缘化的外国教育史学科建设而言，无疑具有重大意义。它表明，外国教育史研究不仅未被“唱衰”，而且表现出旺盛的生命力和蓬勃的活力。① 应该说，在此过程中，外国高等教育史研究学者发挥了重要的推动作用。这种源自深厚学科传统的自我更新、自我发展的能力，必将促使外国高等教育史研究不断开辟新的知识生长点，不断拓展新的研究领域，不断创造出新的研究成果。

五、高等学校课程与教学论研究

人才培养是高等学校的基本职能，更是大学工作的核心。改革开放 40 年来，与人才培养相对应的高等学校教育教学改革始终是我国高等教育改革发展的主要内容之一。特别是当我国由计划经济体制向市场经济体制转轨，高等教育由精英化到大众化，再到普及化过渡时期，高校教育教学活动面临着新的任务与要求。40 年来，在高校人才培养方面涌现了素质教育理念、通识教育理念、创新教育理念、产学研合作教育理念；同时，高校专业设置、学分制、选修制及教学管理制度方面的改革不断推进；这一系列改革的落脚点不断促进了我国高校课程与教学的现代化水平。由此导致这一时期，我国高校课程与教学论

① 张斌贤等：《外国教育史研究进展：2010—2014》，载《教育研究》2016 年第 1 期，第 109 ～ 124 页。

研究观点纷呈、成果丰硕。[①]

（一）大学课程与教学论的新发展

从夸美纽斯时代以来，传统上的“教学论”既研究课程，也研究教学，并且，教学问题常常居于主导地位。进入20世纪以后，随着博比特“The Curriculum”(《课程》，1918）的发表,“课程论”从“教学论”中分化出来，并逐渐成为一个相对独立的领域。今天，从研究成果看，“大学教学论”与“大学课程论”也仍然是既相互联系、又有区别的两个研究领域。就大学教学论研究来说，潘懋元主编的第一部《高等教育学》以及《高等教育学讲座》对高校教学过程、原则、形式、方式、手段等进行了比较系统的阐述。1984年，潘懋元发表《高等学校教学原则初探》一文，根据高等教育的特点提出了高校教学原则的依据以及高校教学原则体系，该文很好地运用了高等教育基本理论来研究高校教学理论，是高校教学理论研究的一篇重要文献。[②]总体来看，自20世纪80年代以来关于大学教学论的著作主要有：陈列等的《大学教学概论》(1987)、于美方的《大学教学论》(1989)、宓洽群的《大学教学原理》(1989)、刘花元等的《大学教学管理引论》(1989)、曾昭轰等编著《大学教学理论与方法》(1990)、范印哲的《大学教学与教材概论》(1990)、钱伯毅的《大学教学论》(1991)、王伟廉等的《高等学校教学改革的理论研究》(1993)、李定仁的《大学教学原理与方法》(1994)、潘懋元主编《高等学校教学原理与方法》(1995)、李成良等的《大学教学理论与方法》(1995)、朴雪涛的《现代大学教学论研究》(2002)、

① 中国高等教育学会组编：《改革开放30年：中国高等教育发展经验专题研究》，教育科学出版社2008年版，第386～436页。

② 潘懋元：《高等学校教学原则体系初探》，载《福建高教研究》1984年第1期。

罗秋明等的《大学研究型教学——理论、方法与模式》（2005）、孙泽文的《现代大学教学引论》（2006）、荀振芳的《大学教学评价的价值反思》（2006）、杨杏芳的《大学教学制度改革的文化反思》（2006）、许建领的《大学参与性教学——理论探讨与系统构建》（2006）、关鲁玉的《大学课堂教学的变革与技艺》（2007）、姚利民的《大学教师教学论》（2008）、李剑萍的《大学教学论》（2008）、张忠华等的《现代大学教学方法论》（2009）、马开剑的《大学教学论基础》（2011），这些著作的出版，标志着大学教学论学科的正式确立。

可以看到，早期的大学教学论著作多是为高等学校青年教师撰写的培训教材，照搬和移植普通教育学教材的痕迹明显。潘懋元认为，高等教育同普通教育的区别，主要在于教学。高等教育是建立在普通教育基础上的专业性教育，因此，高等学校的教学目标、过程、内容、形式、方法，不能照搬以普通学校教育为研究对象的普通教育学所论述的理论与方法。[①] 可以说，这一问题成为衡量和评价大学教学论理论发展的关键性因素。改革开放后首部大学教学论专著《大学教学概论》的主要执笔者陈列是潘懋元指导的我国第一批高等教育学硕士之一。他的硕士学位论文《论高等学校教学过程的本质特点》，是国内较早系统地论述大学教学理论及其观念现代化的一篇重要研究成果。该论文将研究重心放在与大学教学密切相关的诸如教学过程、知识结构与课程、师生关系、教学方法等几个理论问题上，是力图走出以普通学校教育为研究对象的普通教育学所论述的理论与方法的重要尝试。宓洽群的《大学教学原理》是一本富有特色的，系统论述理工科大学教学工作基本原理的著作，该书提出了一条高等学校教学过程的特殊规律，

① 陈列等：《大学教学概论》，浙江大学出版社 1987 年版，序。

即“回归律”（认识过程由独立到不独立，回归到“再独立”）。它的表现是三个递增与三个递减（学生的自主作用递增，教的作用递减，教学的发现性递增，传习性递减，参加直接实践递增，接受间接经验递减）。在这个基础上，作者探讨了高等学校教学原则的体系。[①]王伟廉等的《高等学校教学改革的理论研究》一书，针对该时期我国高校教学改革缺乏系统的理论指导，对改革的指导思想、理想目标、过程与方法缺乏明确认识的背景下，试图探明教育内外部各因素与高等学校教学改革之间相互作用的特点和机制；试图对我国40年来教学改革做出客观、科学的评价；试图从新的角度提出高等学校教学理论研究的理论范畴和框架；试图从理论上提出一整套进行高等学校教学改革的理论模式及实现途径。[②]潘懋元主编的《高等学校教学原理与方法》一书结合了高校教学改革的实际，系统探讨大学教学论的研究对象与科学基础、大学生身心特征与教学、高校培养目标、教学过程、教学原则、课程、教学方法等一系列理论问题，该书既是一部适于培训师资的教材，又是一部具有重要参考价值的高等教育理论著作。

关于大学教学管理与教学改革的相关著作，如陈青的《高等学校教学管理》（1987）、刘花元等编《大学教学管理引论》（1989）、朱从矩的《普通高等学校教学管理》（1990）、朱永新的《高等学校教学管理系统研究》（1998）、季诚钧的《大学教学与管理新论》（2003）、王伟廉的《中国大学教学运行机制研究》（2005）、李洋修等主编《大学教学管理与教学研究》（2005）、刘春花的《导学与导研并重——大学教学改革新视野》（2005）、李正的《中国研究型大学本科教学质量研究》

① 宓洽群：《大学教学原理》，上海交通大学出版社1989年版，序。

② 王伟廉等：《高等学校教学改革的理论研究》，云南教育出版社1993年版，第2～3页。

(2006)、秦小云的《大学教学管理制度的人性化问题研究》(2007)、陈秀兰的《交往中的建构——大学教学活动的社会建构论解读》(2008)、钟志贤的《大学教学模式革新——教学设计视域》(2008)、吴高臣的《大学教学改革研究》(2012)、杨黎明的《地方教学研究型大学教学资源配置研究》(2012)、王龙的《大学课程教学与管理》(2012)、宋燕的《大学教学学术及其制度保障》(2013)、庞岚等的《基于教师行为选择的大学教学与科研关系研究》(2014)、王彤的《应用型大学教学方法改革与实践》(2015)、李爱的《大学教学评价变革研究——基于教育政策和评价主体的角度》(2015)、吴高臣的《大学教学创新研究》(2016)等。此外，还有陈时见主编"新时期大学教学研究丛书"、汪霞主编"中外大学课程与教学研究丛书"等。译著方面，包括库克等编著作《提升大学教学能力——教学中心的作用》(2011)[①]、徐辉组织浙江师范大学中青年学者翻译的8卷本"国外大学教学与教改译丛"等。其中，季诚钧的《大学教学与管理新论》试图嫁接大学教学论与教学管理学两个学科，把管理学、教育学、社会学等领域的知识融合在一起，使教学原理、课程原理、管理原理融会贯通。作者认为大学教学必须"确立以学为本的教学观，确立将课内外学习视作为整体的教学观，确立完善学生综合素质的教学观"，并提出"与现代知识观相适应"的教学改革新理念。[②]王伟廉的《中国大学教学运行机制研究》一书认为，教学运行机制是由四个相互联系的部分组成的：人才培养模式（或方案）的改革、教师队伍的提高和相应的管理改革、学生的

① [美] 库克等编著：《提升大学教学能力——教学中心的作用》，陈劲、郑尧丽译，浙江大学出版社2011年版。

② 季诚钧：《大学教学与管理新论》，东华大学出版社2003年版。

积极性的调动或学习动机的形成、围绕教学改革的其他配套的改革。同时，作者将这四个方面类比为剧本、演员、观众和舞台。该书还就构建中国大学教学运行机制的认识论和方法论问题提出了全新的见解。作者首次将自己总结的全环节准则、具体化准则和动力性准则全面运用到改革实践中来，同时还将作者研究的关于教育中的“中介”问题的成果运用到分析改革方案和改革实施过程中。①

关于大学课程理论的研究，虽然起步较晚、成果不多但是质量较高。近年来的主要著作有张圻福的《大学课程论》（1992）、季诚钧的《大学课程概论》（2007）、王伟廉的《高等学校课程研究导论》（2008）、高有华的《大学课程基本问题研究》（2010）、王根顺的《高等学校课程论》（2016）、唐德海的《大学课程管理的理论与方法研究》（2002）、胡弼成的《大学课程体系现代化》（2007）、欧阳文的《大学课程的建构性研究》（2007）、常思亮的《大学课程决策论》（2010）、皮武的《生成之魅——大学课程决策实地研究》（2013）、朱晓刚的《我国大学课程观的反思与建构》（2008）、李海芬的《大学本科基础课程研究》（2008）、陈小红等的《中国高等学校课程和教学的建设与改革研究》（2012）、徐同文的《大学课程设计》（2011）、郭德侠的《中国近代高等学校课程设置研究》（2007）、陈兴明的《中国大学“苏联模式”课程体系的形成与变革》（2012）、姜国钧的《大学课程与教学论》（2017）。其中，王伟廉的博士学位论文《高等学校专业与课程改革的理论基础》（1990）是我国最早研究高等学校专业和课程改革的论述。而张圻福主编的《大学课程论》（1992）则是我国第一部以“大学课程论”为名的专著，该书较为系统地阐述了高等学校课程的含义、课程与社会发展的关

① 王伟廉：《中国大学教学运行机制研究》，广东高等教育出版社 2005 年版。

系、课程的心理学基础、课程建设的原则、课程设计、课程评价等问题，对我国大学课程论学科的建立有积极推动作用。王伟廉的《高等学校课程研究导论》以“课程生成系统”为重点，按照高校课程基础理论—应用理论—实际应用—元研究四个方面，系统论述了高等学校课程理论基础、高等学校课程编制、高等学校课程建设、高等学校课程研究的认识论与方法论问题，这是高等学校课程论研究领域一部具有较高学术水平的著作。此外，王伟廉指导唐德海、胡弼成、陈小红、陈兴明等完成一批具有较高质量的大学课程研究博士学位论文。如胡弼成的《大学课程体系现代化》一书，把高等学校课程体系现代化作为一个客观存在的事物，作者采用调查研究法、整体性的研究方法和事实研究与价值研究相结合的方法，对高等学校课程体系现代化的理论基点、动力、要素、实施、特征等，进行了较全面、深入、系统的研究。陈兴明的《中国大学“苏联模式”课程体系的形成与变革》通过对新中国60年大学课程体系发展、演变的历程进行系统地回顾、梳理、总结和探析，以把握60年来中国大学课程体系历次变革的不同特点和发展趋势。该书在一定程度上弥补了以往对苏联教育模式解读中“失之过泛”（研究的指向比较宏观而且笼统，忽略人才培养模式这个核心问题，特别是人才培养模式中的那些特别重要的细节）和“失之过窄”（只是在专业模式上做文章，对这种模式产生的根源和原因缺少分析）的不足。①

（二）高校人才培养观念的新突破

40年来，我国高校人才培养领域教育理念的变革对高校教育教学

① 陈兴明：《中国大学“苏联模式”课程体系的形成与变革》，社会科学文献出版社2012年版，第3～4页，序。

产生了重要影响。素质教育理念、通识教育理念、创新教育理念、产学研合作教育理念等构成了新时期我国教育教学制度改革、实践发展的理论基础。

从20世纪90年代前期"素质教育"的提出，到国务院批转《面向21世纪教育振兴行动计划》（1999年1月），实施"跨世纪素质教育工程"；再到中共中央、国务院颁布《关于深化教育改革，全面推进素质教育的决定》（1999年6月），素质教育成为中国教育改革的指导思想。应当说，大学素质教育从理论研究演化为政策实践，高等教育研究工作者发挥了积极作用。其中具有较高学术水平的著作，如贾永堂的《大学素质教育的理论建构与实践审视》在对中国大学素质教育的由来与进程进行系统追述基础上，集中讨论了大学素质教育与专业教育、人文教育、通识教育及传统文化教育之间的矛盾关系，揭示了大学素质教育的内在局限及实践中的问题。《张楚廷教育文集》第八卷《素质教育论》收入张楚廷的《大学人文精神构架》（1996）和《素质：中国教育的沉思》（2001）两书，作者认为素质教育并非教育之中额外生出来的一种教育，它涉及许多基本的教育论题，尤其是一些根本问题。素质教育为真实的人本教育。①

事实上，早在素质教育思想讨论之前的20世纪80年代，一些出身于理工学科的学者就对科学教育与人文教育的关系展开过讨论。但在20世纪90年代初，这一讨论走向低潮。随着大学素质教育研究的展开，科学与人文教育关系的讨论重新成为热点。②中国科学院院士杨叔子、王大中，教育部原副部长周远清，知名学者季羡林、潘懋元、文辅相、

① 张楚廷：《张楚廷教育文集》第8卷《素质教育论》，湖南教育出版社2007年版。

② 李均：《中国高等教育研究史》，广东高等教育出版社2005年版，第361～362页。

喻岳青、张岂之、杨德广、张楚廷、刘献君、龚放，中青年学者周川、张应强、张祥云等都深入研究过或论及过大学人文教育与科学教育问题。周远清、阎志坚编的《论文化素质教育》（2004）一书，内容涉及文化素质教育的时代意义、素质与素质教育、文化素质教育、人文教育与科学教育融合等方面，集中收入国内诸多知名学者对于大学文化素质教育、科学与人文教育问题的论述与解读。① 在他们的影响下，尊重科学传统、传承人文精神日益成为现代中国高等教育的基本理念。此外，关于大学科学与人文教育问题的著作主要有杜时忠的《科学教育与人文教育》（1998）、刘献君的《专业教学中的人文教育》（2003）、崔富春的《大学人文教育通论》（2005）、谭伟平的《大学人文教育与人文课程》（2005）、张金福的《大学人文教育与科学教育结合研究》（2006）、汪青松的《科学教育与人文教育》（2006）、王建平的《中国语境下的科学教育与人文教育融合问题研究》（2011）、张岂之的《大学的人文教育》（2014）、甘阳等主编《中国大学的人文教育》（2015）、李萃英和赵凤平的《面向新世纪人文素质教育研究》（1999）、马明华和涂争鸣主编《高校人文素质教育论》（2010）、吴小英的《大学人文素质教育新论》（2012）、解梅的《理工类高校人文素质教育研究》（2013）、强海燕的《北美大学人文课程研究》（2012）等。

杨叔子曾任华中理工大学校长，是国内著名的机械工程专家。20世纪90年代末，他首创华中理工科大学中华诗词创作班，倡导让中华诗词走进大学校园，连续多届担任教育部高等学校文化素质教育指导委员会主任委员。由他发起的《中国大学人文启思录》至今已经出版9卷，该丛书收入华中科技大学、清华大学、北京大学等50所文化素质

① 周远清、阎志坚编：《论文化素质教育》，高等教育出版社2004年版。

教育试点高校所邀知名学者举办的人文讲演录，主题涵盖“大学与人才”“中国与世界”“传统与现代”“文化与思潮”“文学与艺术”“哲学与科学”“经济与社会”等多方面内容，吸引了数以十万计的大学生听众，形成了全国报刊争相报道的“大学校园人文现象”。[①]《杨叔子院士文化素质教育演讲录》（2007）、《杨叔子教育雏论选》（2010、2011）收入杨叔子有关教育论述，涵盖“文化素质教育”“科学与人文”“民族文化与民族文化教育”等内容，是全面展现杨叔子关于素质教育、人文与科学教育思想的重要论著。[②]《大学的人文教育》是西北大学校长张岂之关于大学人文教育的文章合集，该书凝聚了张岂之对中华传统优秀文化及其与大学人文教育关系的思索，也包含了他对古今中外先进教育理念的探讨，寄托了张岂之对我国大学人文教育的殷殷期望。甘阳等主编的《中国大学的人文教育》收入首届“中国文化论坛”的多篇论文，该书围绕“大学教育与文化自觉”“科技型大学人文教育”“艺术院校与人文教育”“大学人文教育的外部环境与制约因素”等问题从理论与实践角度反思中国大学人文教育实施状况。

近年来关于科学教育与人文教育的成果呈现出理论研究和思辨性研究比较多，宏观的对策和建议比较多，而课程层面和政策、管理层面的应用型研究相对较少的倾向，如何通过建立一套操作性强的机制来实现科学教育与人文教育的实质性整合是需要破解的难题。[③]在某种程度上，通识教育（或“博雅教育”“人文通识教育”）及其与现代书

---

① 本书编委会编：《中国大学人文启思录》第 1 卷，华中理工大学出版社 1996 年版；本书编委会编：《中国大学人文启思录》第 2 卷，华中理工大学出版社 1998 年版。

② 汪青松、查昌国、张国定编：《杨叔子院士文化素质教育演讲录》，合肥工业大学出版社 2007 年版；杨叔子：《杨叔子教育雏论选》，华中科技大学出版社 2011 年版。

③ 李均：《中国高等教育研究史》，广东高等教育出版社 2005 年版，第 363 页。

院制度的结合为科学与人文教育的融合与实践进行了制度化探索。如果说“素质教育”的提出是为了走出“应试教育”的窠臼，“人文教育”的提出是为了避免“科学教育”的褊狭。那么，通识教育在中国的推广，既有它在外延上包容了“素质教育”和“人文·科学教育”，同时也因为其话语具有国际性、时代性，从而能够实现中国高等教育人才理念与世界高等教育发展潮流进一步接轨。

20世纪90年代以来，国内关于通识教育的研究，其内容主要包括“基本理论研究”（主要探讨通识教育的概念、目标、价值、理念、课程设置等）；我国香港、台湾地区通识教育研究的历史沿革、现状、经验与问题等；美国通识教育研究的历史沿革、现状、问题等，包括对哈佛大学、芝加哥大学等著名大学的通识教育的评介；我国大陆（内地）部分著名高校实施通识教育的调查与分析；通识教育和专业教育两者之间的关系等。[①]关于通识教育代表性研究有李曼丽的《通识教育——一种大学教育观》（1999）、黄俊杰的《大学通识教育的理念与实践》（2001）、胡显章主编《走出“半人时代”——两岸三地学者谈通识教育与文化素质教育》（2002）、宋尚桂的《大学通识教育的理论与模式》（2007）、宋伯宁和蔡先金主编《高校通识教育理论与实践研究》（2008）、王希标的《大学通识教育的理论与模式》（2010）、陈小红的《大学通识教育课程——理论与实践》（2010）、杨颉的《大学通识教育课程 借鉴与启示》（2009）、张喆的《基于通识教育的大学生科学素养的培养》（2011）、龙跃君的《现代大学通识教育课程研究》（2013）、冯晓莉的《人文通识教育新论》（2013）、于淑秀等主编《大学通识教育研

① 乐毅：《90年代以来我国通识教育研究的缺憾与偏颇》，载《现代大学教育》2007年第3期，第35～40页。

究》（2014）、曹智频的《大学通识教育研究》（2014）、蔡达峰的《我们的通识教育》（2017）、李引进的《通识教育的裂变与重建》（2017）等。关于中国大学通识教育实践问题的研究，有李曼丽和林小英的《后工业时代的通识教育实践——以北京大学和香港中文大学为例》（2003）、冯惠敏的《中国现代大学通识教育》（2004）和《中国特色通识教育模式研究》（2018）、北航通识教育研究课题组《转型中国的大学通识教育——比较、评估与展望》（2013）、陈向明等的《大学通识教育模式的探索——以北京大学元培计划为例》（2008）、《大学通识教育模式的探索》（2010）、熊思东等编《通识教育与大学——中国的探索》（2010）、方胜虎的《我国高校通识教育体系的实施现状分析与发展路径研究》（2014）、李佳的《近代中国大学通识教育课程研究》（2010）、张亚群的《中国近代大学通识教育与创新人才培养》（2015）等。地区和国外通识教育比较研究，如沈文钦的《西方博雅教育思想的起源、发展和现代转型——概念史的视角》（2011）、杨福家的《博雅教育》（2014）、姜有国的《全球博雅教育》（2014）、隋晓荻的《中西通识教育的思想与实践》（2014）、刘春华的《美国博雅学院的现代转型》（2015）、黎学平的《美国大学通识教育课程发展研究》（2005）、黄坤锦的《美国大学的通识教育——美国心灵的攀登》（2006）、王霞的《美国研究型大学通识教育反思》（2010）、徐志强的《哈佛大学通识教育课程改革研究》（2015）、蔡瑶的《价值观教育视域下的美国大学通识教育研究》（2017）、马早明的《港澳台科技大学通识教育模式研究》（2017）等。其中，李曼丽的《通识教育——一种大学教育观》是由汪永铨指导完成的博士学位论文。汪永铨认为该书特点有三：一是给出了自己关于通识教育概念的新界定，理清了通识教育发展的渊源和历史线索，剖析了通识教育的哲学和教育学理论基础。二是在理论和研究方法方面，是对过去同类研究的一次应予重视的深化。三是对国内外通识教育实践方面进行了新的考察，该书搜集了美国数十所大学20世纪70年代以来的本科课程计划和其他有关资料，据此对美国大学通识教育实践的现状及其中的若干重要问题如通识教育的内容、课程结构、在整个教学计划中所占的比重等做了分析。同时，作者专门就通识教育在中国的发展、现状与问题进行了阐述和分析。[①] 此外，李曼丽和林小英的《后工业时代的通识教育实践——以北京大学和香港中文大学为例》与陈向明等的《大学通识教育模式的探索——以北京大学元培计划为例》两书将通识教育由理论引向实践。尤其是《大学通识教育模式的探索——以北京大学元培计划为例》一书带有行动研究性质，该书以北京大学元培计划为例，就“如何在综合性研究型大学本科教育中实施通识教育”展开研究。研究采用文献检索、境外相关实践调查、境内相关历史分析和现状调查、基线调查、个案追踪、参与实践等方法，通过追踪并参与北京大学“元培计划”一个周期四年的改革实践，探讨通识教育的本土化问题，并提炼出综合性研究型大学实施通识教育的基本模式。

在西方，还有一个与“通识教育”对应的表达——“博雅教育”。但更准确地说，“博雅教育”实为“通识教育”的前身。沈文钦的《西方博雅教育思想的起源、发展和现代转型》以文本分析为基础，以概念史为方法，以“教育的理想类型与知识的挑选”为视角，对博雅教育的“概念变迁”进行系统研究。博雅教育是理解西方教育思想的关键所在，该书是国内首次针对博雅教育思想的全面性研究，这不仅有助于深化对于通识教育的理解，同时丰富了对于西方教育的历史解读。

① 李曼丽：《通知教育——一种大学教育观》，清华大学出版社 1999 年版，第 2 页，序。

《全球博雅教育》为阿特巴赫学生姜有国的博士学位论文。为了对当前博雅教育在国际上的发展有一个总体认识，该书着重讨论博雅教育在北美、欧洲、亚洲、拉丁美洲以及非洲地区的现状、教育的模式（比如姐妹院校合作项目、双学位或者独立学院等）、动力以及管理。此外，按照博雅教育的定义来比较和对照这些博雅教育项目的内容以及它们是否成功地实现了自己的愿景。同时，该书也尽可能对当前博雅教育在不同国家和地区的发展做出概括。因语言和研究条件的限制，国内对此方面的研究相对薄弱，上述两部关于博雅教育研究著作可以说在一定程度上弥补了不足。①

20世纪与21世纪新旧世纪交替，伴随着“知识经济”浪潮滚滚而来，学术界对于创新教育、创新人才问题空前关注。从“诺尔贝情结”到“钱学森之问”，人们呼吁透过教育改革，促进知识创新和技术进步。“创新”因此上升为国家战略，《面向21世纪教育振兴行动计划》更将创新人才培养纳入国家教育发展规划中。在前期创造教育、创造力研究基础上，关于大学创新教育与创新人才的著作，主要有王洪才的《大学创新教育研究——关于创造性人格建构路径的探索》（2002）、魏所康的《培养模式论——学生创新精神培养与人才培养模式改革》（2004）、王英杰和刘宝存的《国际视野中的大学创新教育》（2005）、傅建芳的《大学创新述论——知识经济对高等教育的呼唤》（2005）、陈年强的《现代大学教育创新与实践》（2005）、孙莱祥的《研究型大学的课程改革与教育创新》（2005）、马继刚的《综合性大学创新人才培养——理论研究与实践探索》（2006）、钟秉林主编《中国大学改革与创新人才教育》（2008）、刘燕青的《学术创新与人才培养》（2010）、

① 姜有国：《全球博雅教育》，中国海洋大学出版社2014年版。

梁建忠的《大学创新教育理论与实践》(2011)、付军龙的《大学创新教育论》(2012)、郑朝卿的《拔尖创新人才选拔培养新论》(2017)等。这些研究从创新人才的内涵与标准，创新教育模式的结构与特征，实施创新教育的政策与路径，国外创新教育举措等展开论述。近年来，关于创新教育的研究进一步与大学生就业、创业等问题相结合，形成了关于高校创新创业教育和创业型大学研究。主要著作有于连涛和刘伟主编《创新与创业教育》(2004)、石国亮的《大学生创新创业教育》(2010)、秦瑞莲等编著《高等学校创新创业教育模式研究》(2010)、吴金秋的《中国高校“融入式”创新创业教育》(2013)、张玉利等主编《中国大学创新创业教育发展报告》(2013)、傅安洲的《大学生创新创业教育的理论与实践》(2015)、刘海滨和孔洁珺主编《创新创业教育实证研究》(2016)、李永山等的《大学生创新创业教育发展与保障研究》(2016)、孙惠敏和陈工孟主编《全球创新创业教育研究报告》(2016)、张子睿和李杨的《学校创业教育引论》(2016)、王志强和卓泽林的《“创新驱动”战略下高等教育与社会互动机制研究 基于大学变革的视角》(2016)、闫淼的《做应用型人才创新创业教育的领航者》(2017)、侯力红等的《互联网+大学生创新创业教育研究》(2017)等。译著方面包括“创新创业教育译丛”等。

产学研合作问题自20世纪80年代以来一直始终保持较高的理论热度。1992年，国务院发起“产学研联合工程”，产学研合作进入政府介入阶段。1995年产学研合作被纳入科教兴国战略。2005年，《国家中长期科学和技术发展规划纲要（2006—2020年）》中明确指出，产学研是全面推进国家创新体系建设的突破口。今天，产学研合作已上升到建设创新型国家的高度，成为我国教育、科技和企业界持续关注的议题。早期的产业研合作主要关注如何利用学校、企业、科研单位等多种教育环境和教育资源，把课堂传授知识为主的学校教育与直接获取实际经验、创新能力和实践能力为主的生产、科研有机集合，以提高学生的综合素质、综合能力。近年来，一些高校积极探索，已经形成了“三明治型”“工学交替型”“教学渗透型”“教学适应型”等各具特色的产学研合作教育的人才培养模式，在产学研合作教育理念指导下，“探究式教学方法”日渐弥补和取代讲授为主的教学形式；不少高校积极致力于建设高质量的校内外实践教学基地。[①]概括当前产学研合作的研究，主要集中在合作模式、成果转化、利益分配、激励机制、政策建议、评价体系及风险管理七个主要领域。[②]相对来说，研究成果虽然数量不少，但水平良莠不齐，重复研究与研究薄弱环节、空白环节同时大量存在。尤其是，产学研合作研究中对于人才培养的关注仍显得薄弱，如把产学研合作科研与产学研合作培养人才混淆起来，加以笼统研究的多，分开独立研究的少；有关产学研合作教育的内涵、表现形式、类型及模式等浅表研究多，而有关产学研合作教育的发展定位研究、实现途径研究、利益分配研究、特别是反馈评价体系等深层次研究非常少；产学研合作教育的个案经验总结多，而能在整个地区或整个行业推广的普适经验研究则太少等，这些都是后续研究值得改进的方面。[③]

---

① 中国高等教育学会编：《改革开放30年，中国高等教育发展经验专题研究》，教育科学出版社2008年版，第391页。

② 周宁等：《我国产学研研究主题及历史演进》，载《经济论坛》2013年第10期，第157～160页。

③ 姚延芹：《有关产学研合作教育的研究述评》，载《江苏教育研究》2011年第9期，第52～54页。

此外，近年来关于产学研合作有两个热点话题，一是对“大学科技园”的研究，二是对于以麻省理工学院、斯坦福大学等为代表的“创业型大学”的关注。就后者而言，“产学研合作”已经不仅仅被看成一种人才培养理念和模式，而是被视作大学与社会新联系，大学办学思想和制度转型的重要内容。人们更加关注大学如何为地方经济社会发展服务，如何帮助大学从社会中获取资源以促进大学可持续发展。这方面研究主要有易高峰的《崛起中的创业型大学——基于研究型大学模式变革的视角》(2011)、温正胞的《大学创业与创业型大学的兴起》(2011)、王雁的《创业型大学——美国研究型大学模式变革的研究》(2011)、马晓春等的《创业型大学——地方大学变革的新图景》(2013)、夏清华的《学术创业——中国研究型大学“第三使命”的认知与实现机制》(2013)、宣勇和张鹏的《激活学术心脏地带——创业型大学学术系统的运行与管理》(2013)、高明的《英美创业型大学管理模式比较及启示》(2013)、付八军的《纵论创业型大学建设》(2014)、吴伟的《面向创业时代的研究型大学转型发展研究》(2014)、孔钢城和王孙禺的《创业型大学的崛起与转型动因》(2015)、陈霞玲的《创业型大学组织变革路径研究》(2015)、陈笃彬的《地方高校建设创业型大学的理论与实践》(2016)、游振声的《美国研究型大学学术创业模式研究》(2017)、赵中建的《创新引擎21世纪的创业型大学》(2017)。译著方面，包括伯顿·克拉克的《建立创业型大学——组织上转型的途径》(2003)、《大学的持续变革——创业型大学新案例和新概念》(2008)，以及赵中建组织编译的“创新创业型大学建设译丛”等。这方面研究从麻省理工学院、斯坦福大学产学研合作的历史、模式与经验入手，进一步归纳形成“创业型大学”的内涵与特征，同时，结合经济全球化和科技创新的时代要求阐述中国创建创业型大学的机遇与挑战，并就如何推动中国创业型大学的发展提出政策建议。当前，中国创业型大学建设与研究可谓方兴未艾，创业型大学是否如一些学者所说代表“学术资本主义”的历史潮流，大学是否面临新的精神与形貌的重塑，产学研合作机制下人才培养是否开辟出新的路径都值得进一步关注。

（三）大学教育教学制度的新变革

以观念转变为先导，以制度变革为核心全面推进高校人才培养工作是20世纪80年代以来我国高校教育教学改革的突出特征。这些改革集中体现在专业设置调整、学分制、选修制和教学制度的改革与完善方面。

如果说学科是大学组织的主干，那么专业就是大学组织的细胞。它是大学科学研究的载体、人才培养的基地。专业沟通了理论与实践，同时专业也是联系大学与社会的桥梁——不同专业以培养各级各类专业人才为己任，适应社会对不同层次人才的需要在质量、数量上的具体要求。因此，专业也是高等学校与社会联系最紧密的纽带之一。改革开放前，我国高校专业设置模仿苏联建立了与计划经济体制相适应的专业与人才培养体制。20世纪80年代中期以后，我国开启经济体制转型，加之这一时期科技革命和产业结构调整，减少专业种类、扩大专业口径、培养宽专业人才成为专业结构调整的主要内容。1999年以来，在进一步扩大高校办学自主权的大背景下，高等学校拥有了在专业设置、变更和取消方面的部分自主权。同时，原属中央的高校专业设置审批权被下放到地方。2000年以后，我国高等教育进入“大众化”阶段，对此教育部在逐步加强高校专业设置总量控制的同时，进一步优化专业机构、提高人才培养质量，大力培育优势、特色专业。特别是随着2018年全国本科教育工作会议的召开，一个以专业为内涵建设的高等教育质量保障新时代已经到来。近年来，关于高校专业设置方面的著作主要有林蕙青主编的《构建21世纪人才培养新体系——教育部直属高校专业设置管理工作会议论文集》（1999）、阳荣威的《高等学校专业设置与调控研究》（2007）、刘少雪的《美国学科专业设置与借鉴》（2006）和《高等学校本科专业结构、设置及管理机制研究》（2009）、汪晓村的《论高校学科专业设置的理念与机制》（2010）、罗丹的《规模扩张以来高校专业结构变化研究》（2010）、樊平军的《知识视野中的中国大学专业设置研究》（2011）、廖茂忠的《中国本科专业设置与经济发展关系研究》（2012）、彭旭的《新建本科院校专业设置与调整研究》（2012）、邓光平的《我国专业学位设置的政策分析》（2014）、唐卫民的《大众化背景下普通高等学校本科专业设置研究》（2014）、朱健的《普通高校本科专业设置改革研究》（2017）、廖茂忠的《1952—2015中国高校本科专业设置与发展研究》（2017）、俞曙霞等编著《地方综合大学专业结构优化》（1996）、杜才平的《地方性本科高校专业结构调整与人才培养》（2013）等。其中，以林蕙青的博士学位论文《高等学校学科专业结构调整研究》较具代表性，该论文在历史、比较、现状研究的基础上力图对高等学校学科专业结构及其调整的规律进行理论上的分析。此外，中山大学黄崴主编的“高等学校本科专业设置预测系统项目研究丛书”，包括冯成志的《高校本科专业设置优化研究——毕业生就业的视角》（2015）、于慧的《高校本科专业设置标准研究》（2015）等5部专著。该丛书对高校本科专业设置理论模型、高校本科专业设置数学模型、高校本科专业设置管理机制、高校本科专业设置标准、高校本科专业教学质量标准、高校本科专业课程标准、高校本科专业毕业生就业与专业设置的关系、高校本科学生学习质量、高校本科专业教学有效性、区域高校本科专业布局结构优化调整等一系列重要问题展开了深入的理论研究与实证分析，运用多种预测技术方法对高校人才培养需求与供给以及有关专业设置进行个案预测研究，形成了系列论文和专著，为高校本科专业设置预测系统建设提供了科学依据和技术支撑，是近年来高校专业设置研究中具有较高理论性的著作。①

早在民国时期，我国大学即已推广“学分制”。新中国成立以后，由于采用苏联教育模式与课程体系，“学分制”一度从人们视野中消失。尽管1978年以来，全国范围内推广学分制出现过四次高潮，但是，各高校实行的学分制与学年制区别不大。目前，我国高校推行的主要有“计划学分制”“学年学分制”“复合型学分制”“全面加权学分制”等。随着经济社会发展对于拔尖创新人才的需求进一步增加，各界呼吁高校应进一步赋予学生学习的主动性、增强学习时限的灵活性、课程考查的变通性和培养过程的指导性。为此，如何真正实现完全学分制及其配套制度建设，目前仍处于探索阶段。近年来，关于学分制的著作有徐佩琴等编著《学分制的由来与实践》(1987)、许宝元等《学分制研究与实践》(1996)、谭光兴等编著《学分制管理与实践指南》(2000)、刘立娟的《高等学校学分制管理制度的改革》(2003)、蔡先金等编著《大学学分制的理论与实践》(2006)、蒋太岩等主编《中美高校学分制下的人才培养》(2006)、王建刚的《学分制教学管理改革探索》

---

① 冯成志：《高校本科专业设置优化研究：毕业生就业的视角》，广东高等教育出版社2015年版，第6页，总序。

(2006)、莫运佳的《学分制制度文化与制度建设策略》(2007)、张继华等主编《大学学分制新论》(2008)、张宝昆和曾华主编《高等学校教学管理——学分制研究》(2008)、孙山的《地方高校学分制改革研究》(2009)、周清明的《中国高校学分制研究——弹性学分制的理论与实践》(2008)、邹永松的《学分制教务管理新模式及其信息系统研究》(2011)、陆长平等的《高校学分制条件下的师生关系研究》(2013)等。应当看到，目前关于学分制的研究有不少是基于经验的，缺乏对于学分制内涵的深入理解，对于学分制与高等教育系统改革之间的联系把握不够，对于学分制改革的配套制度研究关注不够。其中，薛成龙的博士学位论文《中国研究型大学学分制改革与教学资源配置的相关性研究——课程改革与资源配置视角》(2010)是关于中国学分制改革的一篇力作。该论文紧扣学分制改革这一主题，从学分制的本质与功能入手，以核心理念学习自由为主线，从课程体系改革、教学资源配置两个层面分析了中国研究型大学学分制改革的现状与问题，以及今后的改革思路及策略选择。

（四）构建高等学校教育教学质量保障体系

改革开放以来，尤其是1999年高校“扩招”以来，经过十余年的快速增长，中国高等教育规模已经位居于世界第一。在此过程中，超常规发展带来的消极影响和潜在危机也随着时间的推移逐渐显现，这意味着一个以规模扩张为特征的外延式发展任务基本完成，全面提升高等教育质量、走内涵式发展道路成为新时期中国高等教育的核心议题。中国高等教育质量保障体系建设正是在这个背景下展开的，这一体系不是在中国高等教育现有理念、制度与组织模式下另起炉灶，而是改革开放以来我国高等学校人才培养理念、制度、组织的完善与提升。王战军等指出，在理念上，我国高校正在从较为重视行政控制和问责，向更为重视院校持续改进转变；从较为重视资源与声誉评价，向更为重视学生学习成果评价转变；从较为重视周期性评估，向周期性评估与常态化监测相结合转变。总体上，一个宏观管理、自主办学和独立评价相互制约的新机制正在形成，质量保障体系的运行正在向常态化发展，高校作为质量保障主体、学生发展作为质量保障核心追求的共识正在形成。①

近年来，关于高等教育质量保障的著作，如熊志翔的《高等教育质量保障体系研究》（2002）、陈玉琨等的《高等教育质量保障体系概论》（2004）、贺祖斌的《高等教育大众化与质量保障——高等学校教学质量保障体系的建构与实践》（2004）、许明的《高等教育质量保障体系的国际比较》（2004）、安心的《西北地区高等教育规模扩展与质量保障研究》（2005）、蒋冀骋等的《大众化条件下高等教育质量保障体系研究》（2008）、丁晓昌的《高等教育质量保障体系研究》（2008）、余小波的《高等教育质量保障研究论纲》（2009）和《大众化背景下的高等教育质量与保障研究》（2013）、钱军平的《中国高等教育质量保障体系核心问题研究》（2011）、黄蓉生的《质量与保障——坚守高等教育生命线》（2011）、黄启兵的《大众化高等教育质量保障——基于知识的解读》（2011）、张伟江等编著《大众化高等教育的质量保障与评价》（2011）、丁丽军的《基于 AUQA 的澳大利亚高等教育质量保障模式研究》（2012）、史秋衡等的《高等教育大众化阶段质量保障与评价体系研究》（2012）、梁忠环等的《民办高等教育教学质量保障体系研究》

① 王战军、乔伟峰：《中国高等教育质量保障的新理念和新制度》，载《清华大学教育研究》2014 年第 3 期，第 29 ～ 34 页。

（2012）、张振刚和朱永东编著《美国高等教育质量保障体系》（2013）、郭丽君的《中国跨国高等教育质量保障体系研究》（2014）、唐德海的《课程　教学　管理——基于高等学校教育质量保障的视阈》（2014）、黄海涛的《学生学习成果评估　美国高等教育质量保障研究》（2014）、赵予新的《高等工程教育质量保障研究——以河南省为例》（2014）、高迎爽的《法国高等教育质量保障体系研究——基于政府层面的分析》（2014）、田锋的《国际高等教育质量外部保障实践的研究》（2014）、张耀嵩的《高等职业教育质量评价与保障体系研究》（2014）、林杰的《问责与改进——高等教育评估与质量保障》（2015）、赵立莹的《国际化背景下高等教育质量保障组织发展研究》（2016）、阳荣威等的《比较视域下的高等教育质量保障研究》（2016）、马廷奇的《高等教育教学改革与质量保障》（2017）。

教学是人才培养的核心，教学质量是高等教育质量建设的基石，部分研究将高等教育质量保障的焦点进一步聚焦于教学问题，主要著作如石恒真等编著《高校教学质量保障与监控的理论与实践》（2008）、赵文辉的《高校教学质量保障问题研究》（2009）、邱悦颜的《高等学校教学质量保障体系研究》（2010）、王运来和李国志的《高校教学质量评价与保障》（2010）、周文富的《应用型本科教学质量保障与监控体系构建与实践》（2012）、周萍等的《高职院校内涵建设——教学质量保障研究》（2015）、梁育科等编著《高等院校内部教学质量保障体系研究与实践》（2017）等。此外，北京航空航天大学高教所主编了“世界高等教育评估丛书”，该丛书对北美、欧洲和亚太地区的高等教育质量保障体系开展系列研究，这对吸收借鉴国外教育质量保障的国际经验具有积极意义。[①]

为了促进我国高等教育质量的提高，政府、高校和社会采取了诸多对策，包括实施一系列质量工程和卓越计划，如“985工程”“211工程”“重点学科计划”“研究生创新计划”“2011计划”等，这些工作为提高中国高等教育质量和国际竞争力，发挥了极为重要的作用。在这一系列工程和计划中，有一项“牵一发而动全身”的工作，即“高等学校教学评估”。吴岩主编的《构建中国特色高等教育质量保障体系》(2014）和《国际高等教育质量保障体系新视野》(2014）两部著作，就是当前国际高等教育质量建设理论、政策、实施策略和中国高校教学评估实践的权威性论述。[②]这两部著作清晰地呈现了中国高等教育“五位一体”评估制度的理念与方案。吴岩指出，这一具有鲜明的中国特色和先进国际水平的制度设计，其基本特征可归纳为“五多”，即评估标准多样化、评估形式多样化、评估主体多样化、评估结果发布多样化、评估方法多样化；“四新”，即新的评估理念、新的质量评价标准、新的评估方法、新的评估技术。在“五位一体”评估制度组织实施中，推动分类评估、分类指导、分级实施，鼓励高校自我评估、行业参与专业认证，建立国家数据库加强质量常态监测，发布质量报告接受社会监督，加强实质等效的国际评估等多项举措，努力实现从理念、标准、方法和技术等方面的创新发展。[③]

① 张彦通主编：《欧洲地区高等教育质量保障体系研究》，北京航空航天大学出版社2007年版；郑晓齐主编：《亚太地区高等教育质量保障体系研究》，北京航空航天大学出版社2007年版；雷庆主编：《北美地区高等教育质量保障体系研究》，北京航空航天大学出版社2008年版。

② 吴岩主编：《构建中国特色高等教育质量保障体系》，教育科学出版社2014年版；吴岩主编：《国际高等教育质量保障体系新视野》，教育科学出版社2014年版。

③ 吴岩：《高等教育公共治理与“五位一体”评估制度创新》，载《中国高等教育》2014年第12期，第14～18页。

最近十年，我国高等教育质量保障研究呈现出三个阶段性特征，第一个阶段从 2006 年至 2009 年。以本科教学评估主导，关注焦点是教学评估、教学质量、内部评估、外部评估、自我评估和外部认证等话题，尤其是“大众化背景下质量观”的研究快速增加。第二阶段从 2010 年至 2011 年。以《国家中长期教育改革和发展规划纲要（2010—2020 年）》的出台为标志，高校人才培养问题进一步升温，有关高等教育质量观的研究在 2010 年达到顶峰，焦点话题是“保障机制”“质量认证”“全面质量管理”等，有关“质量标准”和“质量观”的研究走向多元。第三阶段是从 2012 年开始，并在 2013 年达到顶峰，教育教学质量研究开始以问题为导向，探求教育教学改革路径；质量研究指向质量标准的完善，人们开始重视“学习过程”和“现代大学制度”的建立，愈发关注“内涵发展”和“质量文化建设”话题。[①] 当然，从现有的教育质量保障研究看，如何促进多元研究视角的对话与整合，如何增强异域经验本土化的有效性、如何进一步将高职等院校纳入教育质量保障体系等都是值得关注的问题。可以预见，今后一个时期，高等教育质量文化、大学教学文化建设，高校内涵式发展与质量保障体系完善等将进一步成为高等教育质量研究的热点。

过去，提起高校教育教学问题，人们的关注焦点往往集中在专业建设、课程设置、人才培养模式、实验室建设、教材编写等外围建设方面，高校教师及其发展问题常常处于被忽视的境地。正所谓大学教师研究各种学科，却很少研究自身。近年来，我国高校教师规模迅速扩张，其中大部分为具有较高学历，但又缺乏教育教学经验的青年教

---

① 王恩军、李如密：《高等教育质量研究十年：研究热点、趋势与前沿——基于知识图谱的可视化分析》，载《现代大学教育》2016 年第 6 期，第 71 ～ 79 页。

师。为了保障与提升高等教育质量，实现高等教育的可持续发展，高校（青年）教师发展成为必须重新审视与思考的重要问题。2003 年以来，我国高校教师发展研究从引进欧美发达国家关于高校教师专业发展和高校教师发展的理念，到逐步探索适合我国国情的高校教师发展策略与机制。其中一个突出的现象是不少高校建立起“大学教师发展中心”或“教学研究中心”。这些研究和培训中心与高校教务处协调行动，以第一轮本科教学评估工作为助力，不断探索高等教育质量保障体系建设和大学教学文化建设。在此过程中，大学教师专业发展、大学教师教学发展作为“大学教学文化”建设的重要内涵日渐深入人心。关于大学教师发展研究，主要有潘懋元主编《大学教师发展》(2007)、张俊超的《大学场域的游离部落——大学青年教师发展现状及应对策略》(2009)、周琴德的《综合大学教师教育的国际比较——侧重综合大学教师教育发展的案例分析》(2011)、吴振利的《美国大学教师教学发展研究——实践卷》(2012)、王光彦的《大学教师绩效评价研究——基于教师自主发展的探索》(2012)、范怡红的《中国与欧洲大学教师发展比较研究——基于多维学术的视角》(2013)、宋德发的《大学教学名师研究》(2015)、周海涛等的《大学教师发展——理论与实践》(2015)、徐晓红的《澳大利亚大学教师发展研究》(2016)、于丰园的《知识社会中的大学教师教学能力发展途径研究》(2016)、秦冠英的《20 世纪 70 年代美国大学教师发展的理论与实践》(2016)、张宛的《美国大学教师职业生涯发展历程 知识分子视角下的历史考察》(2018)。译著方面，包括日本学者有本章的《大学学术职业与教师发展（FD）——美日两国透视》(2012)、邱学青的“大学教师教学发展经典读本译丛”(2014)、周军强的“高校教师专业发展译丛”（2016）等。可以预见，随着国家对以本科为核心的高等教育质量的进一步关注，关于大学教师发展问题的研究成果将更加丰硕。

总体而言，当前的大学教师发展研究焦点问题一是高校教师发展机构的研究，二是高校教师发展模型和理论的构建，三是高校教师发展的案例研究。从已有研究可看出，尽管我国学者对国外高校进行了数量可观的案例研究，并引进了教师发展相关理论，但无论是从研究的深度、广度，还是高校教师发展的实践上，目前都处于初级阶段。① 为此，需要进一步加强实证研究，并关注我国不同类型和不同地区的高校与不同专业的高校教师发展现状及特征、探索教师发展的主要维度、发展水平评价工具等问题，调查掌握或开展教师发展实践，从实践中探索特色发展路径，总结成功经验。同时，有效处理国外高校教师理论与实践本土化的矛盾，应当深入挖掘国外成功经验的时代背景和各种现实条件，找出成功做法与现实条件的对应关系，从而给出“症状”与“药方”之间对应关系的完整描述。另外，大学教师专业发展的重心要从重科研轻教学转向以教学为中心，教师发展实践工作应关注教师教学能力的发展，关注教师教学能力发展现状、发展途径和发展实践的经验总结等。②

六、比较高等教育研究

在中国，要区分“比较高等教育”与“外国高等教育史”研究似乎有一定的难度，这既是因为任何的现实研究都回避不了对于历史的追溯与回望，也是因为不少从事比较高等教育研究的学者同时也从事

① 纪菲菲：《我国高校教师发展研究的回顾与探讨》，载《教育评论》2016 年第 2 期，第 118 ～ 121 页。

② 徐继红、董玉琦：《我国高校教师发展研究现状与进展分析》，载《中国高教研究》2012 年第 4 期，第 77 ～ 80 页。

外国教育史研究。但就像康德尔（Kandel）所说的："比较教育可以看作是教育史的研究延伸到现在的继续。"[①] 同理，比较高等教育也可以视作对外国高等教育史研究的延伸。并且，假如说外国高等教育史的研究强调"向后看"，那么，比较高等教育研究更注重"当下"与"未来"。研究者希望站在全球化的角度，以为当代中国高等教育改革提供多样化的视角和可供借鉴的方案。因此，比较高等教育往往以其强烈的现实关怀揭示世界高等教育变革的理念、潮流与趋势。

在国际上，阿特巴赫被看作比较高等教育学科的开创者。他的《比较高等教育》一书被看作"第一次试图对这个学科（比较高等教育）进行综合性研究"的专著。[②] 在中国，浙江大学的王承绪则被看作我国比较高等教育学科的开创者。早在 1982 年杭州大学高等教育研究室成立时，王承绪就开设了比较高等教育课程，撰写了《比较高等教育引论》讲稿。[③] 从 1987 年起，王承绪主编的"外国高等教育丛书"相继问世，《高等教育新论——多学科的研究》《高等教育哲学》等译著陆续出版，1999 年以后以"汉译世界高等教育名著丛书"之名修订后再版。该丛书对促进我国比较高等教育研究的快速发展起到重要的促进作用。在此基础上，符娟明主编的《比较高等教育》（1987）则成为我国第一部以"比较高等教育"为书名的著作。[④] 该书以专题为纲，以国别为目，每个专题除按照国别铺陈以外，还有综合性和现象性的比

① 转引自潘懋元：《潘懋元高等教育文集》，新华出版社 1991 年版，第 743 页。

② ［美］阿特巴赫：《比较高等教育》，符娟明等译，文化教育出版社 1985 年版，译者序。

③ 王承绪：《比较高等教育引论》，载《外国教育》1983 年第 6 期，第 10 ～ 18 页。

④ 符娟明主编：《比较高等教育》，北京师范大学出版社 1987 年版；此外，符娟明、迟恩莲编写了具有教科书性质的《比较高等教育教程》，参见符娟明、迟恩莲编：《比较高等教育教程》，原子能出版社 1990 年版。

较。尽管此书的理论探讨尚须加强，但其在我国比较高等教育学科的发展历程中，无疑起到了“铺路石”的作用。[①] 杨汉清、韩骅的《比较高等教育概论》(1997) 一书是比较高等教育学科建设中一部富有特色的专著，该书由6个专题构成，即比较与借鉴、传统与变革、结构与功能、教学与科研、行政与管理、问题与趋势。每个专题的命题，从方法论上看，都具有范畴性；从研究对象看，都具有全局性。每个专题的论述，均重在比较，不为国别所限。在深刻把握各国高等教育结构与特点基础上，条分缕析地加以比较分析，这是该书的价值所在。[②] 黄建如的《比较高等教育——国际高等教育体系变革比较研究》(2008) 一书系统分析了6个主要发达国家和4个发展中国家的高等教育体系产生、发展和变革的历史过程，总结了这些国家发展高等教育，培养人才，为国家社会经济建设服务的主要经验和教训。[③] 在高等教育国际化日益深入的背景下，该书对发展中国家高等教育的关注显得非常有意义。除上述几部关于外国高等教育比较的综合性研究著作外，20世纪90年代以后，比较高等教育研究开始更加关注高等教育的某些具体侧面，研究开始细化，专题研究越来越多。总体而言，比较高等教育研究的对象仍主要集中于美、英、法、德、日等发达国家，苏联也曾经成为比较教育关注的中心。苏联解体以后，俄罗斯高等教育的受关注程度明显下降。相对而言，加拿大、澳大利亚、荷兰、韩国、新加坡等国家的受关注程度有所提高。最近几年，随着“一带一路”倡议

---

① 洪成文、曲恒昌：《比较高等教育研究五十年回顾》，载《比较教育研究》1999年第5期，第1～6页。

② 杨汉清、韩骅：《比较高等教育概论》，人民教育出版社1997年版，第2页。

③ 黄建如：《比较高等教育——国际高等教育体系变革比较研究》，社会科学文献出版社2008年版。

的提出，国内对于包括东南亚、东欧、非洲等发展中国家教育的关注度进一步提升，比较高等教育研究的视野进一步拓展。

美国是当今世界科技教育领域的强国，在诺贝尔奖获得者、世界大学排行榜方面，美国的大学尤其是研究型大学长期独领风骚。哈佛大学、麻省理工学院、斯坦福大学等世界级名校在拔尖创新人才培养、大学促进社会经济方面引领世界潮流。同时，美国也曾经是高等教育现代化的“后来者”，它通过借鉴英国、德国等国发展经验又结合本土实际形成了独具特色的高等教育模式，成为“后来居上”的典型。凡此，均为作为发展中国家的中国提供了重要的启示和借鉴。

在比较高等教育层面，改革开放以来，关于美国高等教育的研究成果最多，影响最大。从对美国高等教育的系统性关注到对不同类型、不同层次高校的个案分析，从人才培养、科学研究到大学社会服务，从教育结构、教育制度到教育过程内部，研究成果的细化、针对性不断增强。近年来，随着中国高等教育改革深入推进，研究者多从中国高等教育改革的热点问题出发寻找域外的解决方案和经验教训。其主题涉及大学与政府关系、人才培养过程与高等教育质量控制、高等教育中介组织发展、大学内部治理结构、大学教师发展、高校学生事务管理、大学招生政策、校园文化建设、创业型大学、虚拟大学、高校智库等广泛内容。尤其是在“建设世界一流大学”和“双一流”热潮推动下，中国学者对于美国“精英型大学”“研究型大学”研究具有特殊的偏好，这方面的成果数量最多、最集中。著作方面主要有国家教育委员会科技司主编《美国、英国、日本高等学校的科学研究》（1988）、顾宝炎的《美国大学管理》（1989）、赵曙明的《美国高等教育管理研究》（1992）、葛守勤和周式中主编《美国州立大学与地方经济发展》（1993）、沈红的《美国研究型大学形成与发展》（1999）、薛沛建的《美国大学后勤管理——中美大学后勤管理比较研究》（2000）、施晓光的《美国大学思想论纲》（2001）、许迈进的《美国研究型大学研究——办学功能与要素分析》（2005）、宿景祥的《骷髅会议精神——美国耶鲁大学精英学生组织揭密》（2006）、曾诚等译《大学与经济发展：美国公立大学校长的视角》（2006）、李巧针的《美国研究型大学校长的权力研究》（2007）、郭德红的《美国大学课程思想的历史演进》（2007）、耿益群的《美国研究型大学学术职业的制度环境研究》（2007）、韩玉志的《现代大学管理——以美国大学学生满意度调查为例》（2008）、程北南的《美国大学治理结构的经济学分析》（2009）、马超的《美国大学学生事务研究》（2009）、吴岩的《美国大学终身聘任制度研究》（2010）、郭洁的《美国多校园大学的风险管理》（2010）、王霞的《美国研究型大学通识教育反思》（2010）、张东海的《美国联邦科学政策与世界一流大学发展》（2010）、王雁的《创业型大学——美国研究型大学模式变革的研究》（2011）、徐力的《美国选择性大学的肯定性录取政策研究》（2011）、马万华的《多样性与领导力——马丁·特罗论美国高等教育和研究型大学》（2011）、付淑琼的《高等教育系统的专业协调力量——美国大学教授协会研究》（2011）、吴振利的《美国大学教师教学发展研究（实践卷）》（2012）、陶红的《美国公立大学收支比较研究》（2012）、黄宇红的《美国州立大学的发展历程》（2013）、张伟的《卓越的背后——美国大学研究》（2013）、眭依凡的《学府之魂——美国著名大学校长演讲录》（2013）、余承海的《美国州立大学治理结构研究》（2014）、钟蕾的《美国常青藤大学女校长》（2014）、熊万曦的《美国研究型大学教师评议会制度研究》（2014）、张爱芳的《美国大学校园文化研究》（2015）、黄丹青的《美国马里兰学院大学研究》（2015）、高鹏的《美国州立大学董事会权力的变迁》（2015）、钱小龙的《大学文化视野下美国研究型大学开放教育资源发展研究》（2015）、郭伟的《大学新智库——美国大学教育智库为例》（2016）、周详的《美国大学法人制度的创建——从“弗吉尼亚开拓”到“达特茅斯学院董事会诉伍德沃德”》（2016）、徐来群的《美国公立大学系统治理模式研究》（2016）、袁松鹤的《美国凤凰城大学研究》（2016）、游振声的《美国研究型大学学术创业模式研究》（2017）等。

特别要提到，北京师范大学张斌贤除了外国教育史方面成果突出，在比较高等教育领域也是建树颇丰。由他担任总主编的“美国教育变革研究”丛书，其中有多部是美国高等教育方面的研究专著。

可以说，我们在高等教育改革实践中面临什么样的困惑与问题，研究者都习惯性地希望从美国等发达国家发现类似问题，寻找可供借鉴的解决方案。从积极方面来看，近年来对于美国高等教育全面、系统的研究确实极大地拓展了我国高等教育改革与实践的视野，这对于深入理解高等教育基本规律，完善我国大学基本职能，赶超世界一流高等教育发展水平发挥了重要的作用。但另一方面，也部分地造成对于美国高等教育发展经验的倚重，高等教育国际经验的“唯美国化”也可能造成我们认识上的某种局限性。北京大学陈学飞是国内从事美国高等教育研究方面的重要学者，除翻译美国学者克尔的《大学的功用》（1993）外[①]，他还著有《美国高等教育发展史》（1989）、《美国、日本、德国、法国高等教育管理体制改革研究》（1995）、《美国、德国、法国、日本当代高等教育思想研究》（1998）、《当代美国高等教育思想

① ［美］克尔·克拉克：《大学的功用》，陈学飞等译，江西教育出版社 1993 年版。

研究》（1996）、《西方怎样培养博士——法、英、德、美的模式与经验》（2002）、《国际视野中的高等教育探索》（2009）等比较高等教育著作。王英杰著有《美国高等教育的发展与改革》（1993、2002）、《世界教育大系·美国教育》（2000）、《世界一流大学的形成与发展》（2008）、《国际视野中的大学创新教育》（2005），浙江大学徐小洲著有《当代欧美高教结构改革研究》（1997）。需要强调，上文所提到的多部美国高等教育研究的著作多是在陈学飞、王英杰、张斌贤、贺国庆、徐小洲等人指导下完成，北京大学、北京师范大学、河北大学、浙江大学等高校为我国比较高等教育的发展做出了重要的贡献。

美国以外的比较高等教育研究，主要涉及英、法、德、日等国。以英国高等教育研究成果为例，主要有王承绪、徐辉的《战后英国教育研究》（1992）、张泰金的《英国的高等教育历史·现状》（1995）、殷企平的《英国高等科技教育》（1995）、许明的《英国高等教育发展研究》（1998）、张建新的《高等教育体制变迁研究——英国高等教育从二元制向一元制转变探析》（2006）、杨春梅的《英国大学课程改革与发展》（2006）、刘兆宇的《19世纪英格兰高等教育变革研究》（2008）、王莉华的《中英高等教育绩效拨款研究》（2008）、王立科的《英国高校招生考试制度研究》（2008）、刘兆宇的《19世纪英格兰高等教育变革研究》（2008）、牛长松的《英国高校创业教育研究》（2009）、吴结的《英国大学与政府关系研究》（2011）、易红郡的《战后英国高等教育政策研究》（2012）、徐继宁的《英国传统大学与工业的关系》（2012）、梁淑红的《利益的博弈——战后英国高等教育政策的制定过程研究》（2012）、吴雪的《英国高等教育质量管理制度变迁研究》（2013）、胡瑞的《新工党执政时期英国高校创业教育研究》（2013）、陈志娟和江舒雯的《英国大学女校长》(2014)、胡锋吉的《高校学生评价研究——英国的实践》(2014)、常文磊的《英国科研评估制度与大学科学发展》(2014)、何杨勇的《英国高等教育中的工作本位学习研究》(2015)、王宝玺和王磊的《19世纪英国大学制度变革研究》(2015)、孙福万的《英国开放大学研究》(2015)、程灵的《二战以来美国对英国高等教育的影响——理念迁移与政策借鉴的宏观考察》(2015)、刘贵华的《人文主义与近代早期英国大学教育》(2016)、袁传明的《近代英国高等教育改革与发展研究——以伦敦大学百年史(1825—1936)为个案》(2017)。此外,还有关于牛津大学、剑桥大学等著名大学的相关研究等。易红郡著有《英国教育的文化阐释》(2009)、《英国教育思想史》(2017)等专著,他的《战后英国高等教育政策研究》(2012)通过“二战”后英国高等教育系列报告书、绿皮书、白皮书及法律法令等重要文件的解读,试图从教育政策角度考察“二战”后英国高等教育的变迁,由此认识“二战”后英国高等教育的变革过程及发展趋势,分析其高等教育政策制定的模式及影响因素。[①] 可以看到,中国学者研究关于美国高等教育的研究更多关注政府、大学、市场关系,大学内部治理结构,终身教职与学术自由,创业型大学等具有鲜明美国特色的问题,而对于英国高等教育则更注重传统与现代之间的关系,对于大学如何适应现代社会的转型问题尤其感兴趣。并且,对英国高等教育自治传统、博雅教育文化、高等教育变革中的保守主义等都有细致考察。此外,在研究过程中力图呈现英国文化性格与高等教育变革的关系,

① 易红郡:《英国教育的文化阐释》,华东师范大学出版社 2009 年版;易红郡:《英国教育思想史》,华东师范大学出版社 2017 年版;易红郡:《战后英国高等教育政策研究》,湖南师范大学出版社 2012 年版。

这些都凸显了比较高等教育研究的价值取向。

在世界高等教育系统中，德国的大学始终是一股重要的不可忽视的力量。从柏林大学的创办到“二战”前，德国高等教育可谓独领风骚。但是，由于语言的因素和美国高等教育研究的一枝独秀，我国国内关于德国高等教育的研究总体还是比较单薄的。主要著作包括牛盾的《联邦德国高等教育概述》（1990）、高恒山的《德国高等职业教育》（1997）、贺国庆的《德国和美国大学发达史》（1998）、陈洪捷的《德国古典大学观及其对中国的影响》（2002、2006）、周丽华的《德国大学与国家的关系》（2008）、王英杰、刘宝存的《德国高等学校的兴衰与等级形成》（2012）、张新科的《德国高等教育管理及大学治理》（2014）、袁琳的《德国高等教育国际化发展》（2014）、姜锋等主编《当代德国高等教育改革研究》（2015）、邓泽民和董慧超的《德国应用科学大学研究》（2017）等。陈洪捷的《德国古典大学观及其对中国的影响》从历史社会学角度对德国19世纪的大学观念进行了系统研究，作者在分析大量第一手资料的基础上，提炼出德国19世纪大学观念的核心概念，并以此为中心分析了德国大学观的基本内涵及其价值指向。作为一个讨论德国大学观念国际影响的案例，该书以蔡元培在北京大学的改革（1917—1923）为中心探讨德国古典大学观对中国大学观念的影响。该书内容涉及高等教育史、比较高等教育、中德学术关系乃至学术史等领域，在分析和结论方面，多有原创性贡献，受到中国国内和德国学界的高度评价。

在20世纪前期，日本高等教育曾经深深影响了中国。改革开放以来，日本作为中国紧邻的发达国家，其高等教育也受到中国学者的广泛重视。代表性著作有张琦等编著《日本现代高等教育》（1988）、朱永新和王智新主编《当代日本高等教育》（1992）、袁韶莹的《当代日本高等教育》（1993）、史朝的《现代日本高等教育发展机制研究》（1997）、胡建华的《战后日本大学史》（2001）、徐国兴的《日本高等教育评价制度研究》（2007）、吴光辉的《转型与建构——日本高等教育近代化研究》（2007）、巴玺维的《日本大学的教师任期制》（2007）、胡国勇的《日本高等职业教育研究》（2008）、田爱丽的《现代大学法人制度研究——日本国立大学法人化改革的实践和启示》（2009）、李志永的《日本高校创业教育》（2010）、张玉琴的《日本高等教育均衡发展研究》（2014）、李昕的《日本大学办学个性化研究》（2016）、胡永红的《日本高校招生考试制度研究》（2016）、刘云的《统一与多样：战后日本国立大学招生考试制度的演进》（2016）、于颖的《日本高等教育发展与国家竞争优势》（2017）、刘庆红的《日本高校信息公开研究——面向利益相关者的社会责任》（2017）。上述著作中，朱永新和王智新主编《当代日本高等教育》出自由中、日两国联袂撰写的“当代日本教育丛书”，该丛书分门别类地讨论日本高等教育的起源发展、结构管理、方针政策、师资学生、教学研究、发展趋势等，可谓面面俱到，巨细无遗，是20世纪90年代初我国关于日本高等教育的代表性著作。胡建华的《战后日本大学史》一书以分析“二战”后三次日本大学改革为主线，系统、全面地介绍了“二战”后日本大学制度的形成与发展，概括了“二战”后日本大学发展的特点及21世纪初期日本大学改革的基本走向。潘懋元认为，该书对于“二战”后日本高等教育的改革，占有翔实的资料，来龙去脉，脉络清楚；史论结合，以史实铺叙为主但不是堆砌材料，论虽不多却起到画龙点睛作用；虽然是一本著作，但时间下限截至2000年，实际是一本比较高等教育专著。该书对于经济高速发展、高等教育正在向大众化过渡的中国既有历史价值，也有现实意义。[①]

法国是一个文化大国，其高等教育发展水平居于世界前列。但是相对而言中国国内对于法国高等教育的研究明显不如对美、英高等教育的重视程度。专门研究法国高等教育的专著相对较少，比较常见的是在论及发达国家高等教育时作为一个部分出现，譬如，邢克超等的《美国、日本、德国、法国高等教育管理体制改革研究》（1995）、陈学飞主编的《美国、德国、法国、日本当代高等教育思想研究》（1998）、中央教育科学研究所主编《六国高等教育结构》（1988）、刘富钊的《国外现代继续教育制度与实施》（1989）；周满生等主编《发达国家教育改革的动向和趋势》第七集《美国、英国、德国、日本、法国、俄罗斯、澳大利亚 2000—2003 年教育改革文件和报告选编》（2004）、李兴业的《七国高等教育人才培养：法、英、德、美、日、中、新加坡人才培养模式比较》、王承绪的《发展中国家高等教育模式的国际移植比较研究》。此外，在关于法国历史、文化、教育的总体性介绍中，也包含关于高等教育的部分内容。如张怀亮的《法国概况》（1985）、马生祥的《法国现代化》（2004）、张保庆和高如峰的《今日法国教育》（1986）、邢克超和李兴业的《世界教育大系·法国教育》（2000）、朱华山的《传统与变革的抉择——细读法国教育》（2011）等。[②] 近年来，关于法国高等教育的专著主要有曹德明等编著《法国名校风采》（2001）、郑崧的《国家、教会与学校教育——法国教育制度世俗化研究（旧制度到

① 胡建华：《战后日本大学史》，南京大学出版社 2001 年版，第 2 页，序。

② 邢克超、李兴业：《世界教育大系·法国教育》，吉林教育出版社 2000 年版；朱华山：《传统与变革的抉择 细读法国教育》，辽宁人民出版社 2011 年版。

1905年）》（2008）、金姝的《宽容与超越：法国当代高等美术教育纵横谈》（2009）、杨少琳的《古老而常新的法国学位制度》（2010）、高迎爽的《法国高等教育质量保障体系研究——基于政府层面的分析》（2014）、黄媛媛的《法国大学女校长》（2014）、刘敏的《法国大学治理模式与自治改革研究》（2015）、卞翠的《法国高校招生考试制度研究》（2016）等。其中，刘敏的《法国大学治理模式与自治改革研究》为近年来关于法国高等教育治理模式的代表性著作。书中作者从历史的角度考察法国大学自治改革的历程，分析法国“双重集权”体制的形成过程，阐释法国大学治理模式的特殊性及改革的必然性。此外，该书还考察了法国大学内部决策机制、法国高等教育人事管理制度、法国大学预算财政政策、法国大学评估体系及评估机构的发展等问题。相对全景化的扫描，使得我们对当代法国高等教育现代基本特征有了更全面的把握。卞翠为加拿大教授许美德指导的博士生，她与刘海峰合作完成的博士后出站报告《法国高校招生考试制度研究》（2016）基于制度变迁的视角，运用历史学与社会学研究的方法对于法国硕士学位考试（BAC考试）制度的产生、发展与演变的历程进行考察，剖析其变迁的原因，并揭示这一制度化过程中政府、社会与教育之间的相互作用。同时，基于教育大众化、多元化以及高等教育国际化的发展趋势，对BAC考试制度的社会功能转变进行反思。作者在巴黎大学取得博士学位，具有良好的英语、法语背景，这使得该书成为为数不多的研究法国高校招生制度的代表性论述。①

改革开放40年来，除了发表关于外国高等教育的专题性研究成果，中国的比较高等教育研究者还在翻译、引进国外高等教育名著，

① 卞翠：《法国高校招生考试制度研究》，华中师范大学出版社2016年版。

尤其是向国内推介国外高等教育领域新论述、新思想方面做了大量的工作。这些外国译著的出版不仅为我国高等教育改革实践提供了可资借鉴的经验，同时直接推动了我国高等教育学科建设，繁荣了我国高等教育理论研究。王承绪是我国著名的比较教育学家，也是我国比较高等教育学科的开创者。许美德（Ruth Hayhoe）称王承绪为“中国最有影响力”的比较教育研究者、比较教育的“领军人物”。[①] 在王承绪的影响下徐辉、张民选、徐小洲、顾建新等长期扎根我国比较（高等）教育领域，他们现已成为我国比较（高等）教育领域的代表性学者。2010 年，中国高等教育学会授予王承绪、潘懋元“高等教育科学研究特别贡献奖”，以表彰他们对中国高等教育学科发展的贡献。早在 20 世纪 80 年代早期，王承绪就主编了“外国高等教育丛书”，1999 年以后，该丛书以“汉译世界高等教育名著丛书”之名修订后再版。该丛书一共 12 部，其中范德格拉夫的《学术权力——七国高等教育管理体制比较》（1987、2001）、伯顿·克拉克的《探究的场所——现代大学的科研和研究生教育》（1987、2001）和《研究生教育的科学研究基础》（1987、2001）、弗莱克斯纳的《现代大学论——美英德大学研究》（1987、2001）、赫钦斯的《美国高等教育》（1987、2001）详细分析了德、英、法、美、日五国高等教育系统结构与模式，是比较高等教育研究的代表性著作。此外，布鲁贝克的《高等教育哲学》（2002）、伯顿·克拉克的《高等教育新论——多学科的研究》（2001）等更是高等教育学名著。尤其是布鲁贝克的《高等教育哲学》（2002）一书不仅推动了我国高等教育哲学学科的兴起，书中所提出的高等教育的“认识

① Ruth Hayhoe，*Portraits of Influential Chinese Educators*，Hong Kong，China：Comparative Education Research Centre，The University of Hong Kong，2006，p.43.

论”和“政治论”也成为探讨大学本质的重要范式。伯顿·克拉克的《高等教育新论——多学科的研究》一书通过政治学、经济学、历史学等多学科透镜观察高等教育，大大开阔了传统高等教育研究的视野。潘懋元有关高等教育研究本质方法即“多学科研究方法”的重要论断就是受此影响而提出的。此外，伯顿·克拉克等提出的“行政权力”与“学术权力”等概念业已成为高等教育学者耳熟能详的概念。曾任美国卡内基教学促进基金会主席的博耶（Ernest L. Boyer）的《美国大学教育——现状、经验、问题及对策》（1988）、《美国大学生的就读经验》（1993）、《关于美国教育改革的演讲（1979—1995）》（2002）等系列著作则为大学教学质量建设提供了有益的经验，博耶所主张的“四种学术”尤其是“教学学术”的主张今日已经为中国学界所广为接受，人们以之为建设大学“教学文化”的关键。总体而言，20 世纪 80 年代早期，在我国高等教育学科建设刚刚起步，对国外高等教育理论的研究仍显得比较薄弱的背景下，这套丛书具有“雪中送炭”的意义，虽然时隔多年，这套丛书仍然散发出学术的魅力，体现了其作为“名著”的价值。

进入 21 世纪，比较高等教育研究译著的引进日益系列化、丛书化。围绕我国高等教育改革热点和高等教育学科建设需要。一批高等教育、比较高等教育研究的骨干学者有意识地翻译了一批影响力大、学术水平高的著作。如别敦荣在华中科技大学工作期间主持翻译了“美国高等教育管理学经典译丛”。为了进一步理解、深化高等教育国际化，别敦荣还主持了“国际高等教育译丛”翻译工作。该丛书主要是世界比较高等教育学科开创者阿特巴赫的系列论著，主要包括三大主题：一是国际教师职业；二是亚洲大学的演变与发展；三是美国高等教育改革与发展。毫无疑问，这三大主题对我国高等教育改革与发展都具有重要的借鉴价值。

在我国建设世界一流大学过程中，美国大学尤其是其研究型大学的建设经验值得重视。清华大学顾秉林主持“清华大学教育研究译丛”（共计5部），该丛书选择的作品分为两类：一类是全面描述、揭示美国高水平研究型大学整体发展特点的学术著作，如《创造未来——美国大学的作用》，第二类作品如《哈佛走向现代——美国大学的崛起》等集中分析某一特定大学独特的历史发展进程。这对于我们深入而具体地了解美国一流大学的形成提供了生动的案例。张斌贤主持了“美国研究型大学探索译丛”工作（共计6部）。前文提到的上海交通大学刘念才主持的“一流大学研究文库”，邀请阿特巴赫等国外著名高等教育研究专家，出版了多部关于世界一流大学的著作，也是我国比较高等教育研究的代表性成果。此外，还有北京师范大学钟秉林、王英杰主编的“京师高等教育译丛”，杜育红主编的“京师教育经济译丛”，其中“京师教育经济译丛”中有多部是关于美国高等教育的专题研究。

此外，也有关于德国、法国、日本等国高等教育的多部译著。关于德国高等教育的译著，如杭州大学翻译的《联邦德国及巴伐利亚州高等教育法规选编》（1991）、派泽特的《联邦德国的高等教育 结构与发展》（1993）、包尔生的《德国大学与大学学习》（2009）等。关于日本高等教育的译著，如永井道雄的《日本的大学——产业社会里大学的作用》（1981）、关正夫的《日本高等教育的改革动向》（1981）、天野郁夫的《高等教育的日本模式》（2006）和《日本高等教育改革——现实与课题》（2014）、角野雅彦的《日本近代高等教育与专门学校发展研究》（2008）等。关于法国高等教育的译著，如法国学者雅基·西蒙热等的《法国国民教育的组织与管理（第8版）》（2007），该书虽为法国教育的综合型著作，但是内容完备、条分缕析，是对包括高等教育在内的法国教育系统的权威性论著，也是国内为数不多的关于法国高等教育的译著。[①]

七、研究生教育研究

研究生教育位于高等教育金字塔的“塔尖”，它决定了我国高层次专业人才培养的质量与规格，对我国经济社会发展发挥着引领作用。我国研究生教育发端于民国时期，但囿于各种因素当时的研究生教育规模小，成效低。1949年，全国在校研究生仅为629人，毕业研究生107人，招收研究生242人。新中国成立后，我国学位与研究生教育一度模仿苏联模式培养研究生。随着中苏关系的破裂，我国开始探索建立自己的研究生培养体系。1949年至1965年间，共招收研究生23 393人，毕业研究生17 710人，其他6 000多名研究生在1966年至1969年期间先后毕业。这些毕业生主要分配到高等学校和科研机构工作，成为新中国高等学校和科研机构的骨干与核心。[②]1966年至1976年的“文化大革命”令全国高等教育事业遭到严重破坏，研究生教育中断达12年之久。

1977年，中国教育和科研战线开始拨乱反正。1977年11月3日，经国务院批准，中国科学院与教育部联合发出《关于一九七七年招收研究生具体办法的通知》，标志着我国研究生教育制度得以恢复。1979年2月，由时任教育部部长蒋南翔主持，教育部和国务院科技干部局联

① ［法］雅基·西蒙、热拉尔·勒萨热：《法国国民教育的组织与管理》（第8版），安延译，教育科学出版社2007年版。

② 谢桂华：《60年求索与奋斗：一个研究生教育大国的崛起》，载《中国高等教育》2008年第18期，第20～23页。

合组织了“学位小组”，拟定了《中华人民共和国学位条例（草案）》。1980年2月12日第五届全国人民代表大会常务委员会第十三次会议通过，并于1981年1月1日起正式实施。《中华人民共和国学位条例》是我国第一部经人民代表大会常委会批准的国家教育立法，也是改革开放后我国第一部教育立法。《中华人民共和国学位条例》的颁布和实施，标志着我国研究生教育走向了正规化、制度化和现代化。①

40年来，我国研究生教育发展大体经历了五个阶段：一是学位制度初创实施与研究生教育恢复发展阶段（1978—1985）；二是学位制度初步建立与研究生教育调整改革阶段（1986—1991）；三是中国特色学位制度基本建立与研究生教育深化改革阶段（1992—1998）；四是中国特色学位制度的完善与研究生教育加快发展阶段（1999—2005）；五是进入21世纪，开始了由研究生教育大国向研究生教育强国迈进的探索。②教育部公布的2017全国教育事业统计显示，该年我国研究生招生80.61万人，其中，全日制69.19万人。招收博士生8.39万人，硕士生72.22万人。在学研究生263.96万人，其中，在学博士生36.2万人，在学硕士生227.76万人。毕业研究生57.80万人，其中，毕业博士生5.8万人，毕业硕士生52.0万人。③总之，40年来我国学位与研究生教育经历了从小到大、从弱到强的过程，基本形成了制度相对健全、规模相对合理、学科门类大体齐全、学位质量能够得到保证、以高等学校为主体的学位

① 赵军：《新中国60年学位与研究生教育流变》，载《高校教育管理》2009年第5期，第87～92页。

② 谢桂华：《改革开放30年我国学位与教育的历史性跨越》，载《中国高教研究》2008年第12期，第6～10页。

③ 教育部：《2017年全国教育事业发展统计公报》，载教育部网站：http：//www.moe.gov.cn/jyb_sjzl/sjzl_fztjgb/201807/t20180719_343508.html，访问日期：2019年12月1日。

与研究生教育体制和运行机制，并在人才培养、知识创新、社会服务、国际交流等方面取得了举世瞩目的成就。[①]

40年来，随着我国学位与研究生教育的发展，我国学位与研究生教育的研究也经历了从荒芜到繁盛，从沙漠到“绿洲”的深刻变化。今天，一门被称作“研究生教育学”的高等教育学二级学科日渐成型，前景喜人。概括改革开放以来我国学位与研究生教育研究，可以发现专著类主要涵盖以下几大类别：

一是研究生教育学理论与学科建设研究。如李煌果、王秀卿主编《研究生教育概论》（1991）[②]、梁桂芝等主编《学位与研究生教育评估的理论与实践》（1991）、秦惠民主编《学位与研究生教育大辞典》（1994）、朱慎行的《研究生培养与管理》（1994）、郭富根等主编《研究生教育研究》（1996）、王战军的《学位与研究生教育评估技术与实践》（2000）、薛天祥的《研究生教育学》（2001）、陈子辰的《研究生素质教育论》（2004）和《研究型大学与研究生教育研究》（2006）、张建华的《论学位与研究生教育》（2005）、于立的《研究生教育若干问题探索》（2005）、顾海良主编《新时期我国学位与研究生教育改革的理论与实践》（2009）、郭跃等主编《学科建设与研究生教育新论》（2012）等。其中，李煌果、王秀卿主编《研究生教育概论》为我国第一部系统论述研究生教育的专著，该书比较全面地论述了研究生教育工作的基本原理，阐述了研究生教育必须遵循的原则，概述了包括招生、培

① 赵军：《新中国60年学位与研究生教育流变》，载《高校教育管理》2009年第5期，第87～92页。

② 《研究生教育概论》一书第1版，署名李煌果、王秀卿主编，再版时署名王秀卿主编。参见李煌果、王秀卿主编：《研究生教育概论》，科学技术文献出版社1991年版；王秀卿主编：《研究生教育概论》，北京理工大学出版社2001年版。

养、学位、领导与管理等方面工作的基本要求与方法，可谓我国开展研究生教育工作的一部“百科全书”。薛天祥的《研究生教育学》以科学方法论为指导建立研究生教育理论体系，这一体系强调以“学习和创造知识”为逻辑起点，以“研究生专业”为中介概念，以“本科教育后高层次的专业教育”为中心概念，以“研究生教育的基本规律”（研究生教育必须适应和促进社会发展，研究生教育必须适应和促进学科发展，研究生教育必须适应和促进研究生全面素质发展）为后继概念，以“研究生教育原则”（适应性、超前性、创新性、开放性）为过渡性概念，以“研究生教育目的与途径”为逻辑终点，并认为解决理论与实践矛盾的主要途径是德育、课程、科研、学位、教育模式和导师。①

二是研究生教育制度与培养模式研究。相关著作主要有李盛兵的《研究生教育模式嬗变》（1997）、刘晖和侯春山编《中国研究生教育和学位制度》（1988）、刘鸿的《我国研究生培养模式研究》（2007）、胡玲琳的《我国高校研究生培养模式研究——从单一走向双元模式》（2010）、刘丽君的《知识创业教育导论——理工科研究生创新创业型人才的有效培养模式研究》（2010）、曹健的《研究生培养模式论》（2011）、刘思炜等的《我国专业学位研究生教育创新人才培养模式研究》（2012）、张国友的《研究生专业学位教育改革发展与学位教育培养模式和管理制度》（2012）、周叶中等的《研究生培养模式改革研究》（2013）、陈宝国的《诺贝尔奖视野下的个性化、差异化研究生教育模式研究》（2014）、刘亚敏和胡甲刚的《专业学位研究生培养模式改革》

① 薛天祥：《科学方法论与〈研究生教育学〉理论体系探究》，载《教育研究》2001 年第 6 期，第 27 ～ 31 页。

（2017）、王东芳的《学科文化视角下的博士生培养》（2017）、王洪才的《应用型研究生培养模式探索》（2018）、郑娟的《跨界联合——工科博士生培养模式新探索》（2018）等。其中，李盛兵的《研究生教育模式嬗变》为潘懋元指导的博士学位论文，该书首先分析了研究生教育的原生型中世纪高级学位教育，包括其产生的原因、特点及其对研究生教育的影响。然后，从高等教育的内外部系统出发，全面探讨世界研究生教育模式的发生、发展的规律、特点，依次分析了德国学徒式、美国专业式、协作式以及研究生教育的多样化，各种模式产生的原因、特点以及适用范围，并对中国研究生教育及其模式的发展、演变、现状等做了较深入的探讨。该书对于各国研究生模式特征的概括多有新意。

三是研究生教育历史研究。相关著作主要有吴镇柔等主编《中华人民共和国研究生教育和学位制度史》（2001）、谢桂华主编《20世纪的中国高等教育——学位制度与研究生教育卷》（2003）、周洪宇主编《学位与研究生教育史》（2004）、周绪红的《湖南大学研究生教育发展史（1943—1999）》（1999）、周叶中和涂上飙的《武汉大学研究生教育发展史》（2006）、覃红霞和陶涛主编《厦门大学研究生教育发展史（1926—2016）》（2017）。其中，吴镇柔等主编《中华人民共和国研究生教育和学位制度史》是研究我国研究生教育与学位制度史的第一部专著。学者评价该书一是在编写体例上，突出学位制度对研究生教育的促进作用，把我国研究生教育的发展历史分为学位制度建立前后两个阶段来论述，对新中国成立前我国学位研究生教育的初步探索和改革开放后的迅猛发展有着清晰的对比；二是对新中国学位制度创立过程、三级学位管理体制的建立与完善，学位专业目录和授予情况做了比较全面的论述；三是把学位与研究生教育质量评估和科学研究单独作为一个重要部分来编写，突出了学位与研究生教育的重点。[①] 周洪宇主编《学位与研究生教育史》是一部涵盖美、英、法、德、俄、日、印、中等国学位与研究生教育发展历史的著作。该书系统梳理了中世纪以来西方学位制度与研究生教育的发展历程，条分缕析地呈现了各国学位与研究生教育产生的背景与条件，发展轨迹、形式与内容、作用与影响等。此外，该书还对我国台湾、香港、澳门地区的学位与研究生教育状况加以观照，使得中国学位与研究生教育史的内容更加趋于完整。此外，国务院学位委员会办公室原副主任谢桂华主编《20世纪的中国高等教育——学位制度与研究生教育卷》对20世纪中国的学位制度与研究生教育的历史渊源、创建和发展及改革的历程、基本制度、运行机制等进行了全面的描述和深入研究，以求比较完整、客观地反映整个20世纪我国学位制度和研究生教育从无到有，从小及大及其曲折反复的发展历程，该书为我国学位制度与研究生教育发展提供了翔实的历史背景和宝贵的经验教训。此外，谢桂华还主持了《学位与研究生教育工作实践及思考》（2002）、《学位与研究生教育研究新进展——教育部学位与研究生教育发展中心“十五”课题研究成果汇编》（2006）、《研究生教育与国家创新体系》（2011）等研究工作，对我国学位与研究生教育发展提供不少具有真知灼见的理论主张，是我国学位与研究生教育领域重要的学者和管理者。

四是研究生教育国际比较研究，包括王秀卿和张景安编《国外研究生教育》（1987）、刘晖主编《二十国研究生教育》（1989）、戴毅然的《中外研究生教育比较》（1990）、冯增俊的《现代研究生教育研究》

---

① 吴镇柔、陆叔云、汪太辅主编：《中华人民共和国研究生教育和学位制度史》，北京理工大学出版社2001年版，序。

（1993）、陈学飞等的《西方怎样培养博士——法、英、德、美的模式与经验》（2002）、许红的《中美研究生培养模式比较研究》（2010）、刘献君的《发达国家博士生教育中的创新人才培养》（2010）、赵立莹的《美国博士生教育质量评估体系的发展》（2013）、廖文婕的《我国专业学位研究生培养模式的系统结构研究》（2013）、张建功的《中美专业学位研究生培养模式比较研究》（2014）、刘莉的《世界一流大学人文社会科学博士生培养个案研究》（2015）、李云鹏的《美国教育博士专业学位的发展与变革研究》（2015）、凌云的《传承与创新——德美两国博士生培养模式研究》（2016）等。其中，冯增俊的《现代研究生教育研究》是一部关于研究生教育国际比较的力作，该书在对现代研究生教育产生与发展的历史考察基础上，系统介绍了美、英、法、德、苏等国研究生教育的历史、现状与特点；分析评价了当代发达国家研究生教育改革基本趋向，并对其研究生教育基本经验与存在问题进行了总结。北京大学陈学飞等所著《西方怎样培养博士——法、英、德、美的模式与经验》一书以西方博士生教育具有代表性的法国、英国、德国和美国为实例，较系统地描述了这些国家博士生培养模式的演变历程和现实状况，分析归纳了其特点、主要影响因素及发展趋势，为改革和完善我国的博士生教育模式提供了重要的参照系。

五是研究生教育改革与发展研究。这又可具体分为以下几方面，一是“研究生教育结构改革研究”，如袁本涛的《我国研究生教育结构调整问题研究》（2015）。[①] 二是“研究生教育体制改革研究”，如“研究生教育体制改革研究”课题组编《中国研究生教育体制改革研究》（2013）、顾晶晶的《研究生教育成本分担理论、模式与建议》（2007）、

① 袁本涛：《我国研究生教育结构调整问题研究》，经济科学出版社 2015 年版。

张亚群等的《中国研究生招生考试改革研究》(2013)、陈睿等的《中国硕士研究生招生考试内容改革的实证研究》(2013)、余桂红的《中国研究生招考方式改革研究》(2017)、赵怀力和吕炜主编《研究生招生改革探索与实践》(2017)。三是"研究生教育质量保障研究",如杨颉和陈学飞主编《研究生教育质量:内涵与探索》(2007)、国务院学位办编《博士质量调查与博士生教育发展指导手册》(2007)、乔琳的《新时期研究生培养质量监控机制创新》(2009)、周文辉的《中国研究生教育质量保障体系研究》(2012)、王战军等编著《中国研究生教育质量保障体系理论与实践》(2012)、刘源的《研究生教育质量功能展开研究》(2016)、研究生教育质量报告编研组编《中国研究生教育质量年度报告(2012—2017)》(2016)、王战军的《六说中国研究生教育质量》(2016)、胡铭的《我国研究生教育质量需求与保证体系研究》(2017)、谢治菊和郭宇的《研究生教育质量保障机制研究》(2017)等。四是"研究生培养机制改革研究",如李玲萍的《培养机制改革下研究生与导师关系研究》(2011)、熊华军的《西部高校研究生培养机制改革研究》(2012)、赵军的《研究生培养机制改革——行动与反思》(2014)、刘贞华的《博士生培养内在制度研究》(2014)、张淑林等编著《协同创新环境下的研究生联合培养机制改革研究》(2016)、王顶明的《规范、行动与质量——博士生培养过程管理研究》(2017)、中国学位与研究生教育学会编《"双一流"建设背景下的工科研究生教育改革》(2017);五是"研究生教育综合改革研究",如张淑林的《理与路——研究生教育综合改革的理论与路径》(2018)等。其中,袁本涛的《我国研究生教育结构调整问题研究》是作者主持的教育部哲学社会科学研究重大课题攻关项目结题成果。该研究提出了研究生系统质量理论，认为系统中要素及要素之间的关系构成了研究生教育的结构，结构是否与外部经济社会发展相协调决定了整个研究生教育系统功能的发挥程度。基于理论框架，研究者通过历史回顾、实证分析、访谈调查等方法考察了当前我国研究生教育区域结构、科类结构以及类型结构的现状及其与经济社会发展的协调性，并提出通过构建主动调节机制来优化我国研究生教育结构，提高研究生教育系统质量的相关政策建议。“研究生教育体制改革研究”课题组编《中国研究生教育体制改革研究》一书基于研究生教育体制的集权与分权、效率与公平、计划与市场的三个角度，重点对我国研究生教育体制中的招生制度、硕士生和博士生资助机制、教育资源配置体制、培养质量与发展质量的评价和反馈机制四个方面进行了深入研究，并提出应继续增强分权意识，提升研究生培养单位自主性；正确处理公平与效率关系，在保障效率的前提下，适度增加公平性；积极引入市场因素，适度降低指令性计划的影响等政策主张。

教育部高等教育教学评估中心原副主任王战军长期从事我国研究生教育评估与质量保障管理、研究工作，出版了《学位与研究生教育评估技术与实践》（2000）、《中国研究型大学建设与发展》（2003）、《中国研究生教育质量保障体系理论与实践》（2012）、《六说中国研究生教育质量》（2016）、《高等教育监测评估理论与方法》（2018）等系列专著。[①] 由他主编的“中国研究生教育质量年度报告”自2013年以来已经发表6份年度报告，该报告坚持以“年度”和“质量”为核心主题词，从多角度、多层面对我国研究生教育质量进行述评、对该年我

① 王战军：《中国研究型大学建设与发展》，高等教育出版社2003年版；王战军：《高等教育监测评估理论与方法》，科学出版社2018年版。

国研究生教育发展状态进行数据分析；遴选出各年度中国研究生教育质量重要事件；对全国31个省、自治区、直辖市的研究生教育质量进行排名；对全国多所研究生培养单位在校研究生进行满意度调查；收集美国、英国、德国、俄罗斯等国家的研究生教育动态。报告内容翔实，全面、客观，多角度反映各年度中国研究生教育质量概况，为全面提高我国研究生教育质量提供了宝贵资料和决策依据。

从书出版方面，上海交通大学高等教育研究院刘少雪、俞恺任总主编的“创新·求真·卓越之道研究生教育丛书”先后出版了8部专著。该丛书以博士生教育为中心，集中探讨了学术职业的变革趋势、国际博士生教育的具体模式与实施状况、中国博士生教育改革现状、研究生教育的国际化等前沿课题。

八、高等职业技术教育研究

1980年以前，我国并没有“高等职业教育”的概念。随着改革开放的推进，我国经济社会发展快的地区对技术技能人才的需求愈发强烈。在此背景下，1980年，教育部批准建立金陵职业大学、合肥联合大学、无锡职业大学、江汉大学等13所职业大学，这标志着我国高等职业院校的正式诞生。继《中共中央关于教育体制改革的决定》(1985)首次提出“积极发展高等职业技术院校，……逐步建立起一个从初到高级、行业配套、结构合理又能与普通教育相互沟通的职业技术教育体系”以后，全国职业技术教育工作会议（1986）第一次从官方的角度提出“高等职业教育”一词，规定高等职业学校、部分广播电视大学、高等专科学校等都应该属于职业性的高等教育。[①]《中华人民共和

① 平和光、程宇、李孝更：《40年来我国高等职业教育发展回顾与展望》，载《职业技术教育》2018年第15期，第6～17页。

国职业教育法》（1996）进一步确立了高等职业教育的法律地位，标志着我国职业教育建设迈上法治化的轨道。

40 年来，尤其我国高等教育大众化政策实施以来，依靠党和政府立足于高等教育和职业教育的双重支持、扶植和激励政策，我国高等职业教育经历了从积极探索、规范办学到大力发展、加快发展再到创新发展的转变，逐渐从改革试点、示范引领、优质建设再到逐步迈向高水平。也正因为这样，我国高等职业技术教育在短时间内实现了从无到有、从小到大、从大到特的跃升。截至 2017 年，全国共有普通高等学校 2 631 所（含独立学院 265 所），其中，本科院校 1 243 所，高职（专科）院校 1 388 所；本专科招生 761 万人，其中高职招生 351 万人。高职学校不仅数量已经超过本科院校，而且在学人数已占整个高等教育规模近 50%，是名副其实的“半壁江山”。当前，我国已形成世界上最大规模的专科层次人才培育体系，具备了大规模培养技术技能人才的能力，这为我国经济社会发展提供了强有力的人才和智力支撑。[①] 此外，经过多年探索，我国已经形成相对成熟的高等职业技术教育办学体制、管理体制和人才培养模式。在办学体制上，各级政府积极鼓励行业企业及社会力量参与举办高等职业教育。集团化办学、校企合作办学、行业办学、个人资本办学、校企政合作办学、股份制办学等多元化办学的机制逐渐形成。在管理体制机制改革上，强化省、市、县三级统筹，建立了政府主导、行业指导、企业参与的管理运行原则，建立了以学校理事会 / 董事会、教职工代表大会等为核心的内部治理结构。在人才培养模式上，实行工学结合、校企合作、顶岗实习

① 《2017 年全国教育事业发展统计公报》，载教育部网站：http：//www.moe.gov.cn/jyb_sjzl/sjzl_fztjgb/201807/t20180719_343508.html，访问日期：2019 年 12 月 1 日。

的人才培养模式，深化教学和课程改革，通过订单培养、现代学徒制等方式探索建立符合应用型人才和技术技能型人才培养的模式。[①] 可以说，我国高等职业技术教育基本内涵已经形成，并具有鲜明特色，成为优化我国高等教育结构的重要途径，成为实现高等教育大众化乃至普及化的有效支撑，成为现代职业教育体系建设的重要引领者。[②]

高职教育的相关研究工作虽起步较晚，但是发展势头迅猛。现在，高等职业教育已成为高等教育学和职业技术教育学交叉的一门方兴未艾的二级学科。需要指出，由于不少民办院校同时也实施高职教育，所以前述民办高等教育研究中有相当一部分成果也可以视为高等职业技术教育研究成果。总体上，40 年来，以“高等职业职业技术教育”为主题的相关研究成果主要可以划分为以下几个方面：

一是高等职业技术教育基本理论或高等职业技术教育史研究。代表性著作如叶春生的《高等职业技术教育概论》（1991）、吕鑫祥的《高等职业技术教育研究》（1998）、周光勇等编著《高等职业教育导论》（2003）、王根顺和王成涛的《高等职业技术教育概论》（2004）、王明伦的《高等职业教育发展论》（2004）、陈伟国的《高职教育服务概论》（2006）、董步学的《高等职业教育学》（2006）、王毅等的《高等职业教育理论探索与实践》（2006）、李海宗的《高等职业技术教育概论》（2009）、张新民的《高等职业教育理论构建》（2010）、王琦等的《高职教育文化的建构》（2012）、王庆杰的《高职教育发展新视野》（2013）、张淑君的《高职院校继续教育发展研究》（2014）等。其中，叶春生的

---

① 平和光、程宇、李孝更：《40 年来我国高等职业教育发展回顾与展望》，载《职业技术教育》2018 年第 15 期，第 6 ～ 17 页。

② 周建松：《政府双重支持政策助推中国高职教育迈向高水平》，载《中国高教研究》2018 年第 8 期，第 31 ～ 32 页。

《高等职业技术教育概论》书名虽然没有使用“学”字，但该书显然有构建学科体系的倾向。其中，“综合研究篇”包括高等职业技术教育概念、高等职业技术教育发展的社会根据、高等职业技术教育培养目标、高等职业技术教育教学过程的组织、高等职业技术教育思想政治教育、技术教育改革、国外情况简析七章内容，可以被看作国内第一部“高等职业教育学”专著。王根顺、王成涛的《高等职业技术教育概论》是一部体系比较完整的高等职业教育学著作。该书系统论述了高等职业教育的概念、性质与作用，我国高等职业教育的产生与发展，高等职业教育与政治、文化的关系，高等职业教育与其他教育的关系，高等职业教育管理体制，高等职业教育人才培养等诸多涉及高等职业教育的重要问题。张新民的《高等职业教育理论构建》是高职教育研究领域一部具有较高学术水平的专著。该书所研究的内容，是高职教育在发展过程中许多人困惑的问题。如关于我国高职教育的起源与发展历程研究，对高职教育理论体系形成提供了一定的实践背景与史料支撑；关于高职教育的本质特征研究，可以说填补了高等教育和职业教育的理论空白，为以后的高职教育理论研究提供了一个较好的平台；对高职教育人才培养研究所形成的理论和实践操作原则，在一定程度上解决了当前高职教育理论滞后的问题，其本身也是高职教育理论体系中不可或缺的一部分，对指导当前的高职教育实践具有较强的现实意义。[①] 总的来看，现有的高等职业教育学专著一是比较注重学科体系的建构；二是在结构和思路上模仿普通教育学或高等教育学的痕迹还非常明显。这显示出高等职业教育学学科建设尚处于探索阶段，属于本学科的本体论、认识论、方法论问题仍有待进一步深化。

① 张新民：《高等职业教育理论构建》，湖南人民出版社 2010 年版，第 2 页，序。

二是高等职业技术教育发展战略研究。黄鸿鸿的《中国高等职业教育发展道路研究》（2004）、陈家颐的《社会转型视角下的高等职业教育——市场机制对高职教育发展的影响研究》（2006）、杨欣斌的《高等职业教育方法论体系构建的理论与实践》（2007）、马能和的《五年制高职教育发展及实证研究》（2008）、王琦等的《文化自觉——高职教育可持续发展》（2008）、王艳红等的《高等职业教育与区域经济协调发展研究》（2008）、杨敏恒的《高等教育大众化背景下高职教育发展研究》（2008）、聂彩林等的《高等职业教育科学发展》（2008）、潘岳生的《中国特色高职教育定位和走向》（2009）、贾新民和谢一风的《全球化背景下高职教育核心竞争力研究》（2010）、王全旺的《区域高职教育发展之劳动力市场适切性探究》（2015）。其中，陈家颐的《社会转型视角下的高等职业教育——市场机制对高职教育发展的影响研究》是一部比较系统、深入研究我国高等职业教育改革、发展、创新的具有较高学术水平的论著。该书是在国家把包括高职教育在内的职业教育作为经济社会发展的重要基础和教育的战略重点时出版的，适应了社会和市场对高职教育改革和发展的客观需要。在深入分析市场机制对高职教育发展的影响与挑战基础上，作者围绕高职人才培养模式、专业、课程、教材与教学、实践教学、校企合作、教师发展、管理与国际合作方面如何实现创新与突破进行系统论述。书中不少论述体现出作者在高职教育思想创新、内容创新、方法创新方面的真知灼见。[①] 周建松是我国高等职业教育领域发表著作颇丰的学者，先后出版《高职院校内涵建设研究》（2006）、《高等职业院校开放合作办学模式

① 陈家颐：《社会转型视角下的高等职业教育——市场机制对高职教育发展的影响研究》，南京大学出版社 2006 年版，第 2 页，序。

研究与实践》(2008)、《大众化与高等职业教育发展》(2008)、《高等职业教育专业建设理论与探索》(2010)、《高等职业教育的逻辑》(2011)、《高等职业教育示范建设理论与实践》(2011)、《高等职业教育可持续发展研究》(2013)、《高等职业教育校企合作长效机制研究》(2014)、《现代高等职业教育创新发展研究》(2015)、《创新与引领——我国示范性高等职业院校建设十年(2005—2015)》(2015)、《高等职业教育创新发展行动计划精解》(2017)、《优质高职院校建设指南》(2017)、《现代职业教育体系建设与高职教育创新发展》(2017)等。其中,《高等职业教育专业建设理论与探索》结合高职教育专业内涵建设主题,探讨高职教育专业建设,从相关理论、专业建设机制、专业建设探索、基于专业背景的课程建设、基于专业背景的团队建设、基于专业背景的实训基地建设等方面阐述理论与实践问题,视角独特,论述深入。《高等职业教育校企合作长效机制研究》一书在对我国高等职业教育校企合作研究和实践进行梳理、总结的基础上,以教育生态学、利益相关者理论以及协同论等理论为支撑,以发达国家职业教育校企合作经验为借鉴,以浙江金融职业学院近年来校企合作机制体制建设为重点,尝试构建我国高等职业教育校企合作的长效机制。

三是高职教育办学体制、机制改革研究。其中,关于高职教育办学体制研究,代表性的著作如吴高岭的《高等职业教育多元化办学体制研究》(2013)、朱涛的《地市级城市高职院校办学体制机制创新的研究与实践》(2015)、王安兴的《高职院校股份制办学体制研究》(2017)、张耀嵩的《高等职业教育办学体制机制研究》(2017)、张荣华的《高职院校办学体制机制创新与实践研究》(2018)等。其中,吴高岭的《高等职业教育多元化办学体制研究》一书从回顾我国高等职业教育发展历程出发，分析了不同发展时期我国高等职业教育办学体制的背景、特点、存在的问题及其原因，探索适合中国国情的高等职业教育办学体制。作者试图探析高等职业教育子系统与社会系统的内在联系，以寻求多元化办学体制的理论依据。王安兴的《高职院校股份制办学体制研究》围绕股份制办学体制这一新的办学模式，从梳理高职院校股份制办学的现状与发展中存在的问题入手，对我国高职院校股份制办学中的产权运作及内外部治理模式进行比较详细系统的分析，提出发展与完善高职院校股份制办学的一些思路与对策。该书拓展了我国高职教育办学体制研究领域，在特定层面丰富了高职教育管理理论，对国内高职院校股份制办学改革与创新具有一定的参考价值和指导意义。关于高职教育办学机制研究，代表性著作如罗述权和郑震的《高职院校筹资研究》(2013)、徐佳的《我国高职教育集团化办学的思路与对策》(2014)、林伦伦和郑国强主编《高等职业技术教育产学结合研究》(2005)、谭界忠的《高等职业教育产学研合作机制研究》(2008)、林润惠的《高职院校校企合作——方法、策略与实践》(2012)、颜彩飞的《高职院校校企合作机制创新研究》(2016)等。经费不足、筹资困难，一直是制约我国高职院校发展的瓶颈。罗述权和郑震的《高职院校筹资研究》一书就是以研究我国公办高职院校的筹资问题为研究主题，分别从筹资研究的背景与意义、筹资理论基础、研究方法与技术、研究创新与不足四个方面对高职院校筹资进行了全面的分析，对高职院校筹资工作具有较好的指导意义。徐佳的《我国高职教育集团化办学的思路与对策》基于对我国职教集团的现状的调研，分析了目前我国进行职业教育集团化办学存在的部分突出问题，在对现有问题进行原因分析的基础上，结合管理学的相关原理，对如何完善我国职业教育集团化办学的体制、建立办学的机制以及构建绩效评价指标体系提出了自己的观点。谭界忠的《高等职业教育产学研合作机制研究》通过对国内外产学研合作教育典型模式的机制比较，分析了高等职业产学研合作教育中的动力机制、保障机制、协调机制和评价机制构建问题，并对产学研结合教育中的相关问题提出了一些可操作性的措施和建议。

四是高等职业技术人才培养问题研究。此方面成果涉及高职教育专业设置、课程、教学、教育质量保障等方面内容。关于高职教育专业设置方面的代表性著作，如颜莉芝的《高等职业教育专业设置研究》（2008）、王晓江的《高职院校专业建设的研究与实践》（2014）等。其中，颜莉芝的《高等职业教育专业设置研究》深入分析了我国高等职业教育专业设置的现状、特点，挖掘专业设置中存在的问题，并探究产生问题的根源；对我国高等职业教育专业设置的理论和方法进行总结，借鉴发达国家和地区专业设置的经验，并结合作者多年的高等职业教育管理的经验，提出了加强我国高等职业教育专业设置的基本思路和基本方法等。[①] 关于高职院校人才培养模式、课程与教学改革研究，如周明星的《高职教育人才培养模式》（2005）、王前新等的《高等职业教育教学论》（2002）、壮国桢的《高职教育行动导向教学体系》（2007）、韩志伟等的《高职教育教学评价——理论·评价体系·量化技术》（2006）、张建羽的《高等职业教育教材管理概论》（2007）、郭玉梅的《高等职业教育实践教学管理研究》（2009）、侯作亭的《高等职业教育课程改革研究》（2008）、侯建军的《高职院校课程评价研究》（2015）。其中，周明星的《高职教育人才培养模式》一书对高等职业教育的内容有较新的界定，提出“素质本位”的高职教育人才培养理

① 颜莉芝：《高等职业教育专业设置研究》，国防科技大学出版社 2008 年版。

念、尝试性地构建了“素质本位”的高职教育的课程结构。作者提出，高职教育课程设置在目标上要着眼于人的全面发展，在内容上要注重知识技能、态度和价值的综合化，在结构上要实施“通识教育”“专识教育”“特识教育”三模块，“必修”和“选修”两系列，“素质本位”一主线。这种结构有别于传统的高校课程“三段论”，具有一定的特色和创新性。[①] 侯建军的《高职院校课程评价研究》探讨了高职院校课程评价的基本内涵、地位作用和类型特征，分析了高职院校课程评价的发展现状及未来走向，对其中存在的问题进行了认真梳理和归因分析，在此基础上，有针对性地提出了改进高职院校课程评价的主要策略。关于高职院校教学管理与文化素质教育研究，代表著作如董维佳和宋建军编著《高等职业教育教学质量管理概论》(2007)、李明惠等的《高职教育教学质量监控与评价的研究及实践》(2007)、张光照的《高职院校学生学习能力评价的理论与实践》(2014)、周茂东等的《高职院校人文素质教育的理论与实践》(2009)、高彩霞的《高职院校文化素质教育体系研究》(2006)、韩毅的《高职院校人文环境研究》(2007)、彭振宇的《高职通识教育实现策略研究》(2015)、邢运凯的《高职院校教育通识课程论纲》(2011) 等。

五是高等职业教育管理研究。此方面首先是关于高职教育管理、高职教育立法等方面的研究，如王前新的《高等职业教育管理学》(2003)、杨为群和董新伟编著《高等职业教育学校管理》(2004)、朱国锋的《高职教育服务质量评价理论与方法》(2004)、蒋洁的《高职教育管理创新论》(2007)、吴雪萍的《基础与应用——高等职业教育

① 周明星:《高职教育人才培养模式新论——素质本位理念》，天津教育出版社 2005 年版，第 3 页，序。

政策研究》（2007）、周宁宁的《高等职业教育立法研究》（2008）、冯哲的《高等职业教育法治化研究》（2009）、唐冬生的《高职教育质量管理研究》（2009）等。其中，王前新的《高等职业教育管理学》紧扣我国大力发展高等职业教育、培养高级技术应用型人才的实际，对高等职业教育管理的各个层面进行系统的讲述，构建了高等职业教育管理的理论体系和操作模式。蒋洁的《高职教育管理创新论》以当前高级应用型人才严重匮乏以及高职院校发展不平衡的矛盾为切入点，从高职院校管理体制创新、院系（部）两级管理模式、实践教学与产学研结合、高职专业建设与专业群的架构等方面探讨了高职教育管理创新体系，试图从中找到提升高职教育教学管理水平的有益经验。周宁宁的《高等职业教育立法研究》全面系统地阐述了我国高等职业教育立法的基本理论问题与实践问题。通过对国内外高等职业教育发展历史、发展现状、内在动因、外在价值等进行深入分析，为高等职业教育立法的科学性奠定了基础。此外，还有高职教师专业发展研究，如张铁岩等的《高职院校师资队伍建设研究》（2004）、张珍秀的《高职院校教师资源开发与管理》（2008）、邹松建的《高职院校教师人力资源管理》（2009）、彭友华的《高职院校教师管理有效性研究》（2009）、胡建波等的《高职院校教师职业能力研究》（2012）、徐钢和宿静的《高职院校教师队伍建设研究》（2013）、韩永宝的《解密高职教育发展的“软肋”——教师职业发展问题研究》（2015）、曾全胜的《高职院校“双师”教师专业技能培养研究与实践》（2016）、左彦鹏的《高职院校“双师型”教师专业素质研究》（2017）等。其中，胡建波等的《高职院校教师职业能力研究》在职业能力综述的基础上，系统分析了国内高职院校教师职业能力的现状与现存的问题，对国内外高职院校教师职业能力进行对比分析，深入研究了高职院校教师职业能力的内涵、关键构成要素与特征，并有针对性地提出了高职院校教师职业能力的提升策略与举措。

六是高职院校发展研究。代表性著作包括戴兰平编的《高等职业院校建设与特色管理》（2008）、陈涛的《高等职业院校核心竞争力研究》（2008）、周衍安的《高职院校核心竞争力研究》（2008）、蒋广庭的《高职院校定位研究》（2011）、罗志的《高职院校办学特色形成机制研究》（2012）、冯旭芳的《高职院校发展战略规划》（2014）、李德方的《做一个胜任的校长——高职院校校长胜任力研究》（2015）、周君明的《高职院校软实力研究》（2015）、王振洪的《高职院校管理文化及其创新策略研究》（2017）等。其中，陈涛的《高等职业院校核心竞争力研究》以核心竞争力为研究的视角，从理论和实践两方面面对高等职业院校可持续发展进行了战略思考，提出了高职院校核心竞争力的概念、本质与特征，揭示了高等职业院校核心竞争力的构成、影响因素及其生成机制，建构了其评价指标体系，在分析研究现状的基础上比较全面系统地提出了我国高等职业院校核心竞争力培育和提升的对策。蒋广庭的《高职院校定位研究》集中探讨了“高职院校定位的界定是层次还是类型”“高职院校定位的机制，是自生秩序还是管制”“发达国家高职院校如何定位”“我国高职院校定位发展方向”四个问题。作者提出了一些富有创新性的理论观点，如认为高职教育是一种类型并不意味着它与普通高等学校应该有相同的学制，高职教育的学生应该有机会获得学士学位，否则会损害高职教育的社会流动功能。自生秩序是高等教育重大创新的必要条件，高职教育的多样化应是高职教育发展今后关注的焦点。美国高职教育弥散选择型的高等职业教育定位模式要优于欧洲。未来，我国高职院校要在确立文化定位、强化科研功能以及在地方性基础上推进国际化等方面为高职院校的合理定位做出努力。①

七是高职教育历史与国际比较研究。关于高职教育历史研究方面，代表作如陈英杰的《中国高等职业教育发展史研究》(2007)、件自连的《中国高等职业教育回顾与展望》(2008)、罗军强的《高等职业教育历史研究》(2011)。关于高职教育国际比较方面，代表作包括高恒山的《德国高等职业教育》(1997)、冯晋祥的《中外高等职业技术教育比较》(2002)、姜惠主编《当代国际高等职业技术教育概论》(2002)、胡国勇的《日本高等职业教育研究》(2008)、荣艳红的《美国联邦职业技术教育立法制度发展历程研究》(2014) 等。其中，陈英杰的《中国高等职业教育发展史研究》被看作我国第一部高等职业教育史专著，该书记述了自近代以来高等职业教育的发展历程，并对职业教育这一特殊的教育载体进行系统的研究。作者结合教育外部规律，说明了高等职业教育发展的经济社会原因；同时深入高等职业教育内部从教育思想、专业设置、培养目标、培养模式等方面分析高等职业教育的演变。两者结合，说明了高等职业教育是适应我国高等教育大众化而产生，并结合经济社会需求和教育规律逐步演变成为我国的一种高等教育类型。② 冯晋祥的《中外高等职业技术教育比较》对美国、德国、日本、英国、澳大利亚、韩国、中国台湾等国家和地区的高等职业技术教育进行了较全面与系统的概括，引用了大量国外和域外高等职业技术教育研究成果，介绍了国内和域外高等职业教育发展的规律与经验，并对影响和制约中国高等职业技术教育发展的因素进行了分析，指出

① 蒋广庭:《高职院校定位研究》，湖南教育出版社 2011 年版，第 3 ～ 4 页。

② 陈英杰:《中国高等职业教育发展史研究》，中州古籍出版社 2007 年版，摘要。

了中国高等职业技术教育的发展趋势。姜惠主编《当代国际高等职业技术教育概论》不仅全面研究了美国、英国、德国、法国、日本等世界发达国家的高等职业技术教育，而且对澳大利亚、加拿大、韩国、新加坡等国家和我国香港、台湾地区的高等职业技术教育也做了精到的探讨，集中讨论了这些国家和地区走向现代化进程中如何通过发展高等职业技术教育，实现经济起飞的基本进程和有益经验。顾明远指出，该书对亚洲新兴工业国家和地区高等职业技术教育的研究，更加贴近中国实际，增加了这本新著的实践意义。①

综上所述，改革开放40年来，在投身于中国改革开放的伟大事业中，在服务于中国高等教育现代化的伟大征程中，中国高等教育研究从兴起到发展，积累了丰硕的成果，取得了令人瞩目的业绩。一是，一个以高等教育学为主干的高等教育科学学科群基本建立，无论是高等教育基本理论研究还是高等教育各分支学科研究，学科内部一致性和学术认同感正在不断提升，在学科建设基本问题热度不减的同时，源于高等教育实践中的热点问题、前沿研究层出不穷。二是建立了遍及全国的多层次、多类型高等教育研究机构，形成了近20家高等教育学博士生和超过100家硕士生培养单位，在不断完善高等教育学“学术型”和“专业型”人才培养体系基础上，为国家经济社会发展输送了一大批高等教育理论研究与实践领域专业人才。三是以中国高等教育学会为核心，成立了全国性的高等教育研究社会组织网络。中国高等教育学会及其各专业委员会围绕中心、服务大局，从实际出发开展高等教育理论与实践研究，以提升我国群众性教育科学研究质量与水平为工作主线，服务我国高等教育事业的改革发展，服务政府部门的

① 姜惠：《国际高等职业技术教育概论》，兰州大学出版社2002年版，第2页，序。

宏观决策，服务高等学校的办学治校，服务高等教育学术研究的理论探索做了大量工作，产生了广泛影响。特别是高等教育学专业委员会（“全国高等教育学研究会”，1993）自成立以来召开多次年会，这些会议围绕中国高等教育学科建设基本问题和我国高等教育改革热点、难点问题广泛研讨，在提升我国高等教育理论研究水平的同时，也促进了我国高等教育改革实践的深入。① 四是创办了一大批高等教育研究刊物，刊发了数以万计的高等教育研究论文，出版了一大批具有较高学术水平的专著和教材。根据中国高等教育改革与发展的实际需要，全国的高等教育研究工作者承担并完成了一大批重大攻关项目，推进中国高等教育事业的发展，做了大量的富有成效的理论与政策研究工作。正如潘懋元所指出的，今天，高等教育研究所取得的成绩是当代中国哲学社会科学研究的重要成果，是我国改革开放在思想理论战线的积极进展。作为中国哲学社会科学领域最具活力的领域之一，它业已成为一个规模宏大、成果丰富、人气旺盛的新兴学科领域。②

① 《中国高等教育学会简介》，载中国高等教育学会网站：http：//www.hie.edu.cn/overview_12570/20150114/t20150114_993091.shtml，访问日期：2019 年 12 月 1 日。

② 潘懋元、李均：《高等教育研究 60 年：后来居上 异军突起》，载《中国高等教育》2009 年第 18 期，第 15 ～ 18 页。

第3章　拥抱“新时代”的中国高等教育研究

法国学者涂尔干指出：“教育的转型始终是社会转型的结果与征候，要从社会转型的角度入手来说明教育的转型。”[①]这句话是对“教育外部关系规律”的生动说明，它揭示了教育实践活动如何受制并服务于宏观社会政治经济变革。高等教育研究存在的意义与价值就是要为高等教育改革实践服务，为推动社会全面发展进步服务。因此，深刻领会当前中国高等教育的社会、政治环境，明确中国高等教育的时代要求与历史使命是做好我国高等教育研究工作的前提条件。2017年10月召开的党的十九大，宣示着中国特色社会主义进入了新时代。这是一个决胜全面建成小康社会、全面建设社会主义现代化强国的时代，也是全体中华儿女勠力同心、奋力实现中华民族伟大复兴中国梦的时代。当前，我国社会主要矛盾已经转化为人民日益增长的美好生活需要和不平衡不充分的发展之间的矛盾。为此，我们要在继续推动发展的基础上，着力解决好发展不平衡不充分问题，大力提升发展质量和效益，更好地满足人民在经济、政治、文化、社会、生态等方面日益增长的需要，更好地推动人的全面发展、社会全面进步。[②]

是否可以说，中国社会主义建设的新时代同样也是中国高等教育改革发展的新时代？当前，我国高等教育面临着新的使命——在实现了“大众化”的历史性跨越过后，中国特色高等教育发展的主要矛盾

---

① ［法］爱弥尔·涂尔干：《教育思想的演进》，李康译，上海人民出版社2003年版，第231页。

② 习近平：《中国共产党第十九次全国代表大会上的报告》，载http：//cpc.people.com.cn/n1/2017/1028/c64094-29613660.html，访问日期：2019年12月1日。

也相应地转变为人民日益增长的对公平优质高等教育的需求与其发展不均衡不充分之间的矛盾。新时代不仅阐明了我国发展新的历史方位，同时为我国高等教育改革发展提出了新要求。党的十九大报告指出："加快一流大学和一流学科建设，实现高等教育内涵式发展。"[①]2018年的《政府工作报告》进一步提出，要"发展公平而有质量的教育"，同时特别强调，"以经济社会发展需要为导向，优化高等教育结构，加快'双一流'建设"[②]。从现在起到"两个一百年"的这段时间内，我国高等教育改革的中心任务就是要推进大学"内涵式发展"，加快"双一流"建设，促进中国高等教育现代化水平再上一个新的台阶。"内涵式发展"是高等教育发展模式的转变，"双一流"是高等教育阶段性目标，高等教育现代化是中国高等教育的长期性、战略性任务。在中国高等教育改革发展的新时代，如何服务新时代、聚焦新时代、贡献新时代的问题？这是摆在中国高等教育研究工作者面前，需要认真面对和给予回应的时代课题。

一、全面总结改革开放以来中国高等教育研究的有益经验

坚持中国特色社会主义政治方向，坚持以人民为中心的研究导向；不断回应社会需求，逐步形成"理论先行"的研究氛围；积极面向现实问题，不断深化高等教育基本理论研究；坚持专业性研究与群众性研究相结合；这既是改革开放以来中国高等教育研究取得显著成绩的重要原因，也成为改革开放以来中国高等教育研究发展所形成的基本经验。

① 习近平：《在中国共产党第十九次全国代表大会上的报告》，载 http：//cpc.people.com.cn/n1/2017/1028/c64094-29613660.html，访问日期：2019年12月1日。

② 李克强：《政府工作报告——2018年3月5日在第十三届全国人民代表大会第一次会议上》，载 http：//www.gov.cn/zhuanti/2018lh/2018zfgzbg/zfgzbg.htm，访问日期：2019年12月1日。

（一）牢牢把握中国特色社会主义的研究导向

习近平多次强调，坚持问题导向是马克思主义的鲜明特点。问题是创新的起点，也是创新的动力源。只有聆听时代的声音，回应时代的呼唤，认真研究解决重大而紧迫的问题，才能真正把握住历史脉络、找到发展规律，推动理论创新。① 对中国高等教育研究而言，丰富和完善中国特色社会主义教育理论，以此推进中国高等教育现代化建设，努力实现我国由“高等教育大国”向“高等教育强国”的转化，这就是时代的声音、时代的呼唤，是当前重大而紧迫的问题。

教育理论是中国特色社会主义理论体系的重要组成部分。改革开放40年来，全国高等教育研究工作者的集体努力概括起来就是为形成、完善“中国特色社会主义教育理论体系”而不懈奋斗。1983年国庆节前夕，邓小平在为北京景山学校的题词中提出了“三个面向”，强调教育要面向现代化、面向世界、面向未来。“三个面向”与这一时期党和政府出台的重要文件如《中共中央关于教育体制改革的决定》（1985）、《中国教育改革和发展纲要》（1993）等构成了我国新时期高等教育研究工作的思想指南。此后，我们党陆续形成了邓小平理论、“三个代表”重要思想、科学发展观等科学论述。党的十八大以来，以习近平同志为核心的党中央进一步提出了新时代中国特色社会主义思想。这些思想和理论论述不仅是改革开放以来我国经济社会发展的指导思想，同时也成为我国高等教育研究工作的科学方法论。广大高等教育研究工作者正是以上述科学理论为指导，坚持思想解放、坚持实事求是，深入实践、扎根一线，方才取得我国高等教育研究

---

① 习近平：《在哲学社会科学工作座谈会上的讲话》，载 http：//www.xinhuanet.com//politics/2016-05/18/c_1118891128.htm，访问日期：2019年12月1日。

的累累硕果。

党的十九大明确了中国特色社会主义进入新时代的历史定位，确立了习近平新时代中国特色社会主义思想，提出优先发展教育事业，把建设教育强国作为中华民族伟大复兴的基础工程，这标志着中国特色高等教育进入了新阶段。习近平新时代中国特色社会主义思想始终强调的一个核心理念，就是始终坚持人民主体地位，坚持以人民为中心。这在习近平关于哲学社会科学有关论述中同样充分体现。习近平强调我国哲学社会科学为谁著书、为谁立说，是为少数人服务还是为绝大多数人服务，是必须搞清楚的问题。世界上没有纯而又纯的哲学社会科学。世界上伟大的哲学社会科学成果都是在回答和解决人与社会面临的重大问题中创造出来的。[①] 高等教育理论研究是我国哲学社会科学研究的重要组成部分，同样需要坚持人民主体地位，坚持以人民为中心，不断为办好人民满意的教育努力奉献。为此，在始终不渝地为改革开放和现代化建设服务，为建设中国特色主义理论体系服务过程中，我国高等教育研究工作者体现出鲜明的政治意识、使命意识和责任意识，在从事高等教育研究过程中进一步牢记“四个意识”，进一步增强“四个自信”，在进一步提高理论研究支撑改革实践过程中不断提高政治站位和主体意识。

（二）以“理论先行”确立高等教育研究的社会责任

实现教育现代化，首先是教育观念要现代化，深化教育改革也必须从创新教育理念开始。[②] 教育理念创新离不开教育理论研究的责

① 习近平：《在哲学社会科学工作座谈会上的讲话》，载 http：//www.xinhuanet.com//politics/2016-05/18/c_1118891128.htm，访问日期：2019 年 12 月 1 日。

② 孙春兰：《深入学习贯彻习近平总书记关于教育的重要论述 奋力开创新时代教育工作新局面》，载《求是》2018 年第 19 期，第 3 ～ 5 页。

献。改革开放以来，党的历届中央领导集体从坚持和发展中国特色社会主义全局出发，站在历史和时代高度，根据当代中国的国情，对教育工作提出了一系列新的论述，逐步形成和完善了中国特色社会主义教育理论。中国特色社会主义教育理论清晰阐述了改革开放以来我国教育的性质、任务、发展战略，深刻回答了当前我国教育改革发展中一系列带有方向性、根本性、战略性的重大问题。其内涵主要体现为以下几个方面：一是在教育的地位、功能上强调教育工作为“国之大计”“党之大计”①，“始终把教育摆在优先发展的战略位置”；二是在教育发展方向上提出“发展具有中国特色、世界水平的现代教育”；三是在人才培养目标上强调“坚持把立德树人作为中心环节”；四是在教师观上明确“教师是立教之本、兴教之源”；五是在公平观上倡导“以教育公平促进社会公平正义”；六是在教育发展动力上坚持“大力推动教育改革发展”；在教育的不断创新上提出“坚持不懈推进教育信息化”；七是在教育的国际视野上，号召“扩大教育对外开放”等。②

党的十八大把《国家中长期教育改革和发展规划纲要（2010—2020年）》提出的“基本实现教育现代化”的战略目标作为2020年左右应当实现的具体工作任务，这比我国整体基本实现现代化提前了30年。这不仅赋予了教育改革发展的新目标，同时赋予了我国教育理论研究的新使命。正如中国高等教育学会原会长瞿振元指出，实现我国高等教育现代化要求在思想观念、规模、结构、质量、效益、公平、体制、机制等各个方面全面实现现代化。实现高等教育思想观念的转

① 习近平：《习近平在全国教育大会上发表重要讲话》，载 http：//www.xinhuanet.com/politics/leaders/2018-09/10/c_1123406247.htm，访问日期：2019年12月1日。

② 中国教育科学研究院：《中国特色社会主义教育理论新发展》，载《教育研究》2017年第4期，第4～14页。

变，需要广大高等教育研究工作进一步增强“理论先行”的主体意识。[①]所谓“理论先行”，就是高等教育研究者在学术研究中不仅要“入流”，更要“预流”。[②]不仅要参与高等教育理论与实践的热潮，更要有推动和改进高等教育改革的能力。既要对世界高等教育发展的潮流与趋势有全面的视角和洞察，又要对我国高等教育改革实践中所面临的情境、问题有充分的判断和认知，进一步增强高等教育研究的解释力、指导力和预见力。

当前，以互联网、大数据、人工智能为代表的新一代信息技术日新月异，面对新信息技术的挑战，高校人才培养目标、专业结构、课程体系也要随之改变，以培养适应新时代社会需要的人才。[③]新时代给高校人才培养提出的新要求就是人才培养必须考虑时代的要求。为此，必须改革人才培养模式，在坚持立德树人导向的同时，把科学精神、创新思维、创新能力和社会责任感的培养贯穿教育的全过程。高等教育研究工作者亟须积极面对改革实践中出现的新问题，不断增强自身的学习能力，以提高高等教育研究的时代性、创新性和前瞻性。

（三）“问题研究”与“基本理论研究”双轮驱动

“中国高等教育理论研究，不同于西方许多学者只是将高等教育理论研究作为一个特殊的研究领域进行若干现实问题的研究，而是以构建学科为己任。一开始，就是现实问题的研究与学科基本理论的研究同时并进：从问题研究中探讨学科基本理论，以学科基本理论指导并

---

① 瞿振元：《实现高等教育现代化需要理论先行》，载《中国高教研究》2013 年第 12 期，第 3 ～ 5 页。

② 陈寅恪：《金明馆丛稿二编》，上海古籍出版社 1982 年版，第 326 页。

③ 张炜：《实现高等教育内涵式发展的方向与路径》，载《中国高教研究》2018 年第 7 期，第 1 ～ 6 页。

深化现实问题的研究。”[①]的确，努力将“问题研究”与“学科基本理论研究”结合起来，在强烈的问题意识和服务精神引领下增强高等教育改革实践的能力，走出了一条中国特色的高等教育学科建设之路。坚持“问题驱动”、突出“学科意识”，这种“双轮”驱动的发展模式不仅是中国高等教育研究的鲜明特色，也是改革开放以来中国高等教育学科建设发展积累的重要经验。

但是，更应当明确的是，对于“问题”的关注是中国高等教育学科建设的源头活水，远离现实、回避实践就会危及中国高等教育研究的根基。正因为中国高等教育学从其诞生那一刻起就定位为一门“应用性学科”，40 年来，广大高等教育研究工作者积极投身于改革开放的伟大实践，投身于轰轰烈烈的高等教育改革，这既是中国高等教育研究者的社会责任，也是推进和繁荣高等教育研究的必由之路。中国高等教育学会会长杜玉波指出，高等教育研究作为哲学社会科学的一个方面，同样必须坚持以人民为中心的研究导向。高等教育研究要有所建树、有所作为，必须树立为满足人民对高等教育的需要，促进高等教育公平而有质量的发展而做学问的理想；为此，必须自觉把个人学术兴趣转移到服务国家需求、回应社会关切上；必须自觉把个人学术追求同国家和民族发展紧密联系在一起，力争做出经得起实践检验，对实践有价值的理论成果、咨询建议、改革方案等。[②]在我国高等教育由计划经济向市场经济转型、由精英化向大众化过渡过程中，在我国由高等教育大国向高等教育强国迈进过程中，我国正在进入高等教

① 刘小强：《学科建设：元视角的考察——关于高等教育学学科建设的反思》，广东高等教育出版社 2011 年版，第 1 页，序。

② 杜玉波：《新时代中国高等教育研究的责任与担当》，载《中国高教研究》2018 年第 5 期，第 1 ～ 3 页。

育改革的“深水区”。如何提供公平优质的高等教育，如何体现拔尖创新人才培养，如何为我国产业升级提供亿万高素质高技能型人才，这是全社会普遍关注的焦点、难点问题。破解上述难题的重要战略就是实现我国高等教育发展模式由“外延式发展”向“内涵式发展”转变。恰如一些学者所说，中国高等教育研究工作者恰逢其时，有责任、有能力地承担起它应该承担的社会责任。尤其是对社会反映最集中、最突出、最迫切的重大问题，高等教育研究界要有声音、有观点，要力争形成舆论引导，凝聚社会共识，推进高等教育事业又好又快发展。实现这一目标，需要我们以实事求是的态度从中国的国情出发，把普遍原理与特殊实际结合起来，研究现代化建设中的中国问题、中国特点，形成既有中国特色又反映世界高等教育发展的一般规律及教育理念、教育理论。这是当前我们高等教育研究的重要任务。[①] 广大高等教育研究工作者要积极回应新时代高等教育发展与改革的现实需要，以“大格局”做“大研究”，真正把高等教育研究与新时代人民群众对高等教育的美好向往紧密结合在一起，始终与服务国家重大需求同向而行，在回应关切、服务需求中做出“新贡献”。[②]

（四）“专业性研究”与“群众性研究”两翼齐飞

改革开放以来，我国形成了一个庞大的高等教育研究群体，缔造了我国作为高等教育研究大国的地位。这个群体中既包括各级教育主管部门及其研究机构，也包括大量的综合性大学和部分师范大学内从事教育研究工作的个体，还包括大量对于教育问题有兴趣，对于教育

① 瞿振元：《实现高等教育现代化需要理论先行》，载《中国高教研究》2013 年第 12 期，第 3 ～ 5 页。

② 杜玉波：《新时代中国高等教育研究的责任与担当》，载《中国高教研究》2018 年第 5 期，第 1 ～ 3 页。

研究有热情的域外人士。由此形成了改革开放以来我国高等教育研究“专业性研究”与“群众性研究”两翼齐飞的现象。

“阳春白雪”和“下里巴人”是人们对中国高等教育研究中出现的两大群体、两种风格的概括。所谓“阳春白雪”式的高等教育研究指受过专门的高等教育研究学科训练，强调研究过程与方法的规范性，致力于高等教育研究的理论化和科学化的“科班出身者”，这一类学科尤其对于高等教育学科建设具有强烈的身份认同感；所谓“下里巴人”式的高等教育研究指主要来自一线教师和管理干部等“非科班出身”的研究者，他们在研究中注重应用导向和问题研究，很多人具有跨学科身份和背景，较少关注高等教育学科建设本身。对于高等教育研究中长期存在的两大群体、两种研究风格，高等教育界也存在不同的看法，有人认为这是高等教育研究专业性不强的表现，“下里巴人”式的高等教育研究制约着高等教育研究的理论深度和规范性，拉低了社会对于高等教育学科的评价，甚至可能危及高等教育学科的进一步发展。但是，潘懋元则认为，“研究队伍庞杂”并非全是缺点，它可能正是中国高等教育研究的一个特点。“专业性研究”和“群众性研究”并举恰是中国高等教育研究发展过程中的重要经验。他指出，高等教育应用研究的成果最终要接受实践的检验，唯一能证明这一点的是成就而不是知识。如果试图通过向高等教育研究者“颁发许可证”，或把研究工作完全“专业化”，不是专家或“科班出身者”不得从事研究，那将会对我们高等教育研究事业的发展造成极大的损失。因此，中国的高等教育研究需要广大教师和管理人员的广泛参与，这样高等教育研究才有活力，才能保持长久的繁荣。在一定意义上，“下里巴人”的社会价值，不一定低于“阳春白雪”。它的价值在于针对具体的实际问题，发

表一得之见，以供决策咨询；或总结一点经验，以供同行参考。[①]在新的历史时期，我们既要发挥中国高等教育学会等组织在推动群众性高等教育研究方面的引领作用，也要鼓励广大的高等教育研究专门工作者尤其是致力于基本理论研究的学者“既要耐得住寂寞，探微钩沉，从容深思；又应该紧扣时代发展的脉搏，针对那些具有全局性、综合性的理论前沿论题，以敏锐的观察、开放的视野、前瞻的构思和富有使命感的态度，展开系统性的研究”[②]。

二、认真面对当前我国高等教育研究中存在的问题与不足

近年，有关我国高等教育“学科危机”的话题日益引发全国高等教育研究工作者的关注。这突出体现在教育部第四次学科评估实施前后，部分具有一定历史与积累的综合性大学高等教育研究机构或被彻底裁撤，或被归并到发展规划处、教务处、公共管理学院、社会发展学院，或虽然升格为教育学院但高等教育学沦为其中的一个研究方向，高等教育学科发展环境与资源被稀释。[③]为此，2016年8月29日，中国高等教育学会在厦门大学召开高等教育学学科建设研讨会，讨论了关于促进高等教育学学科发展的《厦门共识》。时任中国高等教育学会会长瞿振元用“七分紧迫、三分悲壮；十分期待、十分努力；形成共识、推动发展”24个字概括了当前我国高等教育学学科建设的形势和任务。[④]

---

① 潘懋元：《中国高等教育研究的历史与未来》，载《中国地质大学学报》（社会科学版）2006年第5期，第1～6页。

② 潘懋元：《中国高等教育研究的历史与未来》，载《中国地质大学学报》（社会科学版）2006年第5期，第1～6页。

③ 张应强、唐萌：《高等教育学到底有什么用》，载《中国高教研究》2016年第12期，第56～62页。

④ 张应强：《当前我国高等教育学的危机与应对》，载《高等教育研究》2017年第1期，第8～11页。

引发当前高等教育学所面临的“学科危机”的原因可以概括为两个方面。一是由于学科设置、学科评估政策调整等外部原因所导致的“组织形态的高等教育学”的生存危机。张应强认为，我国长期实行的国家学科制度、单位体制对高等教育学学科发展产生过重要影响。高等教育学在中国的创生与1983年国务院学位委员会将高等教育学作为“二级学科”列入学科目录有重要联系。而2011年国务院学位委员会再次修订学科目录，取消了二级学科建制，明确要求按照一级学科进行学位点建设和研究生培养。2016年正式启动的教育部第四轮学科评估，要求按照一级学科进行学科评估，并且在学科门类下实行一级学科“绑定评估”的原则。在学科目录的“溢出效应”和学科建设的“单位制”现实下，上述调整极大地影响了高等教育研究的机构设置、人员配备和资源分配。[①] 在此背景下，高等教育研究机构被降格或撤销，或者改变了高等教育研究机构的性质和职能。而一旦“组织形态的高等教育学”学科建设失去了组织保障，“知识形态的高等教育学”也就失去了发展的基础。所以，当前高等教育学所面临的危机，不是曾经经历过的发展性危机，而是关系到高等教育学生死存亡的生存性危机。

二是导致中国高等教育学学科危机的内部原因，即作为“知识形态的高等教育学”发展过程中所面临的一系列问题。这些问题集中反映了高等教育学作为一门正在走向成熟的学科在成长过程中所面临的烦恼和问题。概括起来主要有两个方面，一是从各级教育主管部门和大学管理者的角度看，高等教育研究成果解释、指导、引领高等教育

① 张应强：《当前我国高等教育学的危机与应对》，载《高等教育研究》2017年第1期，第8～11页。

改革实践的能力还比较薄弱，理论研究成果在转化为政策、法律法规时距离人们的期望还有相当的距离，从而导致高等教育研究成果对于中国高等教育现代化的支撑作用还不够强；二是从广大高等教育研究工作者的角度看，高等教育学学科内部的一致性还不够高，高等教育研究工作者的学科认同感还不够强，高等教育学学科范畴体系、理论体系、培训体系还不够完备，高等教育学“学术共同体”建设尚任重而道远。所以，我们既要看到改革开放以来中国高等教育研究的丰硕成果，也要意识到中国高等教育研究在原创性、继承性、实践性、规范化、国际化等方面尚存在一定的不足。譬如，在积极投入高等教育应用研究的同时，学科建设基础研究受到冷落；在积极引进国外教育研究成果的同时，教育理论的自主创新信心不足；在保持主题切换热点频出的同时，较少关注教育研究经验的继承积累；在高度重视成果的数量与形式的同时，有厚度、深度、力度的研究成果相对匮乏；在不断强调研究方法科学性的同时，教育研究过程与成果规范性相对欠缺。早在1991年时，潘懋元在《高等教育研究的比较、困惑与前景》一文中便指出，我国高等教育研究与经济学研究类似，不同程度地存在“玄”“虚”“浮”“躁”的倾向。他批评说：“有些文章，并无多少真正的科研成果，却虚张声势，空话连篇，浅入深出，既玄又虚；有的照搬国外这个模式，那个理论，食洋不化；有的缺乏必要的材料，对实际情况并不了解，凭主观臆想，严重脱离实际。”[①] 他还认为，美国许多高等教育科研成果，因为只是罗列现象、数字、公式，缺乏理论概括，所以被讥为“不结果实的树”；中国不少高等教育文章，理论一

① 潘懋元：《高等教育研究的比较、困惑与前景》，载《高等教育研究》1991年第4期，第1～12页。

大套，颇具声势，很可能变成“不结果实的花”。树不结果，可以当木材用，花不结果，恐怕只是过眼云烟。[①] 类似这样的情形，是值得全国的高等教育研究工作者引起高度警惕的。

三、努力开创中国高等教育研究的新时代

新时代预示着中国改革发展站在新起点，新时代也赋予了中国高等教育研究新使命。党的十九大召开期间，教育部部长陈宝生对新中国成立 100 周年时中国教育的发展愿景发表看法。他预期到 2049 年，“中国教育将稳稳地立于世界教育的中心，引领世界教育发展潮流”；“中国标准将成为世界标准”“世界教育发展的规则，中国有更大发言权”。在人类教育和文化发展问题上，我们要为世界“尽自己的努力，提供中国方案、中国智慧”[②]。这是对30年后中国教育描述的美好蓝图，同时也预示着中国教育必须实现历史性跨越。高等教育实践呼唤理论指导，高等教育研究者应该勇敢地担负起时代赋予的历史使命。如何努力形成“国际高等教育研究中的中国学派，努力建设具有中国特色、中国风格和中国气派的高等教育学科群”[③]？这是新时代对于中国高等教育研究者的殷切期盼，也是我国高等教育研究者对新时代的庄重承诺。为此，应当着力加强以下几个方面的工作。

（一）以“现代学科”标准推进高等教育学学科建设

2016 年 7 月 1 日，习近平在中国共产党成立 95 周年纪念大会上

① 潘懋元：《高等教育研究的比较、困惑与前景》，载《高等教育研究》1991 年第 4 期，第 1 ～ 12 页。

② 张国：《教育部部长陈宝生：2020 年全面建立新高考制度》，载 http：//news.cyol.com/content/2017-10/19/content_16602073.htm，访问日期：2019 年 12 月 1 日。

③ 潘懋元：《中国高等教育研究的历史与未来》，载《中国地质大学学报》（社会科学版）2006 年第 5 期，第 1 ～ 6 页。

提出关于中国特色社会主义道路自信、理论自信、制度自信、文化自信“四个自信”的表述。[①]“四个自信”彰显了中国共产党人在新的历史时期建设中国特色社会主义的文化自觉。但是，这种文化自觉并不仅仅指向政治层面，它对于我们改革开放各项事业，尤其是对于从事高等教育研究工作同样具有方法论价值。改革开放以来，中国高等教育学科走过了一条相对成功的、自主创新的发展道路。我们以学科建设促进高等教育研究发展，以开放姿态推动高等教育研究繁荣，以服务实践引领高等教育研究方向。这是中国高等教育学科发展积累的宝贵经验，凝聚着中国高等教育研究工作者的精神、勇气和智慧，对进一步促进中国高等教育研究的繁荣发展具有至关重要的意义。[②]从高等教育研究看，“四个自信”并不空洞而是具有明确内涵。我们需要进一步对中国高等教育研究所走过的道路、所形成的模式、所提出的理论、所形成的文化不断反思与总结，这对于我们对新时代高等教育研究在“危机”面前坚定信念、再谋新局具有重要价值。

当前，我们需要进一步思考中国高等教育研究的立足点和着眼点在哪里？在各界对“问题解决型”研究求知若渴的背景下，高等教育理论研究和学科建设研究是否还有坚持的必要？目前，高等教育学人积极呼吁高等教育学“一级学科”发展战略，但假如这一吁求短时间内难以实现的话，中国高等教育研究将何去何从？对此，我们的看法是，需要进一步增进高等教育研究者的文化自觉与学科认同。“学科同

---

① 习近平：《习近平在庆祝中国共产党成立 95 周年大会上的讲话》，载 http：//cpc.people.com.cn/n1/2016/0702/c64093-28517655.html，访问日期：2019 年 12 月 1 日。

② 潘懋元、李均：《高等教育研究 60 年：后来居上 异军突起》，载《中国高等教育》2009 年第 18 期，第 15 ～ 18 页。

行的认同与忠诚是学科获得承认的基础。”[①]学科认同体现了研究者对本学科意义、价值以及发展道路的理性自觉，反映了研究者对所属学科的坚定信念。学科认同还意味着对学科前景保持乐观心态，对该学科承载的社会责任和国家功用孜孜以求。[②]在当前严峻的学科危机面前，强调高等教育学科发展的文化自觉与学科认同非常有必要，高等教育学术共同体必须做强自己，团结一致，共赴时艰。学科发展危机越严重，增强学术共同体的凝聚力和协调性就越紧迫越重要。[③]为此，我们重申加强高等教育学学科建设，包括其组织建设的重要性。要充分意识到高等教育问题研究与高等教育基本理论、学科建设研究是并行不悖的两条主线，任何一个学科都是由上游的原理性学科和下游的应用性学科组成的学科体系。我们不能割裂上游的高等教育原理研究与下游的高等教育问题研究的关系，不能忽视高等教育原理研究在高等教育应用性研究中的源头作用。[④]

但是，新时代高等教育学科建设所谓的“再学科化”，不是要延续“经典学科”的老路子，而是要努力实现从“经典学科”向“现代学科”的转型。张应强认为，现代学科与经典学科有着本质上的不同，经典学科是由知识演化逻辑主导的学科，学科知识呈现“树形结构”或“阶梯结构”，有严密的学科知识谱系，有清晰的知识演化路径，学科知识之间可以相互追溯；而现代学科则是由社会需求逻辑主导的学

① 王建华：《学科承认的方式及其价值》，载《中国高教研究》2012 年第 2 期，第 12 ～ 19 页。

② 陈兴德：《高等教育学的“学科”“领域”之争——知识社会学的视角》，载《高等教育研究》2018 年第 9 期，第 2 ～ 11 页。

③ 张应强、唐萌：《高等教育学到底有什么用》，载《中国高教研究》2016 年第 12 期，第 56 ～ 62 页。

④ 张应强、唐萌：《高等教育学到底有什么用》，载《中国高教研究》2016 年第 12 期，第 56 ～ 62 页。

科，是由问题导向（解决社会问题和工程实践）所主导的综合性、交叉性、横断性学科。[①] 高等教育学以“现代学科”为参照的“再学科化”，与部分学者所倡导的“开放社会科学”的表达有相通之处。[②] 在充分考虑当前知识生产模式变革背景下，既在一定程度上保留高等教育学的学科建制，但是不以学科画地为牢。在妥善处理“学科论”与“领域论”冲突背景下，在不断提升高等教育基本理论和学科建设理论水平的同时，进一步提高高等教育学科的实践性、开放性、综合性、协同性。既积极鼓励采用多学科研究法、跨学科研究法等现代科学研究方法，有效解决现实问题；又要通过学术共同体开展整合性研究，将高等教育问题研究成果纳入高等教育学理论框架中，积淀高等教育学专属的学科理论知识，发展高等教育学的核心理论知识，建构高等教育学理论体系。[③]

（二）以“能力建设”为着眼点，促进中国高等教育研究机构“特色化”和“智库化”建设

习近平指出：“高等教育发展水平是一个国家发展水平和发展潜力的重要标志。实现中华民族伟大复兴，教育的地位和作用不可忽视。我们对高等教育的需要比以往任何时候都更加迫切，对科学知识和卓越人才的渴求比以往任何时候都更加强烈。”[④] 高等教育改革实践为中国

---

① 张应强：《当前我国高等教育学的危机与应对》，载《高等教育研究》2017 年第 1 期，第 8 ～ 11 页。

② ［美］华勒斯坦等：《开放社会科学》，刘锋译，生活 · 读书 · 新知三联书店 1997 年版，第 33 页。

③ 张应强、唐萌：《高等教育学到底有什么用》，载《中国高教研究》2016 年第 12 期，第 56 ～ 62 页。

④ 习近平：《高校立身之本在于立德树人》，载 http：//www.xinhuanet.com//mrdx/2016-12/09/c_135892530.htm，访问日期：2019 年 12 月 1 日。

高等教育研究提供了动力，也指明了方向。新时代中国高等教育研究不仅要提高积极适应和主动服务高等教育改革发展的意识，更需要全面提升支持高等教育改革深入的能力。

中国高等教育研究的“能力建设”体现为以下几个方面，一是要进一步明确高等教育研究的服务对象。这体现为高等教育研究成果要不断满足各级政府的高等教育决策需要，为制定高等教育政策建言献策；努力为高校治理现代化服务，针对高校发展面临的实际问题提出解决方案；积极为高校师生发展所面临的各种问题排忧解难；以实际行动助力高等教育学科建设等。[①]二是进一步明晰高等教育“能力建设”的着力点、着重点，要按照党中央对加快构建中国特色哲学社会科学的总要求，不断提高高等教育研究者工作者发现问题、筛选问题、研究问题、解决问题的能力；我们要以中国高等教育现代化为中心，在高等教育改革实践中挖掘新材料、发现新问题、提出新观点、构建新理论，加强对改革开放以来中国高等教育现代化实践经验的系统总结，加强对中国特色社会主义高等教育新理念、新思想、新战略的研究阐释，提炼出有学理性的新理论，概括出有规律性的新实践。[②]三是要进一步明确高等教育研究的重点领域。瞿振元认为，在实现我国高等教育现代化过程中，有七大关键性领域的工作亟待加强，这包括树立以学习者为中心的现代人才培养理念，建立促进学生学习与发展的教育教学制度；推动创新创业教育融入教育全过程，提升高校创新创业教育改革的实施成效；以服务国家战略需求和提升全球竞争力为重点，

---

① 杜玉波：《新时代中国高等教育研究的责任与担当》，载《中国高教研究》2018 年第 5 期，第 1 ～ 3 页。

② 习近平：《加快构建中国特色哲学社会科学》，载 http：//politics.people.com.cn/n1/2017/0531/c1001-29307758.html，访问日期：2019 年 12 月 1 日。

全面提升高校科技创新能力；创新高校人才管理与评价制度，建设高水平专业化教师队伍；促进信息技术与教育教学的深度融合，形成智能增强型高等教育发展模式；促进更广泛的国际开放与合作，力争成为全球高等教育体系中的核心成员，推动我国在未来世界中的地位的提升；促进中国高等教育体系的功能再造、系统转型，形成多样化、开放性、协调性的高等教育新体系等。[①] 这七大关键领域代表了当前我国高等教育现代化过程中的重点、难点、痛点，高等教育研究的能力建设意味着我们需要围绕上述问题提出富有建设性的解决方案，努力提高我国高等教育研究的适切性。

加强中国高等教育研究的“能力建设”，需要进一步推动高等教育研究机构角色和职能转变。高等教育机构尤其是高校教育研究机构既要加强有深度的理论研究，成为高等教育“思想库”；也要加强具体实施的政策研究，成为“智囊团”；还要加强具有可操作性的实践研究，成为高等教育改革发展的实际推动者和参与者。[②]

首先，应进一步支持我国高等教育研究机构“特色化”发展。高等教育研究机构是我国高等教育学术研究的组织载体，是依托和构建高等教育的“中国学派”的实践基础。改革开放以来，在我国高等教育学科成长过程中，厦门大学、北京大学、华中科技大学、华东师范大学、清华大学等一批高校高等教育研究机构树立了榜样作用；潘懋元、朱九思、汪永铨、薛天祥等前辈学者具有引领效应。在我国高等教育研究由经验性向学科化演进过程中，不少高等教育研究机构“因

① 瞿振元：《中国高等教育现代化的若干问题》，载《中国高教研究》2017 年第 7 期。

② 吴岩：《建设高等教育智库联盟 推动高等教育改革实践》，载《高等教育研究》2017 年第 11 期，第 1 ～ 10 页。

校制宜”“因学制宜”“因势利导”，形成了各自鲜明的特色。在国内高等教育学界，厦门大学的高等教育基本理论和高等体制改革研究、北京大学的高等教育经济与管理研究、华中科技大学的大学生文化素质教育与院校研究、华东师范大学的高等教育政策与管理研究、清华大学的高等工程教育与学生学习发展研究、中国人民大学的高等教育法律政策研究等在学界早已耳熟能详。不少机构在发展过程中逐步形成了个性鲜明的学科文化、学院文化。譬如北京大学教育学院凸显了“国际的视野、跨学科的路径、实证的态度和方法上的多元性”的研究传统[①]，华中科技大学教育研究院注重“强烈面向问题、强烈面向实践、强烈面向应用”[②]的院校研究精神。厦门大学教育研究院提出“不求最大、但求最好，努力建设中国高等教育研究的国家队”[③]的价值追求，清华大学教育研究院形成“以小而精的学术队伍、特色鲜明的研究领域、高质量的研究成果全力打造高端人才培养基地、学校战略研究中心和国家教育政策智库”[④]的使命陈述等。这些经验的取得经历了艰辛的摸索，是改革开放以来中国高等教育研究积累的宝贵财富，也是各高等教育研究机构特色化发展的动力。中国要屹立于世界高等教育研究之林，中国学者高等教育研究成果要获得国际社会更广泛的认可，需要一大批特色鲜明、成绩斐然、富有影响力的高等教育研究机构脱

---

① 陈洪捷：《北大高等教育研究：学科发展与范式变迁》，载《北京大学教育评论》2010 年第 4 期，第 2 ～ 11 页。

② 周光礼、莫甲凤：《高等教育智库及其学术研究风格——中国著名高等教育研究机构的学术转型》，载《中国高教研究》2014 年第 6 期，第 45 ～ 57 页。

③ 《厦门大学教育研究院简介》，载厦门大学教育研究院网站：http：//ihe.xmu.edu.cn/2017/0713/c16591a325286/page.htm，访问日期：2019 年 12 月 1 日。

④ 《清华大学教育研究院简介》，载清华大学教育研究院网站：http：//www.ioe.tsinghua.edu.cn/publish/ioe/11207/index.html，访问日期：2019 年 12 月 1 日。

颖而出！潘懋元指出，在高等教育学科领域我们应当提倡力争“第一”，但不要自夸“唯一”。[①] 围绕中国高等教育现代化的不同领域和重点，各高等教育研究机构需要进一步发挥优势和特长，彰显个性化和识别度，培育形成各具特色的高等教育研究“核心竞争力”。

其次，要进一步推进我国高等教育研究机构“智库建设”进程。“智库”是对我国高等教育研究“问题研究”的进一步要求，体现了高等教育研究机构以高等教育公共政策为研究对象，以公共利益为研究导向，以社会责任为研究准则，标志着我国高等教育治理科学化、民主化与有效性的提升。中国哲学社会科学研究进入“智库时代”经历了一个渐进摸索的过程，尤其是过去 20 年来，我国不断推进高等教育“智库”建设。[②] 重点举措包括：教育部先后设立包括 12 个教育类基地的“人文社科重点研究基地”（1999），在华中科技大学等重点大学设立 11 个教育战略培育基地（2006），与北京大学、清华大学、南开大学等共建“教育规划和战略研究中心”。为了推进中国特色新型高校“智库”建设，为国家科学决策提供高水平治理支撑，教育部印发了《中国特色新型高校智库建设推进计划》（2014）。该计划指出，高校智库要发挥战略研究、政策建言、人才培养、舆论引导、公共外交的重要功能，要瞄准国家急需，凝练出亟待解决的重大问题开展针对性研究。[③] 长期以来，包括厦门大学教育研究院、北京大学教育学院、清华大学

---

① 潘懋元：《主动适应新时代新形势 发展高等教育中国学派——在厦门大学教育研究院 40 周年庆祝大会上的讲话》，载《高等教育研究》2018 年第 8 期，第 1 ～ 2 页。

② 我国现有的教育智库既有官办教育智库，包括隶属党政机关的教育智库、教育科学研究院（教育评估院）系列的教育智库，也有高校教育智库，还有民间教育智库。本文讨论的主要是隶属于高校的高等教育研究智库。

③ 周光礼、莫甲凤：《高等教育智库及其学术研究风格——中国著名高等教育研究机构的学术转型》，载《中国高教研究》2014 年第 6 期，第 45 ～ 57 页。

教育研究院等国内著名高等教育研究机构长期承担国家高等教育重大项目委托，为我国高等教育政策出台和教育立法提供调研、咨询，一批学者直接出任国家教育咨询委员会、国家教育考试咨询委员会委员，积极为我国高等教育改革建言、献策，从而使得我国著名高等教育研究机构部分承担着“智库”功能。中国高等教育学会作为全国最大的群众性高等教育学术研究团体，它自身也在积极朝着“智库”方面转型。近年来，围绕高等教育改革发展的重大理论与实践问题，集中全国优势力量开展重大攻关课题研究，中国高等教育学会围绕高等教育改革发展的宏观问题、重大问题开展研讨，以举办国际论坛（学术年会）方式引领群众性教育科学研究活动，为探索教育科学研究服务于宏观决策科学化、民主化积累了宝贵的经验。①

但是，从总体上看，相当长的时间里我国的高等教育研究机构大多遵循相对封闭的学科发展模式，擅长文献思辨，疏于实证分析，注重理论阐述，忽视成果转化。尤其是以“智库”建设标准和要求看，研究者对于高等教育改革重要问题、重大需求敏感度不高，深入一线、深入实践调查研究动力不足；与各级政府、教育主管部门沟通渠道不畅、关系疏离，对于高等教育发展权威数据、关键信息掌握不够充分；注重研究成果的发表和出版，将理论研究成果转化为可实施、可评价的政策工具的意识和能力不足；强调高等教育研究机构单兵作战、各自为政，联合攻关、协同创新的机制尚不够健全；面向政府和社会宣传、推广相关研究成果，利用现代传媒营造改革氛围能力相对不足；研究人员学科背景、知识结构相对单一，精通社会统计学和定量分析

① 《中国高等教育学会简介》，载中国高等教育学会网站：http：//www.hie.edu.cn/overview_12570/20150114/t20150114_993091.shtml，访问日期：2019 年 12 月 1 日。

等现代研究方法，会计算、会建模的研究人员相对短缺。[①]在新的时期，我们要充分发挥高校基础研究扎实、学科门类齐全特点，突出高校教育政策研究专长，发挥高校对外交流合作的优势。在促进我国高等教育智库建设过程中，积极推动我国高等教育研究机构实现“三大转变”，一是从“以学科建设为中心”向“以问题研究为中心”转变。二是从“基础研究为主”向“应用引起的基础研究为主”转变。三是从“各自为战的科研模式”向“团队合作科研模式”转变。为此，要建构以董事会负责制为核心的专业治理机制；积极建立完善以社会服务能力提升为核心的评价机制；围绕重大社会问题建设专题性数据库。[②]

（三）不断提高中国高等教育研究成果的学术品质

科学研究要遵循其内在的规律，科学研究更有其特定的方法与规范。改革开放以来，我国高等教育研究领域产生了大量的研究成果，形成了一些特色鲜明的高等教育理论，产生了广泛深远的影响。新的历史时期，我国高等教育研究需要进一步凝神静气，积极把握现代科学研究热点和趋势，充分利用新的技术手段，努力提升我国高等教育研究的质量与水平。

一是要戒除浮躁气息与功利学风，积极形成高等教育研究的传统与规范。

要鼓励高等教育研究者沉潜下来，静心做研究。所谓“沉潜”“静心”不是两耳不闻窗外事的闭门造车，也不是钻入“故纸堆”里远离改革热潮闭目塞听，而是强调学贵有恒、为学专一。《大学》中讲

---

① 付卫东、付义朝：《我国教育智库建设的现状、问题及展望》，载《华中师范大学学报》（人文社会科学版）2017 年第 2 期，第 167 ～ 176 页。

② 周光礼、莫甲凤：《高等教育智库及其学术研究风格——中国著名高等教育研究机构的学术转型》，载《中国高教研究》2014 年第 6 期，第 45 ～ 57 页。

道："知止而后有定，定而后能静，静而后能安，安而后能虑，虑而后能得。"① 高等教育学科具有重视应用的倾向，但这不等于高等教育研究者就是学风浮躁、急功近利。在当前科研评价过度"量化"，偏好"绩效"考核的背景下，一些追求"短""平""快"的研究成果所在不少，一些"伪实证""伪创新"的粗制滥造的成果也并不鲜见。邓正来针对社会科学研究盲目追逐"热点"的现象指出："当我们将这些人的研究置于相关的学术传统之中，根据社会科学场域的学术标准对其进行评价时，或者试图在其基础上进行进一步的研究时，却只能发现……他们的研究在学术上并不具有什么意义，不仅没有在前人就此问题而形成的知识脉络上对既有的理论进行证明或证伪，也没有作出理论上的创新成为其他社会科学研究者深入研究此一问题的知识基础。"②

过于突出"热点"意识，践行"跟踪"路线，长远来看对学科发展并无益处。张斌贤等在梳理新中国成立以来教育学术思想发展轨迹时发现，过去几乎"很少有几个问题是中国教育学界长期在进行研究的。基本上都是每隔三五年转换一个主题，这个问题我们还没有达到一定认识的时候，我们的兴趣已经转移了，留下的是一堆一堆没完成的课题和没有成熟的认识"③。胡建华也指出："自20世纪70年代末以来，追逐热点问题、以热点问题作为研究对象成为我国高等教育学科发展的主线。"④ 客观上讲，高等教育基础理论研究十分活跃，每年都

① 《礼记·大学》。

② 邓正来：《关于中国社会科学的思考》，上海三联书店2000年版，第25页。

③ 张斌贤、楼世洲主编：《当代中国教育学术思想研究》，中国社会科学出版社2011年版。

④ 胡建华：《我国高等教育学学科发展的特殊性分析》，载《教育研究》2003年第12期，第15～18页。

有大量相关论文发表，这是我国经济社会发展和高等教育改革进程中的必然现象；但必须注意的是，在这些研究成果中，简单重复者较多，理论创新者较少，尚未形成系统的理论体系和较为成熟、得到公认的学科范式。[①]高等教育学是一门很年轻的学科，正因如此，它的学科基础和学科的积淀存在先天不足的问题。高等教育研究者如果只是热衷于赶“学术大集”，学术研究不能促进学科知识的积累，那么学科的发展水平就无从提高。高等教育研究者要关注热点，但不能总是因为“喜新厌旧”忽视对于高等教育学科学术积淀和学术传统的营造。潘懋元认为，注重学术积淀，就要拒绝学术研究中的虚无主义倾向——我们现在一些标榜为“创新”的研究成果，“其中许多是由于对历史缺乏必要的了解和对前人的研究成果缺乏尊重，其实他们提出的不少问题早在学科创立之初就已有所探讨并取得了较好成果。这就导致有的研究实际上是在重复前人已经完成的工作，甚至在研究水平和研究方法上还出现了某种程度的退化”[②]。总的来看，改进和提高中国高等教育研究既要改进我们的学术风气，提升高等教育研究者的社会责任意识，也要进一步拓展研究视野，不断促进高等教育研究过程的科学化、规范化，努力提升高等教育研究对于高等教育改革实践的强大支撑作用。

二是要积极投入高等教育研究者“实证研究”热潮，推动高等教育研究范式创新。

在学术界，学术研究已经约定成俗地分为“理论思辨”和“实证

① 钟秉林、赵应生、洪煜：《国际高等教育研究的现状及其对我国的启示——基于国外期刊高等教育研究论文量化分析》，载《教育研究》2010 年第 1 期，第 29 ～ 38 页。

② 潘懋元：《中国高等教育研究的历史与未来》，载《中国地质大学学报》（社会科学版）2006 年第 5 期，第 1 ～ 6 页。

研究”两种类型，并且，定性研究常常被归为“理论思辨”，定量研究被归为“实证研究”。不同的学者因学术旨趣的差异而选择不同的研究方法。客观地讲，理论思辨与实证研究各有所长，并无高低之分，二者常具有一定的互补功能。但是，教育学或高等教育学研究除历史学、哲学、人类学等研究视域以外，常常要面对大量的实际问题，要求切实有效的政策法律工具。因此，在高等教育的理论思辨之外，我们需要大量的实证研究，并借此积累丰富的实验数据和研究资料，以为后续研究提供学术积累。目前我国教育学的实证研究论文还不到论文总数的 15%，因此，大多数论文还停留在主观性思辨和应然性的畅想阶段。[①] 而国内高等教育研究论文中采用实证研究方法的比例尚不到 5%，在国外高等教育研究中广泛使用的调查法，在国内高等教育论文中使用的比例不足 3%。由此导致的结果是，尽管全国每年发表大量的高等教育研究成果，但相当一部分成果局限于对高等教育现象描述与经验之谈，造成相关研究结论的信度不高，难以深刻揭示高等教育的发展和运行规律，对高等教育改革和发展实践的指导性不强。[②] 当然，导致我国教育研究中实证研究的缺失原因是多方面的，这其中既有中国文化中注重思辨的传统习惯；也有长期以来将实证研究与定量研究等同的认识偏见；[③] 同时还与我们长期以来学术训练中较少注重学术方法的训练，导致研究者未能娴熟地掌握实证研究方法等有关。同样，我们

---

① 袁振国：《实证研究是教育学走向科学的必要途径》，载《华东师范大学学报》（教育科学版）2017 年第 3 期，第 3 ～ 17 页。

② 钟秉林等：《我国高等教育研究的现状分析与未来展望——基于近三年教育类核心期刊论文量化分析的研究》，载《教育研究》2009 年第 7 期，第 14 ～ 21 页。

③ 按维基百科所说，“实证研究即用实证证据进行研究。它是通过直接的或间接的观察或经历获得知识的方法。实证证据（一个人的直接观察或经历记录）可以进行定量或定性分析”，载 https：//en.wikipedia.org/wiki/Empirical_research，访问日期：2019 年 12 月 1 日。

也不应该否认在研究者身上不同程度地存在轻视实践、疏离实践，不愿意、不善于、不敢于到基层和艰苦地区调查研究的情形。对此，潘懋元指出：“某些高教研究工作者，热衷于闭门造车、孤芳自赏，对热火朝天、日新月异的高等教育改革实践视而不见，不重视调查研究，不注意从实际问题中选择研究课题，以至于研究出来的成果空洞无物、晦涩难懂、从概念到概念、从理论到理论，即使出版或发表，也只能束之高阁，对高等教育实践起不到任何作用。”[①] 如果说，这样的研究范式在过去还行得通的话，那么，在我国高等教育发展的历史新阶段，则需要我们谋求根本性的改变。

2017 年 1 月 14 日，全国 14 所高校教育学院（部）负责人和 32 家教育研究杂志主编聚首华东师范大学，共商加快教育研究发展、提高教育研究质量之策。大家一致认为，提升中国教育研究的质量和影响力，必须加强教育实证研究，促进研究范式转型。会议发表了《教育实证研究华东师范大学行动宣言》，强调实证研究是马克思主义的基本研究方法之一，实证研究是基于事实和证据的研究，强调的是用科学的方法，获得科学的数据，得出科学的结论，接受科学的检验。实证研究具有多种类型和不同层次，实验研究、调查研究、访谈研究、考古研究、文本分析、案例研究、观察记录、经验筛选、计算机模拟等都可以做出高水平的实证研究。[②] 袁振国强调，实证研究是体现实证精神、遵守实证原则并根据研究对象的性质和目的选择适当方法的研究

① 潘懋元：《中国高等教育研究的历史与未来》，载《中国地质大学学报》（社会科学版）2006 年第 5 期，第 1 ～ 6 页。

② 华东师范大学等 14 所高校：《教育实证研究华东师范大学行动宣言》，载《华东师范大学学报》（教育科学版）2017 年第 3 期，第 1 ～ 3 页。

过程，是精神、规则和方法的有机结合。[①] 这项由教育学界发起的教育研究“实证化运动”，可以说来得适逢其时。这是推动我国高等教育研究增强指导作用、引领作用的契机，也为我国高等教育研究范式创新提供了前进的动力。为此，第一是要进一步形成重视实证研究的学术氛围，要努力使实证研究成为我国高等教育研究的主流话语和主要方法。第二是要在青年学者尤其是研究生培养过程中进一步加强实证研究方法和规范的训练，以系统训练端正研究态度。第三是要进一步完善教育实证研究的环境和条件建设。政府和教育行政部门要进一步增强教育数据统计和信息公开意识，增加实证研究的经费投入，提高对于实证研究成果的支持力度。

三是要学习和掌握新技术、新手段，以高等教育信息化促进我国高等教育研究手段的进步。

“二战”以后，“大数据”（big data）开始在物理学、生物学、环境生态学等领域以及军事、金融、通信等行业广泛运用，但却因为近年来互联网和信息行业的发展而引起全球关注。麦肯锡全球研究院于2011 年 6 月率先发布《大数据：下一个创新、竞争和生产力的前沿》的研究报告，认为数据“已经渗透到当今每一个行业和业务职能领域，成为重要的生产因素。人们对于海量数据的挖掘和运用，预示着新一波生产率增长和消费者盈余浪潮的到来”，报告宣布人类的“大数据时代已经到来”。受此影响，包括教育学界的众多学者都加入到大数据讨论中来。2013 年，美国新媒体联盟和美国高校教育信息化协会联合发布《地平线报告》（高等教育版），指出学习分析技术和大规模网络课程

① 袁振国：《实证研究是教育学走向科学的必要途径》，载《华东师范大学学报》（教育科学版）2017 年第 3 期，第 3 ～ 17 页。

与大数据密切相关。英国更是将大数据研究与使用作为国家战略，要求所有高校将数据能力作为大学生的核心能力。[①]在此背景下，2015年8月31日，中国国务院发布《促进大数据发展行动纲要》，指出“数据已成为国家基础性战略资源”，应该“完善教育管理公共服务平台，推动教育基础数据的伴随式收集和全国互通共享”。纲要明确要求“探索发挥大数据对变革教育方式、促进教育公平、提升教育质量的支撑作用”[②]。

如果说我们的定量研究曾经落后于大多数西方发达国家的话，那么，我们的大数据研究几乎是和国外站在同一个起跑线上，能否抓住机遇，实现高等教育研究的一次飞跃，关键取决于高等教育研究者数据素养的提高和高等教育大数据研究文化的培育与形成。[③]大数据时代为高等教育研究者开展实证研究提供了难得的机遇，大数据成为从事宏观教育分析与预测有力的工具；同时，它也给高等教育研究者带来挑战。开展大数据研究要具有较高的“数据素养”，研究者必须具备大数据收集能力、分析能力、利用能力，同时，大数据的全数据模式和独特的数据特征也要求研究者在数据收集与处理方面力求将定性与定量研究有机融合。[④]为了推进高等教育大数据研究的深入开展，一方面，要求研究者在研究能力和分析方法上补短板，要积极培育一种基于大

① 郑宏：《大数据时代高教研究的特征与新文化》，载《高教探索》2017年第12期，第5～10页。

② 国务院：《促进大数据发展行动纲要》，载 http：//www.zyczs.gov.cn/html/xzfg/2018/9/1536891571437.html，访问日期：2019年12月1日。

③ 鹿星南：《承继与创新：大数据背景下教育研究范式变革的反思及其动向》，载《现代教育科学》2018年第10期，第1～6页。

④ 陈云松、吴青熹、黄超：《大数据何以重构社会科学》，载《新疆师范大学学报》（哲学社会科学版）2015年第3期，第54～61页。

数据的高等教育研究新文化。同时，也鼓励将研究过程开放，充分吸收具有计算机科学、信息科学、统计学等数理学科知识背景的合作者参与进来。另一方面，还要进一步完善教育部、各省市教育主管部门、各高校、科研机构和评估、咨询公司的数据采集、数据整合、数据开放、数据交流，以为深化大数据研究提供良好的环境和条件。

（四）加强和促进高等教育研究队伍建设

国家之间的科技竞争本质上是人才的竞争，尤其是拔尖人才的竞争。《国家中长期教育改革和发展规划纲要（2010—2020年）》《国家中长期人才发展规划纲要（2010—2020年）》《国家中长期科技人才发展规划（2010—2020年）》等均指出，要以高层次创新型科技人才为重点，努力造就一批世界水平的科学家、科技领军人才、工程师和高水平创新团队。同样，大学之间实力的对比核心在于学科的竞争、领军学者的竞争。一流大学、一流学科离不开一流的校长（管理者），更离不开一流的学者和拔尖人才。在学术研究过程中，著名学者、学科领军人物对于学术方向的确定、学术成果的取得、学术梯队的培育发挥着关键性作用。我们常常看到，一些大学辛辛苦苦几十年形成的优势学科常常因为学术领军人才的离去而迅速瓦解、沉寂。因此，在“双一流”建设过程中，各所高校使出浑身解数，纷纷加大了人才引进的范围、力度。自美国学者默顿发表《科学的规范结构》（1942）以来，有关科学制度、科学家行为的研究已经发展成为科学社会学这样一门专门的学问，但是对于人文社会科学尤其是教育学领域拔尖人才成长规律的研究仍相当薄弱，需要引起进一步的重视。

改革开放以来，我们教育学领域培养和造就了一批领军人物，这些学者多数生于20世纪50年代末60年代初，是我国恢复高考和20世纪 80 年代初培养的大学生，也是我们设立教育学博士学位培养的最早一批博士生，他们当中尤以获得“长江学者”者最具典型性。自 2005 年开始，截至 2017 年，我国共产生了 28 名教育学类长江学者，包括 19 位特聘教授、3 名讲座教授、6 位青年学者。教育学科长江学者占总数的约 1.3%。其中，石中英的教育哲学研究、张斌贤的外国教育史研究、刘海峰的科举与高考研究、邬志辉的农村教育研究、眭依凡的大学理念研究、张应强的现代大学制度研究、阎光才的高等教育社会学研究、卢晓中的发展高等教育研究等早已蜚声学界，对我国新时期的教育研究发挥了重要影响。尤其是这些学者吸引了一大批年轻的博士、博士后研究人员，产生了一系列高水平学术著作，为繁荣我国教育科学研究做出了突出贡献。有研究专门分析了教育学长江学者的“求学”“科研”成长经历，其中的一些发现值得引起重视。譬如，长江学者研究生阶段就读知名高校的优势学科，博士阶段获得名师指导，知识结构上大多具有交叉学科教育背景，研究过程中主动将个人研究主题与国家重大教育问题联系等①，这些经验无疑对于年轻学者的成长提供了启示。

除了长江学者等领军人才，广大的研究生导师队伍对于我国高等教育学学科建设具有关键性作用。然而当前的严峻现实是，从梯队规模、年龄结构和职称结构来看，我国高等教育学导师队伍建设呈现人数不足、年龄偏大、梯队断层、骨干力量后继乏人等问题。李明忠等对全国 35 个高等教育学博士点、102 个硕士点的统计显示，56 岁及以上年龄的博士生导师占总数的 40.74%，这意味着近一半的博士生导师

① 宋晓欣、马陆亭、赵世奎：《教育学科高层次人才成长规律探究——以 22 位长江学者为例》，载《中国高教研究》2018 年第 3 期，第 51 ～ 55 页。

将在未来5年内退休，很多学位点的导师力量将被削弱，甚至个别学位点将出现无导师现象。如何扩大高等教育学专业导师队伍规模，优化导师队伍年龄结构以及加大培养和选拔年轻导师的力度，是当前一项十分紧迫的任务。① 此外，从宏观上讲，国家对包括教育研究等人文社会科学的重视仍然不够。人文社会科学高层次人才的培养需要更多的资源投入、更大的政策支持，更需要广泛重视、平等对待的社会环境，让他们在其中自由地成长。《统筹推进世界一流大学和一流学科建设总体方案》（2015年8月）明确提出，要推动一批高水平大学和学科进入世界一流行列或前列，提升我国高等教育综合实力和国际竞争力，人文社会科学重点高校和学科在支撑创新驱动发展战略、服务经济社会方面具有突出的学科优势，理应纳入其中并得到重点支持，率先进入世界一流行列。② 在包括教育学拔尖人才的成长过程中，需要发挥政策导向和倾斜，提供更大的发展空间，给予学者更多肯定的声音和动力，制造良好的学术氛围，减少青年学者在基础研究过程中焦躁情绪和急功近利的观念，加强后继优秀人才队伍的建设。③

分析梳理改革开放以来高等教育学学科建设状况可以发现，其中有相当一部分成果来自博士研究生所撰写的博士学位论文，这充分说明研究生尤其是博士生是我国高等教育学科发展的生力军，是推动我国高等教育水平持续提升的关键。改革开放以来，我国高等教育学博

① 李明忠等：《我国高等教育学专业研究生导师群体特征研究》，载《高等教育研究》2016年第7期，第33～44页。

② 王帆、郭洪林、张冉：《人文社会科学领军人才成长特征研究基于长江学者特聘教授的分析》，载《中国人民大学教育学刊》2015年第4期，第128～144页。

③ 杨得前、姜群：《长江学者特聘教授成长路径研究》，载《高教探索》2018年第5期，第27～35页。

士生培养模式逐步走向系统、规范，各个高等教育研究机构在实践中摸索形成了具有不同风格的人才培养模式。其中以厦门大学潘懋元引领形成的“学习—研究—实践”三结合的博士生培养模式尤为典型。自1986年率先在高等教育学专业研究生教学中实施以来，这一培养模式强调导师在一门课程的教学过程中，通过精心的组织与安排，引导研究生在课程学习过程中把学习、科学研究与教学实践活动三者有机结合起来，富有成效地完成该门课程的教学任务，使学生既能系统地学习一门课程，又能深入地钻研一个或几个课题，获得讲课和主持课堂讲座的教学实践锻炼，从而培养研究生的自学能力、科研能力、教学能力以及其他相关的能力。[①]“三结合”的博士生教学方法在为我国输送一大批高等教育研究骨干力量的同时，为我国高等教育学博士生培养模式的探索做出了重要贡献。此外，北京大学教育学院博士生培养注重实证方法训练、清华大学对于博士生培养国际化的重视等都是值得肯定的经验。但是，也应当看到，当前我国高等教育学博士生培养过程中还有一些地方值得改进。譬如，博士生文献阅读的数量和质量有待提高，对于实证研究方法的把握不够全面，深入实践调查研究的能力相对薄弱，跨学科交流合作能力不强，学术研究规范和伦理的教育不够重视等。借鉴国外教育学博士生培养的有益经验，当前我国高等教育学博士生培养的突破口是要适当打破学科的壁垒，积极鼓励博士生跨学科培养。具体做法包括开设长期、稳定的跨学科学术系列讲座和报告，为不同学科专家和学生提供交流的场所，形成良好的跨学科文化氛围；进一步优化博士生培养方案，就博士生课程学习、科

---

① 林金辉：《“学习—研究—教学实践三结合”的研究生课程教学方法述评》，载《邢台职业技术学院学报》2001年第4期，第22～25页。

学研究等方面提出明确的跨学科要求，鼓励博士生跨系、跨学院选修课程，鼓励教师跨学科、跨学院、跨专业授课，并形成有效的评价机制，使广大师生从行动上践行跨学科理念等。[①]

（五）积极推动高等教育研究的国际化，在世界高等教育研究园地发出中国的声音

我国的改革开放是人类历史上一场空前的社会改革试验，我国高等教育事业所取得的成就世界瞩目。香港大学原副校长程介明指出，改革开放以来中国在教育方面所取得的经验引起了许多国家的好奇心和想要学习的欲望，世界银行、联合国教科文组织都想把中国这些成功经验推向世界。“但遗憾的是，由于中国人在国际组织中任职的数量不多，自身推广能力不够以及国际社会对中国故事的讲述不够深入、比较表面，使中国方案、中国智慧并未在国际上树立应有的典范。”[②]随着中国改革开放的进一步深入，我国高等教育参与国际交往的力度将进一步扩大。教育部部长陈宝生预期，到2049年，中国教育将稳稳地立于世界教育的中心，引领世界教育发展潮流。那时，“中国标准将成为世界标准”，“世界教育发展的规则，中国有更大发言权”。在人类教育和文化发展问题上，我们要“尽自己的努力，提供中国方案、中国智慧”[③]。如果我们在高等教育国际交流上跟不上这样一种节奏和步伐，就会面临被动的局面。40年来，我国的高等教育研究从“后学”变成

① 魏玉梅：《美国教育学博士研究生培养的“跨学科”特色及其启示——以哈佛大学教育哲学博士（Ph.D.）培养项目为例》，载《高教探索》2016年第3期，第43～57页。

② 童世骏等：《聚焦2035中国教育现代化》（笔谈），载《中国高教研究》2018年第2期，第18～21页。

③ 张国：《教育部部长陈宝生：2020年全面建立新高考制度》，载http：//news.cyol.com/content/2017-10/19/content_16602073.htm，访问日期：2019年12月1日。

一门“显学”，还成为一门国际性学问。我们要努力争取在国际高等教育园地里发出自己的声音。高等教育研究的“中国学派”只有放到国际高等教育研究园地中才有意义，才能获得真正的承认。

当前，加强和改进我国高等教育研究的国际化水平需要克服观念、能力和机制的障碍。一是要进一步增强我国高等教育研究者的国际视野，积极鼓励年轻学者参与国际学术交流；同时，要鼓励高等教育领域的全方位交流，不仅要加强对于欧美发达国家的学术交流，而且要增强同发展中国家的教育交流与合作。二是培养和选拔优秀青年学者在国际教育组织中锻炼、任职，增强中国在国际教育领域中的话语权。要充分利用多种方式、多种渠道向世界传递中国教育的声音。三是要进一步提高研究者的外语水平，不断提高我国学者高等教育实证研究能力，在研究方法和研究范式上与国际高等教育研究主流趋势对接。四是要在项目、成果评价机制上有所倾斜，对于高等教育研究国际合作提供更大的政策、经费支持。五是积极鼓励研究者在国外高等教育学术刊物上发表研究成果的同时，努力办好《中国教育学前沿》等国际期刊，使之成为国外学者了解中国教育的窗口。

（六）加强高等教育研究文献数据库和高等教育基础信息数据库建设

工欲善其事，必先利其器，深入推进我国教育“智库”建设、“大数据”研究、教育研究的“实证化”和教育研究“国际化”等都共同指向一个问题，那就是我们开展教育研究的基础设施和条件还有待改善。这包括两个方面，一方面要进一步完善我国高等教育研究的“文献数据库”建设。在此方面，“中国知网”（CNKI）是一个比较典型的例子。“知网”是国家知识基础设施的概念，由世界银行于 1998 年提出。CNKI 工程是以实现全社会知识资源传播共享与增值利用为目标的信息化建设项目，由清华大学、清华同方发起，始建于1999年6月。通过与期刊界、出版界及各内容提供商达成合作，“中国知网”现已发展成为集期刊、博士学位论文、硕士学位论文、会议论文、报纸、工具书、年鉴、专利、标准、国学、海外文献资源为一体的、具有国际领先水平的网络出版平台。通过“中国知网”以及其他中、英文文献数据库，我国哲学社会科学研究工作者能够获得完整的图书资料，迅速、快捷地进行文献资料的检索，这不仅提高了文献检索的效率，降低了学术研究的劳动强度，而且提高了学术成果的视野与水准。但是，目前并非所有学校都购买了“中国知网”等文献数据库，同时，也并非所有学校的博士学位论文等最新研究成果都放到“中国知网”上，这在一定程度上影响了我国高等教育研究水平的提升。

另一方面要进一步加快我国高等教育基础信息数据库建设。长期以来，缺乏系统、完善的全国性教育基础信息数据库已经成为我国教育研究、决策的明显短板。朱永新指出：“在中国，我们做教育科学研究的人，往往苦于没有详实准确可靠的数据支持。教育行政部门在做教育决策时，往往也缺少具体的数据支撑。教育信息的不透明、不真实是制约我们国家教育改革与发展的重要瓶颈之一。”① 在此方面，成立于1974年的美国国家教育统计中心（National Center for Education Statistics，NCES）提供了一个值得参照的案例。作为美国最主要的教育统计机构，美国国家教育统计中心动态收集、整理并不断报告美国的全部教育状况、详细的统计及其他与美国教育有关的数据资料；提出并出版对这些统计的专门分析报告；报告外国教育活动。其统计材

① 朱永新：《关于建设国家教育基础信息数据库的提案》，载 http：//blog.sina.com.cn/s/blog_4aeb7d930102eb17.html，访问日期：2019年12月1日。

料涉及学前、初等、中等、高等、成人、职业教育的入学人数、师资状况、学生成就、教育财政与支出、毕业人数等。美国国家教育统计中心每年发布《教育统计文摘》《教育状况》，同时不定期出版50种系列报告。①作为一个集教育信息管理、科学研究、决策支持、社会服务于一体的教育信息管理综合联合体，美国国家教育统计中心对美国教育管理和教育决策的科学化、民主化、现代化进程起到了很大的推动作用。

建设教育基础信息数据库是支撑教育管理现代化的基础工程。教育部于1987年成立教育管理信息中心，组建“中国教育统计网”，统计数据覆盖基础教育、职业教育、高等教育、特殊教育等领域，涉及分科情况、校舍情况、教职工人数、学生人数等基础性数据。广东、上海、浙江等部分发达地区也在进行教育基础数据库的建设工作。但是，总体上来看，中国国家教育基础信息库的构架仍然没有形成，与美国等发达国家相比，有非常大的差距。具体体现在，缺乏有关教育数据收集的制度条例或法律法规以保证数据收集的畅通性和原始性；数据的整合和综合利用率偏低，出现重复建设的局面；至今没有一项权威的顶层设计规划来指导教育基础信息数据库的建设。②近年来，我国部分高校在高等教育数据库建设方面进行过一些尝试，如厦门大学谢作栩主持了“中国高等教育研究数据库”（HEDB）项目建设。该数据库主要以我国普通高等教育院校的各类型数据为主要收集对象，内容涵盖以院校为本位的资料（如财政、人事编制、校园软硬件设备、

① *About US*，载 http：//nces.ed.gov/about/，访问日期：2018年11月6日。

② 左明章、邓果、李莎莎：《美国国家教育统计中心对我国教育基础信息数据库建设的启示》，载《中国电化教育》2012年第8期，第30～34页。

课程及活动等）、以学生为本位的资料（包括家庭与父母的资料、学生意愿、态度、能力、学习状况、课程参与程度、身心状况、家庭环境、学习成果等）、以教职员为本位的资料（如教课时数、薪资福利、研究成果、学校及学生相关的服务项目、论著以及专业成长等），其中学生样本数超过 1 万人。① 此外，厦门大学史秋衡主持了“国家大学生学习情况调查”（NCSS）数据库，项目组针对大学生学习情况的内涵和基本架构，采用实证调查的方法，自主开发设计了大学生学习情况的调查问卷，通过大规模的调查，收集全国大学生学习情况的数据，建成了具有自主知识产权的大学生学习情况调查数据库。该数据库在数据分析的基础上，深入分析我国大学生学习情况的现状和影响因素，探索学习过程与学习结果的关系等十多个重要专题并完成研究总报告，努力为提升大学生学习质量提供解决思路。② 此外，清华大学史静寰团队开展的涵盖 115 所院校，有效大学生个体数据近 30 万条的“中国大学生学习与发展调查”（CCSS）项目，被视作我国目前规模最大、延续时间最长、工具设计与抽样方式最为科学严格的高等教育学情调查。③ 这些数据库在运行过程中，形成了一批高水平研究论文和咨询报告，产生了较为广泛的影响。但是总体而言，在我国高等教育研究领域“大型数据库十分缺乏，公开的综合型数据库，尤其是关于个人教育发展等方面的数据库还并不多见。已有的一些统计资料或统计口径前后不

① 马进龙：《中国高等教育研究数据库正式启用》，载 http：//news.xmu.edu.cn/ed/e4/c1552a60900/page.psp，访问日期：2019 年 12 月 1 日。

② 史秋衡：《大学生学习情况调查研究》，载 https：//www.sohu.com/a/114875905_498081，访问日期：2019 年 12 月 1 日。

③ 清华大学教育研究院：《中国大学生学习与发展调查项目建设》，载 http：//www.ioe.tsinghua.edu.cn/publish/ioe/8242/2017/20170407172045415923287/20170407172045415923287_.html，访问日期：2019 年 12 月 1 日。

一，或有的指标项被遗漏，或有的数据之间不一致，可信度和可用性都有待提高”①。同时，各校以课题依托建立起的数据库的开放性、延续性方面存在明显不足，随着课题结束或主持人离职，数据库的维护往往难以为继，耗费大量资金形成的数据库整合程度不强，利用效率不高。

《国家中长期教育改革和发展规划纲要（2010—2020年）》明确指出，到2020年我国“要基本建成较完备的国家级和省级教育基础信息库”，以此“积累基础资料，掌握总体状况，加强动态监测，提高管理效率，为宏观决策提供科学依据，为公众提供公共教育信息，不断提高教育管理的现代化水平”②。为了落实《国家中长期教育改革和规划纲要（2010—2020年）》精神，教育部于2012年3月印发了《教育信息化十年规划（2011—2020年）》，在“行动计划”部分指出，要实施“国家教育管理信息系统建设行动”，其中将建立“有机衔接的国家级和省级教育管理基础数据库和信息系统”列为这一重大行动计划的核心目标之一。③在我国高等教育迈向现代化和建设高等教育强国过程中，借助先进的理念和技术手段推动我们高等教育研究水平的提升不仅必要，而且时机已经成熟。因为，全面、系统地累积各级各类学校原始性数据与资料不仅可以客观、真实地反映我国教育发展状况，而且对于提高我国教育研究的科学性、增强教育政策法规的有效性，不断提高我国教育治理水平具有重要意义。

---

① 贾云鹏、范先佐：《教育经济学研究：回顾、反思及建议——文献分析的视角》，载《教育研究》2014年第2期，第66～75页。

② 《国家中长期教育改革和发展规划纲要（2010—2020年）》，载 http：//www.moe.edu.cn/publicfiles/business/htmlfiles/moe/moe_177/201008/93785.html，访问日期：2019年12月1日。

③ 教育部：《关于印发〈教育信息化十年发展规划（2011—2020年）〉的通知》，载 http：//old.moe.gov.cn//publicfiles/business/htmlfiles/moe/s3342/201203/xxgk_133322.html/，访问日期：2019年12月1日。

第二部分

改革开放40年高等教育学代表性论文

关于高等教育学科建设的反思

潘懋元

我从事高等教育理论研究，如果自20世纪50年代算起，至今已约60个年头；但由于“文革”期间被迫中断，到70年代末才重新开始，再次建议创建高等教育学新学科。当年，赴各地高校作有关高等教育基本理论的报告，并被整理成《高等教育学讲座》，于1983年由人民教育出版社出版；主编第一部《高等教育学》（上、下两卷），由人民教育出版社和福建教育出版社联合于1984年和1985年出版，至今已约30年。在这两本书的前言中，我都申明“初生之物，其形必丑”，只是作为建立高等教育学新学科迈开第一步的“引玉之砖”。可喜的是，30年来，中国高等教育理论研究发展很快，队伍壮大，成果丰硕，有人甚至认为其是当今“显学”之一。30年来，我虽陆续主编过《新编高等教育学》《高等学校教学原理与方法》《多学科观点的高等教育研究》等几本基本理论著作，但身不由己地将主要的时间、精力用在对高等教育改革与发展的现实问题的研究上，特别是对高等教育体制改革、高等教育大众化、民办高等教育、高等职业技术教育以及应用型本科院校建设等问题的研究上。对于高等教育学科建设的基本理论问题，我只在对研究生授课和课内外讨论时有所探讨。感谢《中国教育科学》的约稿，推动我对高等教育学科建设若干基本问题进行了以下一些反思。

一、高等教育学研究对象的基本特点、基本概念辨析

（一）基本特点辨析

任何一门学科，都应有其独特的研究对象。高等教育学的研究对象，不言而喻，就是高等教育。高等教育具有什么特点，是建立这门

新学科所要明确的前提。

探析高等教育特点的切入点，应当是从高等教育同普通教育（中小学基础教育）的不同点进行分析。高等教育具有不同于普通教育的特点，才有必要建立一门不同于以普通教育为研究对象的“教育学”的新学科。

我在1957年最早发表的一篇文章《高等教育专业问题在教育学上的重要地位》以及《高等学校教育学讲义》我所执笔撰写的前言和第一章中，都明确地提出了高等教育的两个基本特点。其一，高等教育是建立在普通教育基础上的专业性教育，以培养专门人才为教育目标。其二，一般全日制普通本科学生年龄是20岁左右的青年，他们的身心发展已趋于成熟；他们既不同于身心发展尚未成熟的儿童、少年，也不同于身心发展已经成熟的成人。必须根据他们的年龄特征进行教育。第一个特点表述的是高等教育的本质属性，可以作为高等教育这一概念的界定，即“高等教育是建立在普通教育基础上的专业性教育”；第二个特点只能作为高等教育固有的一般属性，是高等教育工作所应重视的特点。

今天，高等教育这一界定和两个特点，在国内已得到普遍认同。但是，并不是没有某些需要讨论的不同意见。

关于第一个特点，有人提出中专、中职、职业高中以及技工学校的教育，也是建立在普通教育基础上的专业性教育，是不是也应该算作高等教育？也有人提出高等教育不一定是专业性教育。高校要开设大量的普通教育课程（公共课程、通识课程），国外有的短期高校，如美国社区学院的初级部，就只开设普通教育课程，相当于大学本科的一、二年级公共课程；还有人认为现在正在提倡“淡化”专业，有的高校只按系、按院招生，不分专业培养人才，今后还可能本科阶段只上普通教育课程，把专业性教育推迟至研究生阶段。

我认为高等教育的第一个特点仍存在，作为界定仍然是正确的。首先，中专、中职等学校，只招收初中毕业生（“文革”后有一个短时期曾招收高考落第生或为获得城市户口和就业统配资格的农村高中生，只是当年畸形的特例）。初中教育不是完整的普通教育。按照联合国教科文组织的《国际教育标准分类》，初级中学属于基础教育的第二阶段（代码 2），不能与高等教育阶段（代码 5）衔接；只有高级中学（代码 3），或高中后升学或就业的预备班（代码 4），才能与高等教育阶段衔接。国外把高等教育称作“中学后教育”，不需要称为“高中后教育”，并不存在与中专、中职等混淆的问题。其次，高等学校开设的许多普通教育课程（公共课程、通识课程），是为了提高专门人才的基础知识、能力与素养，而且大多数是围绕有关专业设置的。比如，工、农、医等科类许多专业必修普通物理、普通化学、普通生物等课程，哲学、经济学、管理学等科类许多专业必修普通数学，等等。高等教育是培养专门人才的教育，其“主修课程”“核心课程”一般是专业课程；按系、院招生、培养，只是拓宽专业口径并非废除专业；至于不分院系、不分专业，纯粹是中学课程基础上延伸的普通教育课程，在中国尚不存在，在国外也不多见，美国社区学院的初级部，只修一、二年级的普通教育课程，是为转入大学本科三、四年级做准备，并非完整的高等教育。至于本科阶段，只修普通教育课程，而将专业教育推迟至研究生阶段，只是一种超前的设想。因此，在可见的未来，高等教育的第一个特点作为概念的界定是成立的。

至于第二个特点，因为它不是高等教育的本质属性，即使有所改变，并不影响高等教育的界定。首先，成人高等教育，作为在职继续教育，从理论上说，不存在这个特点。但在中国现实中，成人高等学校的学生，绝大多数是没有进入全日制普通高等学校的青年。也就是说，这个特点在中国成人高等教育的现实是存在的。其次，国外高等学校入学一般没有年龄的限制，中国在第一届世界高等教育大会之后，也取消年龄限制。但不论国外或国内，本科以下的普通大学生，绝大多数仍是20岁左右的青年。例如，大学生毛入学的统计，国内外都是以18岁至22岁或23岁的青年为基数。可见，第二个特点不论国内外，现实上仍然存在。掌握这一特点，也就是根据这一年龄段的青年身心发展特征，对高等教育的教育和教学工作非常重要，高等学校的智育、德育、体育以及管理、服务，都要根据大学生的身心发展特征来实施。

正是由于这些特点的存在，高等教育不同于普通教育，不能以研究中小学教育的“教育学”的理论来指导高等教育的实践。必须建立一门以高等教育为研究对象的新学科——高等教育学。

（二）若干基本概念辨析

一般说，基本概念在高等教育学专著或教材中，都有所表述。但书上所写的，往往只是作者研究的结论，至于如何得出这一结论，作者思考、辨析的过程，往往比书上所写的复杂得多。例如，在编写过程中所遇到的问题，出版后读者反馈的意见，自己的认识过程，等等，没有必要一一写在书上告诉一般读者。但在反思中，有必要把一些未写出来的，也就是“书背后”的研究过程进行再思考。

1. 本门学科的定名问题——“高等学校教育学”还是“高等教育学”

1957年编写的《高等学校教育学讲义》沿用的是苏联的学科名

称。那时，我国全面学习苏联，沿用苏联学科名称是很自然的事。但到1978年，我拟定《高等教育学大纲》作为编写第一部专著的提纲时，去掉“学校”两个字，扩大概念的外延，包括非学校机构所实施的高等教育。1980年，教育界开始编写《中国大百科全书·教育》（该书于1985年出版），其中有关高等教育的词条是我提出并撰写释文的。编辑部的同志把“高等教育学”词条又加上“学校”两个字，发回来让我重审一遍。我问他们为什么加上“学校”两个字，他们给出的理由是：第一，苏联称这一学科为“高等学校教育学”，其他国家也没有发现“高等教育学”这一学科名称；第二，当时对高等教育的研究，主要集中于“普通高等学校”的教育问题，名称与内容相符；第三，用“高等教育学”一词，容易引起误解，认为“高等教育学”是高于一般教育学的高级教育理论，师范院校的教授们可能会因歧义而有意见，以为我们贬低了人家所研究的是初级的教育理论。

对此，我回了一封长信解释为什么要删去“学校”两个字。坚持用“高等教育学”这一学科名称，主要理由如下。第一，“高等教育学”的外延比“高等学校教育学”宽，同我当时所编写的《高等教育学大纲》（征求意见稿）的内容宽窄一致（当时第一部《高等教育学》专著尚未出版）。研究可以有重点，先研究高等学校的学历教育，并以本科教育为重点。但概念必须周延，留有余地，以后对非学校、非学历的高等教育研究也可以囊括在内。第二，苏联将高等教育理论作为一门课程，主要是用以培训大学教师，其内容仅限于学校教育的两部分，即教学论和德育论。而我们建立这门新学科，是为了更好地开展对高等教育从宏观到微观，从学校教育到非学校教育的系统研究，不能仅限于学校教育与学历教育。第三，开始时，可能会引起一些人的误解，但时间长了，约定俗成，误解就会消除。师范院校所开设的教育学课程，研究的都是全日制中小学教育，并没有因此称为“中小学教育学”或“普通教育学”，教育学这个概念比中小学教育领域宽得多，并不存在误解问题。《中国大百科全书·教育》编辑部采纳我的意见，“高等教育学”这一学科名称就在权威性的辞书中定下来。尔后也就开始通行，并被国务院学位委员会作为“学科专业目录”的教育学二级学科予以确认，从而在建制上得到正名，成为中国特色的一门学科。

现在看来，坚持这一学科定名是正确的。正是这一较宽的外延，可以把非学校形式的高等教育，如远程高等教育、高等教育自学考试、多种多样非学校形式的培训班等，都纳进这一学科的研究范围。如果当时沿用“高等学校教育学”名称的话，那就会很被动。苏联就是如此，后来他们的高等学校教育学科一直无法有大的发展，而中国则很快形成了庞大的学科群。

2. 本门学科研究对象的名称问题——大学（教育）、高等教育、第三级教育、中学后教育

高等教育是建立在普通教育基础上的专业性教育。这个定义在国内已是共识，但在国际上并未通行。因而如何给高等教育下一个准确的定义，一直是国际上存在的一个问题。联合国教科文组织在成立后不久就开过多次会议，试图为高等教育下个定义，但各方意见还是很不一致。

1962 年，在非洲召开的一次高等教育会议上，勉强给出了一个列举式的描述性定义，称“高等教育是由大学文理学院、理工学院、师范学院等机构实施的各种类型的教育”。很显然，这个定义并没有按属加种差的逻辑规则来界定高等教育，只是对高等教育外延的描述。而

且这个列举式的描述性的外延太窄了，没有包括非本科的高等教育，更没有包括非学历的高等教育。事实上，这个概念是按照美国高校的现行分类所做的描绘，强加给世界各国，其他各国很多不是这么分类的。显然，这不是高等教育的科学界定。联合国教科文组织后来的文件里也没有采用这个定义，比如，1975 年该组织通过的“国际教育标准分类法”就避开“高等教育”这个词，而用第三级教育来代替；在 20 世纪 70 年代，欧洲教育部长会议组织了一个调查，叫作“西欧七国第三级教育的调查”，就指出：“传统的高等教育制度已不能适应社会发展需要，必须改变为范围较广的、多样化的第三级教育。”以“第三级教育”代替高等教育，是因为原来所作出的高等教育界定，已经不能代表现代高等教育多样化的实际状况，必须采用外延更加广泛的新概念。因此说，用“第三级教育”代替“高等教育”是有一定道理的。不过，高等教育（higher education）这个概念在国际上还是通行的。因此，1993 年，联合国教科文组织第 27 届教育会议又重新将高等教育定义为：“高等教育包括大学及国家核准为高等教育机构的其他高等学校实施的中学后层次各种类型的学习、培训或者研究型培训。”这个概念的外延已经比较周全了，但其内涵还不明确。虽已出现“实施中学后层次各种类型的学习”的规定，并未充分体现高等教育这一概念的本质特点。直到 2011 年第 36 届大会修正通过的“国际教育标准分类法”才给出一个比较明确的定义：“高等教育建立在中等教育之上，在专业化的教育学科领域提供学习活动，它是高度复杂和高度专业化的学习，既包括通常所理解的学术教育，还包括高级职业或专业教育。”这一定义指明了高等教育“中学后”和“专业性”两个区别于普通教育的基本特征，也符合中国早已达成共识的“高等教育是建立在普通教育基础上的专业性教育”的定义。

为什么高等教育的定义如此难以确定呢？根本原因在于，在高等教育发展的过程中，各级各类的中学后教育都挤进了高等教育行列，情况日益复杂。1997 年，联合国教科文组织在修订国际教育标准分类的时候，觉得学前教育、小学、初中、高中教育等都比较简单，但高中以后的教育就很难说清，既有现有学制系统塔尖的博士研究生教育，又有尚未进高校之门的升学或就业预备班，尤其是一些既不高也不专的培训，也挤进高等教育行列，使得高等教育的内涵、外延很难确定。比如，现在令我们非常头痛的是，很多不同层次的职业培训班、网络课程、自学考试等，是不是都可归属于高等教育还很难说清。

由于高等教育的概念如此难以确定，所以我在《多学科观点的高等教育研究》的第一章“历史学的观点：高等教育是一个历史的概念——兼论高等教育理论与高等教育历史的关系”中，第一句话就写道：“教育是一个永恒的概念，高等教育是一个历史的概念。”教育是永恒的，自有人类，就有教育；而高等教育则是在历史发展到一定阶段才出现，将来也可能消失。它的发展变化使得可能用别的概念来代替，如第三级教育或中学后教育；也可能作为一个更加宽泛的概念的一部分而存在。比如，高等教育是否融入终身教育体系中，作为终身教育的一个组成部分出现，这都还很难说清。

正如过去人们认为大学教育就是高等教育，现在大家都知道，二者不能等同。大学教育只是高等教育的一个组成部分。大学（university）这个概念，无论国内还是国外，传统意义都是指研究高深学问的、正规的、本科以上的学校。大学这个概念不会是指专科学校（20 世纪 80 年代中国出现的专科层次的“职业大学”是一个不规范的特例），也不会是指非正规的高校。严格意义上的大学指的就是综合大学，也就是学术型的高等学校。它所研究的是基本理论，不是应用性的知识。新中国成立前的中国大学，必须有文学院与理学院就是这个意思。我们不能把许多应用型的、单科类的院校并在一起就称为综合大学，学科齐全不一定是综合大学，综合大学不是混合大学，而是基础理论学科的综合。当年蔡元培就很严格地奉行大学是研究高深学问场所的理念，认为应用型的学科不能在大学存在，所以他把北京大学的工科分了出去，并入北洋大学（今天的天津大学），他本来还想把法学院也分出去，由于反对意见很多，未成功。现在我们大学名称的使用非常混乱，希望研究高等教育者在应用时要分清楚。但也有例外，不论本科学院或高等职业院校的教师与学生，都可以称为大学教师和大学生。这是约定俗成的，也有一视同仁之意。

3. 本门学科的定位问题

随着高等教育理论研究的发展，高等教育科学已经形成一个庞大的学科群，高等教育学作为其中的一门学科，应该具有什么样的学科定位，是学科建设中的另一个新问题。

同教育学分支繁杂庞大的学科体系相比，高等教育学学科近 30 年来的发展，毫不逊色，也形成了庞大的学科群。由于高等教育学被定位为二级学科，那么这些分支学科就只能称为三级学科。不过，也有一些青年学者，如张应强博士、李均博士、王建华博士、方泽强博士等，著文论述高等教育学应是一个同教育学平行的一级学科，因为教育学实际上只研究普通中小学教育，而高等教育则是研究高等专业教育，将两者视为平行、并列的学科是有道理的。不过目前如此处理恐怕尚不成熟，因为它关系到学科分类建制的许多现实问题。但不管如何，高等教育学许多分支学科自20世纪80年代中期之后，已经陆续建立起来，形成了庞大的学科体系。

中国高等教育科学所包含的分支学科，大体可以分三类：其一是从高等教育学这门基本学科各组成部分分化出来的分支学科，如大学教学论、大学课程论、大学学习学、大学德育论、高等教育史、比较高等教育、高等教育研究法，等等；其二是高等教育学同其他学科结合产生的交叉学科，如高等教育哲学、高等教育经济学、高等教育社会学、高等教育管理学、大学生心理学以及各科类的学科教学论，等等；其三是运用高等教育理论以研究不同类型、不同层次的高等教育所构成的学科，如高等工程教育、高等师范教育、高等医学教育、高等职业教育、学位与研究生教育、留学生教育、民办高等教育，等等。以上所列各门分支学科，都已有系统的专著并被学界广泛认可。

高等教育科学形成学科群之后，高等教育学这个概念在应用时，产生了广义与狭义两种理解。广义的高等教育学，指的是整个学科群。例如，许多大学设置培养研究生的高等教育学专业，它所研究的对象涵盖上述的分支学科。狭义的高等教育学，指的是学科群中一门主干学科。它所研究的只是高等教育的基本理论、一般规律，是一门介于“原理”与“概论”的学科，具有总论的性质。那么，狭义的高等教育学在学科群中处于什么地位？它同各分支是什么关系？我的理解是：它是学科群中的一门特殊学科。在形式上，它与各分支学科是并列关系；在实质上，它对各分支学科具有总论的性质与统领的任务。如果作为一门课程，它还应包含一定的基本实务，主要是普通本科教育、教学的基本实务。究竟如何更明确地定位，还有待进一步研讨。

二、全面准确地理解教育基本规律及其在高等教育研究上的运用

（一）教育基本规律的提出

任何一门科学性的学科，都是以探讨其研究对象的运行、变化、发展的规律为其主要任务，教育学作为一门科学性的学科，也应以探讨规律为主要任务。例如，我国“文革”后编著出版、发行量最大的《教育学》就改变了“文革”前以诠释教育政策为主要任务的教育学教科书方式，开宗明义就指出：“教育学就是通过对教育现象和教育问题的研究，去揭示教育规律的一门科学”。[①] 我于1980年前后，在许多地方和高校开设有关高等教育理论的讲座，题目就是“教育基本规律及其在高等教育的运用。”所不同的是，我认为高等教育作为一门学科，不仅要研究一般教育规律，而且应着重研究一般教育规律在高等教育实践中的运用。同时，我明确地提出两条基本规律，即教育的外部关系规律与教育的内部关系规律。

应当申明，教育两条基本规律的名称是我首先提出的，但这两条基本规律并不是我所发现的。许多教育理论专著或教科书，对这两条规律的内涵已有所阐述与论证。但一般只从社会对教育的制约性和教育对学生成长的主导作用来揭示教育基本规律的内涵，既没有把两者作为基本规律做明确的界定，在内涵的论述上也不够全面。我所做的工作，是把教育系统同社会及其子系统的内在必然联系和教育系统内部诸多因素的必然联系，在实践经验的基础上，运用辩证的系统论方法，进行了比较全面的分析和明确的界定。为求通俗易懂，在口头报告或书面表述上，可能有文字的出入，但基本内涵前后是一致的。

---

① 王道俊、郭文安主编：《教育学》，人民教育出版社2009年第6版，第1页。

（二）教育基本规律的内涵

全面理解教育基本规律，应当弄清下面几层含义，避免断章取义。

第一，教育内外部关系规律均要求相互适应。

教育外部关系规律，即教育与社会关系的规律，要求教育要与社会发展相适应。教育内部关系规律，即教育内部诸多因素关系规律，主要有教育活动与教育对象的身心发展以及个性特征的关系、全面发展教育各育（智育、德育、体育、美育）的关系、教育过程诸要素（教师、学生、教育影响）的关系。这些关系也是相适应的。

“适应”，包括两个方面的作用。一是“受制约”，一是“起作用”，即作用与反作用，也就是相互适应。

教育外部关系规律：教育要受社会的经济、政治、文化等所制约，并促进社会的经济、政治、文化的发展。

教育内部关系规律：教育过程要受教育对象身心发展（不同发展阶段的“年龄特征”）所制约，又要引导和促进教育对象身心健康发展；同理，全面发展教育的各育，教育过程诸要素，均存在相互制约与相互促进的关系。

第二，教育外部或内部的关系都存在复杂性。

教育外部关系包含教育这一社会子系统同其他子系统如经济系统、政治系统、文化系统、科技系统等的关系，以及同社会与自然的诸多因素，如人口、地理、交通、资源、环境、民族、宗教等的关系，从而构成了复杂关系，并非单一对应的线性关系。适应的非线性关系决定了教育同社会相适应的复杂性。在运用这一条规律时，要全面考虑教育与各个社会子系统、各种因素的关系，避免只适应某一系统或因素而损害其他系统或因素。教育内部关系也是如此。比如：既要适应不同阶段年龄特征，又要适应个别差异；既要促使学生全面发展，又要发展学生专长；既要发挥教师主导作用，又要尊重学生的主体性，启发学生的主动性，还要充分利用教育影响的中介作用。

第三，教育外部关系规律与教育内部关系规律存在必然联系。

内部关系规律的运用要受到外部关系规律所制约，外部关系规律要通过内部关系规律才能实现。一方面，人的成长，是在一定的社会环境中培养的，教育目的、培养目标、教育制度、教育内容与方法、办学条件等，不能不受社会所制约，其所培养的人才，也应当为社会发展服务。另一方面，社会发展所需要的人才，只能按照教育内部关系规律来培养才能实现。如果教育目的与培养目标不明，教育制度混乱，教育内容与方法错误，既贻害了年轻一代的成长，也影响了社会的发展。有人提倡高等教育要回到象牙塔中，“为学术而学术”，既不受社会所制约，也不考虑为社会服务。把高等教育的发展寄托在有闲阶层的“闲适好奇”上，在当代既不可取，也不可能。这种提倡，是开历史的倒车。

第四，教育与社会发展相适应，与个体成长相适应，都存在主动适应或被动适应的问题。

主动适应指对正确的、积极的、符合科学发展观的事物，要自觉地发挥其积极作用；对错误的、消极的、违反科学发展观的事物，要尽可能避免或减轻其消极的影响。被动适应指不加判断、选择，一概照搬、盲从。

例如，市场经济的转型，对高等教育具有引进竞争机制，促进改革发展，提高教育和科研质量与水平的积极面；也容易滋长一切向钱看，以金钱衡量人生价值，降低道德水平的消极面。办学者要充分发挥市场经济的积极作用，推动改革发展，提高教育科研质量与水平。对消极影响，完全杜绝是不太可能的；但应有清醒的认识，尽可能避免或减轻其消极影响。

社会的经济系统、政治系统、文化系统以及教育对象的个性特征，往往都存在一定的积极面与消极面，因此，教育工作者都要自觉地采取主动适应的态度与方法。

第五，如何判断事物的正确与错误，积极或消极，符合或违反科学发展观，以便采取主动适应的态度与方法？

运用外部关系规律时，要以是否符合内部关系规律为准绳，即以是否有利于教育对象的健康成长为依据；运用内部关系规律时，要以是否符合外部关系规律为准绳，即以是否有利于社会的发展为依据。

以上这几层含义，我在许多论文或专著中有所阐述。近来发现有些人在转述或应用时，理解不够全面，引起歧义，因此把它整理如上。

（三）对教育基本规律的进一步认识

对教育基本规律的认识，还有两点思考需要补充。

第一，如上所说，一般以普通中小学教育为研究对象的教育理论或普通教育学教科书，对两条基本规律的内涵，大多已有所论述，但不够全面，也不够深入。对于教育与社会发展的外部关系规律，只从历史性、阶段性论述其必然性；对于教育与个体成长的内部关系规律，只从遗传、环境、教育三者的关系论证教育起主导作用；从儿童、少年期一般的年龄特征，说明教育活动必须符合个体的身心发展。通过以高等教育为研究对象的高等教育科学，对两条基本规律，尤其是外部关系规律的研究能比较全面深入地揭示上述含义。因为高等教育是专业性的教育，又是就业性教育。高等教育的各科各类专业，同社会的各行各级的职业相对应；高等教育的课程，主要是专业性课程，直接反映社会生产与生活的方方面面。由此，研究高等教育问题，必须深入到学校以外的社会实践中，探讨教育与社会的关系规律以及培养与社会相适应的专门人才的规律。正因如此，有的高等教育专著或文章，干脆将之称为高等教育基本规律。准确的理解，应是教育的普适性规律及其在高等教育的运用。至于高等教育的特殊规律，作为教育基本规律的下位规律（特殊规律），还有待进一步的研究。

第二，我对外部关系规律的认识与表述：教育要受社会的经济、政治、文化等系统所制约，并促进社会的经济、政治、文化等系统的发展。这个界定没有错，但失之笼统。我在研究教育制度时，发现有些意义不能很好地表述。

首先，教育，尤其是高等教育与科学技术的关系特别密切，高等教育肯定要受科学技术制约并促进科学技术的发展。不仅高等教育的课程内容要反映科学技术的最新成就，高等教育制度、教学方法，以及高等教育理念，也与科学技术存在必然联系。西方中世纪大学转变为现代大学，就在于近代科学技术进入大学的课堂，并且很快地在教学与研究上占据了主要地位。高等教育与科学技术的关系，应该属于什么系统？经济系统还是文化系统？科技与经济的发展密切相关，但在知识经济时代之前，科技并不是经济的内涵；人们习惯上常常把科学与文化放在一起，称为“文化科学”，但科学技术同一般文化不同，所起的作用也不同。

其次，经济这个概念包含两个方面，一是生产力水平，一是经济制度，或者说，包含生产力与生产关系，两者对高等教育所起的作用是不同性质的。当前我国经济处在两个转型之中，一个是从粗放型向集约型的生产方式转变，这是生产力范畴；另一个是从计划经济向市场经济转变，属于经济制度范畴。前一个转变主要作用于教育内容，当然还有教育方法、教育技术。生产力提高，也就是生产力的科学技术水平含量提高，使得高校的教学内容要更新，使得高校可以利用更先进的科技手段提高教学效果。例如，现在的高等职业教育就不能停留在过去简单的、粗放的技术层面，而要引进高新科技，因而也就不应限定于专科层次。后一个转变，必然要作用于教育制度，如招生制度、毕业生制度、教师人事与待遇制度、财务制度等。可见，生产力和经济制度对教育的影响是不同的，现在都摆在“经济”系统中，显然失之笼统。

为此，我进一步把这些关系分解组合为：①教育要与生产力和科技水平相适应，把生产力和科技视为一体；②教育要与社会制度相适应，主要是指政治制度与经济制度；③教育要与文化相适应，主要是指文化传统。现简要说明如下。

——为什么把生产力和科技视为一体？因为在现代生产上，科技是潜在的生产力，生产力的高低，就视其科技含量的高低；而在知识经济时代，科技已成为现实的生产力组成部分。

——把原来笼统的“经济”分解为生产力与经济制度之后，一方面，生产力与科学技术一体化组合了，另一方面，经济制度与政治制度都是人类社会的基本制度。经济制度反映生产关系，而政治是经济的集中体现，归根到底，也是生产关系的间接反映。把两个密切联系的制度合在一起，作为社会基本制度。当然，社会制度不仅有经济制度，政治制度、家庭制度、文化制度等也很重要，也应包含在社会制度之中，也对教育起重要作用。教育要受这些制度所制约，并促进这些制度的发展。

——原来对文化的提法也过于笼统。文化这一概念的内涵很复杂，歧义也很多，同教育尤其是高等教育关系最重要的是文化传统。首先是民族文化传统，其次是外来文化传统。文化传统并非是“排外”的，当外来的优秀文化被接纳了，就成为民族文化传统的组成部分，形成了富有活力的新的民族文化传统。文化传统对社会方方面面都起着渗透性的潜在的引领与制约作用，包括对教育系统的作用；而教育，尤其是高等教育，起着对文化的批判、选择以及继承、保存、创新文化传统的作用。这就是教育与文化相适应的意义。有人认为，大学应当远离社会，躲进象牙塔中，“为学术而学术”，才能研究高深学问，成为所谓的“世界一流大学”，其错误就在无视社会需要学术、包容学术。社会的发展，包含着学术的发展，甚至可以说是学术的发展引领与推动社会的发展。同时，学术也只有在社会中才能得到发展。

——生产力与科学技术、社会制度、文化传统只是三个主要的子系统，还有许多社会的以及自然的因素在起作用。有时，某一因素起主要的作用甚至决定性的作用。比如，中国沿海地区与西部地区教育发展程度不同，就是由文化传统与地理、交通因素所引起；在少数民族地区，民族、宗教等因素的作用也非常重要。

如上所述，对于社会的经济、政治、文化几个主要子系统的分解组合，只是作为研究教育问题尤其是高等教育问题的精细化。作为教育基本规律的表述，仍可按原来的表述，即“教育要与社会发展相适应”或教育要与社会的经济、政治、文化相适应。

（四）教育规律与教育实践的矛盾

认识规律的意义不是为了满足“闲适好奇”，而是为了以理论指导实践，将规律应用于解释现实的现象与解决现实的问题。但是，规律与实践是存在矛盾关系的。教育规律与教育实践的矛盾体现在如下三个方面。

第一，规律的抽象性、一般性与实践的具体性、特殊性的矛盾。

教育规律是抽象的、一般的，而教育实践都是具体的、特殊的，从一般的规律到具体的实践，中间有许多环节，如果忽略了这些中间环节，规律就成为空洞的教条。直接套用到实践中，就是教条主义了。很多教育实际工作者，抱怨我们的教育理论脱离教育实践。不是理论本身脱离实际，凡是正确的理论，都是从实践中总结出来的，都有实践的根据。问题在于理论工作者在运用规律时，忽视对规律转化为实践的中间环节的研究。而规律、理论，一般是不可能直接转化为实践的，必须通过一定的中间环节。

规律、理论转化为实践，中间的环节有许多，概括起来主要有这么几个：一是规律要转变为原则，原则比规律具体，但仍然是抽象的；二是原则要转变成政策、制度，但有政策、制度还不够；三是政策、制度还应转变为措施、办法、方案等，然后才能转化为实践。如果缺乏这些中间环节，教育规律与教育实践的矛盾就很难解决。这是第一个矛盾。

第二，规律的客观性和实践的主观性之间的矛盾。

规律是客观的，而认识是主观的，这中间会产生矛盾。规律客观存在，不以人的意志为转移；原则是主观对客观的认识，所以原则具有一定主观性。但原则总是通过大量实践经验总结出来，并经过科学的论证和实践检验的，具有较高的客观性。教育原则还要转变为政策制度，就带有更多主观性，往往带有决策者或制度制定者个人或群体的主观意志。也就是说，对教育规律的认识，往往带有个人或群体的主观成分。比如说，你认为这样做是符合规律的，有时恰恰相反。人们凭自己的经验，总是认为自己的决定是正确的，直到陷入误区，感到不妙，已经造成了损失。在决策上要避免陷入误区，就要广泛听取教育理论工作者和教育实践者的意见，力求做到民主化。

第三，规律的存在是无条件的，规律的应用是有条件的。

规律无处不起作用，但规律的运用要有条件。所以具体问题要具体分析，一切要根据时间、条件而灵活对待。我们常常强调要符合国情、省情和校情，都是指时空、条件不同，不能生搬硬套。例如，20世纪有两个重要理念，一个是教育机会均等理念，一个是人力资本理念，二者对高等教育的影响很大，尤其是对亚洲的高等教育影响很大。20世纪下半叶以来，全世界的高等教育发展每10年差不多翻一番，就是这两个理念在起着推波助澜的作用。教育机会要均等，但是许多国家不看时间，也不看条件，就在短期间把全国高等教育几乎均等了，往往导致高等教育质量严重下降。再就是人力资本理论，鼓励国家大力发展教育，加大教育投资。人力资本理论是对的，人力资本的确是最重要的，大力培养专家、培养专门人才也是强国之本。但如果跟经济发展不配套的话，人力浪费、待业、失业反而会变成负面影响。总之，这两个理论都是对的，但是要看时间够不够，条件够不够，需要认真考虑。

正确的理论、规律，如果用在不符合规律的地方，也可能产生负面影响。比如，许多国家招生搞宽进严出，但在中国，不很好地考虑国情就套用宽进严出的话，就会出问题。20世纪80年代，成人高等教育曾搞宽进严出就出了问题。在中国，宽进容易，严出就难了，最后变成宽进宽出。中国跟外国不同，中国大学生的毕业率是95%以上。

所以在其他条件不具备的时候，不能这么做。倒是自学考试乘这个机会发展起来了，为什么呢？因为它考教分离，它能做到宽进严出，而一般成人教育是考教不分离的，宽进易严出难。

总之，在规律被发现之后，认识规律不难，应用规律不易。上面所举的应用规律的例子，看起来似乎很简单，其实其过程很复杂。

三、高等教育学科的变化、发展

（一）变与不变是学科建设所要面对的问题

社会在变化发展之中，作为社会子系统之一的教育，相应的变化发展是必然的，也是必要的。人的认识也在发展提高中，对变革中的高等教育的认识不断加深、提高也是必然与必要的。因此，作为高等教育理论建设的高等教育学，必然也必要反映社会与认识的变化。

如上所述，近现代以前的高等教育，指的就是研究高深学问的大学或大学教育，而现在大学只是高等教育中的一个组成部分，还有许多并非研究高深学问的应用型、职业型的专业院校。高等教育这个概念的外延虽然扩大了，但还不足以概括所有建立在普通教育基础上的网络课程、培训班之类的教育，因此国际上又提出了第三级教育、中学后教育等外延更宽的概念。

大学教育—高等教育—第三级教育—中学后教育……概念的外延在不断扩大中。高等教育学，尤其是高等教育学科群的建设，不能不及时反映概念外延的扩大，将正规与非正规、学历与非学历都包括在研究范围之中。

在认识的变化方面，如素质教育、通识教育的提倡与实施，以生为本、大学生自主性的提高，大学教师发展理念的提出与实施，现代大学制度的建设，以及后现代主义思潮的汹涌，对课改的影响，如此等等，无不应当反映在高等教育理论建设中。

还有，网络课程的发展与推广对高等教育课程、方式与方法、制度、管理以及教育理念的冲击，方兴未艾。高等教育学科建设，不能不及时反映这一变化的态势。

但是，作为高等教育核心的内涵，也就是高等教育的本质——建立在普通教育基础上的专业性教育，是不应任意曲解或否定的。如果事物的本质变了，事物也就不复存在，或许变为其他事物。高等教育也许有一天融入终身教育体系之中而不存在了，或者作为终身教育的一个特殊的组成部分而继续存在。

（二）高等教育学科建设要反映从精英高等教育到大众化高等教育的变化

众所周知，将现代高等教育的发展分为精英、大众化、普及化三个阶段是马丁·特罗所提出的。马丁·特罗这一理论提出之后，很快为各国所认同，中国也于20世纪90年代引进这一理论并将之作为教育发展政策的指导思想。因为这一理论符合高等教育必须与经济社会发展相适应的规律。

就世界范围说，“二战”之后，发达国家的经济发展迅速，生产力的提高与技术的转型需要大量受过高等专业教育的人才。因此，世界大学生数，自1950年之后，开头30年，几乎每隔10年就翻了一番，其后20年，增长数也很惊人。根据联合国教科文组织1998年的世界教育报告，1950—1997年世界大学生数的增长可见下表：

1950—1997年世界大学生数 单位：万人

年份	1950	1960	1970	1980	1990	1997
大学生数	650	1 210	2 810	5 100	6 860	8 820

又据2009年第二届高等教育大会公报称：2007年全球高等教育机构注册学生数已达1.53亿，几乎又翻了一番。

中国学者在20世纪90年代初就引进高等教育大众化的理念。但在政策层面上认同这一理念则是在世纪之交，反映了中国经济社会转型发展的需要。众所周知，中国经济的转型发展，要求生产力要从劳动密集的粗放型向技术密集的集约型转变，经济制度要从计划经济向市场经济转型。前者要求高等学校更多地培养应用型的高级专门人才，后者要求高等教育的体制、机制变革。这就是中国在世纪之交扩招并迅速进入高等教育大众化阶段的时代背景。

应当说，中国高等教育从精英阶段进入大众化阶段是正确的，是符合高等教育必须与社会发展相适应的规律的。但由于准备不足，发展太快，产生了两个方面的问题。

其一是显性的，表现为数量增长与质量下降的矛盾。如果说，世界高等教育的增长，半个多世纪以来，大学生数每10年就几乎增长了一倍，翻了一番，那么，中国从1998年到2008年的10年间，大学生数增长达6倍。由于教育资源，尤其是优质教育资源跟不上，质量的保障成了世界性的问题，1995年联合国教科文组织在《高等教育变革与发展的政策性文件》中，就把“质量”问题作为三大主要挑战之一。而对中国的挑战，更为严重。这就是为什么当前国家对各级教育的战略是：义务教育均衡发展，高中教育加快普及，职业教育大力发展，而高等教育则是提高质量。这一显性的问题是人所共知的。

其二是隐性的，表现为以传统的精英教育的眼光来看待、评价大众化高等教育与制定教育政策。人的认识，往往落后于客观事物的变化、发展。高等教育虽从精英阶段发展至大众化阶段，但许多人，包括学者、专家和决策者，思想认识往往还停留在传统的精英教育阶段，从而不能正确地对待大众化高等教育的变化发展，从而在制定政策上，不能公平、公正地对待大众化阶段的新事物。

高等教育从精英阶段到大众化阶段的变化是方方面面的，比如：

——从培养为数不多的精英人才，到着重培养数量庞大的应用型专门人才；

——从以研究高深学问、追求学术价值为导向，到以适应人才市场需求为导向；

——从单一化教育模式，到多样化教育模式。

多样化是大众化的必然要求，也是大众化发展的必然趋势。在大众化阶段，精英高等教育仍然存在，并应加以保护与适当发展，但只能是多样化教育模式的一个组成部分。多样化体现于大众化的方方面面，包括培养目标与教育质量的多样化、层次与类型的多样化、办学形式与体制的多样化、经营方式的多样化，等等。多样化有利于新生事物的产生与发展，有利于高等教育大众化的发展。但人们习惯于用求同、统一的思维定式，对于多样化的事物很难适应，总想将多样化统一起来，这将不利于高等教育大众化的发展。

（三）以“和而不同”的理念协调高等教育变革中出现的矛盾

应当提倡以“和而不同”的理念，来协调高等教育大众化的多样化发展。在高等教育学科建设中，也应当以“和而不同”的理念，来协调高等教育变革中的矛盾关系。

高等教育从精英阶段进入大众化阶段，不仅是量的增长，而且引发许多质的变化，正如马丁·特罗所指出：高等教育大众化是一个量与质的统一的概念。质的变化包含教育理念的改变、教育功能的扩大、培养目标和教育模式的多样化，课程设置、教育方式与方法以及入学条件、管理方式等一系列的变化。这些变化，虽然大多数是体现在实践层面上的现实问题，但必然要反映到理论层面上。因此，高等教育学科理论建设是保持精英阶段的传统观念还是适应大众化阶段的变化，就突出地体现在高等教育的价值观、质量观、发展观的矛盾上，从而也体现在政策层面上。

1. 价值观的矛盾

传统观念认为大学的本质是主观的认知理性，高等教育唯一的价值就是学术追求。高等教育应当“为学术而学术”，不应当要求其与社会的经济、政治、文化相适应，以致降低大学的学术水平。

大众化观点则认为高等教育与社会发展和个体发展相适应具有必然性与必要性。高等教育的价值就在于推动社会发展和个体成长，并在社会发展和个体成长中实现自身的发展。凡是符合社会发展和个体成长各级各类教育，都有其存在与发展的价值，都可以成为一流的院校。研究型的大学要在为社会的发展与个人的成长中不断提高学术水平，而应用型的院校则是在满足社会对专门人才的需求和个人的成长中实现其教育价值。其实，精英高等教育也要在同社会、个体的互动中才能实现其教育价值，而不应退回昔日的象牙塔中，只满足少数人的“闲适好奇”。

2. 质量观的矛盾

传统观念以理论知识的多少、学术水平的高低作为衡量高等教育质量的唯一标准，因而认为高等教育大众化，一方面降低高考录取分数线；另一方面，在学期间，又减少理论课程，着重技术、技能的实训，势必导致高等教育质量严重下降。

大众化观点认为进入大众化阶段，应持多样化的质量观。学生掌握知识、提高能力、适应社会需求和自身全面发展，就是高质量。不应持单一的学术标准来评价多样化的大众化高等教育。

由此观之，对“高等教育质量下降了”这一判断，包含了一个真命题和一个假命题。真命题所指的是扩招太快，教育资源尤其是优质教育资源的增长跟不上大学生数的增长，因此，应当适度降低大众化的速度，加快人、财、物的投入，尤其是提高师资水平，从而逐步提高质量。假命题所指的是以传统的精英教育质量标准来衡量应用型、职业型的教育质量。不少学者、专家，正是自觉不自觉地用传统的质量标准来评价当前多样化的高等教育，从而陷入马丁·特罗所指的“传统的扩张主义者”的窠臼：他们欢迎高等教育规模扩大，但要维护传统精英高等教育的质量标准，从而阻碍了大众化的发展。

3. 发展观的矛盾

维护传统的精英高等教育价值观与质量观，虽然也欢迎高等教育规模扩大，但实际上是不赞成高等教育大众化的。如上所述，大众化是一个量与质统一的概念，没有量的增长，既不能满足经济社会发展、转型的要求，也不能满足个体在民主、平等的社会中对教育机会均等的要求。前一个时期，中国由于扩招太快而影响质量的保持与提高，但总的趋势是积极发展的，近年来已做了适度的调整。

4. 政策上的矛盾

价值观、质量观、发展观必然体现在政策层面上。尤其是传统的求同、统一的思维定式对政策的影响，阻碍了高等教育大众化的变革与发展。例如：大规模的统一高考，重视理论知识而轻视实践技能，不利于应用本科与高职院校选择合适的人才；统一的办学条件不利于大众化多样化办学；以传统教育为基准所制定的统一评估制度驱使高等院校同质化。自2010年《国家中长期教育改革和发展规划纲要（2010—2020年）》颁布施行以来，有的政策已开始有所改变，如高考政策、评估政策，但举步维艰。例如，关于去行政化的政策、对民办教育的歧视政策、不利于高职发展的重本轻专政策，等等。

高等教育的理论研究不可能代替政策研究，因为政策的制定，还需要结合现实条件。但是，理论研究负有引导政策的社会责任。面对高等教育的变革与发展，高等教育学学科建设应当与时俱进，从发展的趋势中预见未来，指引政策的制定，推动教育的变革与发展。

本文选自《中国教育科学》2014年第4期

论学科建设

朱九思　文辅相

1992年5月，本文第一作者在与加拿大多伦多大学安大略教育研究院高等教育系露斯·海霍教授的谈话中，回顾了华中工学院办学的一段历史，追忆了个人的一些想法和做法后谈了这样一段话："尽管如此，我认为最大的憾事，是离开校长岗位以前，没有来得及做调整、改造专业这件有关学科建设的大事。50年代初期，照搬苏联的做法，专业数量很多，口径很窄，这在苏联的高等教育历史上，主要是与高度集中的计划经济相适应的产物。其实苏联50年代后期已发现这样做有问题，逐步有所改进，开始放宽专业口径。我们50年代那样依样画葫芦，与我们实行的计划经济还可以勉强适应。但严重的问题就在于'文革'以后，特别是进入改革开放的80年代，还是抓住50年代初期学来的那一套不放，在那个已经过时的老框框里跳不出来，这就非常不对头，很不适应经济体制改革与经济发展的新形势。本来1979年，教育部已经调集了一批人进行专业调查，准备调整。遗憾的是直到1984年年底，还是'只听楼板响，不见人下来'。这是学科建设的前提，不调整改造专业，学科建设是困难的，就好像生产关系束缚了生产力的发展一样。所以，直到今天，我还引以为在我离开校长岗位以前极大的憾事。"[1]

为什么把学科建设问题作为"极大的憾事"提了出来？为什么把它提到"像生产关系束缚了生产力的发展一样"这样的高度？1984年至今又过去了八年，学科形势有了怎样的发展？究竟应当怎样建设我们的学科？这些都应当加以回答。本文试图就这一问题作进一步讨论。

由于专科教育的特殊性，这里所涉及的教育层次一般是就本科教育和研究生教育而言的。

一、学科建设的立足基点与面临的问题

建立怎样的教育目标，即培养什么样的人，一直是教育的首要问题，只不过在新的形势下应当有新的理解和内涵。大学究竟是干什么的，各种各样的“职能说”弄得人们眼花缭乱，我们想换一个角度，其主要方面可否用这样三句话来概括，即传递高级文化，探究高深学问，培养高级人才。也就是说，大学是要传递文化的，这里的文化当然是广义的，但不是初级的，也不是中级的，那是初等、中等教育的事，而大学传递的文化应是高级的。大学是要探究高深学问的，不探究高深学问，谈不上大学，更谈不上现代意义上的大学。正是这样，有人把洪堡在柏林大学所进行的改革——教学和科研结合，视为“开创了世界现代高等教育的新篇章”；约翰·S. 布鲁贝克更是直截了当地指出，“高等教育与中等、初等教育的主要差别在于教材的不同：高等教育研究高深的学问”[2]。大学是要培养高级人才的，这是大学的根本任务。离开了培养高级人才的文化传播，社会上一些著名图书馆可以完成；离开了培养高级人才的科学研究，科学院也许会做得更好。大学的特殊之处，就在于把这三者有机地拧在一起，以出人才为首要任务，同时也出科技文化成果。因此，《中共中央关于教育体制改革的决定》指出：“高等学校担负着培养高级专门人才和发展科学技术文化的重大任务。”这一精神至今看来仍是正确的，它应当成为我们确立高等学校职能和进行学科建设的出发点。我们正是在这样的意义上谈学科建设的重要性，它是围绕培养什么样的人这个核心问题展开的。也正是在这个意义上，大学的学科建设和师资队伍建设具有同等重要的价

值，两者不可分割地联系在一起。

我们把学科建设的立足基点放在培养什么样的人的问题上，道理是显而易见的。因为，就宏观来说，一个国家的学科建设，关系整个民族高级人才的群体素质结构、国家科学发展前沿力量的阵容以及学科与学位设置的整体布局；从中观来说，一所学校的学科建设，关系学校的学科结构与学科层次、学术水平与学术环境以及人才培养层次与学生综合素质；就微观来说，一个专业和一门课程的学科建设，关系师资队伍及其学术视野、教学研究条件与学术研究水准、教学效果以及学生的学风状态和情操陶冶水平。总之，它在一定程度上影响整个人才培养的教育思想、教育目标、教育模式与总体质量，从不同侧面对学生的知识结构、智能状态、价值观念和道德水平施加具体而有力的导向。但是，学校怎样培养人？要不要花气力抓好学科建设？近几年来似乎被弄得越来越模糊。有两个带有理论性而又现实的问题值得研究。

其一，高校职能

“为社会服务”或“直接为社会服务”这一高校第三职能的提出，标志着高校在职能上的新发展。它首先发生在美国的威斯康星大学，而后波及全美及其他国家，为世界许多大学所效仿。其基本出发点是高校要为地方经济建设服务，而客观效果却大大加强了高等学校与社会的密切联系，促进了高等学校的科技成果的应用与推广，使潜在的生产力迅速地向现实生产力转化，同时也增强了高校的经济实力。因此，这一职能的提出，是高等学校和社会发展的共同要求和趋势，是推动高等教育发展和社会进步的强大动力。我国许多学校早在1980年以来就不同程度地开始这样做，且规模逐步扩大，也可以说是自觉不自觉地在履行这一职能。但是，自1988年“创收”的口号在全国提出后，情况却发生了某些质的变化。虽然也说是“第三职能”，但角度却不完全相同，主要是从国家没有钱要由学校自己解决的基点上提出的，其后果是不分什么学校，不论什么基础，刹那之间，一股“创收”之风在全国盛行。这就不仅给学校带来了巨大的压力，而且大大转移了学校领导乃至广大教师从事教学、科研的精力，以致不少学校人心涣散，教师队伍严重不稳，有的把“第二职业”与“第一职业”的位置颠倒，直接冲击了第一线的教学和基础科学的研究，干扰了正常的教学秩序，影响了教学质量与学术水平，而且其发展趋势至今有增无减。这种本末倒置的现象，令许多有识之士为之疾呼，使不少教师、干部甚至学生及其家长忧心忡忡。据说，李嘉诚先生曾在汕头大学宣布：做生意是商人的事，做学问是你们的事，凡不致力于教学、研究而执意去做生意者请另谋高就。台湾大学教务长郭光雄也指出：“大陆的大学明目张胆地搞科学研究结合开工厂公司赚钱，等于大学教师人人有两个职业，但人的精力和时间有限，投入难免要偏废其一，而人没有不为生活着想的，自然就会‘重商轻学’，教学成效就会受负面影响了。”在台湾新竹的清华大学教务长李家同也对此表示“大失所望”。这一切都预示着，我们不少的学科建设步履维艰，学术水平更难与现代化建设要求相适应，某些学校和某些学科的质量在急剧地滑坡。同时上述情况还表明，“为社会服务”这一职能的提法需要进一步研究，它没有准确地说明用什么为社会服务，从学校职能角度提出的“为社会服务”与其他行业的为社会服务应有什么区别，因此，必须在其内涵的界定与范围的限定上作进一步思考。

其二，教育模式

由于种种原因，我国高等教育模式长期来维系着一种习惯了的苏联的框架，几乎成为一种顽症，严重阻碍着高等教育改革的步伐。其突出表现是：受计划经济的影响，专业口径过于狭窄，学科分化太细，学科环境过于单一；受集中管理体制的制约，培养计划过于统一，忽视不同学校、学科和个体的差异，从而缺乏生机；受传统教育思想和科研体制的束缚，往往置学生培养于纯教学过程之中，教学与科研严重脱节。凡此种种，使学科之间彼此隔离，学科建设缺乏源头与活力，形成了一种比较僵化的模式。这种模式，随着社会的发展，越来越显得不适应现实的要求。从理论上寻找问题的根源，我们是否犯了一种形而上学的毛病，往往单一地强调了培养高级人才的重要性，注重了传授已有的知识和技能，而忽视了引导教师去探究高深学问，并把这种探究风气带给学生。日复一日，年复一年，便形成了教书的不研究，研究的不教书，科学院与大学截然分割的局面。后来虽然觉悟到了这样做的潜在危机，力图按邓小平同志的指示，把高等学校办成两个中心，但实际上这种分割的状况没有得到根本好转，除研究生教育稍有改善外，本科教育仍长期稳定着一批很少从事科学研究的教师，以致低水平的教材多次重复印刷，陈旧的教学内容很难更新。这既影响了一些教师的提高，也影响了教育的质量。因此，本文一开始就提出了传递高级文化、探究高深学问、培养高级人才的不可分割性，也说明学科建设只有在这种结合中体现它的深度、广度和在现代人才培养中的地位。

如果什么赚钱就搞什么，教育与市场、学校与社会不能既相联系又保持一定距离，把经济规律等同于教育规律，任何意义上的学科建设都难以谈上；如果教学与研究“两张皮”的问题不能真正解决，把探究高深学问与培养高级人才分割开来，学校的学科建设将难以进入高层次。学科水平上不去，何谈教育的高质量？加上我国高等学校出现的一系列短视行为，致使有机遇、有可能进一步提高的教育质量却在悄悄地走向反面。

也许有人会说，这些话言重了吧！但愿如此。有一点是明确的：即使在这种风潮面前，不少教师并没有因生活压力而动摇对科学和教育事业的追求，也没有因钱的诱惑而“下海”，他们依然耐心地寻求着事物的转机，认真地履行着历史赋予的使命，决心把我们这个国家至关重要的民族文化素质，提高到能与世界先进发达国家抗衡的程度。这是一种多么值得发扬的精神啊！正是这种精神，这样一支可贵的队伍，我国不少高校在学科建设上，在出人才、出成果上也取得了举世瞩目的成就。问题在于，这种精神需要保护。

二、学科建设的紧迫形势与艰巨任务

正当我国高校的学科建设和教育质量面临种种干扰和危机时，一种从来未有的学科建设压力像一块巨大的陨石重重地落到了高校的头上；正当一股席卷全国高校的从商之风刮得一些人跃跃欲试时，加快学科建设的号角声从来没有像今天这样紧迫。请看下面的事实：

1. 高新科技的严重挑战

历史进入20世纪90年代以来，世界科学技术发展有了重大飞跃。1991年取得的部分成果就令人惊讶：1991年11月9日，在欧洲的联合核聚变环形试验装置里实现了人类首次受控核聚变，其产生的能量效率比核裂变高600倍；1991年澳大利亚的太阳能电池取得突破性进展，光电效率从以前最早的15%上升到了24.2%；被称为“科学小人国”的纳米科学技术在1991年有了重大进步，美国IBM公司制造了速度约二百亿分之一秒的氙原子开关，若采用这种技术制造硅片的话，美国国会图书馆的全部藏书将可存贮在一块直径为0.3米的硅片上；被称为21世纪指南针的可视化技术在20世纪90年代以来得到了空前重视，日本将利用这种技术建立“科学通讯城”；每秒运行速度达万亿次的巨型计算机1991年由美国思维公司生产出来，比人们预料的提前了四年；计算机与通信技术的结合使通信方面发生重大变革，公共网络正在走向综合业务数字网络（ISDN），国际性的ISDN由新加坡率先建设；生命科学领域的研究也取得可喜进展，使人类对人到底怎样思维的问题的认识前进了一步。

如此等等。仅仅这些已足以表明，中国这个发展中大国面临着高新科技的严重挑战，这个挑战是那样来势迅猛，咄咄逼人！如果现在我们还对此麻木不仁，难道还要等到亚洲五小龙、六小龙、七小龙起来后再觉醒吗？

2. 市场经济的激烈竞争

党的十四大已经把建立社会主义市场经济体制列为加速改革开放，推动我国经济发展和社会全面进步的十大主要任务的第一条。这就在全党和全国人民面前展示了一个决心，我们将在市场竞争的环境中增强活力，提高速度，争取社会主义建设的更大胜利。“竞争”这个词，我们已经叫了多年，“竞争意识”在人们脑海里已有了一定的强度，但对真正意义上的公平竞争，人们并不完全理解，特别是在我国关贸总协定缔约国合法席位一旦恢复之后，人们对国际市场竞争给我国带来的利弊缺乏充分的思想准备。而且可以说，其有弊的一面使我们面临的压力是“闯关”，这个关能否闯得过去，需要依靠全国人民素质的提高和协同一致的努力，需要必要的保护政策；其有利的一面，也并非是一般人们想象的“永远有利”，它是需要我们持之以恒地保持积极进取精神和以高技术、高性能、高效益来维系和发展的。因此，这种形势带给我们的既是一个少有的机遇，又是一次冒风险的竞争。

由于关税的降低，进口许可证管理范围的缩小，机电产品进口审批制度的简化，给开放地区的特殊政策的逐步取消，协定国贸易待遇的相对统一，以及国内外比价关系的调整，等等，我国国内市场的原有保护屏障将在相当大的程度上被拆除，我国的民族工商业直接面临的将不仅是国内市场而且是国际市场和国外产品的竞争和考验。这个竞争是那样的激烈，时间是那样的紧迫，难道我们仅仅依靠现在的某些重复性建设，对知识和技术政策的落实不够，以及高等教育学科专业的现状，能适应国内市场和国际市场的这种剧烈的挑战吗？

3. 多元文化与意识形态的深层撞击

随着社会的发展、门户的开放与市场经济的逐步建立，在广泛的文化和意识形态领域内出现了前所未有的活跃景象，这对于增进学术繁荣与国际文化交流，无疑是件大好的事情。同市场经济的自由选择与竞争一样，有着正面和负面的、积极和消极的种种因素，从较深的层次上影响着人们的观念，在较高的程度上要求着人们的素养。

从文化领域来看，东方文化与西方文化，本土文化与外来文化，传统文化与现代文化交汇在一起。有五千年悠久历史的中华民族在这种纷繁多元的文化面前，就像被带到了一个超级市场一样，面临着一种评价、判断与选择。一大堆难题期待着包括高等教育界在内的中国学者的解答。但是，新中国成立以来，人文社会科学在某些方面没有得到应有的重视与发展，甚至还存在空白。对我们民族的优秀古代文化，多数青年也所知甚少。要保持我们自己的文化精粹，要正确吸收全人类的文化瑰宝，任务之艰巨并不亚于自然科学和技术领域，尤其是认识上的差距所带来的困难更为突出。即使在发达国家，这方面的危机也照样存在。

这种困难和危机，有的学者认为突出表现为杰出人才日趋贫乏和精神贫穷。造成杰出人才贫乏的原因是多方面的。“主要来自长期的‘教育危机’。教育非但没有‘超前20年’，反而严重滞后；‘智能愈高愈贫穷’已成为世界通病。”“‘教授荒’将席卷社会科学。……在21世纪，世界将为社会科学、人文科学的滞后付出最沉重的代价。”

“当代国际社会的一个突出病兆是精神贫穷。”“经济社会的大变局，令极小部分人或者趁势而上，或者滚入谷底，而大部分人却随波逐流，走上平庸之途。”被美国评论家斥为“垃圾文化”的“市场音乐”，“使某种人群跌入狂乱摇滚的文化峡谷之中”，“给少数人带来了巨大财富，更给国家带来微妙的社会问题”。“这类文化的走向是，从发达国家流向发展中国家，从大国流向小国，从资本主义国家流向社会主义国家。它在播种平庸。”

这些话何等深刻啊！所揭示的情况除了表明多元文化的撞击外，更重要的涉及人们的文化素养，涉及意识形态领域的挑战与思考，涉及整个人文社会学科建设在高等教育和现代社会中的地位。

把经济领域的某种自由贸易带到文化意识形态领域中来，将在一定程度上带来思想上和政治上的混乱。这个“程度”如何，取决于许多方面：包括宏观经济政策的调控与微观经济活动市场的管理，包括民主与法制的健全与完善，包括精神文明建设的水平与速度，等等。这就更增大了作为精神文明重要领域的高等教育在有关学科建设上的难度与人才培育上的责任。

三、新形势下的学科建设与改革探讨

通过上述分析，我们可以得出这样三点结论：一是学科建设至关重要，它同师资建设联系起来是高等学校建设中的一个中心问题，其核心是培养什么样的人，以什么样的要求和学术思想、学科深广度来培养人；二是学科建设中问题突出，一方面某些学科、专业、课程在相当程度上（当然，各校程度不一）几十年一贯制，另一方面，第二职业又在某些学校的教师队伍中形成一定势头，其后果是使高校学科建设水平越来越落后于时代要求，而精力又在向某些不该作为重点的地方转移；三是学科建设形势紧迫，高新科技的严重挑战，市场经济的激烈竞争，多元文化与意识形态的深层撞击，集中到一点就是急需高校培养一代跨世纪的比现在具有更高质量的人才。所有这些，都需要我们不失时机地加快学科建设与改革的步伐，因为我们已经失去了一些宝贵的时间和东西，再不努力，再不迅速而有效地改革，我们失去的将会更多，补救起来就更难了！

英国哲学家、数学家怀特海在忠告他的国家和人民对教育不重视时谈了这样的话："在现代生活的条件下，规律是绝对的，凡是不重视有训练的智慧的民族是注定要失败的。所有你们的英雄行为，所有你们的社会魅力，所有你们的机智，所有你们在陆上或海上的胜利，都不能改变这个命运。今天我们维护我们自己，明天科学又将前进一步。到那时，对没有教养的人们所作的判决将不会有上诉。"[3] 当我们谈到学科建设这件关系我国教育成败、社会发展以及在国际上的竞争实力的大事时，怀特海的这段话是很值得我们深思的。我们应当按教育的规律办教育，而教育规律同经济规律并不是一回事。人类科学知识的传授、智能的培养和思想品德的陶冶，不能完全跟着市场走，它具有自身的特点，有着与经济不相同的目标。从教育与经济的相互关系看，教育要为经济建设服务，经济建设要依靠教育，两者应当相互适应。

下面，我们着重从人才培养的角度，对我国高等学校的学科建设与改革提出几点初步设想：

1. 逐步改变和改善我国50年代从苏联搬来的文理综合大学和科类比较单一的大学或学院这样一种格局

这种格局虽然近十年来已经有所改变，但同国际水平比较仍有较大差距。是否可以这样说，至今为止，我们还没有一所真正意义上的综合大学，这是一件应该可以提到议程上研究的事。同时，我们应逐步改变一下这三种类型高校各自的比重，使科类比较单一的大学或学院占现有高校的比例有所减少。在师范大学方面，应当进一步采取有力措施，以吸引第一流的学生进入，它将关系整个基础教育乃至高等教育的教师素质。总的目的是改善高校的学科结构与学科环境。因为没有一定的大学学科环境和学科群体氛围，没有一定的跨学科背景，是难以培养出第一流人才的。

2. 切实拓宽专业口径

教育理论界不断呼吁要解决这个问题，我们也多次强调这一点。其根本原因是没有一定的学科宽度，就难以培养出从现代意义上说很有深度的专家。本科阶段的知识结构对人的成长是至关重要的。人们不是常说“后劲”吗？这就是培养“后劲”的基础。因为放宽专业口径，重点在于扩大基础课，特别是技术基础课的知识范围，这对培养学生具备自我发展的能力十分重要。同时，要使学校专业、课程有迅速跟踪科技前沿的能力，应当放宽重点大学的专业设置自主权，减少不必要的审批环节。一个专业，一门课程，一个教学大纲都被框得紧紧的，就如同加给孙悟空头上的紧箍，再大的本领也是难以使出的。我们说弄得不好，它像“生产关系束缚生产力的发展一样”，就是指的它制约了学校、教师乃至学生的主动性。现在，实行社会主义市场经济更需要转变计划经济体制留下来的某些管理办法，让高校有适应市场需求的能力，并鼓励他们创造不同风格、适应社会多种需求的教育模式，以增进中国高等教育的活力。当然，为了保证放权后专业设置的合理性，还应当有相应的制约措施。为了保证我国高等教育的健康发展，宏观调控仍是必需的，而且还要不断地提高这种调控水平。

3. 改善课程结构

主要是加强基础，降低重心；减少重复，提高起点；腾出时间，加宽加新内容，以迅速改变某些教学内容的陈旧落后状态，适应现代科技发展的新形势。分析一下我们现有的课程，其一，前沿课程太少，应适度增加，内容可以不要求那么深，但要使学生了解概况，扩展视野。其二，综合性课程太少，应增开一些综合性课程，它将有助于学生从更高的层次上理解问题。其三，非电类专业的计算机训练课程太少。现在一个本科生在校时间一般只能上机 100 多学时，有关的计算机基础知识也很欠缺，非电类专业有时就更差。微电子技术是“乘法器”的说法是很有道理的，应当予以足够重视。其四，非文科类的人文类课程太少。任何一个专业，不论你培养什么专家，首先培养的是人，要使他们学会与人、社会、自然打交道，具有丰富的想象力和良好的非智力因素，在这方面，人文社会科学有着特殊的魅力。其五，跨学科的与任选的课程太少，这就大大缩小了学生的学科范围，限制了学生选课的灵活性。其六，经济类、管理类课程太少，这势必影响工程技术人员不会做工程预算，不会筹集和使用资金，影响他们必要的组织管理能力的培养。应增开一些经济学、管理学与市场学之类的课程，以适应市场经济与科学管理的需要。此外，还有汉语、外国语及某些基础类和实验类课程都应在质上提高，如此等等。这样做带来的一个大问题是，学时的膨胀与学生负担的增加，解决的根本办法是提高教师素质，精选内容，减少学时，重组教学计划和教学体系，对现有某些课程实行一定程度的“关、停、并、转”。这就要求我们高校以极大的努力来干这件大事。我校的一位年轻教师说得好，现有的教学把学生教得死死的，像一个模子铸出来似的，当现代科学正在赋予某些机器具有智能的时候，我们的某些教学却把智能的人变为机器。这话也许有些偏激，但恰恰反映了某些重要的发人深省的现状。

4. 重视学科的交叉与综合

应当看到，许多前沿科学常出现在多学科的交叉点上。这种学科边缘研究的薄弱状态是学科长期分割的结果。学科的交叉与综合将带来新学科的出现，带来建设综合学科的有利条件，并有助于在不同学科范围内开展广泛的学术活动。这对活跃学术气氛、打破学科隔阂、拆掉学科壁垒、促进知识迁移与激发创造火花具有重要意义。而这种气氛，对于本科生教学将不亚于课堂讲授，对于研究生培养则更是一种极好的教育方式。

5. 在重视应用学科研究的同时，应当防止对基础学科研究的削弱和歧视

近几年来，应用学科研究显得轰轰烈烈，而基础学科研究却比较冷冷清清。原因很简单，基础学科研究不那么容易出成果，更难以马上体现经济效益。由于这个原因，已经在一定程度上挫伤了某些重要研究领域的锐气，打击了某些基础研究工作者的积极性。随着竞争机

制的加强，市场经济的展开，效益无疑是重要的。但是应当看到，“应用”这个概念是分层次的，较低层次的应用研究专科和本科教育可以解决，而更高层次的应用研究需要的将是更高层次的教育才能解决。高新科技的研究是需要有高深的理论基础才能出成果的，而一旦出成果，其经济效益、社会效益将是其他层次的应用研究难以比拟的。因此，对基础学科的研究应当采取保护政策，现在已经有些措施，但其保护强度还远远不够，应当加大国家对高校和基础科研基金的比重。这既是现在提高教学质量的需要，因为基础学科的教学内容及教学体系也还要更新和发展，又是未来科学发展的重要前提，因为它是新的应用科学的生长土壤和高新科技文化发展的强大后盾。

6. 在人文学科的建设上要重视继承和发扬我国优秀的文化传统

在多元文化的交流与撞击中，我国优秀文化传统遇到了外来文化与现代文化的强大挑战。这种挑战有可能进一步剔除我国传统文化中并不优秀的部分，吸收外来文化中的有益成果，以弥补我国文化的不足，这种文化的新陈代谢与不同文化的交融，是一件极好的事。但是，另一方面，这种挑战也有可能使我国真正优秀的传统文化受到外来腐朽文化的侵袭，这是需要警惕的。事实上，即使外来文化、西方文化中的一切好的东西也是在一定生态环境中生存和发展的，要在中国被吸收必须结合我们的国情，接受中国特殊文化基因的过滤和选择。新加坡新闻和艺术部长杨荣文在一家报纸上撰文指出：“西方通过书籍、杂志和电影对我们在文化上有很大影响。有些影响是有益的，有些是有害的。我们的经济不允许我们排斥外来影响，因此，我们设法通过促进传统的价值观来抵消有害的影响。”这一经验是值得我们借鉴的。虽然中国传统文化同外来文化一样，同样具有两面性，需要我们取其精华，去其糟粕，但是有悠久文明历史的中国传统文化中的精华部分，实乃中华民族的无价之宝，具有极大的思想、文化和教育的价值，应当进一步发扬和挖掘。这一文化瑰宝不因西方文化的进入而逊色，也不因现代文化的发展而消失，它将在中国现代化进程中发挥别的文化难以取代的作用。遗憾的是，作为中国的高等教育对此却重视得很不够。我们应当在学科建设上很好地弥补这一薄弱环节。整理好我国的优秀文化遗产，建设有我们自己特色的人文社会学科，是我们高校义不容辞的责任。这对我国精神文明建设，培养一代优秀人才，抵挡现代社会带来的若干弊端，具有不可低估的意义。

7. 加快建设一代新的师资队伍

学科建设的关键在于师资。没有一支学术造诣较深、综合素质较好的师资队伍，学科建设是不可想象的。因此，加快建设一代新的富有创造性的师资队伍，是搞好新形势下学科建设的根本保证。现有的师资队伍从总体上看有许多缺陷，一是知识面普遍偏窄，难以适应现代科技发展的形势；二是缺乏与社会的广泛联系，难以突破学校范围的局限；三是“近亲繁衍”严重，有碍于青年教师脱颖而出；四是缺乏合理的流动，难以引起不同学术流派的争鸣；五是缺乏必要的现代教育理论素养，在教与学的关系上，重灌输不重启发学生思考，等等。所有这些，不应当归咎于教师，而应当反思我们的教育及其管理体制。为了从现在起建设一代跨世纪的新的年轻师资队伍，就必须克服上述弊端，继承老一代师资的优点，用强有力的政策杠杆吸引第一流人才进入学校，以形成一种有效的选择、培养、使用、流动的机制与活力，形成教学与科研的良性循环。这样，我们将能在很大程度上克服现有师资队伍的某些缺陷。如果我们真的实现了这种设想，加上一些必要的其他措施，包括吸引出国留学生和外籍学者，我们就能开辟一个我国高校师资队伍建设和学科建设的崭新局面，就能培养一代能担当起面向21世纪的高等教育重任的师资。当然，这是一个要花较长时间才能实现的过程，正因为这样，从现在起就必须抓紧这项工作，以逐步实现师资队伍向高水平的过渡。

在结束本文的时候，需要作两点补充说明：其一，为了强调我们的观点，把问题摆得多了些，形势也说得严峻了一些，而几乎没有花什么笔墨来总结我们学科建设中的进展和成绩，这并不表明我们无视这些成绩，而是因为只有明确了问题才构成研究的发端，才有可能进一步推动我国高校的学科建设与改革，否则我们就会安于现状。其二，当我们提出学科建设与改革的意见时，也只是提了一点思路和框架，进一步的论证与展开，将有赖于在不同的层次和范围内，结合不同学校不同学科的实际进行。从这个意义上讲，本文的某些意见不免有点笼统，需要进一步根据情况作具体分析。

注释

[1] 朱九思:《历史的回顾》,《高等教育研究》1992年第4期。

[2][美] 约翰·S.布鲁贝克:《高等教育哲学》，浙江教育出版社出版，第27页。

[3][英] 怀特海:《教育的目的》，转引自《现代西方资产阶级教育思想流派论著选》，华东师范大学教育系、杭州大学教育系编译，人民教育出版社出版，第123页。

本文选自《高等教育研究》1993年第2期

高等教育的发展形式与办学效益研究

闵维方

从发展形式上考察，高等教育总体规模的扩大可以分为“内涵式”和“外延式”两种不同的类型。这里借用“内涵”和“外延”这两个概念来讨论高等教育的发展形式问题，是在特定的意义上使用的。所谓“内涵式”发展，是指通过挖掘现有学校的潜力，提高现有学校的内部效率，扩大现有学校的招生数量来实现高等教育总体规模的扩大；所谓“外延式”发展，则是指通过增设新学校来扩大高等教育的总体规模。由于这两种不同的发展形式不仅会影响一个国家高等教育体系的内部结构，而且会影响到高等教育的成本行为和高等教育经费的使用效率，进而对高等教育的质量和社会经济效益产生广泛而深刻的影响。因此，我们在制定高等教育的长远发展战略时，尤其是在高等教育经费相对紧缺的情况下，就不能不考虑高等教育的发展形式问题了。换句话说，高等教育的发展形式问题是一个很重要的战略问题，研究这一问题是为了对发展形式做出战略选择。对上述两种不同的高等教育发展形式的优劣得失进行全面的、系统的评价是一个很复杂的问题。本文拟从我园高等教育的在 20 世纪 80 年代的发展实际情况出发，从以下三个方面对这一问题进行探讨。

一、我国高等教育在 20 世纪 80 年代的发展形式

任何一个国家的高等教育总体规模的扩大总是要采取一定的形式，或是采取“外延式”的发展，增设新学校；或是采取“内涵式”的发展，扩大现有学校的办学规模。一般说来，“外延式”和“内涵式”这两种发展形式本身并没有孰优孰劣之分。而且在任何一个国家的高等

教育发展史中，都很难找到纯粹的“外延式”发展或纯粹的“内涵式”发展的例子。我们只能从具体的历史的分析中，来判断一个国家的高等教育在一个特定时期内是以哪种形式为主发展的，然后再根据这种发展对高等教育的内部办学效率及其社会经济效益的影响来判断发展形式的战略选择是否得当。通常当一个国家高等教育的总体规模相对较小，学校的数量也相对较少，现有学校的平均规模已相对较大，而社会对高等学校毕业生的需求又在扩大时，采取以“外延式”为主的发展方式，增建新学校就是一种必然的选择。但是当一个国家的高等院校的数量已经相对较多，而现在学校的平均规模还相对较小时，就应采取以“内涵式”为主的发展形式，即通过扩大现有学校的办学规模来满足社会对高等院校毕业生日益增长的需求。苏联的高等教育在1950年至1990年这40年间的发展就是比较典型的“内涵式”为主的发展，而美国在1870年至1910年这40年间高等教育的大发展则是走了一条“外延式”发展与“内涵式”发展相结合的道路。

自20世纪70年代后半期以来，我国的高等教育在经历了十年“文化大革命”造成的严重萎缩后，重新进入了一个蓬勃发展的时期。和世界上其他一些主要国家相比，我国高等教育在这一时期的发展速度是最快的。表1给出近年来有关国家的高等教育总体规模的年增长率。这里的总体规模是以全日制普通高等学校的在校生数为指标的。

表1　有关国家的高等教育总体规模的年增长率　　单位：%

国家	1975—1980年平均年增长率	1980—1985年平均年增长率
美国	1.6	0.4
苏联	1.5	−0.5
日本	1.4	0

续表

国家	1975—1980 年平均年增长率	1980—1985 年平均年增长率
西德	3.3	4.9
英国	2.4	5.0
意大利	2.7	0.3
法国	0.7	3.1
西班牙	5.3	6.0
加拿大	3.5	5.8
澳大利亚	7.2	4.7
巴西	5.3	2.1
中国	18.6	9.3

资料来源：联合国教科文组织，1989

从表 1 中我们可以看到，在 20 世纪 70 年代后半期和 20 世纪 80 年代前半期，我国高等教育总体规模的年平均增长率分别为 18.6% 和 9.3%，是在同期内增长率最高的国家。通过比较，我们可以毫不夸张地说，我国的高等教育在 20 世纪 80 年代获得了巨大的发展，取得了举世瞩目的成就。普通高等学校的在校生数从 1979 年的 102 万人激增到 1988 年的 206 万人（见图 1）。我国每万人中的大学生数从 1980 年的 11.5 人增加到 18.8 人（见图 2）。

这一时期我国高等教育的迅猛发展，体现了国家对教育的高度重视，把教育作为我国现代化建设的战略基础。一个国家要想在经济上赶超世界先进水平，就必须在科技上赶超世界先进水平，而为要在科技上赶超世界先进水平，就必须在教育上赶超世界先进水平。世界上许多新兴的工业化国家就是这样做的。我国自“文化大革命”结束以来，也在努力这样做。这是我国 20 世纪 80 年代高等教育迅速发展的动因之一。到了20世纪80年代末期，从高等院校在校生的绝对数来看，我国已成为一个高等教育大国。高等教育的迅猛发展使得我们有可能在较短的时期内培养出各行各业急需的大量高级专门人才，促进了全民族文化水平的提高和科学的繁荣，推动了我国社会经济的发展。

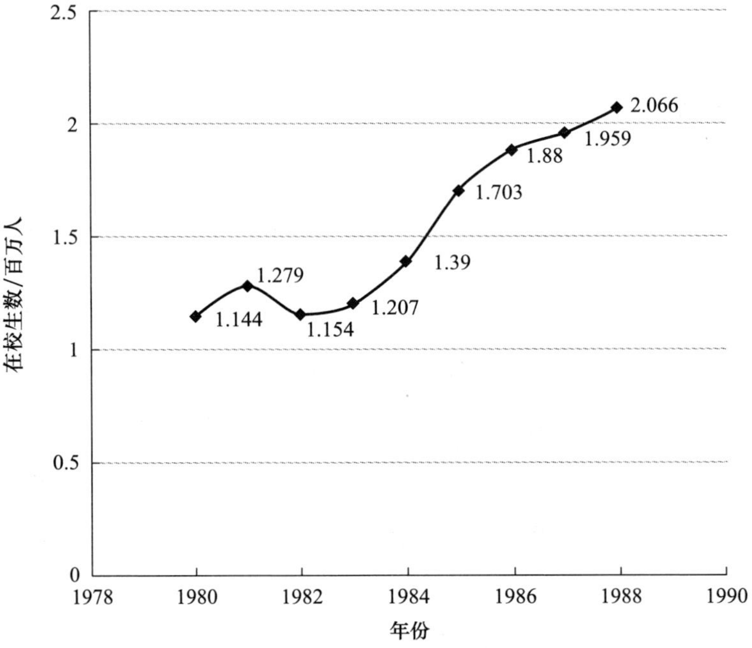

图1　普通高等学校在校生数的增长（1980—1988）

资料来源：《中国教育统计年鉴》1988

我国高等教育在20世纪80年代的发展中的一个显著特点就是新建学校的数目增长快。这一特点在80年代前期尤为突出。例如，从1983年到1985年这3年间，新建学校竟达301所，其中1985年一年中就增设新校114所，形成我国高等教育发展史上新建高校数的一个高峰。

相对而言，在 80 年代前期对挖掘老校潜力，扩大现有高校的办学规模，提高办学效益则注意得还不够。到了 80 年代中期，我国新建高等院校数目增加过快的问题引起了教育主管部门的高度重视。1985 年通过的《中共中央关于教育体制改革的决定》明确指出：“大学本科要通过改革，扩建和各种形式的联合，充分发挥潜力。近期内一般不建新校。”这一决定是十分正确的。80 年代后期，我国高等学校数目的增长得到了控制。在这一时期，我国普通高等院校的在校生数增长了一倍，与此同时高等院校的学校数也从 1978 年的 598 所增加到 1988 年的 1 075 所（见图 3）。

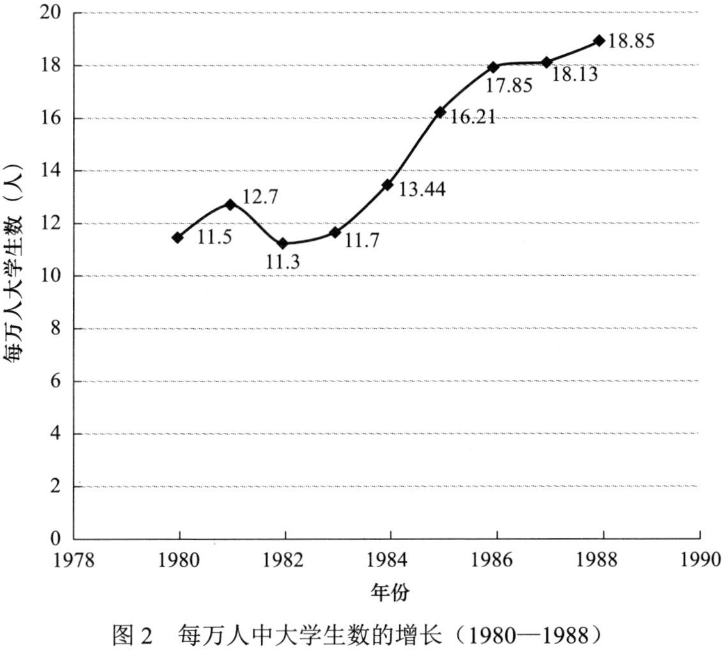

图 2　每万人中大学生数的增长（1980—1988）

资料来源：《中国统计年鉴》1988，《中国教育统计年鉴》1988

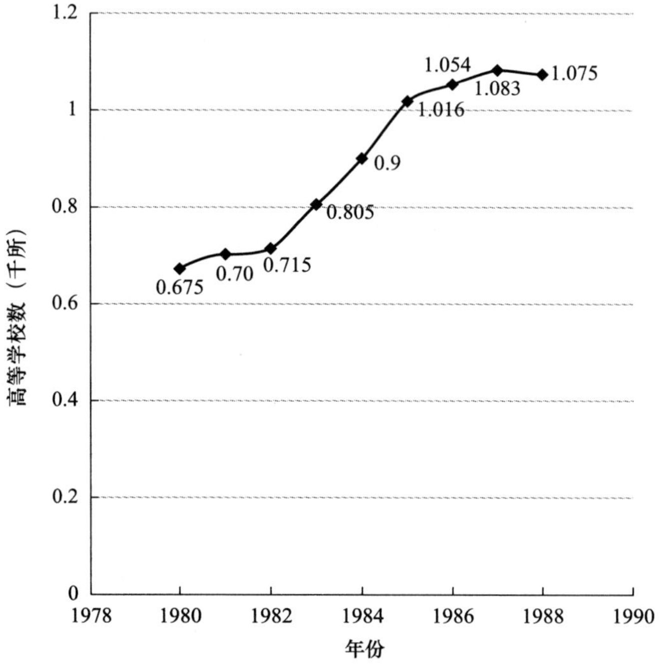

图 3　普通高等学校数的增长（1980—1988）

资料来源：《中国统计年鉴》1988，《中国教育统计年鉴》1988

如果我们比较一下图 1 中我国普通高等学校在校生数的增长曲线和图 3 中普通高等学校数的增长曲线，就可以发现这二者呈同步发展的趋势。这就从直观上表明，我国高等教育总体规模的扩大主要是通过增建新学校来实现的，高等学校的平均办学规模并没有显著的扩大。这一点通过表 2 中的弹性分析就显示得更加清楚了。表 2 给出我国 20 世纪 80 年代历年高等学校数增长率和高等学校平均办学规模增长率以及这二者对高等教育总体规模增长的弹性指数。高等学校数增长率相对高等教育总体规模增长率的弹性指数是指高等学校数增长率与高等教育总体规模增长率之比。如果弹性指数在“1”左右，则表明二者是同步增长，否则表明二者的发展不同步。同样，高等学校平均办学规模增长率相对高等教育总体规模增长率的弹性指数也是指二者之比。

表 2　高等学校数和平均办学规模对高等教育总体规模的弹性分析（1978—1988）

年份	（Ⅰ） 高等教育总体规模年平均增长率 /%	（Ⅱ） 高等学校数年平均增长率 /%	（Ⅲ） 高等学校平均规模年平均增长率 /%	（Ⅱ）对（Ⅰ）的弹性指数	（Ⅲ）对（Ⅰ）的弹性指数
1978	36.9	48.0	−7.5	—	—
1979	19.1	5.9	12.5	—	—
1980	12.1	6.6	5.2	—	—
1981	11.9	4.3	7.2	—	—
1982	−9.8	1.6	−11.2	—	—
1983	4.6	12.6	−7.2	—	—
1984	15.6	12.0	3.2	—	—
1985	22.0	12.6	8.3	—	—
1986	10.4	3.7	6.4	—	—
1987	4.1	0.8	3.2	—	—
1988	5.5	1.1	4.2	—	—
平均	12.0	9.9	2.2	0.83	0.18

从表 2 中我们可以看到，从 1978 年到 1988 年这一时期，我国高等教育总体规模的年平均增长率为 12.0%，同期内高等学校数年平均增长率为 9.9%，而同期内的高等学校平均办学规模的年平均增长率则仅仅为 2.2%。在这一时期内，高等学校数的增长率相对高等教育总体规模增长率的弹性指数为 0.83，反映了高等学校数量与高等教育总体规模接近同步增长的趋势；而同期内高等学校平均办学规模相对高等教

育总体规模的弹性指数为0.18，表明高等学校平均办学规模的增长率远远低于高等教育总体规模的增长率，呈现出“外延式”发展的显著特征。

二、“外延式”发展对我国高等教育的影响

“外延式”发展主要表现为高等学校数量的增长速度大大超过学校平均规模的增长速度，即通过增设新校的途径来实现高等教育总体规模的扩大。由于我国高等学校的平均规模本来就比较小，20世纪80年代“外延式”发展的直接结果就是进一步造成了我国高等学校的布点多而分散，学校的平均规模相对较小的状况。为了便于纵向的比较，表3给出历年来我国高等学校的平均规模（见表3）。表4和表5则分别按学校类型和隶属关系给出我国高等学校平均规模的现状。

表3　我国历年高等学校的平均规模　　单位：人

年份	1954	1957	1963	1978	1979	1980	1982	1983	1984	1985	1986	1987	1988
高等学校平均规模	1 345	1 926	1 843	1 432	1 611	1 817	1 614	1 499	1 547	1 676	1 784	1 843	1 922

资料来源：《中国教育统计年鉴》1987，1988

从表3中我们可以看到，我国高等院校的平均规模多年来一直在1 400～1 900人之间徘徊。在我国现有的1 075所高等学校中，在校生不到2 000人的竟达751所，其中有60所院校的在校生不到300人。成人高等学校的平均规模就更小了。

从表4中我们可以看到，综合大学的平均规模远远高于其他专业院校的平均规模。从表5中我们可以看到地方院校的平均规模远远低于中央部委所属院校的平均规模。在中央部委所属院校中，国家教委所

属的 36 所重点大学的平均规模显著高于中央其他部委所属院校的平均规模。目前我国全国高等学校的平均规模为 1 922 名在校生，比同期内美国和苏联的 3 000 ～ 4 000 人的高等学校平均规模要小得多。

表 4　我国高等学校的平均规模及学生教师比（1988）
（按学校类型分类）

学校类别	学校数 / 所	在校生数 / 人	平均规模 / 人	教师数 / 人	学生教师比
综合大学	49	241 581	4 930	45 646	5.29
理工学院	281	732 941	2 608	147 045	4.98
农业院校	59	115 592	1 959	25 072	4.61
林业院校	11	18 198	1 651	4 416	4.11
医药院校	119	186 253	1 565	42 447	4.39
师范院校	262	490 978	1 874	76 419	6.42
语文院校	14	15 021	1 073	4 765	3.15
财经院校	80	113 936	1 424	19 875	5.73
政法院校	25	28 518	1 411	5 052	5.64
体育院校	16	13 366	835	3 376	3.96
艺术院校	30	12 477	416	5 361	2.33
其他院校	129	97 092	753	13 711	7.08
总计	1 075	2 065 923	1 922	393 711	5.25

资料来源：《中国教育统计年鉴》，1988

表 5　我国高等学校的平均规模及学生教师比（1988）
（按学校隶属关系分类）

学校类别	学校数 / 所	在校生数 / 人	平均规模 / 人	教师数 / 人	学生教师比
国家教委所属院校	36	254 926	7 081	52 946	4.81
中央其他部委所属院校	316	662 923	2 098	144 052	4.60

续表

学校类别	学校数 / 所	在校生数 / 人	平均规模 / 人	教师数 / 人	学生教师比
地方院校	723	1 148 074	1 588	196 187	5.85
总计	1 075	2 065 923	1 922	393 185	5.25

资料来源：《中国教育统计年鉴》，1988

这种由于“外延式”发展而造成的我国高等学校平均规模小，布点多而分散的状况对我国的高等教育系统产生了广泛而深刻的影响。从高等教育管理的角度来看，由于学校数量多、规模小，容易造成管理机构的重复设置，行政效率低、开支大，同时还带来管理和评价方面种种困难，不利于高等教育总体质量的提高。从学校内部办学效率的角度来看，由于学校的数量多、规模小，容易造成专业的重复设置，而每个专业的规模又相对较小，往往是单班招生或隔年单班招生，因此造成高教资源使用的低效率。例如，一些专业教师的教学工作量不饱满，实验室和教室利用率低等。从高等教育外部效益的角度来看，由于学校的数量多和规模小，往往是同学校本身的过分专业化联系在一起的（正如表 4 中所反映出来的，专业院校的平均规模远远低于综合院校的平均规模），而过分专业化又往往导致学校系科设置不全，可供学生选择的课程有限，从而使得学生的知识面窄，对飞速发展的经济和千变万化的劳务市场缺乏较强的灵活性和适应性，因此常常不能充分发挥大学毕业生应有的作用，导致高等教育的社会经济效益也较差。下面我们仅就高等教育发展形式同学校内部办学效率中的一个问题，即高等教育经费的使用效率问题进行讨论。这主要是考虑到在我国当前高等教育发展所面临的诸多问题中，教育经费不足是比较突出的问题，而目前国家又不可能一下子拿出更多的钱来。因此提高现有经费的使用效率就不仅成为解决当前经费短缺问题的重要途径之一，而且也是制定今后高等教育发展战略所必须首先考虑的问题之一。

为了对高等教育发展形式与高等教育经费使用效率进行系统的定量分析，我们首先需要选择能够反映这二者基本特性的可测度的指标体系。由于“外延式”和“内涵式”这两种不同的发展形式所导致的结果直接表现为学校数目的多少和学校平均规模的大小，而在高等教育总体规模给定的情况下，高等学校的数目同其平均规模又成反比例关系。因此，学校的平均规模就可以作为反映不同发展形式的指标之一。高等教育经费使用效率的测量要相对复杂一些，因为这需要建立一套能够说明各种教育资源的投入、使用及产出状况的数量指标体系和计算方法。在国际国内的现有文献中，教育科学研究人员通常是用一个高度综合的指标，即一所学校每个学生平均每年消耗的教育事业费（以下简称“生均成本”）作为反映该校教育经费使用效率的基本指标。这实际上是以学校的全年教育事业费消耗量作为投入量指标，其中包括教职员工的工资、行政管理费、教学业务费、教学设备费、房屋修缮费、后期服务费等，以全年平均在校学生人数作为产出指标。因此，在教育资源投入量确定的情况下，在校生越多（也就是培养的学生越多），教育经费的使用效率也就越高。

当然，用生均成本作为效率指标也存在一些问题。首先，这一指标只衡量了产出数量而没有考虑到产出的质量。两所学校在生均成本相同的情况下，所培养出来的毕业生的质量可能是不同的；或者是两所学校的生均成本不同，培养出的毕业生的质量也不同。而毕业生质量的差别可能是由新生素质和学校工作两方面造成的，因此很难进行比较。其次，研究人员在使用这个指标时，往往是为了便于研究工作的操作和定量分析的计算而没有把基建投资和固定资产的因素包括进去，而严格意义上的生均成本当然应该包括基建投资和固定资产折旧的因素。尽管如此，生均成本，即每个学生每年所消耗的教育事业费，仍然是当前国际教育研究中最常用的反映教育经费使用状况的基本指标，是在教育政策制定中最有参考价值的指标之一。因此，我们在研究中也使用了这一指标。

当我们考察高等教育规模扩展形式同高等教育经费使用效率的关系时，发现在我国目前的情况下，“外延式”发展易导致高教经费使用效率的降低，而“内涵式”发展则有利于提高现有经费的使用效率。具体地说，如果我们把学校平均规模作为反映高等教育发展形式的指标，把生均成本作为反映高等教育经费使用效率的指标，那么我们就可以看到生均成本随着学校规模的扩大而递减的趋势。这一点在图 4 中得到了非常直观的反映。图 4 是我国 136 所高等院校的生均成本和学校规模的散点图。图中的纵坐标是以千元为单位的生均成本。横坐标是以在校生数为指标的学校规模。

除了使用图 4 这种比较直观的散点图来揭示生均成本随着学校规模的扩大而下降的趋势外，1986 年世界银行的研究还运用多元回归的方法对这二者的关系作进一步的定量考察。我们根据其回归分析的结果对我国的生均成本进行了初步的估算。结果是这样的：在我国目前的平均办学条件下，一个规模为 2 000 名在校生、学生教师比为 5∶1 的高校，比一个规模为 4 000 名在校生、学生教师比为 10∶1 的高校，平均每年的生均成本要高 418 元。这里需要作几点说明。第一，我们选取 2 000 名在校生这个办学规模进行模拟是由于这个数字同我国目前高等学校平均规模的 1 922 名在校生比较接近。而 4 000 名在

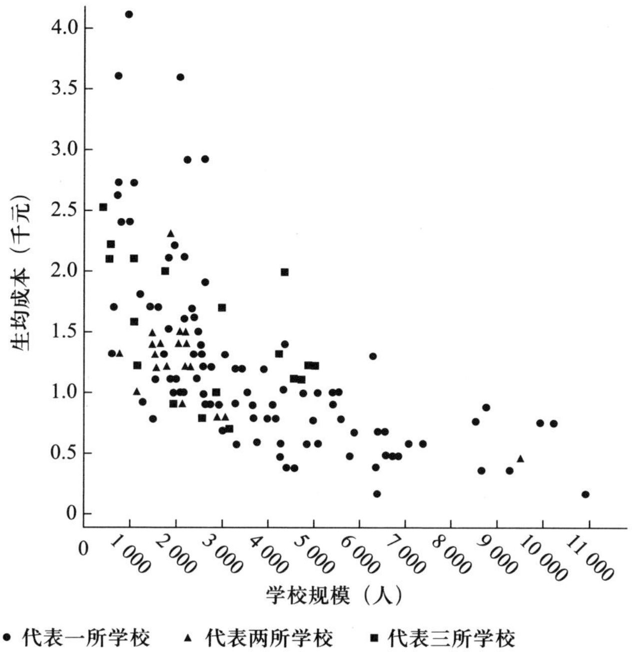

图 4　我国 136 所高等院校的生均成本与学校平均规模的散点图

资料来源：世界银行研究报告《中国高等教育管理与财政》，1986

校生则是我国目前高等教育办学条件下比较接近适度规模的水平。第二，我们在模拟时加入学生教师比这个因素是因为该回归模型包含这个解释变量。我们认为这个变量之所以对生均成本有显著影响主要是由于在我国教育事业费的支出中，教师人头费占了相当大的比重。同时，从理论上说，学生教师比同学校规模有着很重要的关系。一个规模很小的学校由于专业点小而单位班招生或隔年单班招生，造成教师工作量不饱满，致使学生教师比相对较低，生均成本相对较高。5：1 的学生教师比是我国的现状，10：1 则是国家教委提出的我们在 20 世纪 90 年代应该逐步接近的指标。总之，回归分析的结果同我们从散点图中得到的直观印象是完全一致的，并给出了具体的量的指标。

但是，这一结果有一定局限性，因为这仅仅是根据对我国136所高等院校数据回归分析的结果。这136所院校大都是全国重点院校或省重点院校，没有包括占我国高等院校总数一半以上的普通地方院校。由于这些普通地方院校在隶属关系、经费渠道和拨款机制等方面同重点院校有较大差别，因此其成本行为也有很大差别。为了更深入更全面地探讨高等教育发展形式同高教经费使用效率的关系，我们于1989年4月至1990年4月间在我国陕西、贵州、湖北三省作了进一步的调查研究。我们选取了包括全国重点院校、省属重点院校和普通地方院校在内的114所高等学校构成的样本，并特别注意了解那些在以前的研究中涉及较少的普通地方院校的情况，实地考察了20多所高等学校，对114所学校进行了广泛的问卷调查，采集了数十万个数据。在此基础上，我们运用多元回归的方法对数据进行了分析。我们采用的模型如下：

$$\begin{aligned}Y = a + b_1\frac{1}{ENT} + b_2STR + b_3X_1 + b_4X_2 + b_5X_3 + \\ b_6X_4 + b_7X_5 + b_8X_6 + b_9X_7 + b_{10}X_8 + \\ b_{11}Z_1 + b_{12}Z_2 + b_{13}Z_3 + b_{14}Z_4 + ERR\end{aligned} \tag{1}$$

公式中的Y代表生均成本，是反映高等教育经费使用效率的基本指标；ENT代表学校规模，是反映高等教育发展形式的主要指标；STR代表学生与教师之比，这也是同高等教育发展形式相联系的指标之一；X_1—X_8是一组控制学校类型的虚拟变量，其中X_1代表农林院校，X_2代表理工院校，X_3代表财经政法院校，X_4代表综合大学，X_5代表师范院校，X_6代表体育院校，X_7代表艺术院校，X_8代表其他类型的院校，上述每个变量取“1”值时，表示它所代表的学校类型，取“0”表示其他类型学校。当 X_1—X_8 的值都取“0”时，学校类型为医药院校。Z_1—Z_4 是一组控制学校隶属关系的虚拟变量，其中 Z_1 代表由中央其他部委主管的院校（不含隶属于国家教委的院校），Z_2 代表由省教委主管的院校，Z_3 代表由省其他厅局主管的院校，Z_4 代表由省以下地方政府主管的院校，当上述变量取“1”表示它所代表的隶属关系，取“0”表示其他。当 Z_1—Z_4 的值都取“0”时，代表国家教委主管的院校。我们加入 X_1—X_8 和 Z_1—Z_4 这两组控制变量，是考虑到适度规模问题总是受行业类型和一定技术水平的影响。我们是在中国当前特定的高等教育办学条件下来探索高等学校的适度规模，但必须考虑到不同层次不同类型院校之间在办学物质技术条件等方面的差别。因此，我们使用两组控制变量来反映这种差别。ERR 代表随机误差。分析结果如下：

$$Y = 2\,435 + \frac{196\,593}{ENT} - 109STR + 554X_3 - 507X_5 + 1\,672X_7 - 977Z_4 \qquad (2)$$

公式（2）中，Y 为生均成本，N=114，R^2=0.56，F=25.1。

公式中的回归系数都在 0.05 的显著性水平上通过了统计检验（那些回归系数不能通过统计检验的变量被淘汰了）。这一结果表明，当学校规模小、学生教师比低时，生均成本就高。公式（2）中，Y 所代表的生均成本包括了除基建开支外的所有教育事业费支出，即含人员支出和非人员支出两大部分。考虑到人员支出（包括工资、补助工资和福利）受到许多制度化因素的影响，特别是受到我国的劳动就业制度和工资制度的影响，是一个政策性很强的问题。因此，如果我们在计算生均成本时，扣除人员支出部分，即成为生均教学业务、教学设备、行政公务、房屋修缮等非人员性生均公用经费开支。我们将其作为考察非人员教育事业费的使用效率的指标，进行同样的回归分析，结果如下：

$$Y = 1\,296 + \frac{143\,306}{ENT} - 48STR + 417X_5 + 1115X_8 - 6\,277Z_4 \qquad (3)$$

公式（3）中，Y 为生均非人员开支成本，N=114，R^2=0.40，F=16.1。

公式中的回归系数都在 0.05 的显著性水平上通过了统计检验（那些回归系数不能通过统计检验的变量被淘汰了）。这一回归分析结果同样揭示了生均非人员性开支随着学校规模的扩大和学生教师比的提高而下降的趋势。

在回归分析的基础上，我们根据公式（2）进一步对我国高等学校的生均成本行为进行了模拟，结果见表 6。

表 6　我国高等教育生均成本行为的模拟　　　　单位：元

生均成本		学生教师比 3∶1	5∶1	8∶1	10∶1
学校规模/人	300	2 763	2 545	2 218	2 000
	500	5 201	2 283	1 956	1 738
	1 000	2 305	2 087	1 759	1 541
	2 000	2 206	1 988	1 661	1 443
	4 000	2 157	1 939	1 612	1 394
	6 000	2 141	1 923	1 596	1 378
	8 000	2 132	1 914	1 586	1 370
	10 000	2 127	1 909	1 582	1 365

从表 6 中，我们可以更清楚地看到高等教育的生均成本随着学校规模的扩大和学生教师比的提高而下降的情况。需要说明的是，在模拟中，我们令 X_3=X_5=X_7=Z_4=0，因此，表 4 对高等学校成本行为的模拟仅仅是对综合大学、理工院校、农林院校、医药院校等有关类型高等

学校的平均生均成本的模拟。其他一些类型学校的生均成本则与此有显著差别，如艺术院校的生均成本明显高于这一平均生均成本，而师范院校（包括大量的两年制师专）的生均成本则低于这一平均生均成本。对于这种由于学校类型差别所带来的生均成本差别可以通过运用公式（2）中的控制变量的回归系数对表4中的模拟结果进行适当的调整。这一模拟结果可以对我们有以下几点启示：

第一，当学校规模小，学生教师比低时，每个学生每年消耗的教育事业费高，因此高等教育经费的使用效率低。这可能是由于以下几个原因造成的：（1）生均行政管理成本高。因为小的学校也需要有一套完整的行政管理机构，所谓“麻雀虽小，五脏俱全”，这在社会组织理论中被称为“制度化同型性”（Institutional Isomorphism）。但生均行政管理成本并不一定随着学校规模的扩大而成比例或成线性增长。比如说，如果一个有1 000名在校生的学校需要有一个8人组成的财务处，那么当学校规模增大到2 000名在校生时，财务处的规模并不是也相应地增长一倍，可能只需要增加到12人就够了。（2）生均教学成本高。因为学校规模小，造成许多专业的单班招生或隔年单班招生，导致教师工作量不饱满和教学设备利用不充分。因此当学校规模扩大和在校生人数增加时，可以增加教师工作量和提高教学设备利用率，从而使教师和教学设备的增长幅度小于在校生的增长幅度，形成较低的生均成本，等等。

第二，生均成本随着学校规模的扩大而下降的速率是逐步递减的。学校规模越扩大，生均成本的下降就越缓慢。根据生均成本的函数模型。

$$Y = a + b_1 \frac{1}{ENT} + b_2 \cdot STR + \cdots$$

有：

$$\frac{\partial Y}{\partial ENT} = -b_1 / ENT^2 < 0(b_1 > 0) \tag{4}$$

因此有：

$$\frac{\partial}{\partial ENT}\left(\frac{\partial Y}{\partial ENT}\right) = 2b_1 / ENT^3 > 0 \tag{5}$$

其中 Y 是生均成本，ENT 是学校规模。根据公式（4），当平均规模为 4 000 名学生时，生均成本的递减率为 0.012；当平均规模为 5 000 名学生时，生均成本的递减率低于 0.008。根据公式（5），这一递减率的变化率逐渐趋于零。从表 6 中我们可以看到，当学校规模达 4 000 名在校生后，由学校规模的进一步扩大而带来的生均成本节约就比较小了。这也就是说，只是在某个范围内规模大小对效益才产生作用。在我国当前的办学条件下，当学校的平均规模达到 4 000 名学生时，就比较接近高等院校适度规模的要求了。这同我们从生均成本与学校规模的散点图中所得到的直观印象是完全一致的。

第三，从表 6 中我们还可以看到，相对于由学校规模扩大而带来的高等教育成本节约而言，由提高学生教师比导致的生均成本下降是很显著的。为什么会出现这种情况呢？这主要是因为我国高等教育的成本行为受到我国现行的高等教育管理体制、经费渠道和拨款机制影响的结果。目前我国高等院校（不论是全国重点院校还是地方院校）的经费来源主要是靠国家财政拨款或地方财政拨款，从其他渠道筹集的高等教育经费只占很小的比例。在进行财政拨款时，又都是以在校生人数为主要的政策参数的，即首先确定一个拨款指标，如每个学生每年教育事业费 2 000 元，然后用这个指标乘以在校生数。学校不论大小，一律使用同一个政策参数，即在校生多的学校多拿，在校生少的学校少拿。这样就使得高等院校因规模不同而导致的生均拨款额的差别很少。在这种情况下，学生教师比就成为影响生均成本行为的重要因素。例如，同样是 1 000 名在校生的学生，学校甲的学生教师比是 10 : 1（即有 100 名教师），而学校乙的学生教师比是 5 : 1（即有 20 名教师），学校乙就不仅必须多支付一倍的教学人员工资、补助工资、福利等开支，而且还必须支付由于教师队伍庞大而造成的行政管理和后勤服务等方面的额外开支。因此，从这一现状出发，我们在扩大学校规模以求降低生均成本时，必须特别注意在保证教学质量的前提下，提高学生教师比，而学生教师比的提高也只有在学校达到一定规模时才能实现。由于我国现行的高等教育经费渠道和拨款机制影响着高等学校的成本行为，那么随着高等教育改革的深入和经费渠道的多样化，高等学校的规模效益问题就会更加突出。

第四，这一模拟结果只是对高等学校生均成本现状的数学描述，并不涉及现状本身是否合理的问题。例如，从表 4 中可以看到学校规模为 1 000 名在校生、师生比为 5 : 1 时高等学校的生均成本为 2 087 元，这仅仅是从样本中反映出来的生均成本的现状而已，丝毫也不涉及这 2 087 元是否合理或是否够用的问题。同样，学校规模为 300 名在校生，师生比为 3 : 1 时高等学校的平均生均成本为 2 763 元，这也是从样本中反映出来的生均成本的现状，也不涉及这 2 763 元是否合理或是否够用的问题。这种现状只是反映出规模过小的学校容易导致经费使用的低效率。例如，我们在调查时看到一所在校生不到 300 人的院校年生均成本高达近 4 000 元，几乎是北京大学生均成本的 2 倍。这就是由于规模小而导致成本高的具体例子。事实上，我国高等教育经费一直是偏紧的。以北京大学为例，国家按学生数拨给的经费不能维持学校的日常教学活动，还要通过其他各种渠道补贴30%，才能勉强维持学校的正常运行，其他高等学校的情况比北大也好不了多少。我国目前高等教育的办学条件总的来说还是相对较差的，教师的工作条件和生活条件需要改善，工资需要逐步提高，校舍和教学设备既陈旧又不足，急需补充和更新等。因此，一方面，我们应该在国家财力容许的情况下，逐步增加教育经费。另一方面，我们应该注意改进管理体制，提高经费的使用效率。通过这两方面的努力来改善高等学校的办学条件，推动我国高等教育事业的发展。

三、我国高等教育在今后一个时期所应采取的发展战略

我国高等教育的发展在20世纪80年代取得了巨大成就，为推动我国的社会经济发展做出了重要贡献。这是毋庸置疑的。20世纪80年代高等教育总体规模的扩大走了一条“外延式”的发展道路，这是有其客观原因的。在今后相当长的一个时期内，我国高等教育应以采取“内涵式”为主的发展战略为宜。这一总的战略思想可以分为两个阶段来实施。

在今后一个时期内，我国高等教育应该遵循“控制规模，优化结构，提高质量，讲求效益”的“内涵式”发展方针。我国现有全日制高等院校在校生206万人，这相对我国目前的经济实力而言，总体规模已经很可观了。现在的问题是，一方面，我国高等学校的平均规模太小，教育资源使用效率低，这表现为大学生生均成本偏高（见表7）；另一方面，专业结构的设置与社会经济发展对人才的需求适应得不够好，造成一些专业的毕业生供不应求，另一些专业的毕业生供过于求，找不到对口的工作。要解决这两方面的问题，需要做的事情很多，其中很重要的一个方面就是对规模过小和专业面过窄的院校进行适当的调整，采取校际联合或调整合并某些学校的措施，以期达到扩大办学规模，提高经费使用效率的目的。同时拓宽专业设置，扩大学生的选课机会，增加学生对未来经济发展和劳务市场变化的适应性和灵活性。

表 7　20 世纪 80 年代中期有关国家高等教育入学率及高等教育生均成本相对水平

国家	高等教育毛入学率 /%	每万人中大学生数 / 人	高等教育生均成本指数（生均成本 / 人均 GNP）
中国	3.5	18	2.2
印度	8.9	NA	2.3
巴西	11.3	114	0.5
泰国	19.6	199	0.4
苏联	21.6	181	NA
英国	22.4	181	0.5
澳大利亚	28.9	245	0.5
西德	29.8	255	0.5
日本	28.8	199	NA
加拿大	54.6	485	0.5
美国	59.3	517	0.5

资料来源：世界银行，1990

由表 7 中可以看出，我国现在的高等教育的总体规模相对于我国人口而言，还是比较小的。我国高等教育的入学率仅为 3.5%，印度为 8.9%，巴西为 11.3%，苏联为 21.6%，日本为 28.8%，美国为 59.3%，这说明我国高等教育发展的相对水平还是很落后的。因此，从长远观点来看，也就是进入 21 世纪后，我国的高等教育还需要有一个较大的发展，使我国高等教育总体规模的相对水平逐步接近发达国家的水平，这样才能极大地提高全民族的文化素质和科学技术水平。我们在制定这一高等教育的长远发展战略时，必须考虑到我国现有相当一批高等院校的规模过小导致效益偏低这一事实。因此我国未来高等教育总体规模的扩大应该采取以“内涵式”为主的发展战略，即主要是通过挖掘现有高等学校的潜力，提高现有学校的内部效率，扩大现有学校的平均办学规模，来实现高等教育总体规模的发展。即使是在我国高等教育总体规模扩大一倍的情况下，即从现在的200万名在校生发展到400万名在校生，也应该基本上不增加学校数，使我国高等院校的平均规模接近4 000名在校生的水平。当然，这里是指全国高等院校的平均规模而言。不同类型学校应该根据具体情况，寻找其“最佳规模”。这个“最佳规模”对不同的学校可能是不同的。

主要参考资料：

1.《中国教育成就》(1949—1988)，人民教育出版社，1984年版。
2.《中国教育成就》(1980—1985)，人民教育出版社，1986年版。
3.《中国教育统计年鉴》1987，北京工业大学出版社，1988年版。
4.《中国教育统计年鉴》1988，北京工业大学出版社，1989年版。
5.《中国高等教育管理与财政》，世界银行报告，1986年版。

本文选自《教育研究》1990年第10期

关于建立现代高等教育学的思考

杨德广

教育作为一种社会实践活动是随着社会的发展而发展的，同时教育的发展又离不开教育理论的指导。改革开放以后，我国社会发生了重大变革，开始了从计划经济向社会主义市场经济的历史性转轨，世界性的高新技术革命、信息革命迅猛发展。新的历史时期对教育，包括高等教育的要求发生了根本性的变化。然而，笔者认为，我国高等教育的发展还没有走出计划经济的模式，办高等教育的指导思想仍然是计划经济下形成的传统教育思想。因此，要使我国高等教育适应现代社会和市场经济发展的要求，迫切需要建立现代高等教育学。本文拟对之加以探讨。

一、建立现代高等教育学的动因

1. 现代科学技术的迅速发展，对人才素质和高等教育提出了新的要求。高新技术的发展，信息高速公路的出现，把人类带入信息时代。在现代社会，自然科学、工程技术、人文和社会科学之间不再是割裂的，而是紧密联系的；越来越多的劳动者不再直接从事简单的物质生产，而是从事创造性的脑力劳动，在生产力发展中，人的智力和科学技术含量高达 60% 以上。因此，现代社会需要的高级专门人才，仅仅有一定的专门知识和技能已远远不够，而必须把理工与人文社会科学紧密结合起来，必须有复合型知识结构和创造能力。

现代社会对人才素质的高要求，就是对高等教育的高要求。现代高等教育除传授人类现成的文化科学知识外，更重要的是要创造能推动社会发展的新的文化科学知识，并且要加强对学生思维方法、综合运用知识的能力以及创造能力的训练。现代大学的一个重要任务是使学生学会学习。高等教育要跳出原有的专业教育模式，形成通才教育、专业教育、创造教育以及人脑、电脑、网络的大教育系统，必须更加社会化，进行开放式教学。学生不仅从教师的传授中接受知识、培养能力，而且要直接从社会化的信息网络中接受知识、培养能力。在现代社会，科学技术已成为第一生产力，掌握和运用科学技术的人成为生产力中最关键的要素。高等教育不仅仅是灌输思想文化的阵地，而且是人才生产和再生产以及为社会提供高科技产品的特殊产业。而这些新的要求是传统的高等教育理论未曾解决的，因而，必须建立现代高等教育理论。

2. 社会主义市场经济的建立和发展，对人才素质和高等教育提出了新的要求。建立社会主义市场经济体制，是一个重大的历史性变革。在市场经济条件下，各种经济活动主要是通过市场，而不是政府进行；各种资源的配置不再以政府指令为主，而是以市场调节为主；企业生产经营要根据市场的需要和变化，以“销、供、产”为序来运行，企业具有独立的法人地位，成为独立的市场主体；政府的职能发生重大改变，主要通过法律起宏观调控和监督作用。与之相适应，在市场经济条件下，办教育的主体是学校，而不再是政府；政府只起宏观调控作用，授权大学面向社会自主办学。这就从根本上改变了计划经济下高等教育的领导体制和管理模式。但传统的高等教育学并没有确立高等学校的主体地位，更没有论述高等学校怎样主动面向社会、面向市场办学，所以必须建立现代高等教育学。

市场经济的主要特点还包括：市场经济的自主性、市场关系的平等性、市场活动的竞争性、市场发展的开放性等。市场经济条件下社会对人才素质的要求，与计划经济条件下社会对人才素质的要求有很大的不同。如必须有竞争能力、开拓精神，以适应激烈的市场竞争；必须有较高的思想觉悟和抗腐蚀能力，以抵御市场经济发展带来的消极因素；必须有复合型知识和自主学习的能力，以适应产品不断更新、人才流动的需要；必须有较强的协调能力、交际能力、应变能力，以适应复杂多变的社会环境；必须有高度的法制观念，养成知法、护法、守法、执法的习惯，以适应法制社会、法制经济的需要。因而大学在培养目标、教育内容、教育方法等方面都要有较大的变化。所以必须建立现代高等教育学来取代传统的高等教育理论。

3. 要解决当前高等教育面临的困惑和问题，必须建立现代高等教育学。改革开放以来，我国高等教育事业有了很大的发展，但也遇到不少问题。如体制不顺、机制不活，政校不分，高校难于面向社会、面向市场自主办学；高等学校条块分割现象严重，教育资源浪费严重，学校和教师的潜力没有充分发挥出来等。要解决这些问题，高等教育必须摆脱计划经济的束缚，主动与市场经济相适应。然而，直到现在仍有许多人不赞成高等学校要适应市场经济，要走进市场。可见计划经济的影响，传统教育思想的影响根深蒂固。如有人担心高等教育适应市场经济，会“导致高等教育主体性的失落”；还有人担心高等教育适应市场经济，将会与“文革”期间成为“政治工具”一样成为“经济工具”，导致“自我迷失”。笔者认为，在这方面敲敲警钟是有必要的，应该认真吸取以前的教训，但决不能老是用传统的教育观念来看待现代教育。每个人都承认高等教育要适应社会的发展，而现代社会的一大特点就是实行市场经济，高等教育不与之适应，何以谈得上与社会相适应呢？高等教育如果脱离市场经济就是脱离现实社会，将寸步难行，永远也摆脱不了困境。所以，当前高等教育改革之所以步伐不大，难以深入，在于思想观念上的障碍还没有解决。建立现代高等教育学的现实意义即在于此。

二、计划经济体制下高等教育的特点

传统的高等教育理论是计划经济下高等教育实践活动的产物。因此，要建立现代高等教育学，就必须剖析计划经济下我国高等教育的特点和弊端。

1949 年后我们全面学习苏联，建立了高度集中的计划经济体制，高等教育也实行了高度集中的管理体制。应该说，当时对高等学校进行集中管理是与计划经济体制相适应的，在特定历史条件下发挥了积极的作用。但把计划经济和中央集权当作社会主义的固有特征是错误的。此外，计划经济体制下的高等教育还有以下 4 个特点，用现在的眼光来看实际上是 4 个弊端。

第一，国有化的办学体制。计划经济下我国的教育由国家统包、统办，大学更是如此，完全依靠国家投资办学校，没有私立学校、民办学校，民间办学的积极性没有调动起来。因此，当高等教育需要大发展时，国家便不堪重负。即使年年增加投入，也无法满足需求。同时，有限的教育经费分散在千余所大学，每所学校所得很少，导致教师待遇不高，办学条件不好，影响了教师队伍的稳定和高等教育的质量。另外，高等教育由国家包下来，势必减少国家对义务教育的投入，影响基础教育的发展。

第二，条块分割的领导体制。我国高等教育主要有 4 种领导体制，且自成体系。一是国家教委的直属高等学校；二是中央各业务部门办的高等学校；三是地方政府办的高等学校；四是地方各业务部门办的高等学校，均实行垂直领导，分属各自的政府主管部门。这种按条、块办学的体制，在计划经济条件下，为培养各部门、各地区所急需的专门人才，曾经发挥了积极的作用。但现在它已越来越不适应形势发展的需要，主要问题是：（1）办学布局上条块分割，学校分布不合理。各部门、各地区办学仅从本部门、本地区的需要出发，导致高等学校过于集中在华东地区和沿海大城市。（2）自成体系、各自为政。只要各部委、各地区需要的专业就在自己管辖的大学内设置，国家难于控制，造成低水平重复。而本部门、本地区不需要的专业，即使有雄厚的基础也不能办，造成教育资源浪费，大学不能形成办学特色。（3）按部门、按行业办的大学，绝大多数具有单科性、行业性的特点，导致学生知识结构单一，到工作岗位后适应性差，后劲不足。

第三，高度集权的管理体制。高等学校管理权高度集中在政府，造成政校不分。政府主管部门在教育管理上有很大的权力，从招生计划、专业设置、课程结构、毕业生分配，到学校规划、编制、经费预算、教师职称评定、国际交往等，都由政府决定。学校办学自主权很小，一切都得依靠于、依赖于政府主管部门。总之，政府对学校是“统、包、管”，学校对政府是“等、靠、要”。大学成了政府主管部门的附属单位，挫伤了学校办学、办教的积极性，妨碍了学校潜力的发挥。

第四，单一的培养模式。高等学校只为国家培养干部。由于是国家办大学，全部由国家投资，因此对大学生的培养全部纳入国家干部培养计划，大学毕业生全部分配到全民所有制单位。但社会各行各业都需要大量的各种规格、各种层次的人才，而大学仅培养国家干部，显然不能满足社会各方面的需求。

综上所述，在计划经济体制下形成的我国高等教育体制及运行机制，已不适应市场经济体制的需要，不适应培养高新科技人才的需要。传统的高等教育理论是为计划经济服务的。改革开放以来，尽管我国高等教育进行了一系列改革，但依然没有从根本上摆脱困境，主要原因是没有在思想观念上突破传统的高等教育模式，缺乏新的现代高等教育理论的指导。

三、建立现代高等教育学必须转变传统教育观念

要建立与现代社会和市场经济相适应的现代高等教育学，必须全面分析传统的教育观念，继承和发扬正确的观念，剔除已过时落后的观念，实现以下 4 个转变，树立现代教育观念。

1. 从按计划办学为主向按市场需要办学为主转变。在计划经济体制下，各方面资源的配置完全依靠政府指令性计划，在高等教育、人、社会三角形内是以计划为中介，由政府的计划来沟通的。在社会主义市场经济体制下，三者之间的关系由市场来沟通，通过市场运行。高等学校必须主动面向社会，主动走进市场进行调查研究、人才预测，根据社会和人才的需求来办学。高等学校培养的人才也不可能通过计划进入社会，毕业生必须通过市场，通过与用人单位供需见面、双向选择进入社会。所以，首先必须破除按计划办学的观念，树立按市场需要办学的观念。

2. 从依赖型向自主型转变。在计划经济体制下，各个部门要完成自己的经济发展计划和国家任务，只有自己办大学来培养人才，大学成为某一政府主管部门的附属单位，从人权、财权到教育权都由政府直接控制；在市场经济体制下，各级政府的职能将改变，中央部委及地方的厅、局将精简机构，主要进行宏观管理，不再办经济实体，不再有经费办学，大学将不再成为某一部委的附属单位，大学也不能依附于某一主管部门。在计划经济体制下，高等教育是国家的事业，由政府办学，主要培养国家干部；在市场经济体制下，高等教育是社会的事业，由大学面向全社会来办学，要为全社会培养各类人才。在计划经济体制下，高等学校主要为本部门、本系统培养人才服务；在市场经济体制下，高等学校要为社会各方面服务。因此，大学要成为直接面向社会、面向市场的相对独立的办学实体，就必须具有办学的自主性，必须实现从依赖型向自主型的转变。自主性是高等学校在市场经济下生存的必要条件，有了自主性，高校才能走出封闭的校园，走进社会和市场。

3. 从义务型教育向非义务型教育转变。在计划经济下，高等教育纳入国家人才培养计划，全部为国家培养干部，因此办学经费全部由国家负担，实行全义务教育；在市场经济下，高等学校不再仅为国家培养干部，而是面向全社会培养各种类型、各种层次的人才，因而没有必要全部实行义务教育。在计划经济下，大学毕业生必须服从国家统一分配，由国家全部出钱接受义务教育的学生理应服从国家统一分配；在市场经济下，国家分配计划很少，绝大多数大学生可以到人才市场自谋职业。在计划经济下，大学毕业生的工资待遇是由国家统一规定的，总的来说水准较低，正因为毕业后得到的回报不高，因此在学期间由国家义务教育是合情合理的；在市场经济下，大学毕业生的工资待遇有了明显提高，不同学校和专业的毕业生到不同的地区和单位去工作后，工资待遇不尽相同，有些毕业生可以获得相当高的收入，也就是说，毕业生工作后得到的回报比较高，因此也有可能取消义务教育。当然，实行非义务教育，并非对每个大学生都收取全额培养费。

从整体上说，公立大学仍以国家投入为主，学生缴一部分培养费，一般占培养费的1/3左右。民办大学收费标准应该高一些，可占培养费的3/4左右，国家适当补贴一些。总之，高等教育要实现从义务型教育向非义务型教育的转变，高等学校要走国家、社会、企业、个人等多渠道集资办学的道路。在市场经济下，贫富差别将客观存在，为了确保部分家庭经济困难的学生安心学习，学校应设立奖学金，奖励优秀学生，并设立贷学金，资助经济困难的学生。

4. 从单一的事业型向事业、产业型相结合转变。在计划经济下，高等学校是事业单位，从经费的投入，到师资、管理人员的配备，从人才培养到科研成果，全由国家统包统配，因此高校显示不出产业的性质，也无须成为产业。但在当今现代社会里，科学技术已成为第一生产力，劳动者日益摆脱直接的物质生产过程，劳动者的素质在生产过程和社会发展中的地位日趋重要，从而使高等学校成为人才生产和再生产的产业部门，在经济发展中起着越来越重要的作用。高等学校只有成为产业才能适应现代社会和市场经济发展的需要。现代高等教育学就是要把高等学校既当作事业又当作产业来研究。可以预测，人才对经济增长的重要性，将导致高等教育成为21世纪的主导产业。在未来激烈竞争的国际大市场中，谁把握住从事人才生产和再生产的教育产业，谁就能取得胜利。

四、现代高等教育学的基本原理及框架

1. 现代高等教育的属性和本质。现代高等教育的属性具有双重性。现代高等教育的政策、法规、理论、观点、培养目标等具有较强的社会性和阶级性，属于上层建筑的范畴。现代高等教育直接培养在生产力中起决定作用的人才，并具有科研、为社会服务等功能，因此又属

于生产力的范畴。传统的高等教育则主要属于上层建筑范畴。培养高级专门人才的社会活动乃是现代高等教育的本质。因为这是决定高等教育的性质、面貌和发展的根本所在，离开了培养高级专门人才就无所谓高等教育。现代高等教育学的逻辑起点是大学生，以育人为中心是高等学校最主要的任务。

2. 现代高等教育的基本规律。现代高等教育的基本关系由人、社会和高等教育三者构成。高等教育与人的关系，高等教育与社会的关系，人的发展与社会发展的关系，也就是教育的基本规律，即教育与人的发展、教育与社会发展、教育培养出来的人与社会发展相适应的规律。这是高等教育的外部规律，即高等教育与社会发展和需求相适应以及相互制约、相辅相成的规律，高等教育与人的发展和需求相适应以及相互制约、相辅相成的规律。高等教育还有其内部规律，即教育过程中的规律，如教学规律、德育规律、体育规律以及教师队伍建设、专业建设、课程建设的规律等。

3. 现代高等教育学是一门独立的学科。高等教育学能不能成为一门独立的学科，主要看它是否已成为特殊的研究对象。据此，高等教育学可以成为一门独立的学科，因为它与普通教育学有许多不同之处。（1）高等教育是培养高级专门人才的社会活动，是在普通教育的基础上更高层次的教育。高等教育学是研究高等教育活动的科学，研究怎样办高等教育、怎样办高等学校、怎样培养高级专门人才的科学，与普通教育有很大的区别。（2）高等教育是培养 17 岁以上的、身心发展趋于成熟的、具有高中毕业以上文化水平的青年。教育对象中还包括研究生，成人高等教育、职业高等教育中还包括成年人、老年人。普通教育的对象主要是 6 ～ 18 岁的儿童和青少年。（3）高等教育是分学科、专业的教育，而不是像普通教育那样传授一般文化科学知识。高等教育的教学内容有基础教育、专业基础教育、专业教育，教学形式除授课、答疑外，还有实习、实践活动、毕业设计（论文）及答辩等。（4）高等教育的教学方法注重启发式、学导式、讨论式，把传授知识与培养能力紧密结合，并以培养能力为主，注重因材施教，培养和发展学生的个性。（5）高等学校是高等教育的办学机构，具有教育教学、科学研究以及为社会服务等多种功能。（6）高等学校是具有独立法人地位的办学实体，直接面向社会，自主办学。（7）高等教育是非义务教育，除特殊专业外，学生要缴费读书。（8）高等教育是一种特殊产业，高等学校是事业与产业相结合的单位。

4. 高等教育学的学科性质和所处阶段。高等教育学相对于教育学来说，是一门理论性较强的应用学科，是研究高等教育特殊规律和培养高级专门人才规律的学科。高等教育学相对于它的分支学科（高等教育管理学等）来说，是一门应用性较强的基础学科，它有比较系统的现代高等教育理论，对其分支学科有较强的指导作用。现代高等教育学是在高等教育学进入发展阶段以后产生的，就现代高等教育学学科而言，只能说是处在酝酿阶段或初创阶段。

本文选自《高等教育研究》1996年第2期

论高等教育对现代社会的适应

谢维和

高等学校的建设与发展，必须适应社会的要求。特别是在市场经济体制中，高等学校作为面向社会自主办学的法人实体，如何更好地适应社会和经济建设发展的要求，针对不同社会历史时期的特点，选择和制定科学的适应原则，建立新的适应体制，已成为影响高等教育和高等学校发展的重要因素。在我国高等教育不断发展的今天，改革和调整以往高等教育和高等学校对社会的适应体制，树立新的适应观，增强高等教育和高等学校对社会的适应性，已成为一件十分紧迫的任务。它涉及高等学校的发展问题，也影响高等教育和高等学校的效益。当然，高等教育的适应与创新是联系在一起的，但为了分析和论述更集中，本文仅以适应为题。对此，笔者总的看法是，由于社会发展中新的分化与综合，特别是社会主义市场经济体制的建立，过去以计划经济体制为基础的比较简单的高等教育与社会的直接的适应观，已经不能适应新的社会发展和高等学校发展的要求，而应该建立国家教育行政管理部门和作为面向社会，自主办学的法人的高等学校双重适应主体，资源和需求双重约束，并以各种社会机构为中介的新型的适应体制。

一

所谓高等教育在现代社会中的适应，这里主要指的是整个社会的高等教育和高等学校（包括正规的学校教育和各种非正规的高等教育）的学科与专业结构，以及人才培养的数量和质量规格等方面符合社会和经济建设发展的要求。这是教育适应社会经济建设发展要求这一客观规律在高等教育领域中的具体体现，也是高等教育的基本价值的重要体现和根本依托。因此，社会的变化必然要求高等教育及其相应的适应体制进行调整和改革。

在改革开放，特别是教育体制改革之前，高等教育对社会的适应，主要建立在计划经济体制上的协调与一致上。这样一种适应观和体制具有以下三个特点：

第一，这种适应基本上是以高等教育的管理机构为主体的适应，而不是以高等学校为主体的适应。在计划经济体制的条件下，高等教育的举办者、管理者和办学者基本上是同一的，国家的高等教育实行高度的中央集权管理，高等学校的学科与专业设置，以及招生和分配完全掌握在国家教育行政管理部门，如何适应国家社会经济发展的要求，根据社会结构和经济结构，特别是产业和就业结构，以及地区发展的不同需求，确定一定的学科与专业结构，以及招生规模和分配计划，完全是国家计划部门，以及教育行政管理部门的工作。所以，在这种适应体制中，教育行政管理部门成为主要的适应主体。而学校本身只需要严格执行国家教育行政管理部门的指令，根据国家的计划与要求，完成在学校内部的人才培养的任务。至于各个专业应该培养多少人，应该培养什么样的人，以及这些人是否适应社会的要求等，无须学校考虑。因此，在这种适应机制中，学校本身并不承担适应的责任，因而也并不成为真正的适应主体。

第二，这种适应基本上是一种直接的适应，是建立在高等教育与社会之间高度一致基础上的适应。这种所谓“直接的适应”有两个意思，首先，它指在计划经济体制中，不仅高等学校本身与高等教育管理部门是高度一致的，而且高等教育管理部门与国家计划部门，以及整个国家的其他部门，也都是基本一致的。换言之，高等教育本身已经是整个国家机器中一个完全协调和统一的部件，它本身对于社会和经济发展的要求的适应，从某种意义上说，也不是一种真正意义上的适应，而只是执行国家的要求而已。因为，就高等教育管理部门本身而言，它的各种计划和安排，实际上只是整个国家计划的一部分。我们甚至可以说，它本身并没有独立制定各种计划的权力。所以，我们也可以认为，这种适应只是一种“无差别”的适应，或者说，是一种直接的适应。其次，这种适应又是一种无中介的适应，是一种以“对口”为原则的高等学校的专业设置与人才培养，从而直接满足社会发展和经济建设需要的适应。因为，在社会和经济发展速度相对缓慢，而且社会分工也相对简单的情况下，高等教育和高等学校的专业设置基本上以社会和经济建设中的职业和分工为基础，其培养的人才当然可能直接适应社会和经济发展的需要。在这种情况下，所谓的“用非所学”，自然成为不适应的表现了。

第三，这种适应从某种意义上说，主要是一种“资源约束型”的适应，所谓“资源约束型”的适应，这里指的是，影响高等教育和高等学校对社会的适应的主要因素是高等教育所能获得的各种资源的多少及其特性，而主要不是社会、经济和人们对高等教育的需求；或者说，主要不是人才市场和劳动力市场的需求。而且，这种资源的数量与质量又主要是由国家和政府所能提供的程度所决定。特别是在完全把高等教育作为一种国家行为，国家提供学生的全部学费，并保证学生的毕业分配与就业的情况下，国家所能提供的资源自然就决定了高等教育和高等学校适应社会和经济发展的需要的程度与水平。这种“资源约束型”的适应并非完全不考虑社会或市场的要求，而是说，一方面，这种考虑通常只是由国家或政府进行，基本用不着高等教育管理部门和高等学校费心；另一方面，由于社会或市场本身并不构成与国家或政府相对或相异的利益主体，我们甚至可以认为，在计划经济体制下，它们基本上是一致的。或者如笔者曾经分析过的那样，高等教育的供给主体和需求主体是基本一致的。所以，市场或需求约束基本上是没有意义的。

上述特点的分析可以看出，这样的适应体制与计划经济是联系在一起的。从理想的角度说，具有这些特点的适应体制在计划经济体制条件下，应该而且能够发挥其应有的功能。因为，计划体制下整个经济和社会体制的统一性从根上保证了高等教育与社会的一致，提供了两者同一性的基础，所以，高等教育的结构、规模和高等学校的学科与结构专业，以及人才培养的数量与质量等，基本上都能够保证适应社会、经济建设有计划、按比例发展的需要。从当时的情况看，高等教育和高等学校的适应情况也基本如此。而且，在当时的社会历史条件下，其适应观和适应体制也只能如此。由此可以进一步认为，只要社会和经济体制中计划的成分仍然存在，这样一种适应就必然会存在；而且，这种适应的强弱程度也将随着社会与经济体制中计划成分的多少而变化。同样，计划经济的体制一旦改革，高等教育和高等学校对社会的适应观和适应体制也必然要发生变革。这正是今天我们讨论现代社会中高等教育和高等学校适应观和体制变革的背景和基础。

二

尽管我们不能非常详尽地描述改革开放以来中国社会和经济体制的变化，以及这些变化带来的各种新的现象和对于高等教育与高等学校的挑战，但为了更好地分析高等教育和高等学校的适应观和体制改革这一题目，我们只是将一些与这个题目直接相关的改革与变化，从以下几个方面作一个简要和概括的说明。

第一，高等教育的举办权、管理权和办学权的分离是近年来高等教育体制改革中最突出的特性之一，由此，高等教育的关系出现了分化。过去，在计划经济体制的条件下，高等教育的各种关系是比较简单的。一方面，它主要只是高等教育行政管理部门与高等学校的关系，而不包括，或并不主要指高等学校与社会的关系。虽然高等学校本身仍具有教学、科研、社会服务的职能，但它主要只是通过政府或国家教育行政管理部门的安排与协调来实现的。另一方面，高等学校与上级教育行政管理部门的关系也更多只是一种行政的关系，是领导与被领导的关系。高等学校本身的相对独立性是十分有限的。改革开放以来，特别是教育体制改革以来，高等教育体制的重要变化之一，便是高等教育的举办权、管理权和办学权的分离。它的基本内容包括：（1）举办权的分化。除了国家可以举办高等教育之外，其他机构和社会团体等，也可以举办高等教育，从而出现了高等教育的举办主体的多元化。（2）高等教育的举办权和管理权的分离。一方面，国家实行高等教育的中央和省两级管理的原则；另一方面，由于举办权的分离，过去那种举办者与管理者同一的现象被打破。（3）高等学校作为面向社会自主办学的法人实体，具有了一定的办学自主权。这样一种改革给高等教育带来的最直接的变化就是高等教育关系的分化和复杂化。这种分化和复杂化表现在，高等学校不仅要与上级教育行政管理部门交往，而且还要直接与社会进行互动。同时，就高等学校与上级教育行政管理部门的关系来说，其内容也比过去复杂多了，而且，就两者关系的性质看，从原则的意义说，也不仅是一种行政上领导与被领导的关系，而更多的是一种办学主体与管理主体的关系。

第二，高等教育的供给与需求主体以及它们之间的相互关系发生了变化，而这个变化与上述变化是密切相关的。为了更清楚地说明这个问题，我们也可以从两方面进行分析。一方面，高等学校的举办者作为高等教育的供给主体出现分化之后，高级专门人才的培养不仅是一种政府行为，而且成为一种比较广泛的社会行为；高等教育的活动也不再仅仅是一种单纯的计划活动，而且也具有了一些市场活动的成分。这样，高等教育的供给主体的统一性受到了挑战，出现了分化和不一致。另一方面，高等教育的需求主体也发生了变化，这种变化与整个社会利益主体的变化是相一致的。由于利益主体的多元化，对高等教育的需求取向也就出现了差异，而不像在计划经济体制下那样的相对统一。无疑，这种高等教育的供给主体和需求主体各自的多元化，必然使高等教育的供求关系变得非常复杂以至于使高等教育对社会的适应具有了较大的难度。换句话说，单纯凭借政府的计划和教育行政管理部门的指令，或者说，仅仅依靠教育行政管理部门作为高等教育的适应主体，是无法解决这种复杂的适应问题的。

第三，由于社会和经济体制的改革，社会资源存在的方式和流动的机制发生变化。这种变化突出体现在由计划经济体制下高度集中的存在与流动模式，转变为中央、地方、企业和个人等多种存在方式，以及计划和市场两种基本的流动方式。这里，我们可以非常直观和经验性地从地方财政的扩大，企业在经济上的自主权，以及社会中个人存款数量的增大等方面进行说明。限于主题的约束，我们不可能在这里十分详尽地讨论这个问题。但是，这一事实的存在，已经表明高等教育获得经费和各种其他资源的途径已经不再是单一的，而是多元化的。

第四，由于社会的分化与发展，特别是科学技术的进步和经济结构的调整，社会职业结构及就业结构也出现了新的特点。首先，就职业结构来说，职业的分化程度越来越高，特别是随着第三产业的发展，职业的种类和数量比过去有了较大的增加；更重要的是，这种发展同时也是一个更新的过程，随着一批新职业的出现，一批老的职业也发生了变化，或者被淘汰，或者被更新等。其次，从就业结构来说，人们职业的流动频率也加快。随着人事用工制度的改革，“铁饭碗”已经被打破，与此同时，社会流动的观念也已经越来越普及。这样，就个人来说，仅有一两种技能无法适应社会和个人发展的要求。

当然，还有其他一些变化，但是仅仅从以上几个方面就足以看到，过去计划经济体制中的高等教育的适应模式的确已经不能适应现代化社会建设和发展的需要，而必须根据社会、科技和经济建设与发展的要求，作出必要的改革与调整。

三

为了更清楚地讨论和说明这个问题，我们通过与上述特点和变化的对比，对社会主义市场经济体制建立过程中高等教育新的适应观和适应体制的主要特点进行分析和说明。简言之，这种新的适应观和适应体制应该是政府主体与高等学校主体相结合的，通过各种中介机构而间接适应的，和资源与需求约束相结合的。

第一，这种新的适应应该是双主体的适应，即政府（具体说，也就是教育行政管理部门）主体和高等学校主体。从以上的分析可以看出，由于社会的发展与变化，以及高等教育体制的改革，特别是高等学校与政府教育行政管理部门的关系的变化，除了政府这一适应主体之外，高等学校本身作为适应主体，已经是高等教育发展和适应社会要求的客观趋势。一方面，政府和教育行政管理部门决不要包揽这种适应的全部责任，而必须要求高等学校本身承担自己适应社会发展和要求的责任；另一方面，高等学校本身也应该主动积极地作为适应的主体，调整自己的办学方式和办学思想，包括学校的学科与专业结构等。客观地说，这些年，尽管高等学校在适应社会要求上已经获得了一定的自主权，但是，在人才培养的数量和结构是否能够适应社会经济和文化发展的要求这一适应的主要方面，高等学校自身尚没有这样直接的压力，或没有承担起必要的责任。相反，政府和教育行政管理部门则承担了过重的担子。有趣的是，学生一旦不能就业，他们也不找学校，而是向政府和教育行政管理部门施加压力。由此，反过来进一步加重了政府的压力。因此，新的适应不仅要求有体制上的变革，而且需要观念上的更新；不仅要有教育工作者的观念更新，而且包括学生和社会成员的观念更新。

这样，立即提出了一个十分重要的问题：两个适应主体的特点和任务分别是什么？首先，就政府和教育行政管理部门这一适应主体来说，它与高等学校相比较，主要具有以下两个特点：（1）它主要是宏观的适应主体。这种特点主要是由政府和教育行政管理部门作为高等教育的主要举办者和整个高等教育的管理者的地位所决定的。这种适应主要通过两种途径实现。其一，通过对总量的控制达到供求的相对平衡。这种宏观的适应功能是任何个别地区和学校都无法承担的，而必须是宏观调控机构的任务。同时，它与高等教育作为一种整个社会的准公共资源或准公共产品的性质也是联系作一起的。其二，通过对由政府或国家教育行政管理部门直接举办的高等学校的管理，保证高等教育对国家和社会主要部门的需求的适应。这种类型的适应的重要意义在于，它可以确保整个高等教育对社会的基本适应，并由此促进国家和社会的稳定。（2）这种适应主要以政府调控为基本手段，包括必要的指令性计划和指导性计划，各种奖学金和贷学金的发放，高等学校的结构调整，包括类型、分布以及学科与专业的设置标准等。通过这样一些必要的、带有倾向性政策，引导高等教育和高等学校的发展与改革，鼓励或者限制某些学科与专业的发展，从而为高等教育适应社会的要求创造良好的条件。其次，就高等学校或具体的高等教育机构来说，作为在国家宏观调控下面向社会自主办学的法人实体，它的适应主要具有以下几个特点：（1）高等学校的适应，是在国家宏观调控下的活动，绝不是完全独立的"我行我素"。而且，学校本身也只有在国家宏观管理部门的指导下，才能够更好地适应社会发展的需求。（2）在社会主义市场经济体制的建立过程中，高等学校作为微观的适应主体，除了完成国家和教育行政管理部门的一些指令性计划之外，主要以对学校所在地及其区域的要求的适应为主要任务。这也是由过去高等教育的条块分割到条块结合的重要体现。这种微观适应要求学校本身具有两个方面的基本能力：其一，它必须具有一定的自主权和能力，从而能够主动地根据地区社会经济发展状况的变化调整自身的办学，并经受在适应过程中的各种"挫折"。其二，它必须具有一定的自我约束的能力与机制，能够自觉地遵守国家的各项政策与规定。这样，才能够较好地根据各个地区社会经济发展的不同特点，以及在发展中日新月异的变化，实现高等教育对社会的适应。（3）这种微观适应的基本实现，在一定的政府指导下，主要以竞争为途径。而这种竞争又主要是人才培养的质量和学校实力的竞争。这个特点也正是由社会主义市场经济体制的建立所决定的。这样，才能够通过由此形成的高等教育资源的优化配置，以及各个学校由此形成的不同特点，更好地促进整个高等教育对社会的适应。有必要指出的是，两个适应主体之间的相互协调，也是促进更好适应的重要条件。

第二，这种新的适应观念和体制应该是直接适应与间接适应相结合的。与前面直接的适应相比较，间接的适应主要指的是，以差异为基础的有中介的适应。毋庸置疑的是，随着社会的发展和教育的改革，特别是随着社会主义市场经济体制的建立，教育与经济，以及学校与社会之间已经出现了一定的差异，它们的关系已经比过去更为复杂。一般而言，这种差异和复杂性主要表现在以下两个方面：（1）经济活动与教育活动的差异。经济活动，特别是劳动力和人才的配置活动，更多的是按照市场经济活动的规律与特点进行的，主要受价值规律的约束；而教育活动，由于它的准公共性的特点，而不能完全按市场经济的规律运行。这样两类不同性质的活动显然不能在其中的某一类活动的基础上进行协调和统一。否则，或者是回到完全的计划体制；或者是把整个教育市场化。（2）职业和就业结构与学校的学科和专业结构的差异。当代社会的职业与就业结构出现了一些新的现象，一方面，随着科学技术水平的提高，生产活动的分工越来越复杂，这种复杂性不仅表现在量的增加和新旧职业的更替，而且表现在它们之间的相互联系；另一方面，个人一生中职业的流动与变换已经成为正常现象。据说，随着社会的发展，职业的概念将被工作的项目概念所取代。也就是说，具体工作对人们来说，将不是作为一种职业，而是作为一个项目，完成一个，再接着下一个。然而，学校的学科和专业结构却不能划分过细。相反，为了适应这种情况，它还必须拓宽学生的知识基础，扩大学生的视野。正如当前高等学校的专业调整一样，要尽可能地在一级或二级学科的基础上设立专业。换句话说，高等学校并不能完全根据职业和就业结构来设置自己的学科与专业。当然，从长远的和发展的观点看，这种人才培养的模式可以更好地适应社会的要求。但是，它毕竟与社会直接的要求存在一定的差距，以至于在人才市场上供求双方互相指责：用人单位批评学校没有给学生提供专门性的技能，而学校则批评用人部门眼光短浅。实际上，这正是直接适应观在现实中的表现和反映。总之，建立一种有中介的间接的适应体制和观念是现实的迫切需要。限于篇幅，本文着力讨论学校的人才培养模式与职业和就业结构之间的中介问题。

正如前面所分析的那样，学校的学科与专业结构不能完全与职业结构“对口”。因为从表面上看，“对口”似乎是非常的一致，但实际上并不能真正适应社会的发展与人们的要求，而且会造成教育的浪费。相反，拓宽学生的知识基础和视野，提高他们的素质，表面上似乎并不与某一个具体职业相联系，可它却具有更广泛的适应性。但是，有必要说明的是，这种广泛的适应性只是就其基础或基本知识而言的，或者说，是就其具有在较广泛的领域内的迁移能力来说的，而这一点也正是学校批评用人部门目光短浅的重要理由和依据；然而，从实际工作部门看，由于用人制度从过去的“终身制”改变为“合同制”，这对于个人意味着失去了“铁饭碗”，而对于生产部门来说，则从过去无所不包、无所不管的“小社会”，变成了比较单纯的生产管理部门。同时，作为自主经营，自负盈亏的市场经济的微观基础，出于对利润的追求和降低成本的要求，生产部门在人员聘用时，必然以“对口”和“立竿见影”为基本原则，而不愿投入财力进行人员的培训，特别是新人员的培训。这也恰恰是目前相当一部分企业和部门不愿聘用学校毕业生，更偏爱具有经验的人员的重要原因之一。这也是他们对学校的主要批评。显然，在具有不同原则和价值取向的学校和用人部门之间，需要有一个中介将它们联系起来。这种中介机构的基本特点是，学术性与职业性的结合。它的主要功能在于通过必要的培训，给予人们某些特定的职业能力，从而帮助学生实现从学校到职业岗位的过渡。它的目标并不是学历，而是专门性的职业资格证书。一般而言，它可以以三种不同的方式存在：其一，存在于学校本身的课程体系中，表现为在大学三、四年级所开设的专业技能课等，也就是目前大学课程体系中所谓的 3 ＋ 1 等模式，而其中的“1”则是以职业资格或技能为基本取向的；其二，存在于生产部门和企业中，即在企业中进行对新职工的培训，表现为聘用时注重基本素质，并根据不同的需要进行培训；其三，独立的中介机构，即由政府或社会组织成立的各种专门性的职业培训机构，其中有些还具有政府或行业赋予的授予资格证书的权利。从社会学理论看，这样一种中介机构的出现，也体现了社会发展过程中由于分化而产生的进一步的社会分层。

第三，这种新的适应观念和体制应该是“资源约束型”和“需求约束型”相结合的。这里所谓的“需求约束型”，主要指的是，根据社会对高等教育的需求，决定高等教育的发展规模与速度。实际上，这里涉及两种适应取向的问题，即高等教育究竟主要应该以资源的多少，还是主要以社会需求的大小作为自己发展的依据。当然，社会需求再大，没有相应的资源也是不可能的。问题在于，如何看待高等教育发展所需要的资源。如果把高等教育也作为一种免费的教育，那么，资源的约束是绝对的，因为高等教育的经费来源是唯一的；如果把高等教育作为一种有偿的教育，那么，约束高等教育发展的资源本身就成为一个变量。而影响它的因素至少包括接受高等教育的人数，以及个人所付出的学费和国家提供的经费之间的比例。单纯的“资源约束型”是计划经济体制下高等教育发展的特点，而完全的“需求约束型”又忽视了高等教育本身的公共性。事实证明，通过高等教育体制的改革，特别是高等教育投资体制和招生体制的改革，高等教育的经费来源已经在一定程度上多元化了，而不仅是单纯依靠国家的投入。这也正是“需求约束型”的适应体制存在的现实基础。从目前的情况看，国家发展教育的重点当然是基础教育，特别是义务教育，这也是教育经费的重点。因此，高等教育的经费投入在国家的财政预算的整个教育经费中不可能占有较大的比例。但是，单纯从经费角度考虑高等教育的发展，只是一种“资源约束型”的适应观。相反，如果结合“需求约束观”的思路，那么则应该考虑收费及其在全部生均成本中的比例，同时，还应该注意整个社会对高等学校毕业生的需求状况；而且，根据目前国家关于学校的收费标准属地化的原则，各个地区的高等教育的发展也应该有所差异。

四

高等教育适应观念和体制上的改革，不仅能够促进高等教育对社会的适应，更好地满足社会对高等教育的需求，而且，这种适应观念和体制上的改革，还可以进一步促进高等教育自身的完善，特别是高等教育结构的优化，从而更好地适应社会经济发展的需求。目前，我国高等教育本身结构调整的问题，包括类别、层次、形式和分布等方面的结构问题，以及高等学校内部学科与专业结构的问题，都是高等教育改革中的重要任务。而且，我们可以在一定意义上认为，过去乃至今天我国高等教育结构上存在的一些问题，以及这些问题在解决过程中的迟缓与艰难，也是与目前适应观念和体制方面存在的问题联系在一起的。或者说，适应本身的问题制约了高等教育结构的优化和调整。而适应观念和机制的改革也必然促进高等教育结构的进一步优化。

首先，从适应主体的方面看，仅仅以国家教育行政管理部门作为适应主体，便在一定程度上影响了市场经济条件下高等教育对社会的适应。因为，这种单一的适应主体很难迅速准确地反映社会发展的需要，而且在高等教育的举办主体多元化的情况下，它也无法有效地根据社会发展的需求，进行必要的调整。或者说，它更多的只是宏观结构的调整；相反，在国家宏观调控之下，高等学校作为自主办学的适应主体，则能够较好地根据社会需求的变化以及自身的特点，不断优化学校的学科和专业结构；在这种情况下，它一方面可以通过国家的指导而以整个社会和高等教育的发展作为自身结构调整的参照，另一方面，它又可以根据自身服务对象的要求和学校的特点，进行必要的改革，从而在一定程度上实现了高等教育的宏观结构与微观结构的优化的统一。

其次，从适应体制上看，目前高等学校的学科与专业结构划分得越来越细，越来越狭窄，以至于高等学校的专业数量日益增多，在某种意义上说，也正是与过去适应观念和体制上强调“对口”的直接适应联系在一起的。因为，这种“对口性”的直接适应必然要求学校的学科与专业设置和社会经济发展的职业或就业结构相一致。而社会的职业分化或就业的变化必然要求高等学校的学科与专业不断地细化。相反，如果高等学校的人才培养与社会经济中职业结构的要求的关系是通过某种在一定学科理论基础上，以特定的职业资格与技能培训为目的的中介机构的间接适应，那么，高等学校便能够较好地根据人才培养的基本规律，拓宽学生的知识基础，按照一种宽口径、适应性强的模式进行培养，由此优化学校的学科与专业结构，并不断提高学校的办学质量和效益。

最后，从适应的约束机制上看，在中央高度集中管理下的计划经济体制中，单纯的“资源约束”必然使高等教育的结构根据单一的标准进行调整。而且，由于这种资源主要以国家财政的投入为主，因而由此形成的结构也是高重心的。当然，国家也可以根据不同地区的特点和需求进行调整，但是，这种调整由于资源本身的有限性，它的调整思路更多的只是“有多少钱，办多少事”。如果我们能够在以国家财政为基础的资源约束的基础上，同时建立以包括进口和出口的社会需求为标准的约束机制，那么，在我国社会经济发展不平衡的情况下，由于各个地区的差异，整个高等教育的结构将出现更合理的布局，并更好地满足社会和经济发展的需要。

显然，通过这些由于适应体制的改革而带来的结构的优化，我国的高等教育将能够更好地适应社会和经济建设发展的需要。

有必要说明的是，高等教育的适应观念和适应体制的改革并不能是孤立的，它应该与其他方面的改革结合起来，包括与整个高等教育的体制改革、发展机制和观念的改革、投资体制的改革以及招生与分配体制的改革等。这样，适应体制和观念的改革才能是有效的，才能较好地发挥其作用。

本文选自《北京师范大学学报》（社会科学版）1998 年第 4 期

大学校长的教育理念及其与治校的关系

眭依凡

大学校长作为一类教育主体由于角色的不同不仅与其他教育主体在教育理念上有所差异，即便他们之间也会因个体经历的差异等原因，形成彼此有别的教育理念。引起我们兴趣的是，不论他们持怎样的教育理念，都会或多或少、或深或浅地对他们的治校构成影响，而影响程度决定于他们持有的教育理念的质量及运用其指导治校实践的自觉性。对于这个假设，我们已有从历史的分析和现实的调查材料中获得证实的足够信心。本文拟对大学校长教育理念的层次类型，大学校长教育理念的形成及其特性，以及大学校长教育理念影响治校的机理三方面问题进行讨论。

一、大学校长教育理念的层次类型

大学及其教育的多样性特征对大学教育理念的多样性影响是不能回避的，遵从社会存在决定社会意识的普遍规律，大学及其教育存在亦决定大学教育理念。此外，大学教育理念也可以从多种角度和多重意义、不同层面和不同内容上提出，这对我们的治校讨论是不利的。如果笼统地把教育理念当作唯一的总的概念，研究它对校长治校的影响，这使我们的研究对象不甚明确，研究结论也因失去个别、特殊对象的研究基础而很难使人信服；但若对教育理念的诸多领域诸多问题都加以研究，我们的研究就失之零碎，没有系统，况也无从下手。因此，有必要先对大学校长的教育理念分层归类，唯此我们才能有针对性地、条理清晰、层次分明地讨论校长教育理念对治校的关系。

为了契合我们研究大学校长教育理念与治校关系的需要，我们认为从教育的本体论（价值论）和实践论（认识论、方法论）两大层面对大学校长的教育理念进行分类是有实际意义的。根据这样一种认识，关系大学校长治校成就的教育理念可划分为如下四类。（1）大学理念：它是作为管理主体的大学校长对“大学是什么”的价值判断和基本看法，是研究大学本体论的基本范畴。大学校长持有怎样的大学理念，不仅直接影响到他对大学方向、使命及其应当承担的责任和义务的选择，同时也直接影响到他对大学的功能、作用和任务的确定。作为一种最基本的教育理念，大学理念还会通过对其他教育理念的形成及其立场的影响，而贯穿在校长治校的全过程，从而对校长的整个治校行为发生影响。（2）教育目的理念：关于教育目的，教育学通常定义为对培养人、造就人的总要求，因此它是教育主体的一种教育意向，并受到他们世界观、价值观的影响。大学校长的教育目的理念影响到他对学生及其需求的认识，以及对学校培养目标及为实现这一目标的学科专业设置、教学内容、教学方法、教学制度、校园文化建设的选择。（3）教师理念：大学存在的理由是社会需要，而其存在的条件包括教师和学生，作为大学的要素，教师是大学校长必须信赖的最重要力量，大学校长对教师怎么看，持什么态度，影响到大学教师队伍的构成和作用的发挥，继而影响到大学的教育质量和成败。（4）治校理念：管理和发展大学的理念，是大学最高行政主管指导大学管理和发展实践的基本思想和观念，由此形成使大学有序运行的规程规范、原则方法。大学是一个结构和功能复杂、其工作任务和组织成员充分体现了智力劳动特性的学术教育机构，这导致就大学管理本身而言，它并不只是一个实际的操作问题，同时也是一个需要整体思维、宏观把握的管理哲学问题，即高层次的复杂管理需要高屋建瓴的管理理念的指导，否则就会就事论事，无法驾控全局。大学校长若无明确的治校理念，其校即使不乱也是难有效率的。目前，相当多的大学组织是离散的，不讲经济运行和运行质量的，其根本原因在于校长自己缺乏或根本未形成必要的治校理念。本文主要针对以上具体的、特殊的教育理念来讨论大学校长的治校问题，以期从中获得大学校长教育理念与治校关系的一般性、普遍性结论。

二、大学校长教育理念的形成及其特性

在对大学校长的考察中，我们发现并不是所有校长都有明确的、很好的教育理念，原因是他们所处的时代、国家、大学的性质和传统以及他们个人的背景有差异，这种差异正好使我们找到一个分析他们教育理念形成的角度。大学校长可以有不同的教育理念，但形成教育理念的原因大致是相同的。这种原因的分析，有助于我们认识到，校长的教育理念是校长们头脑对大学教育世界的反映，而不是天成的、臆想的。大学校长教育理念的特性与它的形成有必然的关系，故放在一起讨论。对教育理念特性的讨论，有助于我们了解教育理念有其自身的要求。

（一）大学校长教育理念的形成

大学校长的教育理念作为一种观念的东西，不外是现实世界或他们所处背景环境进入他们的思维并经加工改造的精神（意识）产物。归纳起来，大学校长教育理念的形成与校长所处的如下背景环境有关。

1. 社会背景

大学校长的教育理念首先是受社会背景这一宏观的历史的条件环境影响形成的、发展的，没有哪个大学校长的教育理念不烙上时代和社会的烙印。譬如，关于大学理念，1851 年创建英国天主教大学的

首任校长纽曼（John H. Newman）持“大学即是传授知识的场所”的传统大学观，1930年美国著名高等教育批评家、改革家弗莱克斯纳（Abraham Flexner）则持“大学是有意识地献身于寻求知识，解决问题的机构”的现代大学观，而到20世纪70年代加州大学前校长科尔（Clark Kerr）则提出多元化巨型大学观。如果说纽曼的大学是一个受人文主义者、通才和本科生拥护的知识型村落，弗莱克斯纳的大学则是一座受科学家、研究专家和研究生支持的纯研究型市镇，而科尔的大学就是受广大社会各阶层人士包括校内师生普遍欢迎的充满无穷变化的、五光十色的城市。三者不同的大学观均是不同时代的产物。正如香港学者金耀基博士所说：随着时移势变和社会文化的变迁，“就会影响到大学的位序和性质，也会改变我们对大学的期待与看法。”[1]历史的演变不仅改变大学也改变大学思想家和管理家的大学理念。罗家伦任中央大学（今南京大学）校长时提出：中央大学的使命就是为中国“创造有机体的民族文化”。[2]他还指出：一个国立大学存在的理由，是在于它应尽这样两种义务：“对于人类知识的总量有贡献；能够适应民族的需要，求民族的生存。”[3]无独有偶，1936年出任浙江大学校长的竺可桢先生也强调：“大学的目的，决不仅是造就多少专家如工程师、医生之类”，而主要是培养“公忠坚毅，能担当大任，主持风气，转移国运的领导人才”。[4]1931年他对新生说：“在这困难严重的时候，我们更希望有百折不挠、坚毅刚果的大学生，来领导民众，做社会的砥柱。”[5]罗家伦校长把大学使命与民族文化相联系，强调大学为国家利益服务的责任；竺可桢校长坚持要把办学和培养人才的目的与拯救中华、转移国运结合起来。从当时的社会背景来看，他们这一明确的大学理念和大学教育目的理念的形成，无不与他们因处在日本帝国主义正加紧策动对中国的侵略和中华民族已经笼罩在日本发动的侵略战争中的国难当头的社会历史背景下而更为激烈起来的民族意识密切相关。社会背景是大学校长教育理念形成的重要原因。

2. 学术背景

大学校长的教育理念不是其他如政治理念、宗教理念、经济理念等，而是关于“大学”的学术理念。所谓关于“大学”的学术理念，即研究大学、研究大学教育而形成的并能指导大学发展和管理的大学之概念和大学教育之认识。是否具有这样一种理念，是区别大学校长与其他人及区别优秀校长与平庸校长的重要依据。江泽民同志在1996年接见四所交大负责人的谈话中指出：“办好高等学校，高校的领导是关键，高校的党委书记、校长应该努力使自己成为社会主义的政治家、教育家。”何谓教育家？即在教育理论和实践上有创见、有贡献、有影响的杰出人物。作为教育家的重要条件，大学校长必须研究大学和大学教育，而这种研究则构成了他们形成教育理念的学术背景。凡杰出校长无不有自觉研究大学教育之学术背景。蔡元培先生被推崇为中国大学教育史上贡献最大也是最恒久的教育家，其贡献的大和久并不在于他治北大时间之长短，而全在于他提出了“大学者，研究高深学问者也”[6]及“大学者，囊括大典，网家众爱之学府也”[7]的大学教育理念并身体力行之，从而不仅使北大成为真正的大学，而且其理念的力量至今都对中国大学构成影响。蔡元培校长一生致力大学教育改革，推广新大学的大学理念并非凭空而生的，这与他于北大校长任前在德国著名学府莱比锡大学潜心求学3年并深受德国大学崇尚学问、追求真理之风气影响有极大关联。其间他专门研读过包尔生（Paulsen）的《德国大学与大学学习》，翻译过巴留岑的《德意志大学之特色》，并通过对莱比锡大学的考察，思考和研究过德国学术型大学的制度和理念。因此，蔡元培关于大学的理念是在研究德国大学的学术背景上形成的。没有或不重视对大学本身进行学术研究的校长是很难创造性地领导好大学，并促进其改革发展的。高教界前辈于北辰先生就批评过一位数次拒绝赴中央教育行政学院学习的专家校长，因为他认为自己是搞专业的，学习教育和管理理论是浪费时间，“像这样的学者，当校长也是单纯任务观点，不可能作出突出贡献”[8]。

3. 实践背景

大学校长的教育理念，毫无例外亦是校长通过教育实践获取的。这种教育认识或是通过教学、科研专业的实践获取的，或是通过教育管理的实践获取的，或是两者兼而有之。邓小平同志较早就提出高等学校领导人“至少应该是懂得教育的有管理学校专长的专业人员”[9]这样的要求。所谓“懂得教育”，他应具有大学教育工作的经历；所谓“有管理学校专长”，即他有管理大学的经验。教育和管理的实践经历，有利于大学校长了解和掌握大学的运行、发展规律，并形成指导和推进自己办学及治校的教育理念。对一个新任校长而言，这种大学教育实践和管理实践的背景对其十分重要，尤其是对那些任期较短的大学校长而言更为重要，因为大学教育是有其内部运行规律的社会活动，大学组织及其构成亦是十分复杂的，这就决定了一名新任大学主管对大学的认识也是一个复杂的需要一定时间的过程。让一名毫无或缺乏大学教育和大学管理经验的人施政于大学，那么这所大学必须付出其有相当长一段时间处于停滞或充其量维持运行状态的代价。而在不进则退的激烈竞争时代，这种维持无异于落后和倒退。因此，各国大学在大学校长的遴选和任用制度上，都十分强调和重视大学校长候选人的教育实践的背景，而正是基于这个背景，大学校长才能够尽快形成或进一步发展自己的教育理念，以便很快进入理性指导大学发展的角色。

（二）大学校长教育理念的特性

大学校长的教育理念形成于教育实践并反作用于教育实践，前者反映教育理念形成的过程、原因，而后者则反映教育理念的现实意义。对大学校长教育理念的特性讨论有什么用？ 它在于帮助我们更全面、更准确地认识和把握教育理念的实际意义。

1. 思想性

思想性是大学校长教育理念最基本的特性。教育理念本质上说是大学世界在大学校长头脑中的客观反映，是校长通过对教育对象认识形成的一种观念。这样教育理念就不是对大学教育世界表面现象的一般描述，而是反映了校长的价值取向对大学教育世界内在关系积极思维的成果。教育理念的思想性主要体现在如下几方面：第一，它反映了大学校长的一种价值观，即它是一种价值的判断；第二，它是对大学教育世界的一种复杂认识，具有概括性；第三，它具有概念领导的现实意义。

2. 实践性

大学校长教育理念的实践性产生于两方面的原因：其一，表面看来，大学校长的教育理念是以一种思维的形式对应于教育实践这一客观存在的，但实际上它又是以对应的教育实践为自己的存在前提的；其二，大学校长的教育理念是其对教育实践这一客观世界的反映，但作为一种人的高级思维是社会的产物而非自然的产物，因此，教育理念对教育实践的反映又是能动的，在一定条件下它能够反过来对教育实践的发展进程起作用甚至起重大作用，教育理念的正确与否也在这种对教育实践的反作用中获得检验。这就是说大学校长的教育理念与教育实践之间存在一种普遍的联系，双方既对立但又处在一个统一体中。对教育理念而言，这种统一性就是它具有实践性，既来源于实践又指导实践。

3. 发展性

世界上每个事物和现象的存在都是有条件的，是受着周围具体的、历史的条件所制约的。大学校长的教育理念也是社会历史条件的产物，随社会的发展变化而发展变化。因为，我们在社会条件下进行认识，什么样的社会条件就会产生什么样的认识。譬如大学校长的职能观，就表现出了强烈的发展性这一特征，它经历了“教学职能——教学、科研双职能——教学、科研、服务三职能”的发展阶段，原因就是大学所处的社会条件发生了巨大的变化，因而对大学的职能也提出了新的更多的更高的要求。正是教育理念具有发展性的特性，其实践性才有现实意义。

4. 前瞻性

教育理念不是教育现实，但由于其具有指导大学教育改革发展，并为大学教育设定努力方向和奋斗目标的作用，因此，教育理念可以被视为将来的现实。譬如大学理想或大学目标追求为一种教育理念，无疑它们不是一种大学的现实，但它们是大学期待实现的一种未来的状态，是用一种思维形式表现出来的未来现实。教育理念的指导作用要求其能够启动和推动教育的改革和发展，而这一目的的达成有赖于教育理念的前瞻性亦即超前性或超现实性。“如果管理人员只限于继续做那些过去已经做过的事情，那么，即使外部条件和各种资源都得到充分的利用，他的组织充其量也不过是一个墨守成规的组织。这样下去，很有可能衰退，而不仅是停滞不前的问题，在竞争的情况下，尤其是这样”。[10] 美国著名管理学家欧内斯特·戴尔（Ernest Dale）的这段话给我们的启示是：大学校长教育理念的一个重大意义就是，它使校长意识到大学不能老是重复过去，并给予大学一个改造现实发展未来的远景。

三、大学校长教育理念影响治校的机理分析

前面我们指出过，若把大学校长的教育理念与治校的问题放入教育哲学的背景中讨论，那么大学校长的教育理念与治校的关系就可视为思维对存在的关系，这种关系既是对立的又是统一的。所谓统一，就是在一定条件下，它们互相转化。即毛泽东同志所说的：“矛盾着的双方，依据一定的条件，各向着相反的方面转化。”[11] 上面我们讨论了教育实践即教育存在向教育理念即教育思维转化的问题，这里继续讨论教育理念是如何向教育实践即大学校长的治校转化的问题。正是因为有这种转化的可能，大学校长的教育理念才显示其重要意义。

（一）大学校长教育理念的重要意义

恩格斯在《路德维希·费尔巴哈和德国古典哲学的终结》一文中分析指出：社会发展史有一点是和自然发展史根本不同的，因为“在自然界中（如果我们把人与自然的反作用撇开不谈）全是不自觉的，在所发生的任何事情中，没有任何事情是作为预期的自觉的目的发生的”。反之，“在社会历史领域内进行活动的，全是具有意识的、经过思虑或凭激情行动的、追求某种目的的人；任何事情的发生都不是没有自觉的意图，没有预期的目的的。”[12] 马克思在谈及人的自觉性的活动同动物本能的区别时亦说：“建筑师比蜜蜂高明的地方是在用蜂蜡建筑蜂房之前，已经在自己的头脑中把它建成了。”[13] 在这里，马克思

和恩格斯把社会活动的特征和人的自觉意识、观念的重要性已经揭示得十分清楚。大学校长的治校，是在大学这一复杂社会系统中进行的管理这一复杂的社会活动，由此决定它更应是一项高度自觉的、有强烈意识的和明确目的的社会活动。教育理念的重要意义即它外现在校长治校行为上的实际意义：它能指导或影响大学校长的治校实践，使校长的治校成为一项高度自觉的、有强烈意识的、有明确目的的社会活动。

大学校长教育理念的重要意义，我们还可以从不同的学科角度加以考察确定。其一，从哲学的角度考察，校长的教育理念是形成于哲学思维的成果，属于教育哲学的范畴。大学校长面对的是一个从组织结构到工作性质再到内部成员都极其复杂的专业机构，如果他不具有哲学思维的能力以及由此形成的教育理念，那么他也就无法对大学复杂多变的现象进行科学的分析判断，就难有审时度势、彰往察来的深谋远虑，也不可能有勇于开拓、改革、创新的胆识。正是出于这种认识，早在二十世纪五六十年代，美国学者就把掌握高等教育哲学认定为所有大学校长必须具备的条件。其二，从管理学的角度考察，校长的教育理念则是大学管理认识活动的结果，属于教育管理学的范畴。其源于大学管理实践及其评价，而目的是能更好地反作用于管理实践以获得理想的管理实效。由管理认识形成的教育理念越明确，越能反映大学运行和发展的规律，由此制定的大学目标也就越现实。其三，从教育学的角度考察，校长的教育理念又属于实践教育学的范畴，而实践教育学的目的就是为教育实践提供指导。但如陈桂生教授所指出："这种指导不像'科学'的教育学那样，着重提供规律性的认识，而是依据一定的教育价值观念制定理性的教育规范，或者对实践中的教育规范提供辩护或批判”。[14] 教育理念为校长确定了一个“好教育”的概念框架，并引导他向这样一个“好教育”的方向努力。以上我们从三个不同的学科视角审视了教育理念对校长治校具有的重要性，而结论是一致的，即：教育理念以主观意识出现，以现实目的而具有意义。

此外，我们还可以通过一些大家们对思维成果的另一表述即观念作用的认识，来帮助我们进一步了解教育理念的重要意义。从概念的本质属性来看，观念和理念几乎同义，没有本质的区别。众所周知，德国社会学家马克斯·韦伯（Max Weber）以学术研究在方法上必须价值中立而著称，他也认为，直接决定人们行为的是利益，但是理念往往像扳道工规定着利益驱动行为前进的轨道。为此，他认为社会学的中心问题，“实际上就是文化理念与人的行为及社会组织的关系，特别是观念的社会实际后果。”[15] 英国经济学家凯恩斯亦放言：“观念可以改变历史的轨道。”这一切无不说明理念之重要。尽管美国大学远远地走在了世界高等教育的最前列，但至今，我们无不承认并重视德国大学在高等教育史上所起的巨大作用，因为经典大学的理念是由德国大学建立的，并因此出现了我们至今为之自豪的大学模式，从而极大地推动了大学教育的现代化进程。也正因大学理念如此重要，卡尔·雅斯贝尔斯（Karl Jaspers）大声疾呼：“大学改革只能由大学的人们来决定”[16]，但重新确定大学的理念是大学改革的首要任务。台湾中原大学校长张光正先生甚至提出，应以“理念治校”取代台湾诸大学盛行而效果又不好的“教授治校”。教育理念的重要性及其意义由此不言而喻。

然而作为一项以讨论大学校长教育理念与治校关系的研究，仅提供教育理念之重要的结论是不够，学术的严谨性还要求我们回答“校长的教育理念为何如此重要及怎样使之重要”的问题，而这即是下面将要讨论的问题。

（二）大学校长教育理念作用于治校的机理分析

就治校而言，大学校长的教育理念有两个最基本的作用：其一，使校长个体的行为具有自觉性和目的性；其二，在此基础上，使大学整体的行为具有自觉性和目的性。自觉性表现为行为的理性，目的性表现为行为的指向性。在“使校长个体的行为具有自觉性和目的性”方面，教育理念主要通过使校长在认识到大学“为什么要做”和“为什么要这样做”的基础上，明确大学“应当做什么”和“应当怎么做”而发挥作用。而在“使大学整体的行为具有自觉性和目的性”方面，教育理念则通过“信念的形成”“目标的编制”“原则的规定”发生治校影响。根据题中之义，我们主要讨论后者，即大学校长的教育理念对大学整体行为是如何发生影响的。

1. 信念影响

何为信念？伯顿·克拉克认为：信念即“位于系统不同部门的很多行动者的主要规范和价值观”。[17] 教育学关于教育信念的定义是：“教育者坚定信奉的教育观念或主张”。[18] 心理学的观点是：信念是“主体对于自然和社会的某种理论原理、思想见解坚信无疑的看法”。[19] 由此我们认为，大学信念作为教育理念体系中的一种理念，它亦是人们在大学教育实践的认识过程中确定的，并被人们普遍认同且坚定信奉的大学价值观及办学主张。大学信念并非抽象的概念，它常常以大学使命、大学远景、大学理想、大学追求等具体形象的描述而外现。大学信念一经形成，对外它是大学整体的、统一的象征，是社会影响力的一种源泉；对内它决定大学的方向，是凝聚组织成员，使他们对大学的未来充满信心并自觉和努力实现大学目标的精神力量，是形成学校健康向上文化力的一种源泉。有研究表明，大学的变革往往是有难度的，其原因一方面来自大学自身的结构过于复杂，另一方面则来自大学历史形成的传统信念的抵制，两者相较后者更重要。故大学的改革，首先从信念的更新开始。

大学校长治校中的个人作用固然重要，但他不能包打天下，他必须发展、重建能激励各部门及其成员斗志的大学信念并借助信念这一力量，使大学的所有成员致力于共同目标的奋斗。有信念之大学才能凝聚组织之成员，形成组织之共识，分享组织之共同价值观，塑造组织之优良文化，终而才能成为凝聚力强，充满生机活力的大学。大学是可以常新的，但其常新的前提就是创立了符合时代发展要求的大学信念，这对一位有理想有抱负的新校长而言，则显得尤为重要。

2. 目标影响

目标是构成组织的基本要素，也是组织实现管理的基本依据，决定组织绩效的重要指标。为界定目标，我们应先界定目的，两个概念有从属关系，应用于管理之后，这种关系依旧不变。何谓“目的”，一种极为简洁的回答是：想要得到的结果。而“目标”，则是想要达到的标准。这里我们还是选一种更为理性的定义：“目的就是人在其活动之前预先观念地存在于头脑中的结果。”[20] 这个关于“目的”的定义同样适用于“目标”，区别仅在于作为“目的”存在于人脑中的结果是比较概括性的，而作为“目标”存在人脑中的结果则是具体的、可测量的。一般而言，目标是目的的具体体现，是引导组织或个体行为向预期目的前进的依据，具有强化和说明的作用。而目的可称为组织的大目标，也可分解为一组实际可称为具体任务的小目标。

教育学把教育目的及教育目标常局限在培养人的范畴，如教育目的是“培养人的总目标”，教育目标是“各级各类学校各专业的具体培养要求”。这是一种受制于基础教育的比较狭窄的认识。由于大学的内容和任务要丰富广泛得多，因此我们对大学目的、大学目标的界定，倾向借用前面关于“目的”和“目标”的比较理性的定义形式。大学校长的治校无疑是一种以目的为方向、以目标为依据的管理实践活动，其活动质量极大地受到大学目的和大学目标的制约和影响。校长的教育理念虽不直接表现为大学目的和大学目标，但它对大学目的的确定和大学目标的制定却是直接的、毫不含糊的。按文辅相教授的观点，“我们不能简单地视教育目标为教育行为预期结果的标志，而应当把它看成是教育思想的体现，并将它置于教育思想的重要地位。”[21] 他甚至认为教育目标从制定到实现，以至于选择实现的途径中的目标分解与决断都受教育观点的支配，都与人们的教育思想密切联系。正因此，张光正教授强调说：“有理念即有方向感，即有目标性；有理念方有准绳，方有标竿。”[22] 而不是把理念与目标、准绳直接等同。因为，理念可以直接作用于目的、目标，但决非是目的、目标。可见，大学校长教育理念通过大学目的、大学目标的确定而影响治校。

3. 原则影响

原则通常指人们观察和处理问题的准则或指导人们从事某些活动的基本要求，原则的建立旨在解决应该怎么办的问题，即原则应当表述的不是某项活动的实然状态，而是该活动的应然状态，是实践主体的一种价值判断和价值选择。原则与规律是有区别的：规律是一种客观存在，是事物运动本质联系和必然趋势的反映，而原则则是依据规律这种客观存在建立起来的反映了实践主体主观要求的产物。规律的掌握在于帮助人们认识事物及其活动的本质属性或本质联系，而原则的建立在于指导人们按某种准则从事某项活动。据此，大学教育原则的内涵已经清楚，即它是根据大学教育目的和大学教育客观规律而制定的指导大学教育实践的基本要求，它是人们对大学教育应然状态的要求，对大学教育活动的方方面面具有定向、指导、规范的作用。

由于大学教育原则是大学教育客观规律的认识和反映，因此，教育理念与教育原则的关系，既可视教育原则为教育理念，也可视教育原则是具有教育理念基本属性的衍生物。张光正校长就把理念直视为原则。他认为："所谓'理念'乃愿景及方向之指引原则"，"所谓'理念'乃组织之最高领导原则"。[23] 教育理念无论与大学教育原则处于哪种关系，其通过教育原则对治校发生作用是显而易见的。

综上所述，大学校长的教育理念主要通过大学信念、大学目标及大学教育原则的渠道或形式对其治校发生影响，这些影响有些是直接性的、有些是间接性。但无论是直接还是间接产生的影响，其对大学的得与失、成与败都具有决定性的作用。

参考文献：

[1] 金耀基. 大学之理念 [M]. 台北：时报文化出版企业股份有限公司，1997：2.

[2][3][4][5] 周川、黄旭. 百年之功 [M]. 福州：福建教育出版社，1994：311，312，412，413.

[6][7] 高平叔. 蔡元培教育论集 [M]. 长沙：湖南教育出版社，

1987：152，213.

［8］于北辰．大学校长应当努力成为社会主义教育家（序）［M］. 西安：陕西师范大学出版社，1989：4.

［9］中共中央文献编辑委员会．邓小平文选［M］. 北京：人民出版社，1983：227.

［10］官鸣．管理哲学［M］. 北京：东方出版中心，1993：55.

［11］毛泽东．毛泽东选集（合订本）［M］. 北京：人民出版社，1967：1-302.

［12］中共中央马克思恩格斯列宁斯大林著作编译局．马克思恩格斯选集［M］. 北京：人民出版社，1972：243.

［13］马克思恩格斯全集第 23 卷［M］. 北京：人民出版社 1972：202.

［14］陈桂生．教育诸概念辨析［M］. 上海：华东师范大学出版社，1997：10.

［15］陈洪捷．德国古典大学观及其对中国的影响［D］. 北京大学高教所 1998 届博士论文，1998：5.

［16］［德］雅斯贝尔斯著，邹进译．什么是教育［M］. 北京：生活·读书·新知三联书店，1991：143.

［17］［美］伯顿·克拉克著，王承绪等译．高等教育系统——学术组织的跨国研究［M］. 杭州：杭州大学出版社，1994：92.

［18］顾明远．教育大辞典［M］. 上海：上海教育出版社，1990：42.

［19］林传鼎．心理学词典［M］. 南昌：江西科学技术出版社，1986，6.

［20］薛天祥．高等教育管理学［M］. 上海：华东师范大学出版社，1997：17.

［21］文辅相．中国高等教育目标论［M］. 武汉：华中理工大学出版

社，1995：17.

［22］［23］黄俊杰 . 大学理念与校长遴选［M］. 台北：通识教育协会，1997：121-122.

本文选自《教育研究》2000 年第 7 期

高等教育体制的重大改革与创新

周远清

20 世纪的最后十年，是中国高等教育改革和发展的最好时期之一。其特点是高等教育体制进行了重大的改革，规模获得了很大的发展，结构进行了科学合理的调整，教育质量和办学效益得到逐步提高，实现了规模、结构、质量、效益的协调发展。这些成就的取得，是由于在解放思想、实事求是的思想路线指引下，在党中央国务院正确领导下，高举邓小平理论的旗帜，坚持走改革发展的道路的结果。而在各项改革中，高等教育体制的改革起到了关键性的作用。可以说，正是由于高等教育体制实现了历史性的重大改革与创新，才开创了有中国特色的高等教育体系的全新局面，并为新世纪中国高等教育的持续发展奠定了坚实的基础。

回顾我国高教体制改革的历程，它经历了一个由探索、试点、形成改革的方针政策体系、逐步推广、全面实施的渐进过程，凝聚了各级教育管理部门和教育工作者的辛勤劳动，也伴随着各种思想观点的碰撞和利益关系的冲突。总的来说，进行过程是平稳的，效果是明显的，成就是巨大的。这次高教体制改革，相对于将近半个世纪以前 1952 年的全国高校院系调整，规模和难度更大，涉及面更广，所花费的时间也更长。能取得如此巨大的成就，充分说明了它符合时代发展的需要和社会的要求，也充分说明了广大人民群众对党和政府的凝聚力。

高等教育体制是关于高等教育事业的机构设置、隶属关系和职责、权益划分的体系和制度。它主要反映高等学校与社会、政府三者之间的关系，并与社会经济、政治、科技、文化等都有密切关系。政治体制、经济体制、科技文化体制对高等教育体制有着巨大影响和制约作用。高等教育体制的改革不具有随意性，它必须与政治、经济等体制相协调，不能滞后，也无法超越。否则，就将抑制高等教育的发展，不能发挥它在社会和经济等方面应有的作用，影响社会经济的发展。高等教育体制也反映了高等教育机构之间和内部各要素之间的关系，直接制约着高等教育的发展和各种功能的实现。因此，在高等教育的改革和发展中，高等教育体制改革处于关键地位，具有影响高等教育整体和全局的重大意义。

新中国成立后，我国高等教育体制经过1952年全国高校院系调整，建立并实行了国家集中计划、中央部门和地方政府分别投资办学和管理、统一考试招收学生、国家包上学包分配工作这样一种体制。简要地说，是一种“一包二统”的体制。这种高教体制与国家高度集中的计划经济体制是相适应的。在长达40年的时间里，发挥了中央和地方的积极性，培养了大批高级专门人才，为社会主义经济建设和社会发展做出了重要贡献。在党的十一届三中全会以后，随着经济、政治等方面的改革开放，这种“一包二统”的高教体制明显地与新的形势不相适应，高教界和社会要求改革的呼声日益高涨，因此，1985年中共中央就作出了《关于教育体制改革的决定》，指出“当前高等教育体制改革的关键，就是改变政府对高等学校统得过多的管理体制，在国家统一的教育方针和计划指导下，扩大高等学校的办学自主权”。在20世纪80年代中后期到90年代初，逐步扩大了高等学校在教学工作、科研工作和人事、经费、外事等方面的自主权，在国家计划招生之外，增加了用人单位委托招生、招收少数自费生等办法。

到20世纪90年代初，随着社会主义市场经济体制改革目标的明确，高等教育体制改革滞后于经济体制改革和社会发展的问题进一步突出。高等教育体制如何适应社会主义市场经济体制的建立，提到了重要日程，特别是高等学校管理体制上的“条块分割”、办学分散、重复设置、规模偏小、效益偏低，多科性、综合性院校和单科性院校比例不合理，学校、学科、专业结构不合理，办学条件差，整体办学实力弱，面对科学技术迅猛发展、以人才和知识为核心的国力竞争日趋激烈，加大高教体制改革步伐和加快高等教育的发展，已经成为燃眉之急的迫切任务。在中央和教育部门、各地高校紧密结合、共同努力下，适时明确了高等教育体制改革主要包括五个方面：办学体制、管理体制、投资体制、招生与毕业生就业体制、校内管理体制。在1992年年底全国高等教育工作会议上以及由国务院批转的会议文件《关于加快改革和积极发展普通高等教育的意见》中，明确了这五个方面改革的任务，并且随后写入了1993年中共中央、国务院印发的《中国教育改革和发展纲要》及其实施意见。在以后长达8年的时间里，五个方面的体制改革都取得了重要进展，一个新型的适应社会主义市场经济体制和我国高等教育发展的新型的高等教育体制雏型已展现在我们面前。

改革高等教育机构的举办体制，逐步形成国家举办为主，社会各界积极参与举办的新格局

自新中国成立开始，中央政府接收的公立、私立大学，都由国家投资举办，形成了政府包揽办学的格局。改革开放以后，随着经济体制的改革，这种单一投资办学的格局已不能适应形势发展，必然导致办学主体的多元化。在《中国教育改革和发展纲要》中，明确提出

“改变政府包揽办学的格局，逐步建立以政府办学为主体、社会各界共同办学的体制”，“国家对社会团体和公民个人依法办学，采取积极鼓励、大力支持、正确引导、加强管理的方针。”这就形成了我国高等教育办学体制的改革目标：以政府举办为主，多种形式办学。

采取多种形式举办高等教育机构，包括鼓励民办高校和与国外合作办学，是为了迅速发展高等教育，根据国外经验结合中国国情而作出的抉择。我国是一个教育大国，但并不是一个教育强国，随着经济迅速发展，国家和社会对发展高等教育的要求十分强烈，而要把我国沉重的人口负担变为丰富的人力资源，在知识与人才的国际竞争中走到世界的前列，为我国经济的可持续发展创造条件，必须使高等教育有一个更大的发展，这是全国上下一致的要求与希望。然而，由于历史的原因，我国高等教育资源十分匮乏，高校规模小，适龄人口进入高校的毛入学率甚至低于发展中国家的平均水平。面对这一巨大的矛盾，继续实行“一包二统”的体制，单纯依靠政府举办学校来发展高等教育，势必失去可资利用的教育资源，妨碍高等教育更快地得到发展。社会主义市场经济体制的逐步确立，由市场机制来调节和优化资源配置，使扩大和吸引教育资源获得了极好的机遇。改革“一包二统”的旧体制，实行以国家举办为主，社会各界积极参与举办高等教育的新体制，为我国高等教育的迅速发展找到了一条切实可行的新途径。同时，发达国家以及部分高教发展较快的发展中国家的经验也充分说明，社会力量举办高等教育，不仅是国家举办的一种重要补充，而且在一些国家往往占到相当大的比例，并且有一批水平很高的私立学校。从国内的实际情况和国外的经验看，改变单纯依靠政府举办高等教育机构，大力发展多种形式的社会力量办学，是我国高等教育快速发展的必由之路。

经过十多年的发展，目前，我国由民间社会力量举办的各类高等教育机构已达 1 200 多所，其中有 37 所可以自主发放国家承认的学历文凭，有 370 多所被确定为学历文凭考试机构。民办高等教育机构的在读学生共约 150 万人，其中 37 所国家承认学历文凭的学校在读学生 4.6 万人，370 多所学历文凭考试机构的在读学生达 25 万人。这些民办高校依靠社会企业捐资、集资、学生交纳的学费、学校产业的收入等资金保证学校的生存发展，为国家培养了大批人才，做出了重要贡献。

近几年，民办高校发展势头仍然强劲。当前的任务，是要总结我国民办高校发展的经验，制定具体的政策法规，加大支持力度，使民办高校得到健康的发展，为我国高等教育事业和科教兴国的战略做出更大的贡献。

改革投资体制，建立以财政拨款为主，其他多渠道筹措教育经费为辅的体制

现代高等教育，由于科学技术的高度发展，办学规模扩大，教学内容要求提高，对教育经费的需求也相应增长。能否筹措比较充足的教育经费，成为世界各国高等教育发展的一个重要关键。在我国旧的教育体制下，单纯依靠国家财政拨款，虽然经过努力，投入资金年年都有所增长，由于国家财力有限，仍然远远不能适应发展的需要。自改革开放以来，就一直在探索建立多渠道筹措教育经费的体制。

早在 1985 年《中共中央关于教育体制改革的决定》，就提出了多渠道筹措教育经费的思路。1993 年中共中央、国务院颁发的《中国教育改革和发展纲要》中，更明确提出：“要逐步建立以国家财政拨款为主，辅之以征收用于教育的税费、收取非义务教育阶段学生学杂费、校办产业收入、社会捐资集资和设立教育基金等多种渠道筹措教育经费的体制”。1998 年全国人民代表大会通过的《高等教育法》明确规定:“国家建立以财政拨款为主、其他多渠道筹措教育经费为辅的体制”。

为了保证国家财政拨款这个主渠道,在《中共中央关于教育体制改革的决定》及《中国教育改革和发展纲要》中确定了“三个增长”和“两个比例”的原则,即:各级政府教育财政拨款的增长应当高于财政性收入的增长;并使按在校学生人数平均的教育费用逐步增长;保证教师工资和学生人均公用经费逐步增长;全国财政性教育经费支出占国民生产总值的比例达到 4%;各级政府财政性支出中,教育经费所占比例达到 15% 以上。同时,确定了“各级政府的教育经费支出,在财政预算中单独列项”的制度,以及规定“县级以上地方各级人民政府应当向本级人民代表大会或者其常务委员会报告教育工作和教育经费预算、决算情况,接受监督”的制度。

为了开辟筹措教育经费的多种渠道,对高等教育来说,主要是收取学费和兴办产业,同时也积极鼓励社会捐资助学、建立教育发展基金、利用世界银行贷款和国内银行贷款等多种方式,增加教育经费投入。近 10 年来,发展最快的是高校兴办科技产业和发展科学研究、科技服务。据统计,1996 年全国高校企业发展到 7 100 余家,其中科技型企业 3 000 余家;1997 年度高校科技产业销售额达 184 亿多元,利润总额超过 18 亿元,在沪深两股市具有高校概念的上市公司有 16 家,其中校办高科技企业有 9 家。1996 年教育部(国家教委)所属高校科研发展机构就有 151 个,开展科研课题 19 530 项,科研和科技服务活动经费达 20 亿元。1998 年国务院批转教育部《面向 21 世纪教育振兴行动计划》提出实施“高校高新技术产业化工程”以后，全国共发展了30多个大学科技工业园，进一步形成了高新技术产业群。通过多种渠道筹措教育经费，使过去单纯依靠财政拨款的高等学校，在学校经费构成上发生了重大变化，大致说来，现在全国高校经费，60%靠政府拨款，40%靠学校多渠道筹集。有的高校，自筹经费甚至高达80%。从发展来看，随着高等教育规模进一步扩大，教育水平要求进一步提高，高等教育经费投入不足仍然是一个严重的困难，必须坚持“以财政拨款为主，其他多渠道筹措教育经费为辅”的体制，落实“三个增长”和“两个比例”，进一步大力发展多渠道筹措教育经费的途径，加强力度，使高教发展得到必要的经费支持。

改革高等教育的管理体制，调整结构布局，建立国家和省级政府两级管理、分工负责，在国家宏观政策指导下以省级政府统筹协调为主的新体制，形成合理的结构布局

我国的高教管理体制，新中国成立初期，是中央政府委托各大行政区统一管理。1952年院系调整以后，逐步形成了中央政府各部门和省级政府分别投资举办和直接管理的体制。在将近40年的时间里，每一所高校都有明确的隶属关系，分为教育部直属高校、中央部委所属高校、省属高校。按照计划经济的要求，国民经济和社会的各个行业分别成立部、委、局、办，这些中央部门在负责发展各行业的企业、事业的同时，还举办和管理高校（有的部委还管理中等专业技术教育和基础教育）、科研机构、文化单位。与此同时，各省、自治区、直辖市也分别举办和管理省属的高校，还有一部分高等专科学校和少数专门学院，是由地市和省厅局举办和管理的。由于投资举办和管理自成体系，人才的培养和使用也按各自的需要形成封闭系统。这种“条块分割”的管理体制是在计划经济体制下形成、与计划经济相适应的。相对来说，中央部门所属高校数量较少但水平较高。到1979年年底，经国务院批准列为全国重点的高校97所，中央业务部门所属的有66所（不包括教育部所属），占重点校总数近70%。这些学校培养了大批各行业迫切需要的高级专门人才，出了一批科研成果，为我国四个现代化做出了积极贡献。

但是，在长期的实践中，发现这种“条块分割”的管理体制存在许多与生俱来的弊病，与此相联系，形成了结构布局不合理的状况，影响了我国高等教育更快的发展和质量的进一步提高，因而在1958—1960年期间以及在“文革”期间，曾两次将中央部门的学校下放到各省、自治区、直辖市管理，试图解决“条块分割”的弊病，但因为计划经济体制没有改变，中央各部门分管各行业主要企业事业的职能没有改变，最后仍然恢复了“条块分割”的管理体制。一直到80年代初的高等教育管理体制改革，也只是把“扩大高校办学自主权”作为主要目标。90年代初，确立了我国社会主义市场经济体制的改革方向和目标，中央各部门机构改革和职能转变，改革高等教育“条块分割”管理体制的任务再一次被提出来并获得了基本条件。这是以后8年中高等教育管理体制改革比较顺利地获得突破性进展的最根本原因。

为什么“条块分割”的管理体制和不合理的结构布局非改不可呢？我们分析它的主要弊端就可以明白。

其一，旧体制已经严重不适应建立社会主义市场经济体制的要求和政治体制的改革。建立社会主义市场经济体制，实行现代化企业制度，区域经济日益发展，要求政治体制进行改革，实现政企分开，转变政府职能，把企业生产经营管理的权力交给企业，使企业成为市场的法人实体和竞争主体。特别是国务院机构改革以后，管理加工工业的部委，大部分不再直接管理企业。如果说过去中央部门举办和管理高等学校，是为了所管理的企业培养人才的需要，那么，在经济、政治体制改革以后，这种职能将随之转变。实际上，国家对大多数部委经营性投资改为贷款、非经营性投资（包括高校基建投资）大幅度缩减以后，其所属高校已产生经费投入严重不足的困难，由中央部门管理高校的体制已到了非改不可的地步。

其二，旧体制已严重不适应高等教育自身发展规律和科技发展需要。行业部门办学和管理，是造成学校科类单一、专业口径过窄的重要原因。1952 年院系调整后，绝大部分高校都按文、理、财、法、外、师、工、农、林、医、体、艺等类设单科院校，有少数文理科大学，也并非真正意义上的综合大学。其中工科类更按行业部门分别按机、电、土、化、地、矿、冶、轻等分设专门院校。专业划分进一步细化，以技术类型、产品对象以至于工作岗位来设置专业。1980 年统计，全国高校各科类专业多达 1 039 种。在科学技术发展高度分化又高度综合而以高度综合为主要趋势的今天，学科专业交叉融合，新技术、新产业层出不穷，给我国高校学科单一、专业细化的情况提出了强烈挑战，80 年代初改革开放形势下，文理渗透、理工结合、拓宽专业口径、建立综合大学已经是高教界、科技界和社会的强烈呼声。但是，在旧的管理体制下，很难实现，以致在 20 世纪 80 年代初、中期，教育部花了很大力气修订专业目录，都没能达到理想的效果。于是，大部分高校采取各自综合发展的办法，文理科大学增设工、管类院系，工科院校兴办文、理科系，都朝文、理、工、管综合型大学发展。实践证明，这种发展途径是少、慢、差、费的办法，绝大多数院校很难实现理想的目标，而且在整体上也很难形成合理的结构布局。改革高教管理体制、调整不合理的结构布局已成为高教体制改革不可回避的使命。

其三，旧体制已严重不适应优化资源配置、提高办学效益的需要。“条块分割”的旧体制，是造成分散办学、重复设置、规模偏小、效益低下的重要原因，阻碍了我国高等教育的更大发展。中央部门和各地方分别办学、分头管理、自成体系，使本来已十分有限的经费因分散投入而力度更小，发展缓慢，人才培养的行业针对性强且难以流动调剂，形成各自的“小而全”格局。而实际上，是“小”而“不全”，因为任何一个行业部门，所需人才几乎涉及所有学科专业，而任何一个部门和大部分地方，都难以面面俱到地建立所有的院系专业。据教育统计资料，在改革开放前夕的 1978 年，全国普通高校 598 所，在校生 86.7 万人，平均每校仅有 1 432 人，其中在校生 5 000 人以上高校只有 4 所，3 000 ～ 5 000 人的高校也只有 34 所，而 1 000 人以下的高校有 348 所，占高校总数的 60%，不足 300 人的高校多达 99 所。到 1992 年，全国普通高校中，仍有 13.1% 的本科院校在校生不足 1 000 人，15.2% 的专科学校和 41.9% 的短期职业大学在校生不足 600 人。甚至到 1995 年，校均规模达到 2 700 人左右，仍有 1 000 人以下规模的普通高校 142 所，300 人以下规模的 19 所。显然，这种办学规模的效益是很低的，因为规模小、专业划分又细，绝大部分学校的专业点每年只招一个班学生甚至隔年招生，而专业教师、教学仪器设备、图书资料、干部职工、学校设施必须一应俱全，势必造成教育资源利用率极低，学生和教师、职工比例甚低。1978 年全国高校生师比仅为 4.15 : 1，生员比为 1.65 : 1，这对于我们这个人口众多的发展中国家办大教育，极其宝贵的教育资源得不到充分利用，是一种严重的浪费。改革教育管理体制、调整教育结构，以提高办学效益，也确实是一项刻不容缓的任务。

由此可见，我国高教管理体制改革和结构布局调整，是高教体制改革的重点。但是，要改变40年来人们已习惯了的管理体制和多年形成的结构布局，是一件很困难的事。重复历史上简单“下放”的办法，也许可以实行，但无非是把“条条为主”变成“块块为主”，各省市自成体系、小而全，并不能从根本上打破“条块分割”的局面，改变分散重复办学的状况，而且大多数地方的经济实力难以承受，有可能造成原中央部门所办的66所重点高校、300所普通高校面临新的办学困难。如何根据中国的国情，找到一种适应时代发展和社会主义市场经济体制需要、有利于高教发展的新的管理体制和结构布局，我们经历了8年时间的漫长探索和改革过程，终于取得了突破性进展，形成了新的管理体制基本格局，实现了体制的创新。

1992年年底，为落实第四次全国高教会议精神，探索我国高教体制改革的途径，国家教委和广东省政府提出共建委属高校中山大学和华南理工大学，广东省从经费、政策上支持两所学校办学，两所学校调整服务面向，更多地参与和服务于广东省经济社会的发展。实践证明，中央部门和地方共建共管学校，是一种可行和有效的改革途径。这种办法既保留了中央部门办学和管理在经费、科研、业务指导方面的某些优势，又打破了自成体系的分割局面，发挥了地方对这些院校在经费补助、政策优惠、统筹管理上的积极性，使这些学校在继续为行业部门培养人才、科技服务的同时，扩大服务面，更好地为所在地区的经济建设和社会发展服务。到1994年年底，有27所中央部委所属院校实行了省部共建共管，其中教育部（国家教委）所属高校有19

所，发挥了带头作用。

1994 年年底在上海召开的全国高等教育体制改革座谈会，总结了改革的经验，提出了进一步保证和推进高等教育管理体制改革的思路和主要措施。1995 年 7 月，国务院办公厅转发了国家教委《关于深化高等教育体制改革的若干意见》，年底又召开了高教管理体制改革座谈会，明确了共建、联合、合并、协作、划转五种改革形式，并明确提出："高教管理体制改革，不是简单地把学校'下放'与'上收'，不是将原来'条条'管理简单地改为'块块'管理而自成体系，而是要建立与经济、政治、科技、文化体制改革相适应的，有利于高等教育事业的发展和改革的新的高等教育管理体制。"要"淡化学校单一的隶属关系观念"，"逐步变条块分割为条块有机结合"，使高校"真正实行面向社会依法自主办学"。经过几年的努力，到 1998 年，共建的学校已经发展到 100 多所，有 181 所学校合并调整为 74 所，划转地方管理的 8 所，实行学校间合作办学的 228 所，实行企业、科研单位与学校协作办学的 217 所，涉及企业 5 000 多家。

1998 年 1 月，在扬州召开了全国高等教育管理体制改革经验交流会，按照党的十五大报告中"加快高等教育管理体制改革步伐"的要求，李岚清副总理提出了"共建、调整、合作、合并"的"八字方针"。会议提出了改革的目标是："争取到 2000 年或稍长一点时间，基本形成中央和省级人民政府两级管理、分工负责，以省级人民政府统筹为主，条块有机结合的新体制。"从 1998 年到 2000 年，以国务院机构改革为契机，三年间取得了全面性突破进展。1998 年，对并入国家经贸委的原 9 部委所属 91 所普通高校、72 所成人高校以及中专、技工校进行管理体制调整。91 所普通高校中，81 所与地方共建、以地方管理为主，有 10 所以中央为主、成为教育部直属高校。1999 年，对国防科工委所属 25 所普通高校、34 所成人高校、232 所中专、技工校进行管理体制调整。25 所普通高校中，考虑到国防工业发展特殊需要，有 7 所仍由国防科工委管理，其余为中央与地方共建以地方为主管理。2000 年进行了范围最广、规模最大的调整，涉及 49 个中央部门的 161 所普通高校、97 所成人高校、271 所中专校、249 所技工校。其中 55 所普通高校划归或并入教育部直属高校，其余都划归地方或以地方管理为主。

经过 8 年的努力，在高教管理体制改革的同时，高校的结构布局也进行了合理化调整，初步改变了办学分散、重复、规模偏小、单科性院校偏多等不合理状况。到 2000 年，全国有 387 所普通高校、169 所成人高校经合并调整为 212 所普通高校、20 所成人高校。另外，有 317 所高校开展了校际间的合作办学，形成了 227 个合作办学体，初步实现了在省级统筹下形成各地区比较合理的结构布局。其中改革调整力度最大的是合并建立了一批各类学科比较齐全的真正的综合大学和多科性大学。由于历史的原因，办学分散，各自形成“小而全”的系统，合并中要对学科、专业、干部、教师以及仪器设备、规章制度等进行或大或小的统一调整，涉及方方面面的利益关系，因而难度较大，对学校及社会的影响震动也比较大。但是，为了使我国高等教育整体上有一个比较合理的结构布局，为了以后的长远发展，这是一项非进行不可有重大意义的战略措施。从历史上说，我国自 1952 年院系调整以后，就没有一所真正意义上的综合大学，影响了学科间的交叉渗透融合，阻碍了学校水平的提高，造成了高等教育体系中缺少高层次中坚骨干学校的缺憾。从世界各国的经验看，世界一流的大学几乎都是真正的综合大学，而且水平最高的单科学院（例如医学院）也常常在综合大学里。要使我国高等教育赶上世界水平，就必须建设若干所世界一流的综合大学。这一点，在改革开放初期，我国教育界的有识之士就已经强烈呼吁并获得广泛赞同。在管理体制改革的初期，1994 年以前，就有 50 多所高校合并为十几所，出现了四川（联合）大学、南昌大学、上海大学、扬州大学等学科门类较为齐全的综合大学。以后又有新的浙江大学、广西大学、延边大学、石河子大学等一批合并的综合大学。虽然在合并以后，曾或多或少出现过并非意料之外的磨合困难，但这些合并学校都或快或慢地显示出生机活力，办学水平和实力显著提高，学科专业结构得到优化，教学资源更好地发挥了作用，办学效益和教育质量也得到了提高。可以预期，在这些合并的综合大学里，未来将会出现真正的世界一流大学。这里要说明一点，合并建立学科齐全的综合大学，并非高等教育管理体制改革和结构布局调整的唯一目标。在合理的高等教育结构体系中，也需要有一些多科性大学和某些单科性院校。至于其间的比例，应根据实际情况和需要实事求是地确定，而不取决于主观愿望和臆测。

在这样范围广阔、规模空前的改革中，由于经过长期的探索、试点、酝酿，充分发挥了广大群众的智慧和创造性，从实际出发找到了科学合理切实可行的改革途径，还由于各部门、各地方、各高校领导顾大局、讲政治、充分协商、精心操作，改革调整过程之平稳、顺利，出乎原来的预期，其效果也逐渐显现出来。而且大家也认识到，这次管理体制的改革，不仅有利于克服原有体制下产生的种种弊病，尤其重要的是在新世纪到来的时候，面对国际竞争的挑战和社会主义事业的要求，为我国高教事业的持续发展和不断提高开辟了前进的道路，创造了有利条件，具有历史性的里程碑意义，将是我国高教发展史上重要的一页。

当前，新的高教管理体制的框架已经形成，为了完善这一新的体制，还需要进一步理顺其体系结构和布局调整，健全有关的规章制度，落实中央部门、地方政府、高等学校应当履行的职责，扩大和建立稳定的经费投入渠道，加强地方政府统筹的力度和学校领导班子、管理队伍的建设，以充分发挥管理体制改革对促进高教蓬勃发展所应起的作用。

改革高校内部管理体制，使学校成为面向社会依法自主办学和有效自我约束的法人实体

我国高校内部管理体制也是在计划经济体制下形成的，带有政府举办和直接管理高校的特点。在一定程度上，高校成为政府机构的附属和延伸，学校缺乏办学自主权，其直接的弊端是造成学校管理机构重叠、管理队伍臃肿，缺乏活力、效益低下。随着我国计划经济体制向社会主义市场经济体制的转变，以及社会经济发展对教育的需求，上述学校管理模式和运行机制的弊端日益突出，已经不能适应高校发展的需要，亟须进行改革。

1985 年《中共中央关于教育体制改革的决定》中提出扩大高等学校办学自主权、调整教育结构、相应地改革劳动人事制度、实行高校后勤社会化以后，高校内部管理体制改革就已经逐步开展。随着社会的人事制度、分配制度、住房制度的改革，高校也进行了相应的改革。高校后勤社会化，如食堂承包等各种探索逐步开展起来。但是，真正取得较大进展，是在近几年内外条件都趋于成熟之后开始的。

近年来，随着社会主义市场经济体制的逐步建立，国有企业改革的深化，政府机构的改革顺利实施，社会保障制度的逐步建立，特别是高教管理体制改革加快了步伐，高校布局结构调整力度加大，对高校内部资源重组和体制创新提出了新的、更高的要求。1999年5月，教育部召开了全国高等学校内部管理体制改革座谈会，总结交流了各地的经验，提出了下一步的改革方向。1999年，教育部下发了《关于当前深化高等学校人事分配制度改革的若干意见》，进一步推动高校开展新一轮以人事分配制度为主要内容的内部管理体制改革。在此基础上，教育部会同中组部、人事部，针对全国高校开展改革的实际情况，经过一年的调查研究、征求意见，研究起草了《关于深化高等学校人事制度改革的实施意见》（以下简称《实施意见》），并于2000年下发各地。《实施意见》着眼于理顺政府及其高校主管部门与高等学校的关系，突出高校自主办学的独立法人地位，在用人制度和分配制度改革方面出台创新的政策，支持高校深化改革。目前，各省市和高校以人事分配制度改革为主要内容的高校内部管理体制改革正在向纵深发展，主要内容有以下几个方面。

一是改革校内管理机构设置，减员增效。在旧的管理体制下，高校实行行政管理的模式，机构重叠、队伍臃肿、人浮于事、效益低下的局面长期难以解决。在高教管理体制改革中，许多学校合并成新校，问题更为突出。正如群众所形容的："校长一走廊，处长一礼堂，科长一操场"。在政府机构改革的带动下，以高教管理体制改革为契机，大部分高校都对校内管理机构设置和人员编制进行了大精简，校一级的处室减少到20个以下，管理人员减少三分之一到一半，随着学校扩大招生，不仅生师比大大提高，生员比也有极大的提高，大大提高了人力资源的使用效益。

二是深化用人制度改革，全面推行聘任制和聘用制。高校长期存在“铁饭碗”现象，人员能进不能出、职务能升不能降、待遇能高不能低，缺乏竞争和激励机制。在学校机构设置改革的同时，对学校行政管理人员、教学科研人员都实行竞聘上岗，按照“按需设岗，公开招聘，平等竞争，择优聘用，严格考核，合同管理”的原则，实行了真正意义上的聘任制和聘用制。

三是深化校内分配制度改革，真正体现“多劳多得，优劳优酬”和“效率优先，兼顾公平”的原则，打破平均主义，对在教学和科研上作出突出贡献的人员给予重奖，对优秀拔尖人才、学术带头人和骨干大幅度提高待遇，真正做到一流人才、一流业绩、一流报酬。教育部组织实施的“长江学者奖励计划”，实行特聘教授岗位制度，给特聘教授每年 10 万元奖金，加大了奖励的力度。不少学校也仿效此法，给学校的特聘教师以 5 万元以上的较大奖励。北大、清华等一些高校，在人事分配制度改革方面采取了重大的突破性改革措施，建立了以岗位聘任为主要内容、以岗位津贴为主要分配形式的人事分配制度，拉开了分配档次，强化了竞争机制，吸引和留住了一批高水平人才，为建设世界一流大学创造了重要的条件。

四是在后勤社会化方面，迈出了较大的步伐。高校后勤服务由学校大包大统的局面，也是由高教体制所决定的。长期以来，高教的经费投入、人员编制、领导精力，很大一部分要放在后勤工作上，严重影响我国高教事业的发展。随着高教体制改革的深入，后勤社会化改革更成为制约高教发展的“瓶颈”。但是，由于高教后勤改革不仅仅是一个内部管理体制改革的问题，而且牵涉整个高教体制和办学模式的改革，关系到广大师生员工的切身利益，需要社会各方面的配合。因此，尽管80年代初就有着改变“学校办社会”的强烈要求，后勤服务承包等探索启动也较早，直到近几年，才迈出较大的步伐。特别是1999年在上海召开全国高校后勤社会化改革工作会议，推动了各地、各高校改革步伐进一步加快。其主要特点，是由地方政府出面组织社会有关方面配合实施，改变了由一所所高校单方面努力的状况。例如，上海市政府主持下，按照市场规律和教育规律，采取高校之间后勤联合、吸引社会力量参与的方式，使高校后勤机构和人员规范分离出学校，形成教育系统联合办后勤与协调组织社会力量办后勤相结合的新格局。目前，许多高校集中的城市，都成立了高校后勤股份公司、后勤产业集团，并积极推进后勤企业化管理。更多的高校，在学校内部管理体制改革中，也把后勤社会化改革作为一项重要内容，从机构、人员、分配制度等方面进行了较大的改革。后勤社会化改革的直接效果，是这两年高校大幅度扩大招生，学校后勤显示出较大的承受能力，一定程度上解决了后勤对高教规模发展的制约影响，为我国高教事业持续快速发展创造了有利条件。

改革高校招生和毕业生就业制度，实行学生缴费上学、政府和社会助学，在国家指导帮助下毕业生和用人单位双向选择的就业制度

招生和毕业生就业制度是高等教育体制改革的重要方面，不但涉及高等教育的发展和人才培养，更涉及千家万户的切身利益，可以说也是国家经济和政治改革的重要内容。

在改革开放以来，招生和毕业生就业制度一直在进行改革，经历了很长的探索过程。尽管社会影响很大，改革难度很大，也可以说风险很大，由于依靠中央和国务院的正确领导，广大群众的觉悟和支持，教育管理部门精心操作、谨慎从事，整个改革的进程应该说相当平稳顺利，成效也是很大的。

高校招生制度的改革包括相互联系的高考改革和收费改革两个方面。在高考改革方面，“文革”后恢复了全国统一考试计划录取新生的制度，这对于保证教育的公平性原则，保证新生的入学质量，保证有计划地培养各科类人才是十分必要的。但是，单纯以书面试卷考核文化知识、加上命题内容和阅卷方式方面的问题，在生源选拔上也有一定的局限性，每年所耗费的人力、财力、物力也相当大。这样，一方面社会上对高考改革的呼声一直相当高涨；另一方面，由于关系到千百万莘莘学子的前途命运，稍有改革，反应就十分强烈，造成高考改革阻力很大、难度很大，必须谨慎从事。经过多年的探索和试点，近两年迈出了创新性的较大的步伐。一是高考内容的改革，突出能力和素质的考查；二是考试科目的改革，提出并试行了3+X模式；三是逐步试行计算机网上阅卷和实行网上录取，有利于公平公正且大大节省人力物力；四是探索一年两次高考的改革，给学生提供更多的选择机会。其改革的原则，是要有助于高校选拔高质量人才，有助于中学实施素质教育，有助于扩大高校办学自主权。目前改革还在进行中，离完善、到位还有不小差距，尚须继续推进。

在收费改革方面，长期以来，我国义务教育阶段交费上学而非义务教育阶段却由国家包下来的不合理状况，既不利于基础教育的普及，也不利于高等教育的发展，在国家经济体制逐步改革特别是社会主义市场经济体制逐步建立起来的时候，这种状况已非改不可了。同样，如何收费以及收费的多少，都涉及千家万户的切身利益和承受能力，改革的难度也是很大的。从80年代中期开始实行招收计划内公费生、计划外自费生、用人单位委培生以后，打开了部分学生交费上学的口子。但由于这种公费生、自费生并行的“双轨制”办法有悖于教育的公平性原则，产生许多新的矛盾，因此在90年代初开始进行了“并轨”的改革，到1997年全部实行所有学生都交费上学的制度。同时，根据教育成本合理分摊补偿的原则，综合考虑政府、学校、家庭（个人）的利益和承受能力，采取主管部门按不同学校所在地区确定收费上限，学校确定具体标准的办法，使收费相对合理可行。同时，加大力度建立奖学金、助学金、贷学金、勤工助学、特困补助等多种形式的资助体系，做到不让一个被录取的学生因经费困难而上不了学或中途辍学，这是非常不容易的。目前，收费改革已经基本实现，但还必须进一步改进和完善。

高校毕业生就业制度的改革，同样经历了较长的改革发展过程。总的改革方向是改变高校毕业生全部由国家包分配工作岗位的制度，逐步实现在国家宏观调控、政策指导下，各级政府和学校推荐、学生和用人单位双向选择的制度。从整体来说，一方面，我国劳动力的平均文化水平还不高，国民素质亟待提高，大学生不是多了而是少了；而另一方面，大学毕业生的初次就业率不高，招生规模大幅度扩大，几年以后的就业形势将更趋紧张。因此，进一步深化就业制度的改革仍然是一个重大任务。深化改革的重点，是坚持市场导向，破除一些体制性障碍，努力建立比较完善的毕业生就业指导和服务体系，探索提高毕业生就业率的有效机制，调动各方面包括毕业生本身的积极性，以引导正确的就业方向，使真正需要人才的地方能得到大学生，也使大学生能到发挥自己聪明才智的地方去，充分发挥大学毕业生在推动经济和社会发展中的积极作用，充分利用好这一宝贵的人力资源。

从以上高教体制改革几个主要方面的进展、成就、经验和进一步深化改革的任务可以看出，在二十世纪的最后十年，确实取得了历史性的重大成就，一个新的高等教育体制的雏形已经展现在世人面前，对我国高等教育、整个教育事业乃至社会主义事业的持续胜利发展，将有着深远的意义。同时，还应当充分看到，虽然近十多年来在高教体制改革方面的任务很重，所投入的力量很大，但教学改革并没有放松，以教学内容和课程体系改革为主的教学改革也及时启动并取得了很大进展，即将获得可喜的丰硕成果。而体制改革和教学改革的进展和成果，又是与教育思想观念的改革分不开的。可以说，在这一时期，出现了体制改革、教学改革、教育思想观念改革互动互促、密切配合，形成合力的良好局面，使整个改革过程平稳顺利、健康有序、成效显著。这些改革，是在我国经济、政治、科技等方面进行重大改革的背景下开展的，没有历史的、外国的现成经验可以借鉴，必须根据我国国情，发动广大群众经过反复探索、局部试点、总结经验、逐步推广，最后形成具有中国特色的高等教育体制。从这一点说，我们的改革也是一种创新，是体制的创新，也有着理论上的创新。当然，创新的事物总是有待继续完善，而创新的经验也有待理论上的提升。这将是我们跨入新世纪的一项重大任务。

本文选自《中国高等教育》2001 年第 1 期

理想导向型的政策制定
——"985 工程"政策过程分析

陈学飞

1998 年 5 月 4 日，中国国家主席江泽民在庆祝北京大学建校 100 周年大会上的讲话中宣布："为了实现现代化，我国要有若干所具有世界先进水平的一流大学。"[1] 根据这次讲话所确定的方针，教育部在《面向 21 世纪教育振兴行动计划》中，把支持部分高等学校创建具有世界先进水平的一流大学和一流学科列为优先的战略目标。上述决定被称为"985 工程"，即创办世界一流大学工程。

"985 工程"是中央政府的一项重大政策决定，对全国高等教育的格局和发展产生了重大的影响。对于这项政策进行研究和具体分析，有助于认识中国重大公共政策的形成过程，也有助于提炼有一定解释力的政策理论，并预测今后中国教育政策的走向。

一、"985 工程"作为国家政策的形成过程

北京大学是由清朝政府于 1898 年创办的我国第一所现代意义上的高等学府，其创办和发展对于近现代中国高等教育事业和国家的历史进程产生了深远的影响。1998 年 5 月 4 日，北京大学建校 100 周年。为了纪念这个重要的日子，学校很早即开始筹划，并成立了以校长为首的校庆筹办委员会。筹委会面临一系列繁重的工作，如筹集经费、整饬校容、兴建标志性建筑（如新图书馆、百年纪念讲堂、校史馆等）、筹划纪念仪式和活动（如世界著名大学校长论坛等）…… 在所有活动中，核心的或最重要的问题是如何确定纪念活动的目的：是为了回顾和宣传过去百年的辉煌还是为今后百年的发展确定方向？为此

学校曾发动师生进行讨论，同时国家教育委员会以及全国教育科学规划领导小组、国家教育发展研究中心负责人等也曾先后来到北京大学，建议北大在国家实施科教兴国战略的大好时机下，参照中国科学院发起“知识创新工程”的经验，向中央政府提出政策诉求，争取得到中央政府对今后发展的更大支持。北大校方采纳了这些重要建议，并与教育界的有关人士协商，讨论制定相应计划，以期能够影响到中央最高决策。

1998年2月24日，国家教育委员会与北京市政府联合召开专题办公会议，听取北京大学校长陈佳洱等汇报关于百年校庆筹备工作，并着重研究落实校庆工作有关重要事宜。会议由国家教委主任主持，北京市政府秘书长、国家教委办公厅、人事司、计划建设司、财务司、外事司、高教司、学位办、直属高校办公室的负责人等参加了会议。陈佳洱校长提出：

1. 拟邀请国家主席江泽民出席5月4日庆祝大会，并作重要讲话；邀请贾庆林（时任北京市委书记）、朱开轩（时任国家教委主任）、陈至立（时任国家教委党组书记）等出席；邀请李岚清副总理出席5月2日由北京大学主办的“世界著名大学校长论坛”开幕式和5月4日北大图书馆新馆竣工典礼并作讲话；请教委和北京市协助落实重大活动的安排。

2. 希望能以北京市政府名义于5月4日中午在人民大会堂举行招待会。①

会议议定，北大尽快就邀请江泽民等党和国家领导人出席提出方案，然后由教委和北京市联署行文向中央办公厅请示，请中办审定，

① 《教育部办公会议纪要》1998年第2号。

并将会议纪要报送主管副总理李岚清。

会议确定的上述事项报告中央办公厅后很快得到了同意的批复。国家教育委员会、北京市政府和北京大学随即开始了各项筹备工作。

依照常例，国家领导人在校庆大会上的讲话稿由学校方面起草。北京大学负责起草工作的小组在讲话稿中明确提出“为了实现现代化，我国要有若干所世界先进水平的社会主义一流大学”。草稿报送中央审定时，国家领导人将“世界先进水平的社会主义一流大学”改为了“世界先进水平的一流大学”。

1998 年 4 月 29 日，江泽民主席在校庆前夕来到北大考察，在讲话中再次强调“要坚定不移地实施科教兴国战略”。[2] 1998 年 5 月 2 日，李岚清副总理在北京大学举办的“面向 21 世纪的高等教育——世界著名大学校长论坛”开幕式上发表讲话，强调加快发展高等教育对实施科教兴国战略的重要作用。[3] 1998 年 5 月 4 日，北京大学在人民大会堂隆重举行庆祝建校一百周年大会，国家党政主要领导人全部出席了大会。国家主席江泽民发表了被称为“科教兴国的动员令”的著名讲话。江泽民以中央政府的名义郑重宣布：“为了实现现代化，我国要有若干所具有世界先进水平的一流大学。这样的大学，应该是培养和造就高素质的创造性人才的摇篮，应该是认识未知世界、探求客观真理、为人类解决面临的重大课题提供科学依据的前沿，应该是知识创新、推动科学技术成果向现实生产力转化的重要力量，应该是民族优秀文化与世界先进文明成果交流借鉴的桥梁。”[4]

就在江泽民讲话的当天，教育部向全国教育系统发出《关于深入学习江泽民同志在庆祝北京大学建校一百周年大会上的重要讲话精神的通知》。1998 年 5 月 5 日，教育部召开会议，学习江泽民 4 月 29 日和 5 月

4日的讲话，研究部署学习贯彻两次重要讲话精神的意见和措施。

1998年6月25日，国家科技教育领导小组正式成立，当时的国务院总理朱镕基任组长，副总理李岚清任副组长。1998年10月28日，国家科技教育领导小组召开第二次工作会议，审议并原则通过了教育部报送的《面向21世纪教育振兴行动计划》。

1998年12月24日，教育部发布《面向21世纪教育振兴行动计划》(以下简称《计划》)，决定在推行“面向21世纪教育振兴行动计划”中，重点支持部分高等学校创建具有世界先进水平的一流大学和一流学科。《计划》指出：“建设世界一流大学，具有重大的战略意义”；“经过长期的建设和积累，我国少数大学在少数学科和高新技术领域已达到和接近国际先进水平，拥有一批高水平的教授，尤其是本科生培养质量较高，为创建世界一流大学创造了条件”；“一流大学建设要有政府的支持，资金的投入”；“要相对集中国家有限财力，调动多方面积极性，从重点学科建设入手，加大投入力度，对于若干所高等学校和已经接近并有条件达到国际先进水平的学科进行重点建设。今后10～20年，争取若干所大学和一批重点学科进入世界一流水平”。1999年1月13日国务院批转了该项计划。[①]至此,“985工程”正式启动。

上述“985”工程政策议程的建立是一个先“自下而上”再“自上而下”、大学与政府合作和互动的过程。在这一过程中有以下几个关键性的构成要素：

1. 具有重大象征性意义的事件——北京大学百年校庆

一个国家的政府，尤其是像中国这样大国的中央政府，总是面临着成千上万的各种各样的社会问题，其中能够进入政府议事日程的问

① 参见 http：//www.pep.com.cn/2004061/ca448198.htm.2005.

题，即成为政策问题的只是极少数。社会问题能够进入政府议事日程的引发机制一般有：[5]

（1）权力精英的创议（即“内部输入”的政策议程设置）；

（2）例行的政府政党会议和重大纪念活动（如人代会、党代会、国庆等）；

（3）危机或突发事件（特大灾害、重大突发事故等）；

（4）广泛的民意（包括大规模的抗议活动、游行示威等）；

（5）社会精英的主张和建议（如博士后制度、“863 工程”、高校扩招等）；

（6）新闻媒介的报道。

北京大学百年校庆应当说并不是一个全国性事件，但由于北大独特的历史地位，它可能会引起政府的注意，提供了一个进入政府议事日程的机会，打开了一扇“政策之窗”①。

2. 明确的能够引起决策者共鸣的政策诉求

“985 工程”的核心概念是“创建世界一流大学”。早在 1986 年，北京大学校长丁石孙在总结改革建设工作时即明确地指出，要把“创办世界一流大学”作为学校办学的指导思想。[6] 1994 年 7 月，北京大学第九次党代会首次确定了把“创建一流大学”作为学校的整体建设目标。然而，在当代要创办一所世界一流大学，其代价是极为昂贵的，单靠一所大学自身的努力几乎是不可能的。而要把这一目标变为政府的政策目标，就需要机会。当然，如果有了机会而没有清晰的政策诉求，机会也会丧失。北京大学恰好不失时宜地抓住了这次机会。在

① 关于“政策窗”的理论，可参见：约翰 · W. 金登《议程、备选方案与公共政策》（第 2 版），丁煌、方兴译，中国人民大学出版社 2004 年版。

“985 工程”政策的形成过程中，非常重要的环节是由北大为领导人起草讲话稿，这是将政策诉求变为政府政策声明的关键性机会之一。

3. 政策活动分子的积极参与

政策活动分子包括一些政府官员、高级政策研究人员、知名学者、资深校友、学校的主要管理人员等。有的学者把这些人称作“政策企业家”①。这些政策活动人员往往既了解大学，也清晰政府的政策过程。由于他们的建言献策，积极活动，才使“985”的政策诉求及路径逐渐清晰明确起来。

4. 主管政府部门的积极支持

这是指当时的北京市政府和国家教育委员会。北京市政府在人民大会堂为北大百年校庆举办盛大招待会，国家教育委员会把北大的百年校庆列入自己的工作日程，并通过教委开启了高校的政策诉求通向国家最高决策层的渠道。纪念活动结束后，国家教委迅即组织了大规模的政策宣传活动，并积极主动、自上而下地推行这一政策。在“985 工程”政策形成的过程中，国家教委（后改为教育部）始终是积极的倡导者、推动者，与学校处于同一个利益共同体，与北京大学构成了共同策划的关系。

5. 国家领导人的出席并讲话

党和国家的重要领导人集体参加一所大学的校庆活动，在历史上是极为少见的，它表明政府意见的一致和重要政策的发布。“985 讲话”作为政府最高领导人的正式讲话，实质上是向全社会公布公共政策的一种形式，其运作和内容具有当然的合法性，其发表过程可以看作是

① 关于“政策企业家”的表述，可参见：米切尔·黑尧《现代国家的政策过程》（第 3 版），赵成根译，中国青年出版社 2004 年版，第 98 页。

政策议程的建立，同时也是政策合法化的过程。

“985 工程”政策是先有宏大政策目标的宣示，之后才有政策方案的设计（由教育部和学校操作），是一种比较典型的理想导向而非问题导向型的政策制定。价值判断在先，政策方案在后；决策在先，具体方案设计在后；理想目标宣示在先，部门或具体政策在后，是“985 工程”政策制定过程的一个鲜明特点。

二、“985 工程”政策形成的宏观背景

“985 工程”作为中国政府的一项重大政策，其形成并不是一件孤立的、偶然的事件，它与整个国家的宏观政策目标相一致，是国家政策系统中的一项子政策。

1. “985 工程”是国家政策系统的一个组成部分

改革开放以来，中国政府制定了一系列政策，形成一个宏大的政策群或政策系统。这个政策群由国家元政策、国家基本政策、部门政策和具体政策构成。

国家元政策是指用以指导和规范政府政策行为的一套理念和方法，如国家宪法、国家行政许可法等。国家基本政策是指用以指导部门政策的国家主导性政策，如改革开放、科教兴国、人才强国、可持续发展、“一国两制”。部门政策（也称“方面政策”），如产业政策、财政政策、科技政策、教育政策、外交政策。具体政策，如教育部门政策中的高等学校人事政策、招生政策、科研政策，等等。

“985 工程”之所以能够成为国家政策，最重要的决定因素是它与国家元政策的目标紧密相关，即“为了实现现代化，要有若干所具有世界先进水平的一流大学”。为了实现现代化，1995 年 5 月，中共中央发布了《关于加速科学技术进步的决定》，提出要“坚定不移地实施科

教兴国的战略”；“坚持教育为本，把科技和教育摆在经济、社会发展的重要位置”；“切实加强对基础性研究的支持和投入”；“充分发挥高等教育及其他各类教育在培养科技人才方面的主渠道作用”。[7] 1998年2月4日，中央政府批准中国科学院开展“知识创新工程”试点的申请。1998年底，财政部发布《关于核定中国科学院知识创新工程试点专项经费的通知》，批准1998—2000年中央财政专项安排中科院知识创新工程试点经费、标本馆建设经费和队伍建设经费共计48.02亿元，以支持中国科学院开展“知识创新工程”试点工作（目前已开始第三期工程建设）。① 与“211工程”相比，“知识创新工程”的资助对象更集中，建设目标更高，拨款数额相对也更大，这对“985工程”政策的谋划和出台产生了直接的刺激、仿效和推动作用。

2.“985工程”政策是国家重点大学和重点学科政策的延续

中国政府在高等教育发展过程中，一直坚持“没有重点就没有政策”的方针，新中国成立不久就开始试办重点大学。1954年以来重点高校数量的变化如表1所示。

表1　1954年以来重点高校数量的变化　　单位：所

年份	全国重点高校	“七五”“八五”重点建设高校	“211工程”院校	“985工程”院校
1954	6			
1959	16			
1960	64			
1963	67			
“文革”十年	—			

① 参见中国科学院网站，http：//www.ibp.ac.cn/c/sitesscitech/htdocs.

续表

年份	全国重点高校	“七五”“八五”重点建设高校	“211 工程”院校	“985工程”院校
1978	88+2			
1979	96			
1985		5+3		
1990		11		
1996			2	
1997			32	
1998			61	2
1999			92	9
2000			99	12
2001				29
2002				33
2003				34

在上述重点高校的建设项目中，“211 工程”政策影响特别重大。1995 年 11 月，经国务院批准，由中央政府拨出专项资金实施“211 工程”建设。同年，“211 工程”作为教育领域唯一国家重点建设项目，被列入国家“九五”计划开始实施。“九五”期间“211 工程”建设规划的任务包括：重点建设北大、清华两所高校，使其接近和达到国际先进水平；着重提高和改善 25 所国内重点示范高校；加强 300 余个重点学科点建设。“十五”期间的目标和任务是：继续进行重点学科建设，力争使其中部分学科接近或达到世界先进水平，建成我国高等教育布局和结构比较合理的重点学科体系。到 1999 年 6 月为止，教育部先后批准了 101 所高校开展预审工作，共批复 99 所学校（到 2000 年）立项。

“211工程”的实施，为后来“985工程”政策的出台奠定了基础。

“985工程”与“211工程”的主要区别在于：

（1）建设目标和任务有差别。“985工程”的目标主要是建设世界一流大学和学科。一期工程侧重学校的整体建设和重点学科建设，二期工程的任务是“巩固一期建设成果，为创建世界一流大学和一批国际知名的高水平研究型大学进一步奠定坚实基础，使一批学科达到或接近国际一流学科水平”①。“211工程”的一期则重在重点学科建设、公共服务体系建设（如中国教育和科研计算机网、图书文献保障体系）和配套基础设施建设，“争取有若干所高等学校在21世纪初接近或达到国际一流大学的学术水平”[8]；二期“继续重点建设‘211工程’院校，使其中大多数学校整体教学、科研水平达到国内领先地位。……加强重点学科建设，……力争使其中部分学科接近或达到世界先进水平”。[9]

（2）选择学校的方式和数量不同。“985工程”院校的选择主要通过政治过程和非公开竞争的方式（指专家非淘汰性审核），“211工程”院校的选择是政治过程与专家评审（指淘汰性评审）相结合。

“985工程”建设的学校更为集中，一期工程总计34所，二期工程38所。“211工程”建设的院校“九五”期间64所，学科600余个，“十五”期间院校达到99所，学科800余个。

（3）政府资助的资金数额不同。“211工程”建设资金采取国家、部门、地方和高等学校共同筹集的方式解决。“九五”期间，建设资金总量为108.94亿元，其中，中央专项资金27.55亿元，主管部门配套建设资金31.72亿元，地方政府配套建设资金24.89亿元，学校自筹建设资金23.63亿元，其他渠道建设资金1.15亿元。此外，另由部门和

① 参见教育部、财政部文件教重［2004］1号。

地方政府安排相关基础设施配套经费 74.72 亿元。[10]

中央政府用于“985 工程”的资金比投入“211 工程”的资金大幅度增加，例如“211 工程”一期北京大学获得建设资金总计 1.25 亿元，而“985”一期北大获得的资金达到 18 亿元。

3. 国家经济实力的提升和多渠道筹措经费支持重点大学建设能力的增强

改革开放以来国家的经济实力显著增强。1980—2000 年中国国内生产总值和国家财政收入的增长如表 2 所示。

表 2　1980—2000 年中国国内生产总值和国家财政收入的增长

年份	国内生产总值（GDP，亿元）	国家财政收入（亿元）	国家财政用于教育的支出及占 GDP 的比例［亿元（%）］
1980	4 518	1 160	114.15（2.53）
1985	8 964	2 005	226.83（2.53）
1990	18 548	2 937	462.45（2.49）
1995	58 478	6 242	1 196.65（2.05）
1998	78 345	9 876	1 726.30（2.17）
2000	89 468	13 395	2 179.52（2.44）
增长（倍数）	19.8	11.5	18.1

来源：财政部网站 http：//www.mof.gov.cn/news/uploadfile.

同时，高等学校多渠道筹措经费的能力也不断提高，以北京大学 1994—1998 年的经费收入及其构成为例，如表 3 所示。

表 3　1994—1998 年北京大学的经费收入及其构成

经费来源	金额（亿元）	百分比（%）
国拨经费	10.66	36.64
科研经费	5.2	17.88

续表

经费来源	金额（亿元）	百分比（%）
校办产业	1.53	5.26
捐赠收入	3.34	11.49
自费留学生学费	0.7	2.41
其他（含学杂费）	7.66	26.33
合计	29.09	100.00

就整个高等教育而言，除了上述经费来源之外，还有各级政府征收的用于教育的税费中高等教育支出、企业办学校高等教育经费支出、校办产业、勤工俭学、社会服务和其他国家财政性高等教育经费支出、社会团体、公民个人办学用于高等教育的经费支出等。

4. 国际竞争的压力

冷战结束后，经济全球化、知识经济和高等教育国际化都得到了迅速发展，形成了明显的中心国家、边陲国家和半边陲国家的世界体系。在这一体系中，中国面对着前所未有的国际竞争的挑战和压力。例如 1978 年，中国的对外贸易依存度仅为 9.8%，1990 年突破 30%，1994 年增至 43.6% [11]。在经济全球化的过程中，中国遭遇的最严重问题是国内人才储备不足，某些方面的人才奇缺。据了解，1999 年中国在反倾销方面的高级人才只有 6 人。[12] 而要应对经济全球化的大潮，中国需要的各类专业人才又何止成千上万！同时，中国还出现了大量的人才外流，从 1978 年到 1996 年，全国出国留学人员 27 万余人，回国 9 万人，回归率为 33%。其中：

公派 13.2 万人，回国 8.5 万人，回归率近 65%；

国家公派 4.4 万人，回国 3.7 万人，回归率 84%；

单位公派 8.6 万人，回国 4.8 万人，回归率 56%；

自费留学 13.9 万人，回国 0.4 万人，回归率 3%。[13]

要应对这些挑战和问题，中国迫切需要发展高等教育，加快高级专门人才的培养和提高科学研究的水平；需要加快建设高水平的大学，使这些大学真正成为传播和创造高深知识的中心，成为凝聚和吸引国内外优秀学术人才的殿堂，成为加速国家经济和社会发展的发动机。

三、"985 工程"政策的延续

"985 工程"自 1999 年初开始启动，到 2002 年一期工程结束。在此期间，进入"985 工程"建设的学校普遍担心的一个问题是，这一政策能否延续，政府是否能够继续重点支持这些学校的建设。

2004 年，中央政府决定实施"985"二期工程建设（2004—2007），承诺资金投入总数不少于一期工程。"985 工程"政策之所以得以延续，除了实施这一政策的国际国内背景没有重大变化之外，起直接作用的原因有：

1."985 一期工程"建设取得了明显的效果

参与"985 工程"建设的学校对内部的管理体制、人事分配制度、教学科研的管理等进行了一系列重大改革，使学校在运行机制上进一步适应国际国内竞争和发展的需要；学校在经费筹措能力、基础设施建设、人才队伍建设、学生培养和重大科研项目等方面都取得了新的进展。下面以北京大学为例进行说明。

为了落实"985 工程"建设目标，北京大学实施了两步走的方针，并制定了明确的时间表和在时间表内各阶段的具体任务。其中，第一步，1999—2005 年的七年是北京大学为实现世界一流大学目标而进行基础性准备的时间，在此阶段内将完成学科的整合；第二步，从2006—2015年的10年，通过艰苦努力，坚持不懈地奔向世界一流大学的目标。

根据分两步走的方针，北京大学在“985工程”一期建设中，在内部组织结构、学科发展、管理体系、师资队伍建设和运行机制的调整等方面进行了全面的整合，在教学、科学研究、社会服务方面取得了显著的成绩。比如，1988年北京大学有国家重点学科53个；在2001年的评审中，北京大学的重点学科增加到了81个。在新增加的28个重点学科中，大多是交叉学科，如教育经济与管理、考古学及博物馆学、比较文学与世界文学、概率论与数理统计、粒子物理与原子核物理、生物化学与分子生物学、微电子学和固体电子学等。北大目前有15个国家重点实验室，8个教育部重点实验室，7个卫生部重点实验室。重点实验室数为全国之首。北京大学同时还有14个国家基础研究与教学人才培养基地。北京大学图书馆藏书已达551万册，是亚洲最大的大学图书馆。

“985工程”建设的进展还产生了巨大的社会效益，最明显的是极大地提高了知识分子的社会经济地位，促进了中国高等教育事业的全面发展，提高了中国高等教育在世界的影响力和竞争力。

教育部、财政部在关于继续实施“985工程”建设项目的意见中，对该工程一期的效果的总体评价是：“调整和优化了学校的学科结构和学科方向，快速积聚了一批优秀人才充实师资队伍，提高了高层次创造性人才的培养质量，取得了一批接近或达到世界先进水平的研究成果，增强了所建高等学校的整体实力，带动了高等教育整体水平的提高，为在中国建设世界一流大学积累了一定的经验，奠定了较好的基础，为国家的经济、社会、文化建设做出了重要贡献。”[14]

2. 形成了一个强有力的“985 工程”政策支持联盟（Advocacy Coalition）

任何公共政策的制定、实施和延续都需要相关政策联盟的支持。这种联盟可能是一个，也可能是几个。构成联盟的条件至少有三个：基本的共同的“政策信仰”、隐性或显性的共享利益、正式或非正式的组织联系。其中联盟的纽带是共同的“政策信仰”，联盟的基础是“共享利益”，而“组织联系”则是“信仰”和“利益”的基本保障。继续实施“985 工程”的政府文件清楚地表达了政府和相关高校的共同“政策信仰”：

第一，世界一流大学是一个国家科学文化和教育发展水平的标志。中国要实现现代化，增强国际竞争力，就必须要建设世界一流大学和一批国际知名的高水平研究型大学。建设世界一流大学，也是振奋民族精神和提高民族凝聚力的需要。

第二，国外实践证明，建设世界一流大学需要良好的基础和较长时间的建设与积累。虽然经过多年建设，我国高等学校与世界一流大学的差距正在缩小，但是建设若干所世界一流大学是一个长期而艰巨的任务，需要不懈努力。因此，要继续实施“985 工程”，需要加大改革和投入力度。

在“985 工程”建设的初期，中央政府支持的大学只有两所，即北京大学和清华大学。国家在三年内（1999—2001）对两校各投入建设经费 18 亿元人民币。该政策的实施极大地震动了中国教育界，引起了其他大学、一些省市政府和部门的高度关注。中国科技大学等相继提出申请进入“985 工程”建设学校。

经教育部与学校所在省（直辖市）政府和主管部门协商，决定通过共建的方式再增加重点建设的高等学校。从 1999 年 7 月到 1999 年 11 月，教育部与相关省市、部门和高等学校先后签署了关于重点共建中国科学技术大学、复旦大学、上海交通大学、南京大学、西安交通大学、浙江大学、哈尔滨工业大学的协议。至此，列入“985 工程”重点建设的高校达到 9 所，即“2+7”。复旦大学获得 12 亿元，上海交大等其他 6 所高校获得 6 亿元以上数额不等的拨款。9 所高校还建立了一个非正式的联盟，每年举行会议，讨论有关政策问题。

此后，进入“985 工程”建设的高校继续增加。到 2000 年，教育部与有关省市和部门陆续对其他 21 所高校实行“985 工程”重点共建，到 2003 年底，重点共建的学校又增加了 4 所。这些学校分别是中国人民大学、北京师范大学、天津大学、南开大学、北京航空航天大学、北京理工大学、东南大学、华中科技大学、武汉大学、大连理工大学、重庆大学、电子科技大学、四川大学、华南理工大学、中山大学、兰州大学、东北大学、西北工业大学、同济大学、中国海洋大学、湖南大学、厦门大学、山东大学、中南大学、吉林大学。“985 工程”学校总数达到 34 所。“985 工程”重点建设的学校由“2+7”模式变成了“2+X”模式。

上述这些大学在全国 1 348 所全日制普通高等学校中所占比例不到 3%，而在校博士生数、重点学科数、国家重点实验室数、两院院士数和研究生院数均占 50% 以上，在国家的高等教育事业和科学研究事业中具有举足轻重的作用。

3. 与一期工程相比，“985 工程”二期发生了一些变化

（1）学校数量增加。列入“985 工程”建设的院校由 34 所增加到

38 所，新增院校为中国农业大学、中央民族大学、国防科技大学、西北农林科技大学。

（2）进一步强调以国家目标为导向，增进国家核心竞争力，解决国家建设的重大问题，为全面建设小康社会做出重大贡献。

（3）进一步强调高等学校内部管理体制和运行机制的改革和创新，建立适应世界一流大学需要的新体制。

（4）学校整体建设与重点学科建设相结合，重点建设一批“985 工程”科技创新平台和哲学社会科学创新基地，促进一批世界一流学科的形成。

（5）教育部、财政部成立“985 工程”领导小组和工作小组，协商决定工程建设中的重大方针政策问题和总体规划。有关高校成立相应的组织机构，统筹负责本校“985 工程”规划和实施。

四、“985 工程”政策存在的问题

1. 政策目标较为模糊

所谓模糊性，是指“对于同样的环境和现象有着多种思考方式的状态”[15]，也可以说对于同一个命题可以给予不同的解释。但对于政策目标的制定而言，至少要求有三个方面的标准：第一，政策目标的具体明确程度；第二，政策目标的有效协调；第三，政策目标与政策手段的统一。[16]

“985 工程”的主要目标是要建设世界一流大学和学科。但什么是一流大学，迄今世界上并没有一致公认的可度量的标准。对于一流大学，不同的人可以依照不同的标准给以不同的界定。上海交通大学高等教育研究所 2001 年发表一份研究报告，他们采用国际常用的大学评价指标体系对国内几所重点大学进行了分析，得出的结论是，北京大

学和清华大学处在世界大学体系的 200 ～ 300 名，国内其他几所名牌大学则处在 300 ～ 500 名。这一研究表明，截至 20 世纪 90 年代末，中国的高等教育与世界发达国家的水平相比仍然有着相当大的差距。[17]又据英国《泰晤士报》“高等教育增刊”于 2004 年 11 月 5 日推出的一份世界最佳 200 高校排行榜，美国哈佛大学排名第一，北京大学排名第十七。据增刊主编约翰 · 奥莱利称，这次推出的“世界榜”是对全球各国大学做综合比较的首次尝试。该排名根据五项指标评出，分别是各国学者对大学声誉的评价、国际教师比例、国际学生比例、教师与学生比例以及教师研究成果的引用数。88 个国家的 1 300 名学者接受了《泰晤士报》的问卷调查。

由于标准不同，对某一所大学是否是世界一流大学的评价就会不同。因此，对“985 工程”政策中确定的政策目标是否能够实现、何时实现和在多大程度上实现，都会出现不同的解释，造成难于评价这项政策的真实结果。

2. 实现政策目标的代价尚难于计算

中国政府对于“985 工程”已经投入了相当数量的经费。如 2001 年国家财政性教育经费为 3 057 亿元，“985 工程”一期投入的经费（含中央财政和地方财政）估计相当于国家财政性教育经费的六分之一。“985 工程”二期投入的经费不少于一期。政府投入的总量多少才能达到建成世界一流大学的目标，迄今还是未知数。

3. 高等学校内部管理体制和运行机制改革能否取得预期成效，存在很大的不确定性。这主要是因为原有的制度和运行机制具有强大的惯性和惰性，新的管理制度和运行机制只能渐进性地建立，并且需要社会环境的配合。

4. 政府能够在多长时期内持续支持存在不确定性

尽管已经形成了一个较强的“985 工程”政策的“支持联盟”，但这并不是一个十分稳固的联盟，其中关键的、起决定作用的是核心领导人以及教育部、财政部的主要领导者。领导人员的更替、国家形势的重大变化，都可能使该项政策发生改变。

5. 可能带来负面效果

正如阿特巴赫所指出的，“过于强调获得世界一流大学的地位，可能会损害某一特定的大学或院校系统。这样做有可能使得精力和资源偏离更重要并且可能更现实的目标。它或许会使人们以牺牲大学的入学率与为国家服务为代价，将精力过多地投在了建设研究型大学也就是精英大学上。它也可能导致提出一些不现实的期望，以致有损教师的信心和工作表现”。[18]

参考文献

[1] 中华人民共和国教育部．科教兴国动员令：学习江泽民同志在庆祝北京大学建校 100 周年大会上的讲话［M］．北京：北京大学出版社，1998：3.

[2] 坚定不移实施科教兴国战略——祝贺北京大学建校一百周年［N］．中国教育报，1998-05-04（1）．

[3] 尹鸿祝，江涛．大学校长论坛在京举行［N］．中国教育报，1985-05-04（1）．

[4] 江泽民．在庆祝北京大学建校一百周年大会上的讲话［A］．中华人民共和国教育部．科教兴国动员令：学习江泽民同志在庆祝北京大学建校 100 周年大会上的讲话［M］．北京：北京大学出版社，1998：3.

［5］陈振明．政策科学——公共政策分析导论（第二版）［M］．北京：中国人民大学出版社，2003：213-219.

［6］赵恒力．北京大学与世界一流大学［J］．高等教育论坛（北京大学），1988，（2）：1-12.

［7］中共中央国务院《关于加速科学技术进步的决定》［N］．中国教育报．1995-05-22（1-2）．

［8］国务院．关于“中国教育改革和发展纲要”的实施意见．1994年7月3日．

［9］国家计委、教育部、财政部．关于“十五”期间加强“211工程”项目建设的若干意见．2002年9月．

［10］国家计委、教育部、财政部．为科教兴国奠基——“211工程”“九五”建设成就综述．http：//www.moe.edu.cn/edoas/websitel8/info5608.htm.

［11］李扬，黄金老．金融全球化漫谈（十二）——金融全球化与中国的战略对策（二）［J］．国际金融研究，2000，（7）：21-27.

［12］上海市留学人员联谊会、上海市人事局等．新世纪上海人才国际化论坛论文集．2000：10，21，22，18.

［13］陈学飞，留学教育的成本与收益［M］．北京：教育科学出版社，2003：94.

［14］教育部、财政部关于继续实施“985工程”建设项目的意见．教重［2004］1号．

［15］［美］保罗·A. 萨巴蒂尔．政策过程理论［M］．彭宗超，钟开斌等译，北京：生活·读书·新知三联书店，2004：94.

［16］丁煌．政策执行阻滞机制及其防治对策——一项基于行为和制度

的分析［M］. 北京：人民出版社，2002：246.

［17］刘念才等. 我国名牌大学离世界一流有多远［J］. 高等教育研究，2002，（3）：19-24.

［18］［美］菲利普·阿特巴赫. 世界一流大学的成本与收益［J］. 北京大学教育评论，2004，（1）：28-31.

本文选自《北京大学教育评论》2006年第1期

论高校战略管理

刘献君

近几年来，高等学校已经开始重视战略、战略规划，这是十分可喜的。但我们不能就此止步，必须将战略规划推向战略管理，把战略规划、战略实施、战略评估有机地结合起来。本文就战略管理中的关键点，高校战略管理的基本特征以及如何推进战略实施等问题，谈谈自己的一些认识。

一、从战略规划到战略管理

制定高校“十一五”发展规划，需要对“十五”规划的制定和实施情况进行考察和评估。在对一所大学的战略发展规划和“十五”规划的考察中发现，这所大学的规划中有不少成功之处，如对学校发展的宏观背景、自身发展的优势和劣势的分析比较准确；战略思想、战略目标明确、具体；有大手笔的发展举措。同时，也存在不少问题，主要表现在：没有进行投入—产出分析，对资源获取和资源消耗心中无数；期望值过高，有的目标明显脱离实际；规划制定与规划实施脱节，规划没有具体体现在年度工作计划与总结中。据了解，其他一些大学也程度不同地存在着类似的问题，应该引起我们的高度重视。

为什么战略规划和战略实施脱节，战略规划难以有效实施呢？重要的原因之一是，我们仍然停留在战略规划阶段，没有从战略管理的高度来认识和处理这一问题。从商业、企业以及发达国家大学的情况来看，都是从认识战略开始，到制定战略规划，发展到重视战略管理的。在商业、企业界，20 世纪 50 年代开始重视战略，60 年代开始制定战略规划，钱德勒（Chandler，1962）最早将“战略”与“计划”连在一起使用；70 年代开始提出战略管理，1976 年，安索福（Ansoff）与德克莱尔（Declerck）、海耶斯（Hayes）共同编著的《从战略计划到战略管理》一书中提出了“战略管理”一词。他们认为，战略计划存在一系列的严重不足，包括将组织与环境间的关系简单地作线性理解，与之比较，战略管理被认为是一个为实现战略而促使组织与社会环境相适应的复杂的社会动力过程。[1] 高等教育领域引入战略这一概念，是在 20 世纪 70 年代末。在美国，凯勒 1983 年发表的《学术战略：美国高等教育管理革命》一书，被认为是战略管理在高等教育领域内流行的“催化剂”。[2] 在高等教育领域和高等学校中，同样经历了一个从战略到战略规划，再到战略管理的过程。

战略管理是一个组织寻求成长和发展机会及识别威胁的过程。[3] 战略管理将战略的制定、实施、评价和控制看成一个完整的过程来加以管理，以提高这一过程的有效性和效率。战略管理的实质是使组织能够适应、利用环境的变化，提高组织整体的优化程度，注重组织长期、稳定的发展。战略管理包括战略规划、战略实施和战略评价等环节。

战略规划是一种带全局性的总体发展规划，包括战略指导思想、战略目标、战略重点、战略措施和战略阶段等方面的内容。

战略实施是将战略规划转化为现实绩效的过程。战略实施是整个战略管理的主体。

战略评估是监控战略实施，并对战略实施的绩效进行系统性评估的过程，包括检查战略基础、衡量战略绩效、修正和调整战略等。战略评估的结果，可以作为调整、修正，甚至终止战略的合理依据。

高校在制定“十一五”发展规划中，一定要站在战略管理的高度，将战略规划、战略实施、战略评估有机地结合起来，切实起到推动学校发展的作用。

二、战略管理中的几个关键问题

战略管理涉及的问题很多，高校实行战略管理，首先要抓住以下几个关键点。

1. 外向性是战略的主要特点

战略具有外向性、未来性、全局性、层次性等特点，其中外向性是主要特点。高校战略管理的目的，“是把院校的前途和可预见的环境变化联系起来，使资源的获得……快于资源的消耗，从而能够成功地完成院校的使命”。[4] 战略管理有一个基本宗旨，即利用外部机会以化解或回避威胁，它关注的是外部环境的变化对组织发展的影响。

学校发展与环境之间的关系十分密切。笔者近几年陆续访问了部分高校的党委书记和校长，问他们在工作中感到最困难的是什么，其中不少人回答是处理学校与政府、社会关系方面的问题。现在，大多数高校 3/4 左右的变化是由外界因素引发的。实施战略管理的根本目的，就是使学校在变化的环境中能够获得稳定持续的发展，使学校不是在环境中被动地求生存，而是在现有条件下积极创造未来，使学校永远保持旺盛的生命力。

面对高等教育日益大众化、市场化、国际化的急剧变化的外部环境，高校领导者在战略管理中，要突出抓住以下几个问题：如何抓住机遇进行战略转移和变革，如何在变化中把握学校的总体发展目标，如何从外在环境的高度确立内部组织结构，如何面对变化的环境制定自己的政策、机制和措施，等等。

2. 定位是战略的核心

很多世纪以来，战略一词主要用于军事领域。在军事领域，战略是指规划、指挥大型军事行动的科学，在和敌军正式交锋之前调动军队进入最具优势的位置。20世纪五六十年代，战略开始被引入商业、企业管理领域，在商业、企业领域，战略就是创造一种独特、有利的定位，它涉及不同的运营活动。由此可见，战略是从定位开始的。定位这个词首先出现在1969年，《行业营销管理》杂志（*Industrial Marketing Management*）刊登了被称为“定位之父”的杰克·特劳特（Jack Trout）的《定位：同质化市场突围之道》一文，文中首先提出了定位概念。[5] 在军事领域，定位是指针对敌人确定对自己最有利的位置。高等学校定位是指高等学校在办学过程中如何确定自己的身份和地位。无疑，打仗不能找到对自己最有利的位置，这个仗是打不赢的。一所大学如果不能确立自己的身份和地位，学校就无法办好，办学就会走向盲目。这是因为“世界上的任何事物都不是孤立存在的，而是整个系统网络上的一个个网格，相互联系、相互制约。做任何事情，明确自己在整个系统中的位置，即定位，是基础和前提”[6]。

关于高等学校定位问题，笔者在《论高等学校定位》一文中已有详细论述。[7] 这里需要进一步指出的是，定位与分类密切相关，我国目前高等学校定位不够准确，与对高等学校分类的研究不够有关。在高等学校分类中存在着“学校类型不清晰，办学趋同、盲目攀高”，“分类标准制定主体不明确，由谁分类在我国是一个悬而未决的问题”，“缺乏适合中国国情的分类框架，影响高等学校的准确定位”，“理性分类、定位与政策、舆论的功利追求之间存在矛盾”等问题。

当前，世界高等学校分类与定位的最新发展趋势是：（1）分类维度更趋多元，分类的维度包括专业设置、学生的结构特征、院校规模、院校区位特征、本科生教育情况，社会服务及社区参与等多个方面。

(2) 分类标准的确定过程更趋互动、民主与开放。如美国卡内基基金会通过网上互动、主动参与的形式征询不同方面对分类的意见。(3) 分类标准的制定主体更广泛，多元互动更频繁。分类不但充分考虑到分类结果使用者的主观能动性，而且注重充分调动不同方面利益相关者的主动性。(4) 分类重心下移，注意分类的实时性与连续性。以往的分类过于侧重学术研究，研究生教育受到特别的关注，最新的分类开始关注教学，关注本科生教育。以往的分类关注分类的连续性与稳定性，新的分类主张使用最新的数据，既关注分类的连续性，又关注分类的实时性。

针对我国高校分类标准中存在的问题，目前应参照世界高等学校分类与定位的发展趋势，在对教育部门内部进行考察和对社会环境进行分析的基础上，重点探讨我国高等学校的分类标准、分类依据、分类框架以及相应的公共政策；进一步探讨我国高等学校定位的依据、内容以及影响高校准确定位的重要因素等问题。

3. 舍弃是战略的精髓

有舍才有得。台湾作家刘墉在电视采访中谈到自己的一个人生感悟，大意是：这山望着那山高，这是人的本性。为什么有的人总是到不了另一座高山呢？因为到另一座高山，首先要从现在的山头上下来，这些人下不来，怕失去自己的既得利益。下不来，就上不去。在人的发展中，要懂得舍弃。一个企业、一个学校的发展又何尝不是如此呢？“再大的树也无法长上天去”[8]。对于任何学校来说，资源都是有限的，不可能在一切领域、所有学科都处于领先的位置。因此，在高校战略管理中，要勇于舍弃一些相对薄弱的领域、学科，集中力量发展自己的强项，形成明显的优势。

在高等学校的发展过程中，有不少因舍弃而求得发展的成功范例。例如，美国斯坦福大学曾打算建立建筑学院，但建设建筑学院需要同时发展建筑学、土木工程等4个专业，这些须有很大的投入，而且，当时美国建筑行业的就业情况并不理想，同时该大学附近的加州伯克利大学已经有一个相当好的建筑学院。经过综合考虑后，斯坦福大学决定取消这个计划，从而保证了重点学科的发展。又如，美国卡内基—梅隆大学认为，在21世纪，生物技术非常重要，要成为世界一流大学，必须发展生物学，但他们放弃了建设一个医学院的设想。因为建医学院工程太大，花费太高。后来他们决定借用附近匹兹堡大学的医学院来发展自己的生命学科。在国内，也不乏这方面的成功范例。例如电子科技大学，在全国办综合性大学的热潮中，他们始终抓住电子信息学科不放，舍弃其他一些学科，将学校发展定位为“在电子信息领域具有世界先进水平的一流大学”，使学校取得了长足的发展。中国地质大学近几年来在发展定位中，始终牢牢抓住地学学科不放，集中力量发展地学学科，而且其他一些学科也要紧紧依托地学来发展，因而学校发展迅速，争得了国家重点实验室、国家创新团队，院士人数也在不断增加。

在舍弃的同时，还要敢于坚持，形成优势和特色，并能用简洁的语言进行概括，使之成为自己的核心理念和战略方向，为自身的成长发展提供源源不断的动力。在企业领域，大家非常熟悉的一些事例有：佳洁士——防蛀；奔驰——声望；劳斯莱斯——尊贵；宝马——驾驶；富豪——安全；达美乐比萨——宅送；百事可乐——年轻人。这些企业用十分简洁的词语，将自己企业的核心价值和战略方向概括出来，已深入顾客的心中。在高等教育领域，牛津大学倡导“领导人物”，耶鲁大学提出“服务公众”，麻省理工学院突出“高新技术的研制与开发”等，都为学校的发展提出了明确的战略方向。

4. 战略实施是战略管理的主体

战略管理就是把自己的智慧、远见和意志掌握在自己手中，而不是由外力所掌握，或陷入无序的状态，从而使自己健康、持续发展。其中，战略规划为发展指明战略方向，确立战略目标，明确战略重点，提出战略措施，而要将这些转化为现实绩效，推动学校健康、持续发展，则要靠战略实施。如果仅仅停留在战略规划，则规划可能成为一纸空文，毫无意义。

与战略规划相比，战略实施是一个涉及面更广的复杂过程，具体表现在：战略规划是在行动之前部署力量，战略实施则是在行动中管理和运用力量；战略规划是一个思维过程，而实施是一个行动过程；战略规划需要协调的是少数人，实施则需要更广泛的行动者之间的协调。[9]

与战略实施相比，战略评估是监控战略实施，并对战略实施的绩效进行系统性评估。战略评估是对战略实施的评估，离开了战略实施，也谈不上战略评估。

因此，在战略管理中，战略实施是主体，要引起我们的高度重视。而且，要将几个过程有机结合起来，有效战略管理的关键在于，不断促进战略制定过程与战略实施过程有机地融为一体。

三、高校战略管理的基本特征

笔者在学习和研究高等教育史中发现，高等学校管理中有一些管理思想、方法、技术来自于企业、商业管理，例如目标管理（MBO）、知识管理、人力资源理论、治理结构、ISO9000、战略管理、计划—程序—预算系统（PPBS）、决策支持系统，等等。这是因为，一方面，大学和企业都是由人组成的组织，一定有某些共同之处；另一方面，与高等教育领域相比，企业、商业处于更激烈的市场竞争中，绩效比较容易衡量，领导和管理者承受的压力更大，因而管理研究的动力更足，研究也更深入。但是，决不能将企业、商业管理的思想、方法原封不动地简单照搬到高等学校，因为高等学校有其自身的特征。

关于高等教育的特征，不少教育研究者进行了大量研究，并形成了一些基本共识。如高等教育是一个以知识活动为主要特征的社会系统，在高等教育系统内部，知识被发现、保存、完善、传递和应用，围绕知识运行是高等教育系统的主要特征。[10]因而，知识领域是构建高等教育组织的“砖块”，课程和项目之间彼此相独立，大学组织结构具有“松散关联”的特点；决策权高度分散，形成学术权力和行政权力的二元权力结构；由于任务的片段性、权力的分散性，高等教育机构的变革主要是递增性的，很少出现巨大的、突发的、包罗万象的变革，等等。基于高等教育的特征，与其他领域的战略管理相比，高校战略管理具有以下几个基本特征。

1. 复杂性

与企业、商业管理相比，高校战略管理更为复杂。首先，战略管理具有外向性，要关注环境的变化。企业、商业所面临的环境，一般而言，是局部的。而高等学校面临的环境具有全局性，它要关注国家现代化的历史进程，经济全球化特别是世界知识经济的历史进程，世界高等教育发展的历史进程，地区社会经济发展的状况等。可以说，方方面面都与高等学校发生着千丝万缕的联系。

其次，高等学校作为非营利组织，是典型的利益相关者组织，任何个人都不拥有大学，也不可能对学校的发展负全部责任。同时，大学内部存在行政权力、学术权力的二元权力结构，在学术团体中，权力由教师、管理人员、学生和校友等共享。高校战略管理要在诸多利益相关者之间取得共识，实现利益平衡，难度很大。

最后，高等学校的主要任务是育人，产品是“人才”。与企业、商业相比，高等学校的“产品”参与自己的生产过程。学校战略目标的实现，不仅取决于校长、教师、职员，还要取决于学生自身。也正因为学校的产品是学生，教育的绩效难以量化，给战略评估带来了困难。因而，在高校战略管理中，还要研究学生的发展和特点。

2. 灵活性

高校战略管理十分强调灵活性。首先，高校战略管理关注两个基本点：环境和组织。环境和组织都处于不断的变动之中。决策者要不断关注环境和组织的变化，通过战略评估，审视战略目标，决定是否持续、调整、重组或终止战略。以下举两例加以说明。

一是加拿大不列颠哥伦比亚大学（UBC）根据未来内外环境的变化，适时进行了战略调整。[11] 为了适应 21 世纪社会的发展，UBC 于 1998 年制定了第一份面向 21 世纪的发展战略——TREK 2000，把自己的目标明确为成为加拿大的最佳学府。6 年后，UBC 把自己的目标提升为成为世界上最好的大学之一，即把自己置身于全球环境之中。在这种情况下，UBC 于 2004 年 3 月制定了 TREK 2010，以适应校内外环境的变化，最终实现自己的目标。其目标是：致力于成为世界上最好的大学之一，将学生培养成为杰出的地球公民，提升文明和可持续社会的价值，追求科学研究创新的卓越性，为不列颠哥伦比亚、加拿大乃至全世界造福。其任务是：努力为学生、教职工提供尽可能好的学习、研究资源和条件，创造一种优越、平等和相互尊重的工作环境，同政府、工商企业、其他教育机构、大众社区合作，创造新的知识，帮助学生为未来的职业作准备，使其通过研究提高生活质量。UBC 的目标，是使其每一个毕业生都具有强大的逻辑分析能力、解决问题的能力和进行批判性思维的能力，拥有卓越的研究和沟通技能；成为知识丰富、头脑灵活和锐意革新的年轻人，成为有社会责任感的成员，认同多样性，参与社会和社区的工作，做积极变革的推动者；履行地球公民的义务，为所有的人都能平等和可持续发展的未来而努力工作。

二是美国斯坦福大学的战略调整。20 世纪 50 年代，斯坦福大学给自己学校的定位是“为加州富裕家庭服务的相当不错的私立大学”。20 世纪 80 年代，根据内外环境的变化，斯坦福大学将其定位转变为“为国内甚至国际上最优秀的学生服务的美国六七所最好的大学之一”。同时提出了三项主要战略措施：（1）在几年中引进 150 位美国最优秀的学者；（2）有序地重点发展；（3）大规模地筹资，以改善办学设施。

其次，高校的很多决策只能由学术专家制定[12]，特别是针对科研和教学工作中那些有强烈知识取向的学术活动。在所有这些专业知识领域，关于投资什么，如何投资以及教什么，如何教这样的决策，没有人比学术专家更了解。因此，在战略规划和实施中，要充分尊重和吸收学术专家的意见；学校战略规划要有灵活性，给院系和学科发展留下比较大的空间；在战略实施中要善于授权，把权力交给院系负责人和学科带头人，充分发挥他们的主观能动性和创造性。

3. 差异性

“竞争战略就是创造差异性”[13]。所有战略都有差异性，但高校战略管理具有更大的差异性。首先，每一所大学的历史传统不同，学科结构和人员结构不同，所处地域不同，面临的环境不同，每所学校的改革、发展都是一个创造的过程，不可能照搬别人的模式、经验。因此，每所学校的战略规划、战略实施都具有很大的差异性。以制定战略规划为例，学校在制定规划的过程中，要领导、专门班子和广大师生相结合，从分析学校发展的宏观背景、考察自身发展的优势和劣势入手，进而确立自己的定位、指导思想和目标，最后要探索实现自己的目标的超常规的战略措施等。因此，每一个战略规划都是独特的。

其次，从另外一个角度看，高校又是高度趋同的组织。任何学校都离不开教师、学生、学科、专业，因而容易相互模仿。我国大学发展中存在的最大问题是相互模仿，缺乏个性，学校的目标、办学思想、组织结构，以至于校训都是差不多的。近几年来，自周济部长提出解决两个问题（办什么样的大学，怎样办大学），制定三个规划（学校发展战略规划、学科建设规划、校园建设规划）以来，各个学校都在分析自己的优势、劣势，确立自己的定位和发展目标，努力形成自己的特色，这将在中国高等教育发展的历史上产生深远的影响。每所大学都要有充分的信心，同中求异，在各自的层次上，办出特色，形成差异，争创一流。因为任何实力雄厚的大学（如北大、清华），不论其如何强大，所占有的资源都是有限的，不可能在一切时空上都占有优势；规模小、层次低的大学（如地处中等城市的地方大学），不论其实力如何弱小，在一定的时空条件下也可能占有某种相对优势。因此，只有找出自己与别的学校的差异，形成自己的优势与特色，才能在高校之林中立足。

四、高度重视战略实施

战略实施是战略管理的主体，要十分重视战略实施。在战略实施中，要抓住以下几个问题。

1. 分解目标、任务，明确各自责任

在战略实施中，首先要分解目标、任务，将五年规划的目标、任务分解到年度，制定年度工作计划；将学校的年度目标、任务分解到院系，年初部署，年终检查考核，明确各自责任，推进落实。

周济同志在担任华中科技大学校长期间，在这方面做了创造性的工作。例如，将学校科研目标分解为每年增长20%；在师资培养方面，每年派出120名以上的教师出国进修、研究半年以上。为实现立意高远、功能分区的校园建设规划，在“九五”期间，提出并开始实施将家属住房迁至校周边的宏伟工程，第一期工程800多户，第二期工程1 700户，这两期工程都已经完成，第三、四期工程也已经开始。为加强对学生的教育，提出了“学在华中大，志创辉煌”的新世纪辉煌工程，等等。同时实行院系目标责任制。年初，各院系制定年度工作计划，学校领导和各职能部门的负责人组成几个小组，分别到各院系共同讨论，报学校批准后，校长和院长（系主任）签订责任书。年终，学校领导带队到各院系检查目标责任落实的情况，并评出优、良、合格、不合格，对优、良的单位给予奖励，对不合格的单位给予处罚，而且院系领导考核与院系目标责任考核紧密结合起来。这种做法效果非常好。

2. 优化资源配置，保证战略重点

战略实施中的一个十分重要的问题，就是要保证战略重点。1972—1990年间任卡内基—梅隆大学校长，并推动该校迅速发展的经济学家赛耶特（Cyert），在战略领导中用力推动两个原则：“我们必须发现我们有优势的地方，（推动所有单位）发现他们的比较优势并且集中于这些目标。”[14]优势的发展需要优质的资源来保证。只有资源的相互配合才会产生战略优势。任何一所学校的资源（包括实物资源、人才资源、组织资源）都是有限的。因此，对战略重点要增加资源配置，对需要限制发展的学科，则减少资源配置。校长最大的权力就是资源配置权，很多权力可以下放到院系，惟独资源配置权是不能下放的。校长要通过优化资源配置来保证学校战略重点。

1999 年 9 月，笔者在美国旧金山和曾任加州伯克利大学校长的田长霖院士讨论高等教育问题，他十分强调通过资源配置来发展学科。他说，我在美国当大学校长，也不可能下命令去砍掉某一个学科。我的办法是，对需要发展的优势学科，每年增加 3% 的经费预算，对希望砍掉的学科，每年减少 3% 的经费预算，让他们自己觉得无法办下去，自动提出撤销这个学科。

南京大学在近十几年的发展，就是利用资源配置方式，成功地实现在较短的时间内积累并赢得学科发展优势的典型实例。20 世纪 90 年代末，南京大学之所以能够很快进入国家重点建设的大学行列，与南京大学连续 7 年发表 SCI 论文名列国内高校第一有关，而这又与该校自 20 世纪 80 年代中期开始形成的注重学科基础建设、优化学科资源配置、积累学科发展优势的办学思路是分不开的。他们认为，如果我们是最好的，国家就没有理由不支持。因此，他们每 5 年由学校集中有限的资源办好一两个学科，直到成为国家重点实验室和重点学科。有了国家重点实验室和重点学科，就有了学科持续高水平发展的重要保证。正是由于学科水平的提高，南京大学赢得了在国内大学中的优势地位。[15]

3. 调整组织结构，推动战略实施

学校的组织结构必须适应战略实施的需要。要调整组织结构，以推动战略实施。

首先，要建立学校精简、高效的决策机构，既集体领导又分工负责，及时解决战略实施过程中的问题，推进战略实施。例如，香港科技大学通过高层管理团队的方式，加强决策机构和战略领导。香港科大的高层管理团队由校长、学术副校长、行政副校长、总务副校长、研究与发展副校长和 4 个学院的院长组成，校长和学术副校长组成领导核心。他们形成了一个紧密配合、互信和分工协作的高层管理团队。

其次，要调整职能部门，加强教学、科研、人事及为学校获取资源部门的力量。在关键点上要恰当地增设机构，保证战略重点。例如，华中科技大学在国防科研方面形成了比较优势，为了加强国防科研，在大幅削减机构的时候，增设了一个负责国防科研的部门，起到了好的作用。

最后，要根据战略规划和实施的需要，调整院系设置。要围绕突出发展的新兴学科，设置机构。例如，华中科技大学在 20 世纪 70 年代末，为了集中发展激光专业，学校决定撤销电器专业，并从机械、光学、物理等专业调整教师，组成了系一级的激光研究中心。通过 20 多年的努力，学校建成了激光重点学科、激光工程中心和国家重点实验室。此外，高校还要对现有院系进行适当调整，以利于学科交叉和资源共享。

4. 完善相应的制度、机制，加强执行力

忙于紧急的事情而忽视重要的事情，这是战略管理中的大忌。现在学校和院系领导，必须花大量的时间来应付各种突发的事情、上级布置的事情、群众因切身利益而找上门来的事情，各种各样的会议和接待等，往往因此忽视了学校发展的大事。一年下来，十分忙碌，但有关学校发展的大事却没有抓住。解决这一问题，一方面要提高领导艺术和战略领导能力，同时要有相应的制度来保证。制度是思想转变为行为的中介，没有相应的制度，再好的思想、规划都是空的。

需要建立的制度很多，如决策制度、教学管理制度、科研管理制度、人事和财务管理制度等，但以往比较忽视的是评估制度。评估是战略管理中的一个重要环节，少了这一环节，战略实施就得不到保证。因此，这里着重强调建立评估制度。

首先，要建立战略评估制度，主要包括：（1）检查战略基础。通过检查，了解构成现行战略的机会与威胁、优势与弱势等是否发生了变化，发生了何种变化，因何而发生变化。（2）衡量战略绩效。对预期目标与实际结果进行比较，研究在实施战略目标过程中取得的结果。（3）战略的修正与调整。在战略检查与绩效衡量的基础上，作出是否持续战略、调整战略、重组战略或终止战略的决定。

其次，对校内各单位的资源利用效率作出评价。考察投入与产出的对比关系，进行成本分析，通过对其资源占用、消耗与工作业绩的综合分析，对校内各单位的资源利用效率作出评价。

通过评估制度的建立和实施，推动各级领导集中精力思考学校、学科专业发展的大事，增强执行力，促进学校发展。

5. 加强战略领导，推进战略管理

几乎所有最好的大学都是因为有了有力的战略领导才获得成功的。如蔡元培和北京大学，梅贻琦和清华大学，张伯苓和南开大学，竺可桢和浙江大学。高水平的学校领导是学校最宝贵的资源。高水平的战略领导必须有战略眼光、战略思维和战略勇气。战略眼光是指领导者视野开阔，审时度势，善于从复杂的现象中看到事物运动的基本态势，抓住基本规律，从眼前的利益中超越出来，突破经验的视野，对社会需求进行全局、客观的把握，穿透眼前，看到长远。战略思维是指领导者思考问题要着眼于全局，着眼于未来，不计一时一事之得失，从学校发展的根本利益考虑问题，善于取舍，牢牢把握学校发展的大方向。战略勇气是指领导者要以超越、怀疑、批判的精神，勇于超越各种形式的禁锢和守旧观念，深刻批判和反思，进行前提性追问、主体创造与建构，在战略实施中，勇于作出果断而强硬的决策，敢于“有所为有所不为”，敢于在自己的位置上创新，创一流，创唯一。

在战略实现中，战略领导主要体现在以下几个方面。

（1）确立战略方向。战略方向包括两个部分：核心理念和学校前景展望。在对学校外部环境和学校发展历史及现状深刻把握的基础上，提出自己的核心理念，并对学校发展前景作出展望，以此来统筹规划发展，积聚力量，凝聚人心。如在华中科技大学发展历史上的几个阶段，分别以综合化，科技教育和人文教育相融合，育人为本、产学研三足鼎立协调发展等为核心理念，起到了十分好的作用。

（2）确定战略重点。在战略方向的指引下，确定自己的战略重点，如优先、重点发展的学科，学生培养中突出强调的重点方面等。围绕重点，要着重提出几条超常规的措施，一段时间突出抓一两件大事，起到牵一发而动全身，形成气势，鼓舞人心的效果。

（3）建设学术和管理队伍。实施战略管理需要高水平的领导和人才。首先是高层管理团队的建设，高层管理团队的每一个成员要有良好的思想品德、管理知识和能力，成员间在气质、能力上能互补，相互间达成默契。同时，要大力加强高水平学术骨干队伍的建设。

（4）培育学校文化。良好的文化氛围对于实现战略目标十分重要。要围绕战略方向，从硬件、软件两方面努力，培育学校文化。学校校园、建筑、实验设施要与学校的发展方向相一致。领导者要善于将群众中好的思想、语言加以提炼、上升、宣传，使之成为学校的精神财富。

加强战略领导还要抓住两个方面，一是建立好的制度、机制，让高水平人才脱颖而出；二是加强学习、培训，逐步提高领导者的战略领导能力。

参考文献

[1][2][10][12] MAASSEN PAM，VAN VUGHT F A.Strategic planning [A].CLARK B R.The Encyclopedia of Higher Education [C].Rexgamon Press，1992 .1483-1494 .

[3][9][15] 刘向兵，李立国.高等学校实施战略管理的理论探讨[J].中国人民大学学报，2004,（5）.

[4] 万秀兰.国外高校战略规划的研究及借鉴[J].上海高教研究，1998,（5）：59.

[5][8][13] 杰克·特劳特.什么是战略[M].北京：中国财政经济出版社，2004.19，23，4.

[6][7] 刘献君.论高等学校定位[J].新华文摘，2003,（6）.

[11] 冯俊，孙静.加拿大不列颠哥伦比亚大学的中长期发展战略[J].原创地带，2005,（5）：7.

[14] CYERT R M .The early days [J].*Executive Report Magazine*，Special Issue in Honor of Richard M .Cyert，Pittsburgh，PA : Junior Achievement of Southwest Pennsylvania，1990.

本文选自《高等教育研究》2006年第2期

高考改革的回顾与展望

刘海峰

高考是当代中国每年一次的举国大考，是一种盛大的社会活动和重大的民生议题。高考一头连着教育，一头连着社会，与千百万民众利害相关，实际上关系到每个人选择职业和未来生活的方式。对中国人来说，高考是一个永不过时的话题，2007年是恢复高考30周年，高考更是成为一个焦点话题。在全国媒体对1977年高考的“集体性怀旧”时，我们更应关注对高考改革的学术探讨，以为高考改革提供可资参考的理论资源。

一、高考改革：从理论到实践

从1977年恢复高考至今已经过去了30个年头，30年来，时代在变化，人也在变化，但高考在中国社会和多数人心目中的地位却没有多少改变。尽管多年来出现许多对高考制度的质疑和批评，但高考依然是高校选拔新生的主流，成为一般人迈向高等教育殿堂的必经之途。

30年来，高考在许多方面都实行了改革，高考科目、内容、次数、招生录取体制、命题方式（分省）以及技术环节等都经历了多次变革。但是，这些探索有的经受住了考验，有的则无疾而终。总体来看，与考试技术相关的改革，大部分比较容易取得成功，而制度性的改革往往历经反复，比较曲折。细节方面的高考时间调整，被普遍认为是高考更加人本化的努力，而考试标准化、网上录取、网上阅卷，都是依托于现代科技的改革，也普遍得到肯定。但改革一旦涉及高考次数、科目、内容、招生考试主体，争议和反复就不断出现。

自20世纪80年代以来，高考至少有14次改革。如果计量标准更细化，把各地的试验也加入的话，起码有22次（种）改革，具体而言可分成以下四类。[1]

一是那些留下的我们至今享受成果的，有9个：1984年开始的特殊专业（艺术类等）招生实行统考＋单考，1985年开始的高考标准化改革；1994—1997年的招生并轨和学生缴费上学；1999年开始的网上录取；1999年的高校扩招；1999年开始探索的“3＋X”科目改革；1999年开始的英语加试听力；2001年的取消考生年龄和婚姻限制，2003年的高考时间由每年的7月提前到6月。

二是那些消逝的成为历史的过程的，有5个：1981年固定下来的文科考6门、理科考7门的“六七模式”；1977年部分省市高考预选改革；1991年的“三南”（湖南、云南和海南）科目改革；1985年开始实行会考，目前在多数省份已经名存实亡；从1994年开始的会考基础上的高考“3＋2”科目改革。

三是那些曲折和反复的、从终点绕回到原点的，有4个：1984年开始实行保送生制度、1999年后规定保送生都必须参加综合能力测试；2000年开始的春季高考，目前多数省市已放弃；20世纪80年代中后期开始的标准分记分办法；2002年广西的本、专科高考分考，但只实行了一年。

四是那些指向未来的、还在尝试中的，有5个：2003年开始实行的自主招生；1985年始于上海、2004年推广的分省命题；2005年上海开始实行的高职高专单独招考；2006年复旦大学和上海交通大学实行的面试录取；2007年四省区实行新课程改革后的新高考方案。

“细雨湿衣看不见，闲花落地听无声”，被用作北京市2007年的高考语文试题的这句唐朝诗人刘长卿《别严士元》中的诗句，也可以用来形容30年来高考改革的变迁。其实，高考制度变化已经相当大了，只是有些人不了解而已。

实践是检验真理的唯一标准。许多改革从理论上说都没有错，但在实践中就是行不通，典型的如标准分的行废。标准分由原始分推导出来，用以说明考生的原始分在所属那批分数中的相对位置，是较为先进和科学的记分方法。在教育部考试中心的推动下，最多的时候有8个省区的高考采用标准分。但因中国民众不习惯标准分的办法，觉得原始分更简便明白，且单个分数改变不会影响所有考生的分数排列因而可以查分，许多高校也觉得用标准分无法比较各省市之间同一科目的水平，结果多数省份在实行几年之后纷纷放弃。2007年，最先实行标准分的广东省转为采用原始分，最后，只有海南省还在坚守。这有点像1986—1991年实行的夏时制，从理论上说非常好，其他发达国家实行得也很好，但在当时的中国实行起来造成的纷扰远大于其益处。可见，理论正确的不一定是可行的，即使勉强实行，迟早也要败下阵来。只有在条件具备的时候，才能顺利推行。

还有一个典型例子就是广西的二次高考改革。2002年，广西实行本、专科高考在时间和试题上的彻底分离，本科考完后再考专科。2002年7月，本科高考结束后，2002年9月，9万多名学生投入了专科高考，其中不少人是一年之内参加了两次高考。这项旨在改变“一张试卷从北大清华考到高职高专”，给考生和学校更多选择的分层考试改革，得到了学界高度评价，却在实践中遭遇阻滞。在2003年的广西“两会”中，11名政协委员提案要求取消这项改革。他们在参考了不少群众“呼声”后，开列了二次高考增加考生备考负担和心理压力等“劳民伤财”的五大罪状。此呼声和压力远比当时要求实行两次高考的呼声来得更大，于是，2003 年，“二次高考”模式调整，本、专科高考采用了套题方式，必考科目同时同题考，选考科目不同试题不同时间考；2004 年再调整，本、专科所有科目同时同题考，但标准分分开转化；2005 年，本、专科统考合一，使用同一分数录取。至此，广西高考全面复辟。

很少有哪个国家的高校招生考试制度像中国这样变化频繁的。自 1999 年起，高考改革试验进入频密期。然而“许多试验，就是由民间呼声构成的社会大众的力量在推动。正向的推动足够多，带来的问题则是，‘呼声’常常只代表某一个利益阶层的愿望，它不太可能有完整的系统性考虑，在各种‘呼声’推动下的改革，比较容易的是头疼医头脚疼医脚式的，决策偶然，上马仓促，轰轰烈烈推出，撑不了几年，悄无声息结束”。[2] 确实不是所有改变都可以称之为“改革”的，如果将原先好的东西改掉，最后没有办法支撑下去又不得不回来，那么这种改变只能叫“折腾”或者“倒退”。南方某省高考科目 5 年 4 变，让中学师生应接不暇。因此，有些中学教师说，他们最怕听到的就是又要推出“新一轮高考改革”了。

如果理论十分“美妙”但却脱离实际，没有可行性，那只能说是空头理论。只有那些既有理论研究作改革准备，又有小范围的实验，成功之后再逐步推开的改革，才能长久地保存下来。还有，就是高考改革要符合中国国情和社会发展阶段，顺应主流民意，才会得到民众的拥护，具有长远的生命力。

比较一下 2007 年与 1997 年前后关于高考的两次大型问卷调查结果，可以给我们不少启示。在高考恢复 20 周年和 30 周年的时候，《中国青年报》都进行了“回首话高考”的公开问卷调查。1997 年 7 月 19 日至 8 月 17 日的调查，回收了 6 652 份有效问卷。2007 年 5 月 22 日至 6 月 11 日，《中国青年报》又联合教育部考试中心、ATA 公司进行“恢复高考 30 年大型公众问卷调查”。由于互联网的兴起，这次调查可以通过中青在线、人民网或新浪网参与调查，结果尽管问题多达 60 个，还是有 38 087 名公众回答了问卷，这是历来关于高考的规模最大的问卷调查。这里仅列出其中几项调查结果。（见表 1）

表 1

1997 年问题	百分比	1997 年问题	百分比
目前的高考是否应该进行改革		目前高考制度	
应该	88.3	比较合理	56.5
不必改革	3.6	很合理	3.3
目前高考对于合理选拔人才		对保送生的看法	
利大于弊	53.2	容易给不正之风以可乘之机，应该废止	54.5
利弊参半	37.1	有利于高校选拔优秀生和特长生，应该坚持	35.0
有利无弊	5.4	无所谓	10.5
利小于弊或有弊无利	4.3		
2007 年问题	**百分比**	**2007 年问题**	**百分比**
你认为全国统一高考制度		一般	23.4
有缺陷，但仍是目前最好的办法，应改进	77.4	不太公平	17.7
很好，应当维持	17.6	很不公平	9
应当废除	5.0	很公平	5.9
你觉得现行高考制度公平吗		在你看来，全国统考之外，让高校自主招生	
比较公平	44	有利于发现特殊人才，应该有限制有选择地推进	38.2

续表

1997 年问题	百分比	1997 年问题	百分比
不宜推行，高校招生和学生报考的成本都会增加，也为后门生开了口子	36.7	应该加强改进，完善后执行	49.0
应当执行，高校可以自主选择最适合自己的学生	25.1	为争名校升学率，推良不推优	21.68
你认为现在的保送生制度（可多选）		保证了一些特殊专业（如农林地矿等艰苦专业）人员的招生	21.48
后门生挤占保送名额现象严重，扭曲了保送制度初衷，应该废除	57.8	保证了优秀学生能升入好学校，减轻了学生负担，应该继续执行	18.96

注：1997 年调查数据见《中国青年报》1997 年 9 月 26 日社会调查版；2007 年调查数据见《中国青年报》2007 年 6 月 28 日公众调查版。

两次调查结果特别值得注意的是，1997 年，有 88.3% 的人认为当时的高考制度应该进行改革，认为“不必改革”的占 3.6%。时隔 10 年之后，认为全国统一高考制度“有缺陷，但仍是目前最好的办法，应改进”的占 77.4%，而认为这个制度“很好，应当维持”的占 17.6%，两者相加达 95%，认为“应当废除”的只占 5.0%。也就是说，经过 10 年的不断改革，高考方式在变化，人们对高考的态度也因社会变迁而发生变化，高考在人们心目中的信誉不仅没有降低，反而比以前更好了。由此看来，2007 年 3 月，个别代表在“两会”期间提出的废止高考的提案，是一个脱离现实国情、违背多数民意的提案。

经历过“文革”的深痛巨创、经历过废止高考的混乱局面，经过最近十年的反复比较，中国人再也不会轻易废止高考了。虽然认为高考应该改进，但绝大多数人认为高考仍是目前最好的办法。因为全面考核、推荐保送的好处谁都知道，但其弊端谁也解决不了。自古以来，为了防止“人事因缘”和“嘱托之翼”，[3] 中国人就发明了考试这种公平竞争的办法，来排除人际关系对选材的困扰。这种选材方式有利于平民百姓。农村中学师生与一些大城市的学者对高考的看法是大相径庭的；不同的高考经历和家世背景的人对高考的看法往往也很不一样。有从农村出来的学者指出：“农村人不会批评高考。对农村的孩子来说，不高考去哪里呢？这是我们向上攀登的一个非常重要的渠道。对当时的我们来说，似乎是唯一的道路。”[4] 山瘦栽松柏，家贫子读书。古代中国有“家贫、亲老，不能不望科举”的说法，现在有些青年也是“无钱、无权，不能不靠分数”的想法。统一高考比单独招考给较低社会阶层子女实现上向流动提供了更多机会，对广大普通家庭子女来说，高考作为一个自致性因素，几乎成为他们获得高等教育机会、实现阶层上向流动的一座最为公平合理的“独木桥”。[5]

在一定意义上说，高考是看学生本身的才学本事，推荐往往是看家长的关系本事。说到底，当今片面应试的根源，并不是高考制度太坏，而是习惯走后门的社会风气太坏；不是高考防止舞弊措施不得力，而是我们建立的诚信体系还不得力；不是高考制度仍然一成不变，而是民众的教育价值观几乎一成不变。

二、未来高考：从现实到理想

高考是牵动千家万户神经的大事，是上至最高领导人、下至底层老百姓都关心的大事。因为每个家庭在一定时候都可能与高考有关，各有各的立场和视角。高考是谁都可以说上几句的事情。但是，不了解以往的研究情况，只凭感觉和激愤就发表一通“高见”，往往会闹出笑话。

近年来，一谈到高考制度，有些人总是刻意强调高考制度存在的诸多弊端。有的人认为，“30 岁的高考制度正由青壮年步入中老年，其局限性、弊病和负面价值已经暴露无遗”，并提出以多元评价代替“一考定终身”。[6] 其实，考试制度的年龄与人的年龄不同，科举制度几经存废之争，在中国历史上存在了 1 300 年。笔者认为，高考而立之后并非步入中老年，而是还处在年轻时期，它是适应中国国情的考试制度，只要不断加以改革，与时俱进，肯定还有长远的生命力。人们看到围绕高考出现的许多现象和弊端，总想通过改革高考来加以解决。然而，有许多问题并非高考带来的，而是社会竞争日益加剧后通过高考体现出来的，因此，无论高考如何改革都不可能解决这些问题。

虽然高考制度导致“应试教育”的问题确实很大，但高考总的来看却是利大于弊，对促进整个社会的发展，特别是从“文革”以后由乱到治，拨乱反正，为整个民族的复兴起到了很重要的作用。在高考制度恢复 30 周年的今天，许多人通过回顾与反思，对高考的正面功能看得更清楚了。高考最重要的是为人们提供了通过奋斗改变生存状态的机会，可以让人掌握自己的命运。人生的道路虽然漫长，但是关键的转折点往往只有几步，在社会上能够通过个人努力而改变命运的机会并不是很多，而高考是难能可贵的一个。

在有关高考改革的指导思想方面，有两种思路，一种是能够改的尽量改，另一种是能够不改的尽量别改，两者的方向正好相反。部分学者认为高考弊端太多，能够改的就尽量改。一些民众和中学教师认为频繁改作只会使教学无所适从，还是尽量别改为好。为什么高考有的方面总是“改不动”？实际上，那些“改不动”的恰恰是反映多数人希望保证高考公平性的部分，说明其间必有存在的合理性，存在着不以人的主观意志为转移的客观规律。作为高考研究者和改革决策者，则应全面权衡，保持清醒的头脑，既不能因难度大而裹足不前，也不能迫于舆论压力盲目地为改革而改革。确实，将高考改革的价值取向指向“中庸之道”是较为理性的，即坚持改革的渐进原则，避免颠覆性的疾风骤雨式的改革。[7]

非新无以为进，非旧无以为守。我们既不能患“高考改革恐惧症”，也不要患“高考改革急躁症”，避免改革中的急躁情绪。如何制订兼顾时代需求与易于遵行的高校招生考试制度，是我们应该认真思考与研究的问题。公平与科学往往存在矛盾。高考改革如果不通盘考虑，极容易出现顾此失彼的局面。大众对公平的注重与追求，使得高考追求科学性和效率性的努力受到制约。高考改革应以不变应万变，“不变”的是它公平和科学的选材原则，而“万变”的是考试形式与内容可以不断推陈出新。高考改革万变不离其宗，尽量兼顾公平与科学，在两者产生矛盾时，尽量在两者之间求得基本的平衡。

高考改革中存在着一系列的两难问题，而各种“两难”的实质其实只有两个，即理想与现实之间的矛盾、不同利益主体之间的矛盾。高考改革是从理论出发，从理想出发，还是从实践出发，从现实出发，所得见解会有很大的不同。目前，各方面提出的详略不同的高考改革方案已有十几种，但是，真正切实可行的方案却很少。提出“应该如何如何”之类的理念和原则不难，提出如何实施设想的具体办法却很难；提出一个符合教育原理的高考改革方案容易，提出一个既有创意又具有可行性的高考改革方案却谈何容易。一旦考虑到实验或试行，许多看似有道理的方案便显出其太理想化。要想真正为高考改革提供参考，非得进行深入的研究，并将研究建立在对招生考试历史与现实充分了解的基础之上不可。

千军万马争过高考独木桥，社会诚信不足，导致不得不以考试成绩一决高下，这是典型的中国式的问题。为什么有的国家就没有过度重视高考的情况？因为不同阶层收入差别不是很大，只有分工不同。我们处在社会主义初级阶段，你走哪条路，生活差别会很大。只有社会发展到人事制度、劳动制度、分配制度实现深层改革之后，人们才会接受“不是只有高考一条路”的观念。在恢复高考30周年之际，要求改革高考的呼声已经成为社会舆论的主旋律。这里既有高考本身“法久终弊”的原因，也有改革受到各方面制约，难有所谓“大突破”而使社会产生焦虑的因素，更因为有些人把一些深层次的社会、文化问题，简单地全部归因于高考，以为只要改革高考，其他问题就都能迎刃而解，从而对高考改革期望值过高。[8]

高考是现代中国每年出现一次的举国大考，是一种盛大的社会活动。高考不仅是一种考试，也不仅仅是教育，在一定意义上说，高考还是一种文化。高考是中国文化的产物，是悠久考试历史和特殊的传统文化下出现和形成的一种文化现象。高考本身也是一种文化活动，不仅以文化知识为主要考试内容，而且高考形式也包含着丰富的文化内涵，或者说高考包含了丰富的政治和文化意蕴。教育决策要和文化背景相结合，大学招考改革只有充分考虑文化因素的制约，才能使改革不致引发更大的社会和教育问题。不全面考虑文化国情而全盘移植外国的大学入学制度，可能会因“水土不服”而难以为继。高考改革不能脱离中国的历史文化传统和当代的社会现实，而必须植根于中国社会的深厚土壤。只有如此，才能实现理论与实践的最佳结合，才不至于流于空谈。

改革应该选择与社会物质和文明水平相适应的方式和进度，这是目前高考改革应当遵从的现实理性。“高考必须改革，但改革必须理性健全。如果脱离现实，初衷再好，都只能是一种自说自话的浪漫理性。实践证明，浪漫理性主导的改革，很容易因为时机、条件或环境的原因发生扭曲和变异，而以善始，以恶终。”[9]

高考改革的终极目标，并不是改成各高校单独招考，也不见得是以美国高校招考模式为依归，而是探索建立适合中国国情的有自身特色的招考制度。正如有的学者指出的：有人动辄以美国高校招考模式作为衡量标准，抨击和全盘否定现行统一高考制度，俨然把美国高校招考模式当做“国际惯例”。实际上，同是高校入学选拔，美、法、日、韩、澳、俄等国方法各不相同，不存在统一的招考模式。所谓招生考试“与国际接轨”，只不过是以“西化”标准评价中国高考改革的代名词。[10]

理想的招生考试制度，是使所有的高校挑选最合适的生源，使所有的学生选择最合适的高校，体现双向选择原则的制度。但考虑现实中国的国情，要建立以全国普通高校招生统一考试为主，与多元化考试评价和多样化选拔录取相结合，政府宏观指导、调控，高校自主招生、自我约束，社会有效监督的高校招生考试制度，还需要认真研究，稳扎稳打，逐步推进。

注释：

[1] 周珣，原春琳. 30年风雨：我们见证的改革和试验[N]. 中国青年报，2007-6-27.

[2] 周珣，等. 高考变革30年成败检讨[N]. 中国青年报，2007-6-27.

［3］葛洪．抱朴子（外篇）［M］，上海：上海古籍出版社，1990.209．

［4］原春琳，周珣．高考：阶层流动第一步［N］．中国青年报，2007-6-25．

［5］郑若玲．高考对社会流动的影响——以厦门大学为个案［J］．教育研究，2007，（3）．

［6］赵琳琳．高考首份民间改革方案解密［N］．广州日报，2007-8-2．

［7］郑若玲．科举、高考与社会之关系研究［M］．武汉：华中师范大学出版社，2007.273．

［8］宋晓梦．理性对待高考改革［N］．光明日报，2007-4-18．

［9］本报评论员．为了未来的纪念［N］．中国青年报，2007-6-25.

［10］张亚群．高考的“改”与“不改”［J］．社会观察，2006，（9）．

本文选自《教育研究》2007年第11期

高等教育质量内部管理与外部监控的关系分析

胡建华

在进入21世纪的中国高等教育改革与发展过程中，毫无疑问，如何保证与提高高等教育质量是高教界乃至全社会关注的焦点之一，尤其是2007年初“高等学校本科教学质量与教学改革工程”的全面启动，进一步明确了本科教学质量之于高等学校的重要意义，调动起高校上上下下参与提高本科教学质量的积极性，从而将保证与提高高等教育质量推向了深入。质量问题在高等教育界受到如此空前的关注，并非我国所独有，从20世纪八九十年代开始，“质量”一词就不断出现在许多国家有关高等教育的法律、报告等重要文献中，从制度上保证与提高高等教育质量成为许多国家高等教育改革的重要课题。其中，如何处理高等教育质量的内部管理与外部监控之间的关系尤为引人注目。本文试就此作些初步的探讨与分析。

一

近年来，由于高等教育质量受到人们的普遍关注，关于如何保证与提高高等教育质量的研究报告、论著大量涌现，对于什么是高等教育质量产生了众多或有差异的理解，因此我们在讨论高等教育质量的内部管理与外部监控的关系之前，有必要先就什么是高等教育质量作些简要的说明，以明确本文讨论的对象与范围。

1998年召开的世界高等教育大会通过的《21世纪的高等教育：展望和行动世界宣言》，关于高等教育质量的概念有如下一段文字：“高等教育的质量是一个多层面的概念，应包括高等教育的所有功能和活动：各种教学与学术计划、研究与学术成就、教学人员、学生、楼房、设施、设备、社会服务和学术环境等。”[1]确实，就广义的角度来说，高等教育质量可以被理解为高等学校进行的所有工作、“生产”的所有“产品”的质量，因此，有研究认为高等教育质量是一个“三维”概念，“至少包含三个重要组成部分，即教学和人才培养质量、科学研究质量、社会服务质量”。[2]进一步说，高等教育质量可以被看作是一个具有多层面、多内容、多指向的体系。譬如，从过程来看，有投入质量、过程质量与产出质量之分；从活动来看，有教学质量、管理质量与服务质量之别。[3]不过，在这一复杂的高等教育质量体系内，毫无疑问人才培养质量，即狭义的高等教育质量应是最为基本、最为主要的。这样说的理由在于高等教育的性质与高等学校的本质。尽管在现代社会中，高等学校的活动范围日益扩大，活动内容日益增多，社会要求高等学校所承担的任务日益繁重，科学研究早已成为高等学校尤其是研究型高校的主要事业，但是作为教育机构，作为拥有大量学生的学校，教育学生、培养人才仍然是高等学校的最主要的工作，社会诉诸高等学校的最主要的任务，高等学校能为社会作出的最主要的贡献。因此，衡量高等学校工作成效大小、任务完成好坏、社会贡献高低的主要尺度就只能是培养人才的数量与质量，高等教育质量的基本指向就应该是教育学生的质量、人才培养的质量。基于这样一种考虑，本文以狭义的高等教育质量，即人才培养质量作为讨论的对象。

二

如何保证与提高高等教育质量？从近年来许多国家的实践来看，可以说高等教育的质量保证其实与物质产品的质量保证至少在一点上是共同的，即质量保证需要生产部门与外部社会的共同努力。物质产品的质量保证，在生产部门内部需要对质量进行管理，在生产部门外部需要对质量进行监控；高等教育的质量保证亦如此，高等学校的内部管理与社会的外部监控，两者不可或缺。不过，我们在考察高等教育质量保证的历史发展时，发现内部管理与外部监控相结合的形式并不是自与现代高等学校有着“血缘关系”的中世纪大学产生之时就有的，准确地说这种形式是随着现代高等教育的发展，特别是在高等教育进入大众化阶段之后才出现的。因此，为了更好地理解现代高等教育质量保证体系中内部管理与外部监控之间的关系，有必要对高等教育质量保证由内部管理开始到外部监控介入的发展过程作些概略的回溯与分析（内部管理与外部监控发展之先后顺序本身即是两者关系的一种体现）。

“一直以来，大学和其他高等教育机构都拥有自己的一套机制确保他们的工作质量。在这套机制中，人的品质和工作的质量直接产生联系：学生要具备必要的资格才能进入高等学府，乃至最终取得学位；教职员工要具备必要的资格才能上岗，乃至获得提升，直至升至教授。”[4] 确实，就高等教育质量而言，人的品质，特别是教师的品质及其水平起着至关重要的影响作用。因此，高等教育质量的内部管理最初就是从保证教师的品质和水平开始的。

中世纪大学在其诞生之初，逐步形成了一套录用新教师的标准与制度。以作为“大学之母”的巴黎大学为例，若想在巴黎大学任教，必须获得大学的“教师资格”。不同学科教师资格的要求是不一样的，如人文学科要求申请教师资格者“须年满 21 周岁，在人文学科听课 6 年以上，并在神、医、法三科学习满两年”；神学教师资格的申请者“须年满 30 周岁，在人文学科听课 6 年、神学科听课 5 年以上”。对于每一位申请教师资格者，大学组成了包括 6 名相关学科教师在内的审查委员会，由审查委员会决定是否授予申请者教师资格。[5] 爱弥尔·涂尔干在谈到中世纪巴黎大学的教师任职时，提出了“执教权”与“就职礼”这两个概念，认为“执教权和就职礼（这是博士学位的最初形式）是两个必不可少的阶段，是立志从教者在真正成为一名教师之前，需要依次通过的两级学位”[6]。虽然中世纪大学录用新教师的标准与制度的建立或许并不直接是为了保证质量的目的（因为一般来说“质量”概念出现在高等教育领域是现代以来的事情），而是在当时作为“行会”组织的大学为控制“行会”成员的发展所设立的一道“门槛”，但正是这种“资格制度”奠定了现代大学教师制度的基础，客观上成为保证教育质量的重要手段。

经过几百年的发展，到19世纪之后，大学已经形成了注重教育质量的传统。“大学以它特别的相对非正式的方式展示并保持着它的卓越性，这是大学的长期传统”。“大学重视自身责任、学院责任和自身改进。大学信任教职员工，得力于他们的专业精神来确保其质量和社会地位”。“大学招聘教师，筛选学生，同级院校间检查科研、学术成就和定期审查教学和课程。教师的质量通过严格的招聘、任命和晋升措施得以保障。学生的入学政策则是确保只有最好的、最有能力的学生才能被大学选中入校。定期的评估与考试能彻底检查个体学生的表现和进步”。[7] 总之一句话，自中世纪大学产生直至20世纪中叶的相当长的时间内，高等教育的质量一直是大学内部的事情（如果人们意识到需要保证高等教育质量的话），大学依靠着它的传统、依靠着它的内部管理保障着高等教育质量，维护着大学的社会地位和声誉。

那么，为什么在中世纪大学产生之后直至20世纪中叶的几百年时间内，高等教育质量只是大学内部的事情，大学依靠着内部管理保障着教育质量呢？原因或许可以从以下两个方面来考虑。一是大学的自治传统。“自治是高深学问的最悠久的传统之一”，“失去了自治，高等教育就失去了精华”。[8] 自中世纪大学产生之日起，大学自治就成为大学人所争取的基本权利，或者说中世纪大学就是在争取大学自治权的过程中产生的。例如，在巴黎大学形成之初期，围绕着录用新教师、制定规范大学内部的活动规则、推选与外部权力机构交涉及出庭诉讼的代表这三项基本权利，大学与地方大法官、主教之间展开了激烈的争斗。直至 1231 年，教皇下达“特许状”，宣告了大学在与巴黎地方大法官及主教之间的这场争论中的胜利，巴黎大学遂成为教皇特许的自治机构。[9] 拥有自治权的大学虽然在以后的发展过程中不断受到来自宗教权威与世俗权威的侵扰、干涉，但是在大学的内部事务，尤其是有关教什么、怎样教、由谁来教这样一些教育事务上，大学所拥有的自治权是比较彻底的（即使在现代西方大学，有关教育事务的决定权仍然是大学自治的主要内容，是教授治校的具体体现）。二是大学的规模及其与社会的关系。众所周知，20 世纪中叶之前世界上许多国家的大学是以规模小、人数少、实施精英教育为主要特征的。特别是在 18 世纪之前，大学远离社会，成为少数“有闲阶层”研读经典、修身养性的“象牙之塔”，以至于在像英国工业革命、法国大革命、美国独立战争这样一些重大的历史事件中我们很难看到大学的身影。大学作为一个机构尚难以引起社会的广泛关注（因为那时的大学与社会的大多数人是没有关系的），大学内的“教育质量”如何就只能是大学内部所关心的问题了。

三

在高等教育质量保证过程中外部监控的介入是以高等教育质量引起社会的广泛关注为背景的，而高等教育质量的广泛社会关注则是高等教育规模日益扩大所带来的必然结果。第二次世界大战结束至 20 世纪70年代中期，世界经济发展逐步由战后恢复过渡到快速增长，高等教育发展也因此进入了“黄金时期”。例如，仅从1958年到1965年的短短7年时间来看，主要发达国家的高等教育人口（即高等学校学生）数量就有较大幅度的增长，其中法国由19万人增加到41万人，增加120%；美国由304万人增加到553万人，增加80%；日本由62万人增加到104万人，增加70%；英国与联邦德国也分别增加了50%。[10]到70年代初期，一些发达国家的高等教育入学率已经超过或接近15%（如瑞典1971年为24%，英国1973年为13%[11]，日本1970年达到23.6%[12]），进入了马丁·特罗所言的高等教育大众化阶段，而美国1967年高等学校在校生数占18—21岁人口的比例已经高达46.6%。[13]此后高等教育规模的增长速度虽然因“石油危机”“紧缩政策”等在短时间内有所放缓，但规模扩大的趋向始终保持不变，如今许多发达国家的高等教育已经进入了普及化阶段。据统计，高等教育在学率（全日制与非全日制高等学校在学人数除以18岁或19—21岁或22岁的人口总数），美国已达到89.5%（2004年），日本达到66.1%（2007年），英国达到83.2%（2005年），法国达到57.2%（2005年），德国达到52.1%（2005年）；每千人的高等学校学生数，美国58.8人（2004年），日本30.4人（2007年），英国42.2人（2005年），法国36.6人（2005年），德国24.1人（2005年）。[14]高等教育规模的如此扩大彻底改变了高等教育原有的“精英性质”，使得高等教育与社会大众发生了密切的关系，接受高等教育已不再是少数人的特权，而成为人们普遍拥有的一种权利。由此高等教育质量的好坏高低就变成与社会大众紧密相关的问题，尤其是当人们为接受高等教育而付出了必要的费用之后。

高等教育规模的不断扩大不仅改变了高等教育的性质，而且使高等教育成为一项耗资巨大的公共事业，引起政府的更多关注，从而使高等学校与政府的关系也发生了不小的变化。据统计，世界上许多发达国家政府教育经费支出占 GDP 的比例已经达到或超过 5%（以下数字均为 2004 年的统计），如美国与英国 5.3%，法国 5.8%，OECD 各国平均 5.4%，丹麦最高达 8.4%；教育经费支出占政府财政支出的比例多在 10% 以上，如美国 14.4%，英国 11.7%，法国 10.9%，OECD 各国平均 13.4%，日本略低也有 9.8%，墨西哥最高达到 23.1%；高等教育经费支出占政府财政支出的比例一般也在 2% 以上，如美国 3.5%，英国与法国 2.3%，德国 2.5%，OECD 各国平均 3.1%，日本略低也有 1.8%，挪威最高达到 5.3%。[15] 美国 2004 年的 GDP 为 11.47 万亿美元[16]，按照政府教育经费支出占 GDP 的 5.3% 计算，则政府教育经费支出达 6 079 亿美元，其中政府高等教育经费支出达 1 491 亿美元（按照政府高等教育经费支出占 GDP 的 1.3%[17] 计算），接近政府教育经费总支出的 1/4。如此庞大的经费投入构成了现代高等学校与政府关系的重要基础，使得政府越来越关注高等教育的发展（不仅在数量上，而且在质量上），政府在高等教育发展及高等学校办学方面的影响力不断增大。这种高等学校与政府关系的现代形式为政府在高等教育质量保证体系中发挥作用，特别是从外部监控高等教育质量提供了依据。“最近一次关于欧洲的质量机构（指高等教育质量机构——笔者注）的调查显示，29 个这样的机构中，15 个拥有‘独立的’法律地位。然而，20 个机构的大部分或所有的资金来自于国家。……不管它们的法律地位的形式和资金的来源是什么，在建立机构的背后，其驱动力几乎都是政府的关注和议程。”[18]

高等教育规模扩大带来的另外一个结果是高等教育质量出现了问

题，或者说高等教育质量由隐性的高校内部问题变成了显性的公共问题。因此，20 世纪 80 年代以来世界上有关高等教育质量的政府报告与研究论著不断涌现，“质量问题（高等教育中各方面的保管人如何保证质量）几乎到处蘑菇似的增长成为高等教育政治日程上的一个优先考虑的问题”[19]。美国高质量高等教育研究小组在 1984 年 10 月提出了题为《投身学习：发挥美国高等教育的潜力》的报告，指出了当时美国高等教育质量方面存在的诸多问题。如“为获取学士学位而进入高等学校学习的学生，实际上只有一半获得了这一学位”；“1964—1982 年，毕业考试 15 门主修课测验中，学生有 11 门课的成绩下降，下降最严重的是那些需要较高的语言表达技巧的学科”；“美国高等学校的物质设备和教学设备，正在急剧恶化。甚至一些有名望的研究型大学将数百万美元的维修费用于购买书籍，州立大学和社区学院的设备预算也不能适应学生的学习”。[20] 应该说，这些问题在世界上其他国家高等教育规模不断扩大的状况下也是或多或少存在的。

规模膨胀、耗资巨大、质量下降，这些因素或背景使得建立包括内部管理与外部监控在内的高等教育质量保证体系成为必要，中世纪大学、近代大学的那种高等教育质量仅仅属于大学内部事务的状况已经一去不复返了。“英国自 1992 年以来，建立了新的质量审核组织——高等教育质量委员会（HEQC）。他们在 1991 年的高等教育白皮书中还规定了以下术语的特定内涵：质量控制——校内维护和加强其工作质量的机制；质量审核——旨在提供保证学校具有合适的质量的外部检查；质量评估——对学校教学质量的外部评审；并以此形成质量保障系统。”“国际高等教育质量保障机构联合会（INQAAHE）2003 年的一项统计显示，世界上越来越多的国家建立起了教育质量保障体系，目前至少有包括阿尔巴尼亚和越南在内的47个国家建立起质量保障机构。”[21]

四

在已经建立起来的现代高等教育质量保证体系内，应该怎样去认识和把握高校内部管理与社会外部监控之间的关系呢？英国1987年发表的高等教育白皮书《高等教育——应付新的挑战》中的一段话应是一个很好的说明：“高等教育的质量主要靠高等院校在维护和提高标准上所作的贡献。外界既不能直接提高质量，也不能强使高等院校提高质量。但代表公众的政府能够也必然会设法建立适当的体制，以促使高校负起提高教育标准的责任，并对其进行监督。”[22]因此，在现代高等教育质量保证体系内，确立高校内部的质量管理制度并发挥其在保证与提高质量方面的主要作用应是最为基本的。从日本20世纪90年代以来高等教育质量保证体系的构建中，我们可以清楚地看到这一点。

20世纪90年代初，以《大学设置基准》的修订为标志日本高等教育进入了一个新的改革时期。这一时期日本高等教育改革的主要内容之一就是构建高等教育质量保证体系。而高等教育质量保证体系的构建是以建立大学自我评价机制为开端的，即在高等教育质量内部管理制度中除了“生源控制”（必要的入学考试以保证招生的质量）、“师资控制”（必要的人事制度以保证师资的质量）和“过程控制”之外，还应加上自我评价这个重要环节。换句话说，生源控制、师资控制、过程控制、自我评价这四个主要部分构成了完整的高等教育质量内部管理体系。1991年修订的《大学设置基准》规定：“为了提高教育与研究水平，实现大学的办学目的和社会使命，大学必须就学校的教育、研究状况实行自我检查与自我评价。为了开展自我检查与自我评价，大学应该制定相应的评价项目，建立必要的评价体制。”[23]此后，实施自我评价、建立自我评价制度成为日本大学在内部管理改革方面的重要内容。根据广岛大学大学教育研究中心（现更名为高等教育研究开发中心）1993年初进行的一次有关大学自我评价实施状况的调查，在《大学设置基准》修改之后的一年半时间内，大多数大学成立了自我评价的组织机构，开始自我评价工作。在回答调查问卷的434所大学中75.8%的大学成立了自我评价机构，其中国立大学设立自我评价机构的比例达到95.8%。[24] 在大学自我评价工作开展了约10年之后，日本政府于2000年设立了具有高度独立性的大学评价机构，其目的在于："（1）对大学开展的教育、研究、社会服务等活动进行多方面的评价，评价结果反馈给各大学，以期对改进大学的教育、研究等起到促进作用。（2）通过评价将大学的活动状况、成果等以易于明白的形式公之于社会，以广泛求得国民对作为公共机构的大学的理解与支持，从而促进大学的发展。"[25] 至此，一种以大学自我评价为前提、自我评价与外部评价相结合的包括大学内部管理与外部监控在内的高等教育质量保证体系就建立起来了。

虽然在现代高等教育质量保证体系内，高校的内部管理起着基础性、根本性的作用，但是社会的外部监控的功能也是不容忽视的，"在高等教育界，有一个共同的观点，认为高等院校内部控制质量的机制运转是否正常，还需要外界提供保证"[26]。因此，"20世纪90年代，至少在欧洲出现了负责评估和质量保证的国家机构，这是这一时期高等教育的一大突出特色"[27]。那么，外部监控在高等教育质量保证体系内应该发挥什么样的功能，应该如何看待内部管理与外部监控之间的关系呢？20世纪90年代以来澳大利亚外部监控机构及评价内容的改变或许可以为我们回答这些问题提供一个参考答案。

20世纪90年代初，在全球化与高等教育规模不断扩大及公共部门改革的背景下，澳大利亚政府开始关注高等教育的质量问题，着手构建高等教育质量保证体系。1992年11月成立了“联邦高等教育质量保证委员会”（CQAHE），该委员会在1993年至1995年开展了3次评估活动，虽然是自由参加，但当时澳大利亚全部36所大学都接受了CQAHE的评估。由于该委员会根据评估结果列出了大学排行榜，使得处于低位的大学倍感压力，同时人们认为排行榜会促使大学同质化，不利于多样性发展，因此CQAHE仅仅工作了3年。2001年，澳大利亚联邦及各州的政府教育部长决定成立“澳大利亚大学质量保证机构”（AUQA），作为新的质量保证机构，该机构独立于各级政府，非营利，运营经费由联邦政府拨款、各州政府拨款和评估所得三部分组成（各占1/3）。AUQA与CQAHE相比，在以下几个方面存在着明显的不同：（1）CQAHE是联邦教育部长的咨询机构，AUQA是非营利的独立于政府的机构；（2）虽然两个机构对于大学的评估都建立在大学自我评价的基础之上，但是CQAHE根据评估结果列出排行榜，且排行榜对政府拨款产生影响，而AUQA只是将评估结果公之于众；（3）CQAHE所进行的3次评估都是“主题评估”，即围绕某一主题展开评估，如1994年的主题是“教育与学习”，1995年的主题是“研究与服务”，而AUQA的评估则是对各大学质量保证体制的全面检查。[28] 从上述澳大利亚外部监控机构及评价内容的转变中，我们至少可以读出这样两层意思：一是外部监控机构由政府所属转为独立，为的是在对大学进行质量评估时尽量减少政府行政的影响；二是改变对评估结果排名次、将大学分为“三六九等”的做法，为的是不让外部评估的结果影响各大学富有特性的办学目标，维护大学办学的自治、自主。

进入21世纪以来，我国的高等教育质量问题越来越引起政府、高校与社会的广泛关注。2003年开始的一轮“高等学校本科教学工作水平评估”已经接近尾声，2007年开始的“高等学校本科教学质量与教学改革工程”反映出政府在提高高等教育质量方面所作的积极努力。但是，一个完善的包括高校内部管理与社会外部监控在内的高等教育质量保证体系还没有真正构建起来，在如何正确处理高校内部管理与社会外部监控的关系上也还有许多问题需要解决。例如，在高校内部管理制度上，从生源控制、师资控制、过程控制、自我评价这四个主要环节来看，都还欠缺不少。许多高校在新教师的选聘方面没有建立合理的制度，随意的成分很大，由此产生的结果是一些水平不高、不适合担任高校教学与研究工作的人员进入了高校教师行列，如果教师的水平与质量不能得到有效的控制与提高，保证高等教育质量将会十分困难。如上所述，自我评价是高等教育质量内部管理中不可或缺的一个环节，是外部机构对高校进行评估的基础，可是自我评价在我国高校的内部管理中还没有形成健全的制度。又如，在外部监控方面，我国高等教育质量的外部监控存在着过分“行政化”与“排名化”的倾向。所谓过分“行政化”，是指一些对高校的评估完全是通过行政机构，依靠行政手段，带有行政指令，反映行政意图而进行的，这容易产生忽视高校的学术机构性质、影响高校办学自主性发挥的结果。所谓过分“排名化”，是指将评估结果直接化作高校间的排名，或就是以排名作为评估的目的，这极易导致高校的“趋同”、互相攀比乃至不当竞争，妨碍高校发展的多样性与个性化。因此，我们应该准确认识与把握高等教育质量内部管理与外部监控之间的关系，健全高校内部管理制度，正确发挥外部监控的功能——外部监控的功能主要在于评估高校内部管理制度的构成及运行状况，促使其在保证与提高高等教育质量方面正常发挥作用，以建立起一个完善的高等教育质量保证体系。

参考文献

[1] 21世纪的高等教育：展望和行动[A]. 赵中建. 全球教育发展的研究热点——90年代来自联合国教科文组织的报告[C]. 北京：教育科学出版社，1999.422.

[2] 李福华. 高等教育质量：内涵、属性和评价[J]. 现代大学教育，2003,(2)：18.

[3] 余小波. 高等教育质量概念：内涵与外延[J]. 高教发展与评估，2005,(6)：49.

[4][7][18[21][27] 约翰·布伦南，等. 高等教育质量管理——一个关于高等院校评估和改革的国际性观点[M]. 上海：华东师范大学出版社，2005.2，49，36，195，142.

[5] STEPHEN d'IRSAY. 大学史（下）[M].（日本）东京：东洋馆出版社，1988.96-99.

[6] 爱弥尔·涂尔干. 教育思想的演进[M]. 上海：上海人民出版社，2003.115.

[8] 约翰·S. 布鲁贝克. 高等教育哲学[M]. 杭州：浙江教育出版社，1987.28.

[9] JACQUES VERGER. 中世纪の大学[M].（日本）东京：みすず书房，1979.31-32.

[10][13] 泽田彻. 主要国の高等教育[M].（日本）东京：第一法规出版株式会社，1970.3，31.

［11］马丁・特罗 . 高学歴社会の大学［M］.（日本）东京：东京大学出版会，1976.61.

［12］文部省 . 文部统计要览［Z］.2000.38.

［14］［15］［16］［17］文部科学省 . 教育指標の国際比較［M］.2008.22–29，50，49，50.

［19］弗兰斯・F. 范富格特 . 国际高等教育政策比较研究［M］. 杭州：浙江教育出版社，2001.429.

［20］吕达，周满生 . 当代外国教育改革著名文献・美国卷（第一册）［M］. 北京：人民教育出版社，2004.27–29.

［22］吕达，周满生 . 当代外国教育改革著名文献・英国卷（第一册）［M］. 北京：人民教育出版社，2004.101.

［23］大学設置基準［A］. 高等教育研究会 . 大学の多様な発展を目指して（Ⅲ）［C］.（日本）东京：行政株式会社，1992.20.

［24］广岛大学大学教育研究中心 . 大学自己評価への模索［M］. 1993.6.

［25］大学评价・学位授予机构 . 平成十二年度に着手する大学評価の内容・方法等について［EB/OL］.http：//www.niad.ac.jp.

［26］吕达，周满生 . 当代外国教育改革著名文献・英国卷（第二册）［M］. 北京：人民教育出版社，2004.18.

［28］杉本和弘 . 現代オーストラリア高等教育における質保証シスラムの構築と展開［A］. 广岛大学高等教育研究开发中心 . 高等教育の質的保証に関する国際比較研究［C］.2005.192–206.

本文选自《高等教育研究》2008 年第 5 期

大学精神文化刍议

卢晓中

一、对大学精神文化的基本认识

目前，关于文化的认识和界定汗牛充栋，本文择一代表性的界定，即广义的文化是指人类后天获得的并为一定社会群体所共有的一切事物，它使人区别于动物，是人类对生活环境进行加工改造的结果。一般而言，它主要包括精神文化、制度文化和器物文化三个层面。而狭义的文化则指文化是一定社会群体习得且共有的一切观念和行为。显然这一界定更着重于精神文化层面。[1] 如果将这一界定用于大学这一特定的社会群体，那么，所谓的大学文化也就是指大学群体习得且共有的一切观念和行为。由此可见，大学精神文化既是大学文化的一个重要层面，也是一般意义上的精神文化的具体化和个性化。

从大学精神文化所包含的文化元素来看，主要有大学精神、理念、校训、校风、学风、教风、管理作风等。对于这些精神文化元素，我们可以作一个简单的分类，也就是大学精神、理念、校训等精神文化元素属于价值层面的精神文化，这些精神文化元素着重体现和申明一所大学的价值诉求。而校风、学风、教风、管理作风等精神文化元素则属于实践层面的精神文化，它们实际上是从实践的角度告诉人们（学生、教师、管理者等）应当如何去践行大学的价值诉求。从以上意义上，价值层面的大学精神文化与实践层面的大学精神文化显然又是密切相关、相辅相成的。如北京大学提倡“兼容并包”的大学理念，形成了“民主”“自由”之校风；清华大学提倡“厚德载物”的大学理念，则有“严谨”“认真”之校风；而南开大学提倡“允公允能”的大学理念，就有“开拓”“活泼”之校风。

处于观念形态的大学精神文化并不是虚无缥缈的，它可以通过大学的人、事、物来承载和践行。就“人”而言，大学的办学理念常常通过校长的一些办学思想来体现，学生的学习理念则可以在学习过程中体现出来。而所谓“事”诸如大学的教学制度、管理制度以及师生关系等，也都能在相当程度上反映出一所大学的办学理念。至于大学的“物”，许多大学，特别是一些有悠久历史的大学都非常重视使学校里一些物化的东西成为教育的元素。比如，大学建筑这样一种比较典型的物，它在一定程度上也能反映大学的办学理念。大学建筑物的第一要素或者说基本要求，无疑首先要解决的是该建筑物的基本功能，如教学楼是要上课用的，所以要具有作为教学楼的应有功能；第二要素，或者说更高的要求，大学的建筑应该有一种意蕴或者说“物语”，它可以诉说大学的一种思想理念。这是建筑的一种高境界、高追求。

在大学发展实践中，大学精神文化可以是显性的彰显，如经过凝练成句的大学理念、校训、校风、教风、学风等。大学精神文化最显性的一种彰显就是校训，如哈佛大学的校训“与柏拉图为友，与亚里士多德为友，更要与真理为友”；霍普金斯大学的校训“真理使你成为自由人”；清华大学的校训“自强不息，厚德载物”，等等。这些校训无疑是在表达各校办学的一种价值诉求，彰显着自己的办学主张。大学精神文化也可以是一种隐性的体现，其中大学的建筑、环境等物体形态都蕴含着一定的大学精神文化。其他还有各种规则制度所体现的大学精神文化，比如，人们经常论及的现代大学制度建设，首先必须要用先进的理念来引领。如果说一种规则制度，找不出其所承载的思想理念，这种规则制度本身就有问题。

二、大学精神文化元素的关系

这里着重从价值层面的大学精神文化元素诸如大学精神、大学理念和校训，来考察它们之间的关系。

（一）大学精神与大学理念

大学精神与大学理念关系密切，它们之间既有区别，又有联系。首先，大学精神不同于大学理念。大学精神是大学优秀的文化传统，是一代又一代的大学人共同创造的精神财富；而大学理念更多的是表达大学人（包括个体）对大学的认识及其办学主张。如果说任何一所大学一般都有自己的大学理念，但不是每一所大学都有自己的大学精神。

其次，大学精神源于大学理念。一所大学在其漫长的历史发展长河的各个时期，都会有各自主张和坚守的大学理念，当一个时期的大学理念对大学发展起到积极的引领作用，促进了大学的发展，那么这一时期的大学理念就会成为一种优秀的文化积淀下来，成为大学优秀的文化传统，最终成为大学精神的有机组成部分，从而使得大学精神与时俱进地不断丰富和发展。而当某个时期的大学理念对这一时期的大学发展并没有起到积极的推动作用，甚至还阻碍了大学的发展，那么这一大学理念在大学的历史发展长河中不会留下什么印迹，更不可能成为大学优秀的文化传统即大学精神的一部分。

大学理念又是基于大学精神。对于一所大学来说，任何时期的大学理念，其确立都必须是建立在大学优秀的文化传统基础之上，具体而言，就是依据大学的优秀文化传统所体现的核心价值观，结合时代发展的需要，提出或确立新的大学理念。这也是大学精神的实践价值的主要体现。

（二）大学校训与大学理念、大学精神

校训对一所大学而言，是一种极其重要的精神文化元素，它对内能形成一种文化上的向心力，对外则是学校个性和精神面貌的一种重要彰显，是获得外在认同和支持的一种重要途径。一所大学的校训在提出之初通常是从应然的角度来表明大学的一种办学理念，这一办学理念起着引领这所大学不断发展的作用。处在理念形态的大学校训，经过漫长的历史演变过程，最终会成为大学一种优秀的文化传统，即大学精神。而这一历史演变过程，实际上体现了大学对自身文化传统的体认与珍视，也可以看做校训在大学发展实践中是否得到切实践行的重要标志。

一所大学的校训具有相对的稳定性，如果校训"朝令夕改"，必然导致大学实践上的无所适从。但这并不意味着校训内涵的一成不变，而应当根据时代的发展需要，不断地丰富和发展其内涵。如九十多年前清华大学所确立的"自强不息、厚德载物"这一校训，出自《周易》的"天行健，君子以自强不息""地势坤，君子以厚德载物"，其原生含义表达的是天（自然）的运动刚强劲健，相应于此，君子应刚毅坚卓，奋发图强；大地的气势厚实，君子应增厚美德，容载万物。对清华大学来说，就是要求师生在气节、操守、品德、治学等方面都应不屈不挠，战胜自我，永远向上，力争在事业与品行两个方面都达到最高境界；在做人做事方面应该顺应自然，胸怀博大，宽以待人，承担起宏伟的历史任务。对今天的清华大学来说，除继承了原生含义外，还被赋予了时代的新内涵，即清华师生要树立一流意识，胸怀祖国，放眼世界，争创一流等，这也体现了现代大学精神文化的发展性。[2]

校训的制定应成为学校文化建设的重要组成部分，它既应是独特

的，也应经得起历史的考验。但从目前我国大学的校训来看，存在以下两个明显的误区。

一是校训的形式化。尽管每所大学都有自己的校训，但在许多大学的办学实践、教师的教学实践以及学生的学习实践中并不一定都得到很好的践行，甚至相当一部分流于形式。笔者曾对某所大学作过一个抽样调查，有 85% 的在校生、72% 的教师不知校训，或记不全校训；而在该校校友中，这个数字更高达 90% 以上。

二是校训的雷同化。据一项针对国内 256 所大学的调查显示，大学校训同质化、标语化现象严重，一些校训在师生中的认同度降低，感召力不强。其中有 192 所大学的校训为“四词八字”的口号式，比例高达 75%。校训带有“勤奋”字样的有 68 所，“求实”的有 65 所，“创新”的有 59 所，“团结”的有 49 所，“严谨”的有 25 所。在 256 个校训中，包含以上 5 个词语任何一词的有 147 个，占到被调查大学的 57% 强。还有一些大学的校训完全一样——有 8 所大学的校训同为“团结、勤奋、求实、创新”，有 27 所大学的校训同为“严谨、勤奋、求实、创新”，不同的只是先后排列顺序。[3] 这种雷同化的现象在一定程度上造成了许多大学的办学缺乏个性，以至千校一面；同时，这也在很大程度上反映出一些大学在办学思想理念上的匮乏。

三、大学精神文化的时代特征

作为具有一定普世价值的大学精神文化，其产生和发展具有一定的普适意义；同时，一个时代的大学精神文化，无疑在不同程度上都烙上了这个时代的印迹。我们可以基于以上认识来考察大学精神文化的时代特征，这些时代特征也体现了现代大学精神文化的发展趋向。

（一）大学精神文化的发展性

大学精神文化的发展性包括继承的发展和创新的发展两个方面。阿什比曾说过："任何类型的大学都是遗传与环境的产物"。[4] 所谓遗传，实质上就是大学长期形成的一种优秀的文化传统，这种优秀的文化传统随着大学发展会变得愈加丰富和深厚，并成为每个时期大学进行发展选择的重要根据，比如大学办学理念及发展定位的确立等，都需要依据其文化传统。正如恩格斯所说的："历史从哪里开始，思想进程也应当从哪里开始，而且思想进程的进一步发展不过是历史过程在抽象的、理论上前后一贯的形式上的反映"。[5]

在德国著名学者赫尔曼·勒尔斯看来，经典的大学观念在形成以来的近二百年中表现出惊人的内在一致性。尽管历经政治变革，尽管不断建立了许多新型大学，但经典的大学观念至今仍是持不同学术立场的学者所能接受和理解的一个理想、完美的观念。[6]

在大学发展的实践中，许多大学一般都非常重视学校的办学历史，希望把学校的历史追溯得越长越好，但并没有真正弄明白悠长的办学历史究竟为大学积淀下来了哪些优秀的文化传统，而这些优秀的文化传统对大学今天办学究竟意味着什么，或者说有什么作用，也即其实践价值如何实现，比如，大学如何根据自身的文化传统确立新的目标定位、办学理念及特色品牌等。一所大学的历史悠久并不必然带来文化的厚重，也未必就是大学的财富，只有长期坚持不懈地重视大学文化建设，注意总结、概括大学优秀的文化传统，并通过现代转换使之转化成为今天大学办学的文化资源（如转化为新的大学理念），悠长的办学历史才会积淀深厚的文化底蕴，才会成为大学发展的财富。

我们常常会发现这样一种现象：两所不同的大学，尽管它们都有悠长的发展历史，但给人的感受，一所大学有与其历史相当的文化积淀，而另一所大学则让人感受不到悠长的办学历史所留下的那种文化的厚重。究其原因，这与大学是否真正重视大学的历史，特别是历史给大学积淀下来的优秀文化传统，能否有效地转化为今天办学的文化资源有密切关系。

所谓环境，则主要是指大学的“与时俱进”。在大学精神文化方面，则体现在其创新的发展上，主要包括两个方面：一是对优秀的文化传统赋予新的时代内涵，这也是大学精神文化得以不断丰富和发展的重要动力和途径，如对校训随着时代、环境发展的需要而赋予新的内涵与诠释；二是根据时代、环境发展的需要不断创造性地提出新的大学精神文化，比如新大学理念、新大学校训的提出。

（二）大学精神文化的兼容性

“海纳百川，有容乃大”。所谓大学精神文化的兼容性主要包括两个方面的意蕴：一是从大学精神文化的多元性而言，就是对这种多元的大学精神文化的兼容并包；二是从学术自由而言，大学精神文化的一个核心价值观就是对各种各样学者的学术观点、学术行为的兼容并包，应当说这是大学学术繁荣之路，也是大学发展之道。大学精神文化的兼容并包主要指的是共存、认同、互补、融合。这是一个逐次递进的过程，在这个过程中首先是允许多元大学精神文化的共存，再到相互认同。建立在这一基础上，多元大学精神文化需要互补，也就是各种不同的文化相互取长补短。兼容的最高层次就是融合，融合并非要求不同文化一定要融为一体，而更多的是追求一种“和而不同”的学术生态，所以，从这一意义上，“和”就是融合。

值得特别注意的是，大学精神文化的兼容并非同化，也就是说它不仅不是一种文化（往往是主体文化）对另一种文化（非主体文化）的完全否定与排斥，而且通过优势互补，使得大学精神文化得以丰富和发展，它所表现出来的是大学精神文化的主体与多元的一种积极关系，即在多元文化的兼容中丰富和发展主体文化；同时，文化兼容的多元状态也使得满足大学人对文化的多元选择需求成为可能。

从大学精神文化发展的历史来看，大学精神文化的兼容性不仅促进了大学精神文化自身的不断丰富和发展，进而也是大学发展的必不可少的因素。如蔡元培先生在主政北京大学期间提出的“思想自由、兼容并包”的治校理念，主张对不同的学术观点的兼容，对性格各异的学者的包容，从而使得北京大学成为中国新文化运动的发祥地。

（三）大学精神文化的整合性

从大学精神文化系统建设的角度来看，大学精神文化的极大繁荣，既表征了现代大学发展的勃勃生机，同时也给现代大学发展带来了某些困惑。现代大学精神文化的发展方向在哪里？面对如此丰富多彩的现代大学精神文化，大学实践活动究竟应选择和践行哪些文化？这种选择和践行会不会造成大学发展实践上的偏颇？对于这些困惑，笔者认为，解“困”的途径就是寻求大学精神文化的整合。赫尔曼·勒尔斯曾从大学理念的角度阐述过整合大学精神文化的必要性：“大学独立自治、学术自由、教学与科研相结合以及支持它们的通才教育，这一切都是经典的大学观念发展的组成部分。为了有可能用理念论的哲学观点制定内部纪律和培养学术界的精英，必须将上述几个组成部分结合为一体”。[7]

从整合大学精神文化的基本思路来考虑，即以共同的核心价值观作为整合大学精神文化的基础，根据大学精神文化元素的各自文化功能，来建立它们之间的相互联系，从而形成一个功能整合的大学精神文化系统。而这种整合具体涉及以下几个主要方面：一是价值层面的精神文化元素之间的整合，如大学精神作为一种优秀的文化传统，对其总结和凝练更多的是体现大学历久弥新的核心价值诉求，大学理念则是基于大学精神的核心价值诉求，来表达大学“与时俱进”的价值诉求；二是价值层面的精神文化元素与实践层面的精神文化元素的整合，比如教风和学风的概括和表达，一方面应反映价值层面的大学文化精神的价值诉求，另一方面更多的体现其实践引领性和指导性；三是精神文化、制度文化与器物文化的整合。比如，许多大学注重用自然物来意蕴大学的某种精神文化或思想理念，这就需要人们对自然物的特质做出适当的、与大学的核心价值观相一致的教育诠释。如某学校校园里栽种了许多木棉树，该校也以木棉花为其校花，并力图建构一种木棉文化来引领学校的发展。而木棉的特质是挺拔巍峨，蓬勃进取，不屈不挠，生命力旺盛顽强；花时丹霞满树，如火如荼，花后绿叶满枝，郁郁葱葱。木棉的这些特质，象征奋发、超越和高洁，[8]这正是该校所主张的核心价值观。

（四）大学精神文化的个性

从根本上来说，大学特色即文化特色，如建立在独特的核心价值观基础上的大学精神、理念和校训等。应当说，这种文化特色实际上也是一所大学极富价值的个性标识。虽然大学的个性标识很多，但大学精神文化的个性标识比其他个性标识更具内涵、更为彰显，也更为持久。

特色一直被认为是大学发展中的一个重要元素。《现代汉语词典》对特色的解释是，“事物所表现出来的独特的色彩、风格等”，实际上也就是事物的与众不同。当然，并不是所有的“与众不同”都可以称之为大学特色，这里有必要厘清有关概念之间的联系与区别。首先，特色与特点不同，特点也是一种“与众不同”，《现代汉语词典》对特点的解释是，“人或事物所具有的独特的地方”，显然从这一含义上，特点要比特色广泛得多，或者更确切地说，特色是那些更为深刻、更具内涵的特点。如果说任何一所大学都会有自己的某些特点，但不是大学都有自己的特色；其次，大学特色与单一的特色项目也不同，大学特色体现了大学发展的战略取向，对大学发展带有根本性、全局性影响，是大学形成竞争力和发展力的关键所在。而单一的特色项目则是大学某一方面或某一局部的，虽然可以成为大学发展的某一亮点，但难以对大学的整体发展起到重要的引领、带动或影响作用；再次，如果说特点所表达的是一个中性的概念，而大学特色更注重其积极意义，也就是说特色是大学的核心竞争力，是大学发展的软实力，是形成大学品牌的基础。从一般意义而言，大学特点和特色项目都有发展成为大学特色的可能，但可能并不等于现实，也就是说，在实际中有的特点和特色项目能够发展成为大学的特色，而有的特点和特色项目可能永远不能发展成为大学的特色。而从战略意义上，至关重要的是，大学如何选择那些特色项目和特点，经过不断地丰富和发展，最终使之成为能够形成大学核心竞争力、引领大学整体发展的特色。

从大学的发展历史来看，大学特色一般有两种形成方式：一种是自然生成，这也是一种文化自然现象；另一种是自觉追求，即文化自觉。从文化自然到文化自觉，体现了大学文化发展的一种趋势：如果说过去的大学更多的是一种文化自然，比如大学起初并没有一个明确的特色目标，而是在长期的历史发展过程中自然而然地形成了某种特色，那么现代大学则更注重于文化自觉，比如对特色的自觉追求，也就是大学在办学过程中对那些适应社会、经济发展需要，符合教育规律，利于自身生存与发展的“特色”的主动追求，即“特色化”。这也是从特色目标发展成为大学真正特色，最终形成大学品牌的过程。如果说特色更多的是在强调大学的“与众不同”，那么品牌则注重这一“与众不同”的公认度和影响力。我们经常看到有的大学没有办多长时间，就自称有了什么样的办学特色，有了什么品牌。实际上这里所谓的特色只能算得上是一个特色目标，如果要真正成为大学的特色，最终成为大学的品牌，则需要假以时日，长期坚持不懈。

不论是自觉追求，还是自然生成，一所大学特色的形成不仅是一个长期的、渐进的历史过程，同时又是一种特有的文化嬗变现象。决定特色的因素是多元的，正如阿什比所言的是与学校的历史文化传统、社会自然环境等紧密联系着的。综观那些以其特色而著称于世的大学——如德国的柏林大学曾以其浓厚的重科研气息使之一度成为“世界现代大学的楷模”，同时也使得世界高等教育中心转移到德国；美国的威斯康星大学则以其面向实际、注重实用的办学思想与模式，形成了风靡世界的“威斯康星理念”，创造出现代大学发展的一种崭新模式，等等，这都显示出传统与环境作用的重要性。而最终决定大学特色的主要力量乃是大学在办学过程中有意识地对传统的不断继承与扬弃和对环境的不断适应与改造。

值得注意的是，大学精神文化的整合并不排斥和否定大学内部精神文化的多元与个性，更不意味着一定要把这种“多元与个性”整合成“清一色”，而大学的个性特色也不应是这种“清一色”式的，大学系统内部的文化应当是丰富多彩、千姿百态的，如院系的组织文化，基层学术组织的学术文化，学生的社团文化等。围绕共同的核心价值观，通过合理引导和系统建构大学系统内部各个层面的特色，才能形成既个性纷呈又整体有序的大学特色，而这也正是大学精神文化发展之趋势。

参考文献

［1］郑金洲．教育文化学［M］．北京：人民教育出版社，2000.4.

［2］徐葆耕．关于清华大学校训的解释［EB/OL］.http：//www.tsinghua.edu.cn.

［3］大学校训为何如此相似［N］．人民日报，2007-7-25.

［4］阿什比．科技发达时代的大学教育［M］．北京：人民教育出版社，1983.7.

［5］马克思恩格斯选集（第3卷）［M］．北京：人民出版社，1972.60.

［6］［7］赫尔曼·勒尔斯．经典的大学观念：洪堡构想的大学观念的起源及其意义［J］．外国高等教育资料，1990，（4）.

［8］黄治中．木棉花正红［J］．广东教育，2007，（1）.

本文选自《教育研究》2010年第7期

学术等级系统与锦标赛制

阎光才

在各种外部力量的不断渗透下，现代学术职业越来越带有“工作”的特征。大学中研究和教学绩效概念、量化考核和评价方法的流行，都在一定程度上使得学术职业由原来的天职（calling）转变为为生存和生计谋虑的工作（work）。这一现象并不仅发生于当下的中国，在一向恪守洪堡理念的欧洲传统大学中，学术场域的内在逻辑也正在悄悄发生变化。本文的研究旨趣并不在于比较研究，而是希望适当地借用一个国际性学术劳动力市场特征变化的分析框架，对我国学术职业中的“锦标赛制”进行参照性的研究，以期从一个独特的角度来观察我国学术职业活动的基本特征，发现问题以及这些问题所产生的关联性政策背景因素，进而对我国有关宏观性学术政策的取向展开一些建设性的探讨。

一、学术场域中的“锦标赛制”

锦标赛制（rank-order tournament）原本来自企业管理学领域。因为存在信息不对称的困境，企业委托人为了保证受托的代理人能够满足自己的预期收益，将经理人的绝对业绩与其业绩的相对排序结合起来，以达到激励经理人并改善企业效率的目的。[1] 该理论自 20 世纪 80 年代被提出以来，尽管饱受争议，但在企业界乃至其他公共部门的实践层面却较为流行，特别是在有关绝对业绩不易确定的情境中。关于锦标赛制的优点，马诺夫（Manove）认为，所有的工作合同大致可以分为两类。一类为终止性合同（termination contract），它为受雇者设定了具体的工作要求和水准，受雇者一旦不能达到要求就会被解雇。这种合同的问题在于，雇主必须能够为受雇者设定清晰的工作要求和目标。如果目标不清晰就难以操作，且可能带来道义上的风险。另一类则是锦标赛制合同（labour-tournament contract）。它不需要对每个人界定清晰的产出要求，而仅要求雇主根据其以往业绩表现把所有雇员分为几类——在报酬总额确定的前提下，以往绩效表现最优者获得回报最多。[2]

菲尔伯恩（Fairburn）等人指出，等级晋升（promotion）被普遍认为是一种有关锦标赛制的践行方法，它相对灵活且带有激励功能。他认为："晋升的重要特征在于：第一，管理者把业绩与回报相关联，这确保他们关注的得到晋升的人是最适合于更高层次工作的人；第二，在晋升与收入增长间存在固定的联系。"[3] 由于个人的回报与所在等级有关，特别是在高一等级岗位有限的情况下，个体之间势必出现竞争，由此形成一种不需要委托人付出高额监管成本的自我激励机制。不过，需要强调的是，与晋升等级对应的回报结构必须能够真正体现等级间明显的收益差异，否则激励机制就会失效。如贝克尔（Becker）等指出：因为锦标赛制结构与收入结构间存在对应关系，个人收益不会因为其多产而变化，如果收入结构过于扁平，这种激励系统就会失去效用甚至引发人们的不良行为。[4]

以上仅是对于锦标赛制基本观点的简单梳理，关于其是与非之分析的管理学研究文献很多，但关于锦标赛制理论模型及其解释力和适用性的分析并不是本文关注的重点。故而，在此有必要特别说明的是，本文所引用的"锦标赛制"与其说是一种管理学上精致的理论分析模型，还不如说是威尔金斯（David Wilkins）等人提出的一种近似的隐喻（metaphor）[5]，借用这一隐喻所提供的启发，可以更直观地去领会学术场域中回报系统的相关特征以及学术人的生态。

相对而言，锦标赛制毫无疑问更符合学术场域的有关特点。譬如，很难清晰地界定有关科研和教学等学术活动的目标和任务要求，学术界通行的规则基本上是回报与晋升等级对应，学术人的教学行为特别是科研活动相对于其他领域更难以监控，如此等等。为此，穆塞琳（Musselin）在分析美国、德国和法国学术劳动力市场时指出：分析学术劳动力市场的筛选机制，大致上可以参照两种相反且极端的类型。一种带有官僚制的特征，管理机构对不同晋升等级设置了纯官僚化和清晰的刚性标准，这种标准可以是资历如从职期限，也可以是尽可能清晰的量化要求，如果达到条件就会晋升并获得相应的回报，如果不能达到，则要么继续维持其原有的等级，要么被解雇，即所谓的“非升即走”（up or out）。另外一种类型就是锦标赛制，因为岗位是固定的且相对有限，在许多人都参与竞争的情况下，具有比较优势者会得到职位或获得晋升。不过，正如她自己也承认，这两种类型是为分析方便而建构的理想理论模型；现实之中极少存在这种理想形态，而更多是带有某种倾向的混合体。[6]

本文试图结合一些国家的学术劳动力市场运行特点，借用锦标赛制这一隐喻所提供的启示，对我国学术系统的结构性特征展开有针对性的分析。

二、学术系统内部的锦标赛制特点

与其他领域情形相仿，学术劳动力市场是一个竞争的市场。这种竞争机制首先体现在学术聘任和晋升层面，即因为岗位（position）有限，僧多粥少，在岗位或优质岗位资源有限的情况下，人们为了获得一个学术岗位或更为合意的岗位而展开竞争。由于各国学术博士培养规模的扩大以及实行终身教职制度，自 20 世纪 70 年代以来，美国学术劳动力市场就渐趋饱和，90 年代后由于财政的萎缩，学术领域一职难求现象早已经司空见惯。在当前的中国，由于近些年来学术博士生规模的迅速扩大，对新入职的博士生而言，相对优质的岗位稀缺现象也显露端倪。因此，在美国，新毕业的博士生谋得一个相对稳定的终身轨（tenure-track）职位的过程带有锦标赛制特征。在中国，尽管教师聘任实行的是合同制，但由于有声誉大学的岗位的相对稀缺性，竞争也在所难免。不过，美国的入职程序更为苛刻和繁琐，竞争更为激烈。相对而言，在已经进入终身轨的美国大学助理教授（assistant professor）寻求晋升为终身教职（associate professor）的过程中，实行的并非锦标赛制。一般来说，只要他在 6~7 年中的学术成就得到认可，就会自然进入终身教职，教授职位的获得没有定额限制。因此，在这一整个过程中，通常不存在与他人的竞争，只要其成就被同事和同行承认并通过规范程序认定即获得晋升，晋升后的薪酬待遇与其学术职务间存在高度关联。换言之，在美国，最为残酷的锦标赛式竞争发生在入职阶段，或者发生于因专设一个终身职岗位而对校内外进行公开选聘的环节。

与美国情形不同，传统上，德国学术晋升的锦标赛制发生于职业的后期。学术人通常分为两类，教授职位[①]和教授以外职位。恩德斯（Jürgen Enders）指出，在德国，只有教授是稳定的职位，拥有国家公务员身份、众多特权和自主的权力以及稳定的社会养老保障。他们在

① 教授职位从 C2、C3 到 C4，分别大致相当于美国的助理教授、副教授和教授，不过要获得资格比美国更难，所耗时间更长，C2 一般有 4 年或 6 年合同，C3 和 C4 为无限期的，但是，要获得上述职位都需要通过教育主管部门审核批准。另外，教师要申请各级教授资格，一般不允许在其工作的高校申请，必须申请其他高校，因而，通过这种机制保证了德国大学教授的高度流动性，这恐怕也是德国大学水平相对均衡的原因之一。

综合性大学中大概占教师总数的1/4，其他3/4都是合同制的非教授人员。一个非教授人员从获得博士学位到最终获得教授职位，通常需要经过三个阶段：第一，获得一个助教、博士后或其他临时岗位；第二，取得特许任教资格（Habilitation），并证明具有承担教授职位工作的能力；第三，申请教授资格。[7]正式的锦标赛发生于最后一个阶段，因为前两个阶段并不存在剧烈的竞争，个体只需要通过努力证明自己的实力即可。但是，在申请教授职位阶段，因为岗位是有限的，往往一位教授退休之后才开放的一个职位，所以竞争者众多。恩德斯对这一过程描述如下：

> 当一个教授职位空缺时，一个由各种非常苛刻的规则所规定的申请程序就开始全面展开，该程序由政府所设定，用于对众多申请人的学术资格进行评估，以杜绝可能存在的裙带行为。主要程序如下：描述职位情况，发布职位招聘公告，对应聘者进行内外评审，由评审委员会最终选定3位候选人，由教育部做最终筛选和聘用决定，正式确定的候选人与大学、教育部协商薪酬待遇和资源，最后正式聘用。[8]

透过这一过程不难体会，由于教授职位相对稀缺，且学术人只有在获得教授职位后才能获得稳定、无限期的工作保障，所以，对德国众多编外教师而言，要竞争到教授职位形同于一场“赌博”。[9]这种格局与美国的情形有所不同，美国博士生或博士后会在入职之初为获得终身轨职位而展开竞争。据美国国家自然科学基金委员会（NSF）统计，1995—1996年，当年毕业的博士生中有78%希望在学术界工作，然而，到20世纪90年代末，真正能够在学术界谋得职位的大约只有50%左右。[10]其中能够直接获得终身轨职位的比例则更低，据美国大学教授协会（AAUP）统计，在全美各类高等教育机构中，终身职比例已经从1975年的36.5%降到2003年的24.1%，终身轨则由20.3%降到11%，相反全职中非终身轨比例由13%增加到18.7%，增加最多的是兼职人员，比例由30.2%增加到46.3%。[11]不难发现，终身轨一职难求的境况是何等残酷！当然，即使获得终身轨，在获得职位后要顺利度过6～7年的合同期，也需要全身心投入，以证明自己拥有终身职的实力。对于大多数经过层层筛选而获得职位的学术人而言，因为自身条件过硬，一般都能够通过过渡期而步入有保障的终身职。换言之，只要在入职之初就成为锦标赛的优胜者，其未来的前景基本上是可预期的，尤其是在研究型大学中。

因为短期目标可预期，锦标赛过程被提前，当前美国研究型大学中的优秀年轻学者在入职前后的6～7年中，要付出更多的努力；而在德国大学中，由于锦标赛的展开后延到晋升教授职位时，众多博士学位获得者对前景的预期相对渺茫，其结果很可能导致年轻学者过早地另寻他途，最终导致竞争者规模压缩，门槛降低，不利于学者群体整体质量的提升。这也许是今天德国大学正尝试进行弥补性的美国式体制改革的原因之一。

在我国，高校的人事编制主要由政府主导，尽管实行的是3～5年合同性的教师聘任制，但是，由于从入职到晋升的所有环节基本上都有定编限制，所以，整体上学术人的职业展开过程更多带有锦标赛特征。在有声誉的大学中，新入职博士生竞聘的竞争程度自不待言。除了讲师环节以外，副教授和教授晋升环节都有定额限制。由于近年来各校改革方案不尽相同，笔者无法掌握各校学术晋升的具体细节。不过，由讲师到副教授、由副教授到教授的升职过程，大多数高校都基本遵循这样的一个基本程序：首先，行政部门对申请资格有基本的刚性要求和标准，譬如完成基本的教学工作量，有教学评价等级、科研发表与科研项目数要求等等，这个资格设定其实带有官僚制色彩。但是，由于岗位名额有限，通常达到刚性资格要求的人也未必能直接获得晋升，还要参与竞争性的选拔，只有那些通过相关程序的优胜者，才能够获得晋升。

有必要说明的是，与美国大学相比，尽管在形式上，我国高校教师学术晋升过程因为带有混合型特征而看似更为残酷，不仅有官僚制的刚性资格要求，还要通过锦标赛的方式决出优胜者。然而，在现实的操作中，我国新教师的聘用程序远没有美国研究型大学的复杂和苛刻。此外，虽然绝大部分教师实行合同制，但现实中真正被解雇的情形很少。正因为对新入职者考察的相对宽松和客观上因为合同执行存在难度而导致的解雇难，迫使许多高校在教师的后期职业晋升中采取比美国更为严酷的选拔形式，甚至为保持所谓的相对公正性，很多高校更为强调刚性的量化标准。

三、学术晋升与薪酬的对应关系

学术晋升等级就其本质而言，反映了学术同行对个体学术实力、水平和业绩的认可。但在现实的学术系统中，晋升等级不仅会为个体带来声誉和地位，而且还与其物质回报即薪酬结构之间存在对应关系。在美国，大学教师的收入实行年薪制，通常为9个月的工资。从表1中不难发现，第一，机构办学性质和水平高低决定了同一级别的教师收入差异。私立非营利的四年制高校教师收入最高，其次是公立四年制高校，收入最低的是营利性机构。两年制高校教师收入水平与四年制相比存在很大差异。第二，职称等级高低决定收入差异。教授的收入最高，其后依次是副教授、助理教授和讲师。这里呈现的仅是全美高校教师的平均收入水平，实际上研究型大学特别是私立研究型大学中教授的收入水平更高（见表 1）。

表 1　2010—2011 年全美高校不同等级全职人员的年薪水平分布

单位：美元

—	所有等级	教授	副教授	助教授	讲师（instructor）	讲师（Lecturer）	没有任何学术等级
9 个月的平均工资	73 555	104 147	74 893	63 081	53 517	54 947	54 362
公立	72 995	101 052	74 526	63 157	58 397	53 958	54 010
四年制大学	77 706	106 070	76 531	64 588	46 842	54 041	52 467
两年制大学	61 115	71 728	60 669	54 098	64 067	51 776	54 443
私立非营利机构	79 800	111 664	76 058	63 134	48 011	57 724	61 478
四年制大学	80 061	111 736	76 153	63 205	48 215	57 760	61 961
两年制大学	45 893	51 746	52 508	49 929	44 487	29 354	37 194
私立营利性机构	42 443	58 128	52 119	54 413	39 778	50 179	43 052
四年制大学	46 080	59 360	53 427	56 322	42 863	56 314	43 895
两年制大学	37 187	39 264	39 972	38 428	36 960	26 662	39 338

资料来源：

1.United States Department of Education，Employees in Postsecondary Institutions,Fall 2010.

2.United States Department of Education,Salaries of Full-time Instructional Staff,2010-11.

一般而言，在美国，只要教师完成每年学校或院系所要求的基本工作量，就可以得到全额薪酬。超出基本工作量之外的工作会得到适当的业绩补贴。因为还有 3 个月的学术休假，不同教师会从科研项目或其他社会服务中获得额外的收入，但一般都有额定限制，譬如从事科研项目，仅能从科研项目中获得相当于3个月的工资。通常而言，这些工资收入足以维持大学教师的体面生活。因此，机构水平和学术等级就成为决定收入多少、工作和生活是否稳定的因素。由于薪酬结构与学术等级间存在高度关联，即使在获得终身轨乃至终身职之后，薪酬依旧是一个重要的激励因素。所以，在美国，为获得更好的学术等级或者为了能够进入更高水平的学术机构以提高收入水平，学术人的流动非常频繁。向下流动往往是为了获得更高的学术等级，向上流动则是为了获得更好的生活和工作的环境与条件。换言之，这种薪酬结构不仅是一个激励性因素，还是导致美国学术劳动力市场流动频繁的重要原因。

与美国情形不同，在德国，由于综合性大学学术水平之间的差异不大，机构并不是影响教师收入的因素，主要的影响因素就是学术等级。传统上，在德国大学中，只有教授才享受国家公务员的待遇，所以他们的收入基本上是稳定的。教授通常分为三级（C2～C4），恩德斯指出，在20世纪90年代中期，最低的C2教授的月收入大概是2 300～4 100美元，C3教授大概是2 550～4 600美元，C4教授大概是3 250～5 300美元。同一级别间的收入差异主要是由年龄决定的，而是否能够由低一等级晋升到高一等级则是年龄和成就综合作用的结果（一般C2教授最多4～6年）。相对于教授职位，其他非教授职位的收入相对较低，20世纪90年代，23%的非教授人员的月收入低于2 500美元，54%是2 500～3 300美元，只有18%在3 300美元以上。[12]因此，要提高收入水平，学术晋级几乎成为唯一的决定性因素。

较之美国和德国，中国大学教师的薪酬结构存在如下特点。第一，不同学术等级的基本工资收入是刚性的，由国家统一规定，与机构自身水平没有关联。但是，由于不同等级（包括同一职位的内部分级）基本工资收入之间差别不大，且在扣除养老、医疗保险和公积金后所剩无几，所以，国家的基本工资很少为人们关注，也难以发挥激励作用。第二，有些高校会根据自身的收入水平，根据不同学术等级设置相对固定的岗位津贴，各校津贴发放数额不一，通常额度越高、差异越大，越具有激励作用。第三，在前两者之外，还有专门的奖励制度，如论文发表、项目获取、学术奖项获得等，该部分各校存在差异，有些地方性院校的奖励部分甚至超过日常稳定收入。参照美国和德国的薪酬结构，大致可以得出这样的结论：由国家所决定的第一部分，相当于德国大学教授的薪酬等级，但由于占总收入比例很低，不具有德国大学的激励效果；由学校自主决定的第二部分，更接近于美国大学内部按等级自主设置的年薪结构；第三部分奖励收入，在美、德的大学中极少设置，也与学术等级没有直接关联。

概括而言，在固定薪酬结构与学术晋升等级间关系上，美国大学的关联度最为密切，德国大学次之，而我国大学存在部分关联；美国机构的水平和声誉差异与薪酬高低间存在高度关联，其结果是促进了学术系统内部的流动，高地位机构人员为获得高等级学术职位，有可能选择向下流动，低地位机构的学者在获得声誉后会向高地位机构流动，如此维持了美国相对稳定的学术机构等级系统。由低向高流动的能力主要体现为研究业绩，如有人通过对财经领域的全球学者进行实证分析发现，在最权威刊物上的发表量是向上流动的主要资质之一，它超过一般学者的 2 倍[13]；德国大学因为机构之间水平差异不大，且薪酬相对固定，教授职位而非薪酬因素是主要激励因素；而在我国，机构水平差异与薪酬间并不存在关联，在同一机构内部，薪酬是否对学术晋升具有激励作用，主要取决于学校按学术等级设定的岗位津贴多寡，在许多一般性而非高地位的高等教育机构中，物质性的高奖励具有一定的刺激作用。当然，这并非说明学术晋级对于中国教师没有激励性，而是相对于美、德相对单一的学术等级与收入挂钩情形，我国教师不仅要为晋级而战，而且还要为收入多寡而忧心，包括已经获得教授等级的学术人。

四、我国学术系统内部等级结构与泛化的锦标赛制

下面概括一下美国、德国和中国三国学术系统的宏观结构性特征。因为美国是高度分权体制国家，遑论私立机构，就是州立大学通常从政府得到无偿性拨款的额度也非常少，当前由于金融危机的影响，很多州立大学所获得的州政府拨款已经由总额的30%左右下降到20%上下。因此，对政府资源的依赖性较弱，决定了高校在学术聘任和晋升过程中有更大的自主权，政府极少干预。故而，美国大学教师的机构内部学术认可一般建立在学术共同体内部认可基础之上，其评价内容包括学术发表的影响力、教学业绩、研究项目获得等等。在德国，尽管教授拥有高度的自主权，但是，因其拥有国家公务员身份，由国家支付全额薪酬，教授职位获得和晋升必须经过政府教育主管部门组织的同行委员会认可，这种认可带有基于学术共同体内部认可的国家认可性质。近些年来，尽管我国人事制度已经有相当大的调整，高校在职称聘任上有了相对的自主权；但因为受到编制的限制，学术岗位特别是高级岗位的稀缺性，导致学术聘任和晋升过程带有典型的锦标赛特征。不仅如此，为了达到短时间提高效率的目的，政府还在组

织内部已有的常规学术等级系统之外，设立了另外一套带有高度国家认可性质的学术头衔系统（如图 1）。

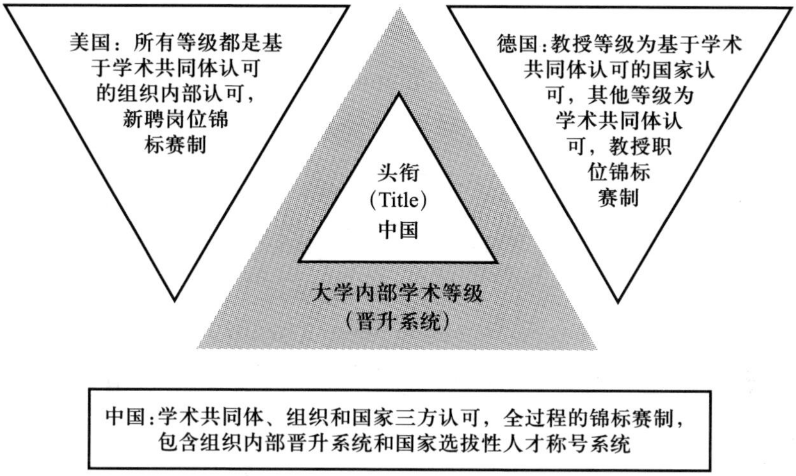

图 1　美国、德国和中国三国学术等级锦标赛制特点说明图

谢姆斯（Michael I. Shamos）认为，头衔（title）具有几层内涵：等级（rank），代表聘任的层次；地位（status），如正规的教师或其他（在美国，譬如全日制与兼职教师）；功能（function），譬如从事教学、研究或临床工作的人。此外，他还特别指出，有些头衔是带有荣誉性的，例如“杰出的”（distinguished），就是一个给予高成就者的特殊认可标签。[14] 在美国，一般的学术头衔主要是由大学授予的，如反映学术等级的教授、副教授、助理教授和讲师这样的头衔体系。在这常规体系之外，还有其他头衔代表全日制与兼职教师区别的头衔，另外，也有根据个人成就而设立的荣誉性头衔，通常冠之“杰出的”或某一具有纪念意义的人名。此外，各种专业学会也设定部分头衔，对有杰出学术成就者授予某种奖项或名号。美国国家科学院（NAS）作为荣誉性机构每年会选拔部分不同领域杰出成就者，授予

院士头衔。但无论是大学、专业学会还是科学院所授予的头衔，并不与收入、研究资源挂钩，仅仅是象征性的学术认可而已。国家极少会以头衔作为标准并使其与薪酬、研究资源挂钩的方式来介入学术，这充分体现了美国学术系统的内外部结构特征：美国学术由共同体内部认可，国家仅仅关注与公共利益、国家利益相关的学术资助，两者分而治之。

相对自治赋予了美国大学以内部自主授予头衔的权力，其结果是在全日制和兼职、终身轨和终身职学术身份系统内部，各校又根据地位、等级和功能需要，设置了更为繁杂的头衔系统。谢姆斯通过对美国250所大学近1 000个教师手册的分析，列出了美国大学中大概1 400多种不同的称谓，称得上五花八门，让人眼花缭乱。[15]大学内部学术头衔系统的高度复杂性，既体现了现代大学功能和内部分工的高度复杂性，也意味着人员身份和聘用形式的多样性和灵活性，当然，它的问题在于为人们的身份辨识平添了许多混乱，远没有德国教授头衔系统单纯由政府认可那么简洁和清晰。

相对于德国和美国，我国常规性的学术等级系统相对单一，通常指讲师到教授、助研到研究员两个系列（此外还有工程师、馆员、编辑等系列，一般不从事教学科研工作）。但是，常规之外的非常规学术（等级）头衔系统在中国却有着更为特殊的意义。自20世纪90年代以来，在强调放权的基调下，政府对高校以及教师的管理带有越来越浓厚的效率化色彩，逐渐从传统上资源分配的平均主义取向转向了以竞争性项目为支持手段的效率主义取向。除了在高校层面上实行“211”“985”等众多建设工程之外，在教师管理层面上开始把有限的评聘权交给学校，但在此同时，政府又通过设立一系列人才选拔性的工程、计划和项目的方式，对部分通过激烈竞争过程而选拔出来的教师给予重点支持。所有的支持项目都有着具体的称谓，来自中央政府众多不同部门，譬如跨世纪或新世纪优秀人才、国家杰出青年基金、百千万人才工程、长江学者等。对于滞留海外的学者，也建立了一系列计划，包括春晖计划、青年千人计划、千人计划等。在地方政府和高校层面，也相应地设立了各种地方性的优秀人才计划。尽管政府的本意也许并非建立一个国家和政府层面的头衔或人才等级系统，但由于这些项目带有实质性的国家认可特征，且与资源分配、机构或学科的声誉间存在高度关联，在高校具体的日常运作上，它与传统的院士头衔相互连贯起来，实际上已经构成了一个新的头衔（称号）或等级系统，而且，其所带来的地位、声誉和影响远远盖过了既有的常规性头衔（等级）体系。在所有中国高校、院系的宣传性媒介上，上述人才工程、项目和计划入选者规模往往被摆在核心位置，在关于教师的个人简介中，它也具有特殊的意味。

由于上述称号有些直接与国家所提供的研究资源和其他收益配套，有些则与之间接相关，且高校又给予了特别的关注以及一系列相关政策的特殊扶持，对于有抱负的学术人而言，获得这些称号就成为其常规的学术晋升通道之外所期望得到认可的新目标。换言之，国家或地方政府乃至高校的行政部门，基于其效率主义取向所建立起来的一系列竞争性项目，在有意与无意中演变为带有典型锦标赛特征的新型高校教师学术头衔系统。由于该头衔系统内部存在等级或阶梯，意味着：相对于较为稳定的美国终身职和德国讲座教授制度，我国学术系统内部的等级或阶梯系统更为复杂，从单纯的效率角度而言，它或许对克服目前美国和德国教授终身制所存在的困境有独到之处，尤其以国家介入的方式，对年轻学者摆脱机构内部资历或职位数量限制、尽快脱颖而出有着特殊的意义。正如作者从对56所研究生院高校教师的调查中发现，在关于“目前各种人才计划的设置是合理的”选项中，尽管总体上评价较为一般，仅为4.3分（非常认可7分，非常不认可1分），但35岁以下学者的认同率明显高于其他年龄段，为4.5分（见表2，通过方差分析，F=19.153，P=0.00，存在明显组间差异）。

表2　不同年龄组关于人才项目设置合理性判断的描述性分析

“目前各种人才计划项目的设置是合理的”								
—	样本数	均值	标准差	标准误	95% 均值的置信区间		最小值	最大值
					下限	上限		
35 周岁及以下	1 696	4.521 2	1.317 73	0.032 00	4.458 5	4.584 0	1.00	7.00
36~45 周岁	2 531	4.281 7	1.396 80	0.027 76	4.227 3	4.336 2	1.00	7.00
46~55 周岁	1 622	4.165 8	1.482 86	0.036 82	4.093 6	4.238 1	1.00	7.00
56 周岁以上	402	4.246 3	1.440 96	0.071 87	4.105 0	4.387 6	1.00	7.00
合计	6 251	4.314 3	1.407 94	0.017 81	4.279 4	4.349 3	1.00	7.00

不过，人们对人才项目设置合理性的总体认可度不高，说明其负面效果是显而易见的。且不说在这种更为漫长的锦标赛过程中是否会出现关涉公平的争议，仅仅就其过于频繁和似乎永远都遥遥无期的过度“激励”而言，很可能使得学术人特别是优秀的学术人很难获得职业的稳定感和心理上的平和状态。而对于更多失去机会或没有机会、但可能同样优秀的学术人才而言，会带来长期的职业失落感和挫折感，难免影响到正常的学术氛围营造甚至挫伤学术人的士气。除此之外，

它也意味着在体制上，因为控制了太多的专项和竞争性资源，行政机构的放权或“去行政化”意图恐难以实现，甚至在某种程度上进一步强化了国家、政府和行政权力对学术的介入，从而造就了中国学人所特有的一种职业、工作、生活境况和精神状态。以下是笔者与一位理科教授的私下访谈记录：

在我们学校，我所从事的这个领域，如果到了四十来岁还拿不到“杰青”，即使你是个教授，也基本上意味着你的职业前景到顶了。后边的年轻人都是盯着“杰青”的目标，拿到了“杰青”，下一步才有可能进入“长江”，最终目标是院士。平时私下里朋友聚到一起，都少不了谈论这样的话题，谁拿到了“杰青”，谁的院士有希望啦，诸如此类。即使像我这样心态好些的，也感到有不确定性和压力感，说完全放得下是假的，但是放不下又不知道什么时候能够熬到头，而且就是再努力也未必属于你，有时候努力、实力和名头未必都是对等的。

五、当下各国学术职业困境与等级系统的改造

冷战结束以来，不仅仅是中国，整个西方世界的学术职业环境都发生了巨大变化。这主要表现为：随着有入职要求的博士规模增加，获得相对稳定的学术职位越来越艰难；由于西方各国政府高等教育财政和科研拨款的压缩以及各种经费拨款支持方式的改变，特别是近年来金融危机所带来的一系列负效应，高校财政面临严峻的挑战，进而影响到学术职业的评聘环节，一系列与之相关的制度设计带有越来越强的竞争性；因为竞争性加强，职业稳定性和职业预期的不确定性增加，如美国大学兼职身份比例增加，学术职业内部开始出现分化，终

身职受到质疑，教师收入水平长期无法得到改善，如此等等[16]，这势必会或多或少地危及学术职业所特有的社会地位、声誉以及其他特性。马修斯（A. Lanethea Mathews）针对20世纪90年代以来美国学术劳动力市场的变化指出：这种变化会压缩学术自由、专业自治的空间，甚至影响到教育机会乃至本科生教育的水平。[17]如今，学术场域的共同体特征正在逐渐淡化，劳动力市场的属性反而越来越突出。在很容易被替代的高度竞争环境中，长远地看，学术工作的价值和劳动性质都有可能发生一系列的变化。其中，学术晋升与回报的锦标赛制特征也可能越来越凸显出来。

对于上述正在显现或可能出现的趋势，笔者无法对其作出好与坏的价值判断。因为变化的根源并不在学术工作和学术价值本身，而在学术工作的外围环境。它的变化带有情境适应特点，而未必是学术活动内在自我演绎逻辑的外现。不过，由于存在传统的惯性，可以肯定的是，在美国以及欧洲各国，极端性的全程锦标赛制不会成为最终的游戏规则，因为它毕竟与学术活动的本原价值与特质存在不相吻合之处。所以，虽然变革和变化是必然趋势，但变革一般是对原有框架的调整而非颠覆。故而，在美国大学，发生变化的主要方面是终身职规模的相对收缩和兼职规模的扩大，以此来增加对资源拮据的适应性，其结果是终身轨的聘用竞争性更加激烈，但终身职即使在部分大学引入后评价制度，也没有受太大的影响。在欧洲，如穆塞琳（Christine Musselin）所指出的：德国在原有的系统之外，又引进了美国式的“非升即走”机制，没有教授身份的教师如果获得一个初级职位，会在两个3年期（即6年）中被考虑给予教授（C2，相当于美国助教授）资格，否则就必须离开；而在瑞典，新的改革的做法是：由低一级向高一级的晋升，申请者无需等待岗位空缺的情形出现，只要达到资格便可获得晋升。[18]换言之，无论是在德国还是瑞典，新的改革反而淡化了高级职位的锦标赛制特征（传统上都需要等到岗位空缺后竞争上岗），这为优秀的年轻学者创造了机会。

欧洲国家学术晋升系统发生部分变化的前提是：相对而言，传统上国家对高级学术职位的控制逐渐趋缓，把学术评聘的更多权力放到大学。而在我国，虽然政府已经给高校以学术聘任的权力，但是由于受到政府部门的资源和人事编制限制，内部竞争性依旧激烈。此外，由于过多的公共资源越来越多地以专项的人才项目方式分配，在最为优秀的学术人才层次上，竞争更加剧烈。这种内外相互配合、带有突出的锦标赛制特征的学术等级系统建构，导致我国学术人职业紧张感、不稳定感更为突出，它或许不乏激励作用，甚至对部分年轻优秀人才创造了机遇。但从学术活动所特有的性质角度而言，适当的压力固然必要，过度的刺激和过重的心理压力与职业负担反而可能有损学术本身。这也是锦标赛式的机制在欧美逐渐转向学术人入职之初、而不是职业后期乃至中期的原因。即使如此，如斯曼（Jeroen Huisman）等指出的：在欧美，由于入职竞争过于激烈，越来越多的人仅能获得临时的合同性岗位，收入低，不确定性增加，人们对学术职业前景的预期降低，越来越多的人才流向其他私营部门。[19]

与美国和德国（如图 2）相比，我国目前的学术等级系统内部存在的主要问题在于：第一，很多高校学术入职的门槛偏低，新聘教师的程序不够严格，远没有美国终身轨教师和德国 C2 教授的选拔条件之严酷和程序之复杂；第二，合同制在大多数高校有名无实，考评、合同终止、分流、解雇等环节都存在客观上的障碍；第三，因为客观环境和条件限制（如配偶工作、子女求学、购房等），被动性（因无法到达所在高校任职资格而不得不选择流动）的学术流动（水平或者由高到低）机制无法建立起来，“非升即走”还缺乏现实的环境与氛围支持；第四，由于各个层次的固定薪酬较低，学术等级系统多与声誉、身份象征和地位间存在关联，这种身份等级系统虽然不乏激励作用，但如果高校不能提供较高的岗位津贴，使得无论哪个等级的教师都不得不分出精力去从事也许与学术有关联但更多带有功利取向的活动，包括为获得奖励而大量发表低水平论文，不可能不影响到学术研究的水平和质量；第五，也许正是因为存在上述困境，在学术机构内部的学术等级系统无法达到预期功能或者所谓的组织内部系统结构存在功能紊乱和障碍的前提下，国家又以其传统上的资源控制优势，试图通过塑造一个国家认可的卓越人才等级系统来弥补这种缺陷。这种非常态的政策取向和制度设计，即使不乏一定的亡羊补牢之功效，但其短期效率取向所带来的负效应未必有益于整个学术系统功能的改进和健康运行。

六、我国学术等级系统内部激励机制的改进思路

近年来，针对学术系统内部所存在的上述相关困境，许多高校尝试着开展了一系列人事体制改革层面的探索。譬如针对教师所承担的学术活动功能差异，实行教师的分类管理，建立一个分类晋级和薪酬系统；仿照美国的终身轨制度，有些高校为新入职教师设立了“常任轨”或“项目聘任”等路线，尝试建立一个“非升即走”的流动机制；还有些高校为了控制好新入职教师的质量关，设立如“师资博士后”环节作为一个缓冲期和观察期；另外，不少“985”高校试图在旧的体制和系统之外探索建立一个竞争性更强、薪酬结构和水平也不同于传统体制的如高等研究院一类组织（这完全不同于美国的普林斯顿高等

研究院，因为在该研究院并不存在高强度的考核压力），试图在旧的体制外围寻找到一种新的突破路径；除了国家和地方政府的人才项目外，一些高校还自主设置了众多人才项目，期望以引进和交流的方式，为少数人提供特殊的政策支持。

就这些实践探索而言，其总体特征是改革方案带有典型实用主义取向，譬如分类管理更多带有分流特点；各种新的人事制度方案所针对的群体是新的增量部分，而不是存量，其中许多新方案带有“优才引进”和资源倾斜取向。因为上述大多数改革都与薪酬以及其他资源的配置挂钩，为了不让存量部分失去心理平衡，就不得不对增量部分即新人苛之以相对严格的绩效评价制度，故而大多数新方案带有更突出的锦标赛制特点，这反而容易让新人失去心理平衡。

这些尝试性改革无疑都有其探索价值，但从长远来看且把它们纳入中外学术劳动力市场背景下审视，有必要从全局性、前瞻性、可持续性以及可操作性角度着眼，进一步理清我国未来学术等级系统的改进思路，在此略谈一二。

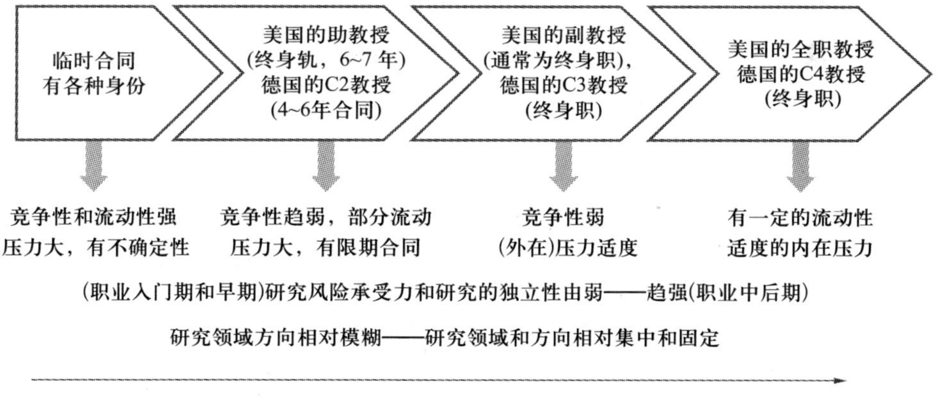

图 2　美国和德国学术职业压力趋势示意图

第一，就学术活动的规律而言，学术人承受适度的压力是必要的，但压力持续过大反而有可能降低学术职业的吸引力。一般而言，欧美学术等级系统通常所设置的学术博士从入职到入职后的6~7年为职业高压期是有其合理性的，入职选拔的严酷是为了择良材而用，6~7年的试用期为其充分展示实力提供了必要的时间。而一旦通过了这一段时期的洗礼，机构则尽可能为其提供相对安全和稳定的职业保障，给予适度的压力，为其展开独立自由的、探索性和风险性大的研究创造相对宽松的环境。

考虑到目前我国大学特别是高水平大学学术岗位相对稀缺而竞争日趋激烈的局面，编制内教师的聘任将会越来越紧张。如何在程序上对新入职教师的聘任加以完善，建立起严格有效的择优机制，是亟待研究的现实问题之一。

第二，由于学术劳动力市场可能出现的供过于求趋势，在注重对编制内新入职教师的合同期内考察的同时，可允许院系和研究机构根据自身的财务情况，采取灵活多样的编外聘任方式，如短期合同性质的自主聘任和项目聘任等。一旦编外聘任人员达到要求，也允许其申请编制内的岗位，否则，在合同期结束后不再续聘，可纳入学术劳动力市场自由流动。

第三，对严加筛选出来的编制内专职教师的学术晋级，适当淡化锦标赛制特征，只要达到高校所设定的条件和资格（可以是动态性的），且经过同行评议的合法程序认定就可以晋级。为保证编内教师的高质量，可规定3～5年为一个业绩评价周期，由专门的委员会组织对所有编内教师的学术能力和业绩进行评价，并把评价结果作为诊断、提醒的依据，督促其改进，如出现确实存在严重问题的个案，在 2 ～ 3 次劝诫无果的前提下，可提交学校层级的委员会作出最终是否终止合同或解聘的决定。

第四，学术等级系统与薪酬结构间应该存在对应关系。目前我国高校各等级固定薪酬过低，且不同等级间的差异不大。实行等级性的固定年薪制，辅之以超出基本工作量的津贴补偿制度，应该是未来我国高校薪酬制度改革的基本趋势。唯有如此，学术等级系统作为对学术人职业能力、成就和贡献认可的功能才会发挥作用，并因为其所特有的相对稳定性、声誉和地位优势增强学术职业对卓越人才的诱惑力，进而推高我国学术职业的门槛。

第五，机构的学术等级晋升应当是学术系统内部最为核心的激励机制。由各种人才项目所建构起来的新的头衔系统所表现出来的强势，尽管反映出当前机构内部晋升体系的运作机制存在问题，但它至多是一种功能补偿而不应该成为功能替代。因为从可持续性、运行成本还是行政权力由学术事务中淡出、健康的学术文化和氛围营造等角度来看，以设立国家学术等级系统来弥补甚至替代现存的机构内部等级系统都不是长久之计。我国当前学术系统内部的根本性痼疾并不是学术人的压力或动力不足问题，而是过多无谓的干预和纷扰分散了学术人的精力。笔者对 56 所研究生院高校 6 000 多名教师的调查数据表明：对“工作中无关学术的杂务实在太多”题项不同程度地予以认可的比例高达 70%，非常不认可和较不认可的比例仅有 7%（见表 3）。其实，由机构内部学术晋级和考评系统所构成的压力已经超出了正常的水平（见表 4，组间差异明显，P=0.00，副教授和讲师级别压力较大，均值在基本认可水平)，如再辅之以外部诱惑和高压，不仅影响学术人的精力投入，更会影响心境并带来职业倦怠感和挫折感。

此外，从海外人才的引进和使用角度而言，长远来看，目前的这种政策框架究竟是否明智之举，也颇值得思量。笔者曾于 2011 年年初对留美中国博士生采用问卷调查的方式，了解其回归意愿，结果表明：他们最不满意或最担忧的依旧是我国当下与政府介入有关的学术体制与环境，对中美学术体制的认可存在相当大的差异（见表 5，非常不认可为 1 分，非常认可为 7 分）。在对部分“长江学者”的半结构性问卷调查中，反映最为突出的也是整体环境、他人期待和人际关系等所构成的种种环境压力。

表 3　关于“工作中无关学术的杂务实在太多”题项认可比例分布（N=6334）

认可程度	频数	百分比 /%	有效百分比 /%	累积百分比 /%
非常不认可	114	1.8	1.8	1.8
较不认可	182	2.9	2.9	4.7
基本不认可	453	7.2	7.2	11.9
一般	1 174	18.5	18.6	30.5
基本认可	1 394	22.0	22.1	52.7
较认可	1 527	24.1	24.2	76.9
非常认可	1 453	22.9	23.1	100.0
小计	6 297	99.4	100.0	
缺省	37	0.6		
总计	6 334	100.0		

表 4　高校内部不同职级压力感的方差分析

—		样本数	均值	标准差	标准误	95% 均值置信区间		最小值	最大值
						下限	上限		
我感到来自工作的压力很大	教授（研究员）	2 194	4.996 4	1.389 16	0.029 66	4.938 2	5.054 5	1.00	7.00
	副教授（副研究员）	2 412	5.219 3	1.372 39	0.027 94	5.164 5	5.274 1	1.00	7.00
	讲师（助理研究员）	1 514	5.215 3	1.344 20	0.034 55	5.147 6	5.283 1	1.00	7.00
	总计	6 120	5.138 4	1.375 42	0.017 58	5.103 9	5.172 9	1.00	7.00
我感到来自学校考核和职称晋升的压力很大	教授（研究员）	2 192	4.739 5	1.478 01	0.031 57	4.677 6	4.801 4	1.00	7.00
	副教授（副研究员）	2 413	5.349 4	1.393 61	0.028 37	5.293 7	5.405 0	1.00	7.00
	讲师（助理研究员）	1 508	5.427 1	1.307 67	0.033 67	5.361 0	5.493 1	1.00	7.00
	总计	6 113	5.149 8	1.437 44	0.018 38	5.113 8	5.185 9	1.00	7.00

表 5　留学生对中美两国学术体制的分项评价（*N*=161）

分项	国别	平均值	标准差
科研项目	中国	3.02	1.39
	美国	5.33	1.38
学术奖励制度	中国	3.03	1.40
	美国	5.67	1.13
科研资助制度	中国	3.39	1.45
	美国	5.75	0.98
学术发表制度	中国	2.58	1.26
	美国	5.68	1.16

注：表中数据来自张东海的调查，特此说明，并致谢忱。

总之，本文的基本结论是：我国当前学术环境的现实状况是锦标赛制有全面泛化的趋势，国家和其他各种行政力量的介入助推了这一趋势的发展。在整个国际学术劳动力市场日益紧张的环境中，我国学术职业人群的压力感和紧张感更强，良好的学术文化、氛围的营造面临更大的困境。因此，长远而言，如何改进和完善当前高校内部学术等级系统的结构以及入职和晋升机制，建构一个组织内部常态的、相对稳定的成熟学术等级结构和体系，而不是以国家意志再造一个等级系统，可能是破解各种老问题以及应对各种新问题的基本选项。

参考文献

［1］陈霞，段兴民．锦标制度研究述评［J］．经济学动态．2004（2）：58-62.

［2］Michael Manove.（1997）.Job responsibility，pay and promotion. *The Economic Journal*，107（440），85-103.

［3］James A.Fairburn & James M.Malcomson.（2001）.Performance，promotion，and the peter principle. *The Review of Economic Studies*，68（1），45-66.

［4］Brian E.Becker & Mark A.Huselid.（1992）.The incentive effects of tournament compensafion systems. *Administrative Science Quarterly*，37（2），336-350.

［5］George Rutherglen & Kevin A.Kordana.（1998）.A farewell to tournaments? The need for an alternative explanation of law firm structure and growth. *Virginia Law Review*，84（8），1695-1705.

[6] Christine Musselin. (2005) .European academic labor markets in transition. *Higher Education*, 49 (1-2), 135-154.

[7] [8] [12] Jürgen Enders. (2001) .A chair system in transition: Appointments, promotions, and gate-keeping in German higher education. *Higher Education*, 41 (1-2), 3-25.

[9] 易红郡 . 从编外讲师到终身教授：德国大学学术职业的独特路径 [J] . 高等教育研究，2011（2）：102-109.

[10] Lori Thurgood, Mary J, Golladay & Susan T. Hill. U.S. Doctorates in the 20th century. http: //www.nsf. gov/statistics/nst06319/pdf/nsf06319.pdf.2011-11-25.

[11] AAUP Contingent faculty index 2006.http: //www.aaup.org/NR/rdonlyres/5EC9F777-EDB8-43B8-AE7B-AA5CCBA3A762/0/AAUP Contingent faculty index2006.pdf.2011-11-25.

[13] Kam C.Chan, Carl R.Chen, and Thomas L.Steiner. (2002) . Production in the finance literature, institutional reputation, and labor mobility in academia: A global perspective. *Financial Management*, 31 (4), 131-156.

[14] [15] Michael I.Shamos. (2002) .*Handbook of academic titles*. http: //euro.ecom.cmu.edu/titles/titlebook.htm.2011-11-28.

[16] Ronald G.Ehrenberg. (2003) .Studying ourselves: The academic labor market. *Journal of Labor Economics*, 21 (2) .267-287.

[17] A.Lanethea Mathews. (2000) .The changing structure of the academic job market. *Political Science and Politics*, 33 (2), 237-242.

[18] Christine Musselin. (2004) .Towards a european academic 1abour

market? Some lessons drawn from empirical studies on academic mobility. *Higher Education*，48（1），55-78.

[19] Jeroen Huisman，Egbert de Weert，and Jeroen Bartelse.（2002）. Academic careers from a european perspective：The declining desirability of the faculty position. *The Journal of Higher Education*，73（1），141-160.

本文选自《北京大学教育评论》2012 年第 3 期

高等教育学的学科范式冲突与超越之路
——兼谈高等教育学的再学科化问题

张应强

如果从1983年高等教育学作为教育学的二级学科被列入我国学位与研究生教育学科专业目录开始，我国高等教育学获得学科建制已经三十余年。三十多年来，高等教育学术界一直有学者质疑是否存在一门作为学科的高等教育学，高等教育学在“是一门学科还是一个研究领域”的争论中曲折发展。高等教育学的两种学科范式——经典学科论范式与研究领域论范式的激烈冲突，引发了人们对高等教育学学科性质、学科建设方向和高等教育学的未来的思考。不过，同目前火热的高等教育改革发展问题研究相比，对高等教育学学科建设的研究显得极为冷清。似乎这两类研究没有什么关系，或者高等教育学是不是学科并不妨碍人们开展高等教育研究和人才培养。但是，我们不能不注意到，我国目前高等教育研究中产生的大量重复研究和低水平研究成果，以及专业研究人员培养缺乏确定的知识体系、方法体系、评价标准等，都是因缺乏学科范式的规范约束而导致的。因此，高等教育学学科建设与高等教育研究的开展和专业研究人员的培养是息息相关的。努力建设作为一门学科的高等教育学，实现高等教育学的再学科化，是高等教育学术界必须担负的学术使命和学科责任。

一、高等教育学中两种学科范式的冲突

（一）范式和学科范式

“范式”是托马斯·库恩为了解释“科学革命是如何发生的”而创造的一个概念。他把科学发展分为两个相互联系的阶段——常规科学

阶段和科学革命阶段。在常规科学阶段，科学家共同体成员遵循着共同的范式开展科学研究；而在科学革命阶段，常规科学时期范式的一致性消失了，科学发生了“范式转换”而进入新范式约束阶段。因此，范式是常规科学时期科学家共同体所共同接受和遵循的信仰、公认的价值和技术的总和。因此，范式具有公认性，具有“范型”和“典范”意义，对科学家特别是新一代科学家的科学研究进行“规范”和“示范”。不同科学范式之间是不可通约的，如果发生“范式转换”，则意味着科学革命发生了。

库恩提出的范式概念和范式理论经社会科学界改造之后被广泛运用。社会科学界保留了“范式”规范“常规科学研究”的“范例”内涵，而将范式的不可通约性、不可共存性改造为不同的理论范式不是非此即彼，而是可以共存的。同时，扩大了范式的内涵——“范式”既可以用来区分科学家共同体或干脆用来区分不同学科，也可以用来代表某一学科的不同发展阶段，还可用来代表同一时期、同一领域内的亚科学家共同体。[1]我国有些学者甚至将范式概念进一步扩大，认为范式可以扩展为一种“研究取向、解释框架和叙事模式”或者是一种研究视角。[2]

范式概念和范式理论被引入学科后，出现了学科范式的概念。“学科范式”是指，学术共同体所共有的信念体系和方法论体系，它以范例形式规定了学术研究的方法和程序，成为学术研究赖以运作的理论基础和实践规范。“范式是存在于某一科学论域内关于研究对象的基本意向。它可以用来界定什么应该被研究，什么问题应该被提出，如何对问题进行质疑，以及在解释我们获得的答案时该遵循什么样的规则。”[3]

人们用学科范式来区分不同学科或者学科发展的不同阶段以及学科中的不同学派，甚至演化为学科发展成熟与否的判断标准。认为只有成熟的知识领域才有学科范式，不是所有知识体系都能处于范式阶段。对于成熟学科来说，“每一个学术范式都有自己确定的知识体系、方法体系、学术评价体系、典范的培养体系与工作体系，”“范式化知识体系可以分为三部分：不容怀疑的知识核心，若干如何应用核心知识于实际问题的典型范例，以及一些确定的需要进一步研究的发展领域。不容怀疑的核心知识防止人们在基本问题上争论不已，从而把主要精力用于发展研究……经典范例教会人们怎样运用核心知识，同时规定了研究的对错、好坏的评价标准。核心知识与经典范例共同指出未来研究的方向”。[4]

同扩大“范式”的内涵一样，哲学社会科学领域往往也采用一种扩大了的学科范式概念。如心理学中精神分析领域的弗洛伊德、荣格、阿德勒和霍妮等不同范式，西方经济学说演化史中的亚当·斯密对重商主义的革命、杰文斯等的“边际革命”、创造宏观经济理论和政策的“凯恩斯革命”以及代表劳动阶级经济利益的“马克思革命”，[5]还有中国近代史研究领域的“革命史学范式”和“现代化史学范式”等，都是在扩大学科范式内涵的基础上使用学科范式的概念。

（二）经典学科论范式与研究领域论范式的冲突

如果从扩大了的范式和学科范式概念来看，我国高等教育学存在着两种学科范式：一种是经典学科论范式，另一种是研究领域论范式。所谓经典学科论范式是指，学术共同体坚持高等教育学是一门学科的学术信念，将建设高等教育学科和高等教育学理论体系作为学科建设的目标，作为高等教育学学科建设的基本任务，从而按照人文社会科学领域经典学科的标准，把高等教育学建设成为一门经典学科。所谓研究领域论范式是指，学术共同体认为，高等教育学只是人文社会科学研究的一个具体领域，不可能发展成为一门独立的学科，应借鉴和运用其他社会科学的理论、观点和研究方法来研究高等教育现象和问题。在我国高等教育学研究领域，这两种学科范式一直存在着激烈冲突，对高等教育学学科建设的方向、路径以及高等教育学的未来发展产生了重要影响，也使得高等教育学学科建设呈现矛盾甚至尴尬的局面。李均教授在回顾我国高等教育学学科发展历史后指出：在我国，极少有学科像高等教育学一样从建立开始就一路危机四伏，也极少有学科像高等教育学这样即使获得繁荣发展却依然难以摆脱“被终结”之虞。[6]

作为一门学科的高等教育学在我国的建立和发展，既具有偶然性也具有必然性。早在20世纪50年代，潘懋元教授等学科开拓者从教育学学科中受到启发，也受到苏联高等学校教育研究的影响，提出了“高等学校教育学”这一学科概念，并编写了《高等学校教育学讲义》。二十多年后，他积极倡导在中国开展高等教育研究，以回应“按照教育规律办教育”的社会诉求，提出了“高等教育学”这一学科概念，并组建了专门的高等教育研究机构，编写了《高等教育学》教材，开始培养高等教育学专业研究生，推动建立了中国高等教育学会……其中最为重要的是，高等教育学作为教育学的二级学科列入了我国研究生教育学科专业目录，高等教育学获得相应的学科建制。高等教育学作为一门学科的制度性确认，使得高等教育学获得了学科地位和社会认可，高等教育学由此蓬勃发展起来。

高等教育学学科论范式的产生，是以经典学科为标准和目标的。

人文社会科学领域的经典学科，一般要求有独特的研究对象、独特的研究方法论、独特的概念和范畴系统以及独特的理论体系，并且把是否具备完备的学科理论体系作为判断一门学科是否成熟的标准。为了把高等教育学建设成一门经典学科，我国高等教育学学者按照经典学科的标准开展了按图索骥式的学科理论研究。一是研究和论证了高等教育学独特的研究对象。有的学者认为高等教育学独特的研究对象是高等教育问题和高等教育现象，有的认为是高等教育规律，有的认为是专业教育，有的认为是高等教育理论，等等。虽然没有达成广泛共识，但大多强调了高等教育学研究对象与一般教育学研究对象的差异性和独特性。二是确立了建设理论体系的高等教育学的学科建设目标。“高等教育学逻辑起点”研究就是一例，不少学者希望找到一个蕴含高等教育多重关系、多重矛盾的最简单要素，作为高等教育学理论演绎的起点，然后通过概念、范畴、命题、理论的层层演绎和推进，建立起高等教育学理论体系。三是寻找和论证高等教育学独特的研究方法论。在这一过程中，不少学者提出了多种研究方法论，其中“多学科研究说”影响最大，认同者最多。“多学科研究说”认为，多学科研究方法可能是高等教育学独特的研究方法。[7]

尽管学科论者做出了艰苦努力，但作为经典学科的高等教育学却始终没有建立起来，作为学科的高等教育学成为一项尚未完成的愿望和任务。人们开始怀疑是否存在一门作为学科的高等教育学，怀疑作为学科的高等教育学的合理性。很长一段时期，高等教育学界研究高等教育学科理论和学科建设的人员和成果越来越少，虽然潘懋元教授用“与其临渊羡鱼，不如退而结网”为之作解，但“结网”之功似仍无期。

高等教育学作为一门学科而被怀疑，还与其上位学科——教育学高度关联。在不少学者看来，“教育学和商科一样，都只是各种真正‘学科’的大杂烩……这个领域由各种真正的学科所组成，当中涉及心理学、哲学、社会学、历史学……各种学科都有适宜我们挪用之处，只要加上‘教育’这个前缀词便可（因此教育学必然是比各种学科次等）。”[8] 这种否定教育学作为一门独立学科地位的观点，并不是来自其他学科的学者，也不是来自从事学科分类研究的专家，而是来自从事教育和教育学研究的学者。对于高等教育学而言，美国高等教育研究界自 20 世纪 50 年代起就有一个理想，希望通过若干年的努力，把高等教育研究变成一个独立学科。但这种努力进展甚微，并没有成为现实。1974 年德雷索与马瑟运用所谓“广泛接受的学科标准”来进行判断，认为美国高等教育研究领域日益增长的高等教育文献所提供的多是作者的观点，而不是关于高等教育现象的知识。高等教育的分类或类型系统还是初步的，目前也没有被合理地组织起来。大类下面的子类鲜有成熟到可以严格区分彼此，并在概念上相互关联的地步，因而高等教育在美国并没有发展为一门学科。二十多年以后，知名高等教育学者阿特巴赫做出了“高等教育确实是一个跨学科研究领域。它将不会成为一个单独的科学学科”[9] 的判断和预测。

在作为学科的高等教育学发展之时，研究领域论范式作为一种对立的学科范式一直与之如影随形。尤其是在学科论范式遭遇困境之时，研究领域论范式开始占据主导地位。研究领域论范式是以学科论范式的否定者身份出现的。它明确认为，不存在一门作为学科的高等教育学，正如阿特巴赫等西方学者所认为的那样，高等教育学目前不是且今后也不可能是一门学科，高等教育学只是且只能是一个研究领域。

更为重要的是，作为一个研究领域的高等教育学，聚集在高等教育问题研究的旗帜下，开展了多学科的、内容极为广泛的高等教育研究，不仅产生了众多有影响的交叉研究成果，而且产生了高等教育研究的众多分支领域，高等教育研究呈蓬勃之势。这更加强化了作为研究领域论学科范式的信念——高等教育学作为一个研究领域，有着更为广阔的前途。它不仅没有妨碍高等教育研究的蓬勃开展，而且以更为广泛、实际、具体的研究成果表明它优于学科论范式。而经典学科论范式追求虚无缥缈的高等教育学学科理论体系，从而使高等教育研究脱离实际，回避高等教育改革发展问题，实际上，是限制了高等教育研究的开展。

两种学科范式的冲突除了源于两种学科信念的极大差异，还源于对“高等教育学”这一学科概念的不同理解。20 世纪 70 年代末期，潘懋元教授等学科开拓者用“高等教育学”代替了 20 世纪 50 年代所使用的“高等学校教育学”，这表明，高等教育学已经超越学校教育学范畴而进入大教育学领域。高等教育学的核心研究内容和学科范式，就不只是围绕高级专门人才培养而研究高等学校的教学和课程问题，而是扩展到高等教育与社会发展的相互关系，即潘懋元教授所提出的“教育外部关系”。高等教育学的基本内容，就是研究教育的“内外部关系规律”——高级专门人才的培养规律和高等教育的发展规律。如果说研究高级专门人才的培养规律还与一般学校教育学有一定关联，那么，研究高等教育的发展规律，就不仅脱离了一般教育学，而且超越了学校教育学的视界，进入“社会教育学”的广大领域。也许正是这种拓展和超越，为研究领域论范式的滋生埋下种子，为高等教育学两种学科范式争论和冲突打下伏笔。

两种学科范式的冲突还与学科标准有关。经典学科论范式是按照经典学科的标准来建设作为学科的高等教育学的，希望把高等教育学建设成一门经典学科。而研究领域论范式却是按照经典学科的标准来否定和批判作为学科的高等教育学的，认为高等教育学不可能发展成为一门学科。作为学科的高等教育学只是人们的一种不切实际的愿望，这种愿望对高等教育研究产生了消极影响。

两种学科范式的冲突，还源于人们对高等教育学学科地位的不同认识。经典学科论范式之所以以建设高等教育学学科为目标，是认为学科是知识体系的最高阶段，学科或学科理论体系的形成是进行知识探讨的原动力和最终目的，是比研究领域更高的一个阶段。只有形成学科，并形成严谨的学科理论体系，才可能获得学术认可和学科地位。研究领域论范式则认为，经典学科范式使学科和学科知识体系变得封闭和静止，从而成为束缚学科进一步发展的力量。而作为一个研究领域的高等教育学，能够以开放姿态开展和吸纳多学科的高等教育研究成果，有利于高等教育研究的发展。

二、现代学科范式：高等教育学的超越发展之路

关于我国高等教育学的未来发展，笔者曾经提出过建设作为现代学科的高等教育学的思想和观点。[10] 这一思想观点有两方面含义，一是高等教育学是一门学科，在我国，必须把高等教育学作为一门学科来建设；二是要放弃建设作为经典学科的高等教育学的学科建设思路，按照现代学科的特点，把高等教育学建设成为一门现代学科。

（一）学科论范式对高等教育学的重要意义

学科对知识生产具有重要意义。学科的含义之一是“学术的分类”，是“科学领域或一门科学的分类”。在知识发展和复杂化之后，

学科分类对知识生产和知识发展变得越来越重要，它至少会产生两方面效应：一是知识生产的专门化和体系化——在清晰的学科边界下开展专门领域的学科知识研究，促进学科领域知识的关联性和体系化；二是知识生产的集约化和组织化——人们按照知识分类形成不同的学术生产单位（学术共同体），遵循共同的学术生产规则从事集约化和组织化的学术生产活动。知识分类和知识生产形成一种互动关系，知识生产产生了各类知识，而在知识生产基础上的知识分类（学科化）导致了组织化的知识生产，促进了知识发展和知识生产效率提升。从这种意义上看，建设高等教育学科，促进知识生产学科化，对高等教育研究具有重要意义。

1. 有利于高等教育学术共同体的形成

学科是学术共同体形成的基础，任何一个学术共同体的形成，都是围绕相应的学科知识领域，通过聚集研究人员，开展学术研究和学术交流，形成不同学派等方式而形成的。高等教育学在我国的产生和发展，事实上形成了高等教育学学术共同体。尽管出现了研究领域论范式对高等教育学学科的挑战，但不容否认的是，研究领域论范式也是在高等教育学学术共同体内分化产生的。如果没有 20 世纪 70 年代末期开始的高等教育学学科化努力，不仅不会产生研究领域论范式，而且其对高等教育学作为一门学科的质疑，就连质疑的对象都没有了。研究领域论范式开展多学科的高等教育研究，其研究人员分散在社会科学的各个学科领域，根本就不可能形成学术共同体，更不可能形成高等教育研究的学术共同体。只有把高等教育学作为一门学科来建设，才可能在高等教育学科的旗帜下形成高等教育学的学术共同体。

2. 有利于高等教育学科知识的积累

学科作为科学领域或学术的分类，直接指向学科领域高深知识的发现和生产。知识分类的目的一方面是为了使研究者以专门化方式来从事知识生产，另一方面是为了通过知识的学科化，形成知识的累积机制。即按照学科知识的逻辑和谱系，将纷繁复杂的具体知识分门别类，由此建立知识与知识之间的学科关系，形成学科知识生产的递进关系和累积机制，从而促进知识生产和知识发展。而作为研究领域的高等教育研究，显然不利于将高等教育研究成果学科化和系统化。多学科的高等教育研究成果分属不同学科或研究领域，各种知识杂乱无章地陈列出来，人们找不到知识之间的逻辑关系和递进关系，知识的累积机制也就无从谈起。只有将高等教育学建设成为一门学科，才可能在学科的规范下实现高等教育研究成果和学科知识的系统化和体系化，从而形成高等教育学学科知识和学科理论的累积机制，促进高等教育研究的开展和高等教育学学科建设。

3. 有利于高等教育学科专业研究人员的培养

学科的另外一个含义是“教学的科目”，即通过对学科知识的教学和传播，培养学科的专业研究人才，从而使学科知识的发现和生产得以延续。新生代专业研究人员的产生和成长，是学科兴旺发达的基础。将高等教育学作为学科来建设，在学科框架下培养高等教育的后续研究者，是高等教育学科发展的希望所在，也是高等教育研究事业基业长青的基础。如果只是把高等教育看作是其他社会科学学科的一个研究领域，那么，在研究过程中成长起来的人才，就不是高等教育学自身的研究人才，高等教育学科就会出现后继无人的局面。30 余年来，正是因为在高等教育学学科领域内，我们建立了高等教育学硕士点和博士点，为我国高等教育学科建设和高等教育研究培养了源源不断的后续研究者，高等教育学科才出现了兴旺发达景象。

4. 有利于高等教育研究机构的生存和发展

有了学科才可能有相应的研究机构和人才培养机构，才可能通过建立研究所和系，开展学术研究和人才培养活动。学科是研究机构和研究组织的安身立命之本，高等教育研究的学科存在方式是高等教育研究机构稳定存在的基石。30 多年来，我国大学中高等教育研究机构的不同命运和不同发展道路充分说明了这点。20 世纪 80 年代初以来建立的高校高等教育研究机构，有的早就被撤销，有的被降格和合并，有的仍然作为安置即将退休人员的机构，有的仍然是“一块牌子、一间房子、几张桌子”的草台班子，而有的却发展成为水平高、专业性强、影响大的研究机构和人才培养机构。个中缘由，在于这些研究机构是否建立在学科存在的基础上，是否以高等教育学学科建设作为自身的基本任务。

5. 有利于高等教育研究获得合法的学科建制

目前，我国建立了基于政府管理的学科管理制度，无论是学科的分类，还是学科专业是否列入科学研究和人才培养的学科专业目录，都是由政府学科管理部门决定的。这就是说，学科的合法性需要政府学科管理部门赋予和认可。高等教育研究如果不能以学科为基础，高等教育学如果没有取得合法的学科建制，那么，无论是高等教育研究还是高等教育的知识教学和人才培养，抑或是高等教育研究的资源获取，无疑将成为无源之水、无土之木。1983 年国务院学位办和教育部将高等教育学作为教育学的二级学科列入研究生培养专业目录，使得高等教育学在我国获得了合法的学科建制，极大地促进了高等教育学的发展和高等教育学专业研究队伍的成长。如果高等教育学没有获得合法的学科建制，今天的高等教育学抑或高等教育研究，可能依然停留在散兵游勇式的分散研究状态。高等教育的专业研究人员可能也无处可寻。

（二）研究领域论范式将导致高等教育学的生存危机

研究领域论范式下的高等教育研究，对高等教育学学科建设和发展将带来另一番景象。虽然将高等教育作为社会科学的一个研究领域并不妨碍开展高等教育研究，并且可能通过多学科研究带来高等教育研究的繁荣局面，但这也给高等教育学学科发展带来重大挑战。

1. 研究领域论范式将导致高等教育学出现“被殖民”学科样态

研究领域论范式主张运用其他学科的理论和方法来研究高等教育问题或高等教育现象，但这种高等教育研究所产生的是其他学科的研究成果，而不是高等教育学的研究成果。如高等教育社会学，就是社会学学者运用社会学的理论和方法所开展的高等教育研究，是社会学的开放性的表现，是社会学的拓展和扩张。其研究成果是社会学理论的积淀，其理论贡献主要是对社会学的贡献而不是对高等教育学的贡献。高等教育社会学在性质上是社会学而不是高等教育学。所以，多学科的高等教育研究开展得越广泛越深入，高等教育学自身的研究空间就越小，就必然导致高等教育学“成为其他学科的领地”，这就是人们普遍关注的“学科殖民”现象。更为严峻的是，以其他学科理论来研究高等教育，在拓展和发展其他学科理论的同时严重挤压了高等教育学自身的学科理论空间，从而导致高等教育学理论的贫乏而丧失学科的理论品性和学科地位。而来自高等教育学的学者所做的多学科高等教育研究，由于对其他学科的理论和方法并不熟悉，其研究成果往往是“两个半桶水相加”，对高等教育学的理论贡献可想而知。

2. 研究领域论范式直接导致高等教育研究整体性的丧失

伯顿·克拉克是开展多学科高等教育研究的先驱，他在领导开展多学科研究时发现，“不同学科的专家所关注的高等教育问题是不同的……当专家们研究这些问题时，很自然他们只管自己的事……专家们有不同的词汇，难以了解彼此的语言”[11]。不仅如此，其他学科开展高等教育研究的目的，是为了开拓自己学科的知识疆界，并在高等教育问题上来检验自身的学科理论，同时受单一学科视角影响，它们不需要也不可能顾及高等教育研究的整体性。它们关注高等教育问题，开展高等教育研究，纯粹是因为现代社会已经发展成为“教育社会”和“知识社会”，纯粹是自身学科适应现代社会的变化而自然做出的一种反映。所以，多学科的高等教育研究并不研究高等教育的整体，其产生的理论，对高等教育学而言，是分散的理论、分割的理论，肢解了高等教育学的完整性，也就不可能产生以高等教育整体为研究对象的高等教育学。比较教育学者奥利韦拉在谈到社会科学学科中的教育研究时说：对于社会科学学科而言，对教育的研究最多也不过就是社会学中的一章，或一个心理过程，或一种经济投入，或一种政治工具，或一个社会心理现象的示例，或一个历史侧面，或一个哲学选题等，仅此而已……（这种做法的）主要后果是使科学地研究教育的工作被扭曲了。[12]这种扭曲的重要表现就是将高等教育研究进行分割和肢解，形成其他学科对高等教育研究的“学科割据”，导致整体性高等教育研究的丧失。

同时，来自其他学科的高等教育研究学者，他们对高等教育学缺乏基本的学科立场和学科情感，也就不可能整体性地来研究高等教育的整体，导致高等教育研究虽然出现繁荣局面，但没能形成学术研究共同体的内部协调。拉格曼在谈到美国教育学研究的历史和现状时说：美国的教育研究学者大都对教育学学科没有兴趣，更无建设的责任和尊重。教育研究产生于哲学、心理学、社会科学以及统计学等学科的不同组合，它既没有单一的研究重点，也没有统一的研究方法。这种多样性从一开始就成为教育学术的特点，再加上该领域没有能形成一个十分有力、自我调节的专业群体，这个领域始终没有形成高度的内部协调。[13]这种状况与我国高等教育研究领域的状况如出一辙。

（三）高等教育学的现代学科范式

高等教育学是一门学科，但不是一门经典学科而是一门现代学科。20 世纪 50 年代以来，现代学科形态出现后得到了快速发展，并且逐渐成为学科的主要形态。华勒斯坦指出，1945 年以后的社会科学知识活动出现了一个与之前的 100 年相反的曲线运动，学科的新名称层出不穷，并且都获得了适当的制度性基础：大学里新的研究规划甚至新建的系，新的学术团体，新创办的期刊，以及各图书馆制定的新的分类书目。[14]这些“学科的新名称”就是现代学科，它们不仅获得了相应的学科地位，而且进入大学教育领域开展学科教学和培养后续研究者。

现代学科又称为“外生学科”，与经典学科完全不同，现代学科的学科发展逻辑不是由学科知识的自然演化逻辑而是由社会需要逻辑主导的。社会需要和重大社会问题不仅主导着社会科学学科领域的划分以及相应的学科划分标准，而且决定着学科的研究内容、研究方法和学术研究的组织方式。学科研究组织突破了传统的院系所组织，以多学科领域学者组成的“研究中心”或“工作坊”方式，开展跨学科或多学科研究。

现代学科表现出高度的开放性。一是研究内容的开放性，一般以重大社会问题和综合性主题为研究对象，综合性问题研究往往冠名为“学科”，出现问题研究学科化倾向。由社会发展产生的源源不断的不断变动的重大问题导致研究内容的变动性和开放性。二是研究方法的开放性，以多学科（跨学科）研究和交叉研究作为主要研究方法，各门具体学科的研究方法可能为所有研究者所共同采用。正如华勒斯坦所说，“对社会学方法的运用也不是那群被称为社会学家的人的专利，而是所有社会科学家的义务……总之，我们不相信有什么智慧能够被垄断，也不相信有什么知识领域是专门保留给拥有特定学位的研究者的。”[15] 三是学科知识结构的松散性。学科知识结构不是像经典学科一样，由学科知识演化逻辑主导而形成严密的“树形结构”或“阶梯结构”，而是表现出学科知识边界模糊、学科知识交叉和叠加现象，形成如托尼·比彻所说的“关联性结构”——各种观点连接松散，没有很强的关联性，没有很强的整体发展框架。[16] 学科也因广泛的学科理论互涉而难以形成严密的知识和理论体系。

世界范围内的高等教育研究开始之时，正是现代学科蓬勃发展之际。这绝非时间上的巧合，而是从逻辑上印证了高等教育学是一门典型的现代学科。自 20 世纪 50 年代，世界范围内出现了高等教育研究热潮，高等教育研究的问题，如学生成分多样化问题、高等教育的社会适应性问题、高等教育民主问题、高等教育公平问题、大学有效管理与管理效率问题等，都是现代化过程中社会结构和文化观念的巨大变革在高等教育领域的反映。

从 20 世纪中叶开始，高等教育进入社会的中心，正如哈罗德·珀金教授所说，大学已从中世纪宗教和世俗的知识团体演变成现代在以知识为基础、以科技为方向的技术型后工业社会中起关键作用的机构，大学成为人类社会的动力站。[17]在现代社会，一方面，“知识是社会的核心。越来越多的人和越来越多的机构从来没有像现在这样需要，甚至是要求知识。大学作为知识的生产者、批发商和零售商，不可避免地要向社会提供服务。今天，知识是为每个人服务的”[18]。而另一方面，现代社会也进入后工业社会时期，一个“以知识为轴心”的社会时期，其关键变量是信息和知识。科技精英因为他们受到专业教育，具有技术专长而成为社会的统治人物。高等教育进入社会的中心，改变了社会的性质和社会形态，以至于离开高等教育，我们就难以理解现代社会。

高等教育进入社会中心之后，曾经清晰的形象变得模糊和复杂起来，以至我们今天很难对之进行准确定义。它远远超越了学校教育中的高等教育概念和内涵，成为“社会高等教育”。它产生了众多的利益相关者，使得高等教育问题成为关涉知识社会所有社会问题的核心问题，成为知识社会的重大问题。高等教育变得如此重要和复杂，不仅不可能只从传统的教育学科角度对之进行研究了，甚至已经不可能只从社会科学的某个学科角度对之进行研究了。高等教育成为几乎所有社会科学学科的研究对象，成为一门现代学科了。现代学科范式的高等教育学，其研究范围和研究内容，不仅超越了高等学校中的教育问题和人才培养问题，而且也超越了一直以来被认为是高等教育核心内容的“高深学问”研究，甚至也正在超越教育学这个高等教育学曾经的寄生之所。高等教育学正在成为“知识社会”之学，成为“高等教育社会”之学，成为知识社会的“显学”。高等教育学的研究内容源于“社会的‘真实’问题所带来的持久动力和高校履行其全部社会责任的需要”[19]。

高等教育学的现代学科范式与经典学科范式有着根本性不同。它虽然坚守高等教育学是一门学科的信念，但认为高等教育学是一门现代学科而不是一门经典学科。它不再按照经典学科范式去建设作为经典学科的高等教育学，放弃用经典学科的学科标准去判断和要求高等教育学，纠正了长期以来我国高等教育学学科建设出现的方向性偏差，为高等教育学学科建设指明了正确方向，从而能有效回应研究领域论范式对高等教育学的质疑和挑战，增强了高等教育学的学科自信。高等教育学的研究领域和研究内容也因此得到极大拓展，学科研究的重点由建构高等教育学学科理论体系转向到研究现代社会中的高等教育问题和高等教育改革发展，从而极大拓展了高等教育研究的问题域，更好地体现了高等教育学作为实践教育学的学科特性。现代学科所广泛采用的研究方法，如多学科研究方法、复杂系统研究方法、交叉研究和跨学科研究方法，等等，也就在高等教育学学科范式中得到广泛使用和体现，从而促进高等教育学科的发展和成熟。

高等教育学的现代学科范式与研究领域论范式也有着根本性不同。它不再把高等教育看作一个研究领域，而是看作一门具有独立学科地位的现代学科，从而用现代学科范式来形成高等教育学术共同体，形成高等教育学科的知识生产和知识积累机制，达成学科的高度内部协调。同时在高等教育学科的旗帜下会聚自己的专业研究群体，并通过获得学科的社会建制而进入大学教学和人才培养领域，培养高等教育学的新一代研究者。另外，因为有了高等教育学科，高等教育研究机构和人才培养机构才有了坚实的学科存在基础，以免随意裁撤和合并之苦。更为重要的是，高等教育学作为一门独立的现代学科，将彻底改变高等教育学被其他学科殖民的学科样态，从而坚守高等教育学自身的学科理论空间，发展高等教育学的理论品性，获得学科尊严和学科地位。将高等教育学作为一门独立学科来建设，将极大地促进高等教育学研究者基于自身学科立场和学科情感，来整体性地研究高等教育的整体，以避免高等教育的整体性被肢解、被分割，从而对高等教育有一个完整性的理解和认识。

从以上分析中可以看出，高等教育学的现代学科范式既超越了经典学科范式，又超越了研究领域论范式，并且包容了两种学科范式之间的矛盾和冲突。通过现代学科这一学科特性，一方面认定高等教育学是一门学科，增强了高等教育学的学科自信，同时回答了研究领域论范式对作为学科的高等教育学的质疑；另一方面又纠正了经典学科范式将高等教育学作为一门经典学科来论证和建设的偏向，扩展了高等教育学的学科空间，提高和增强了高等教育学的学科包容性。

三、高等教育学的再学科化问题

现代学科范式的高等教育学是高等教育学的超越发展之路，但建设作为现代学科的高等教育学还需要解决高等教育学的再学科化问题。高等教育学的再学科化，其重点表现在两个方面：一是将不同学科高等教育研究成果进行理论整合，实现其高等教育学科化建构；二是在学科建制上进一步提高高等教育学学科地位，建设作为一级学科的高等教育学。

（一）关于高等教育研究成果的理论整合问题

高等教育研究成果的理论整合基于一种整合方法论。整合研究不同于综合研究，“综合研究是针对某一特定的问题，而动员与该问题有关的其他相关学科研究成果，以求解决该问题。而整合研究则不然，它最后的目的，虽然也要应用于问题的解决，也是应用各科之学理，但在应用之前必须先将这些学理融会贯通成一套新的原理原则”[20]。高等教育研究成果的理论整合研究，是为了形成高等教育学学科自身的核心理论问题。

作为现代学科的高等教育学具有高度的开放性。现代高等教育系统已经演变为一个复杂的社会系统，高等教育问题具有高度复杂性和多面性，高等教育的研究内容为不断变动中的高等教育问题所牵引，导致多样化研究成果观点纷呈并变动不居。特别是多学科的高等教育研究所产生的研究成果，一方面量大面广，另一方面又分属各具体学科领域，而且有关具体学科因存在不同学派的不同理论观点，导致其对高等教育研究的复杂化。复杂的高等教育问题，所要求的不仅是多元研究成果，而且要强调整合研究。对于作为一门学科的高等教育学来说，其学科知识理论不能是来自其他学科理论的大杂烩和拼盘，而应是多学科的理论知识整合的产物。这就需要基于高等教育学的学科立场，对不同学科高等教育研究成果进行整合研究，实现不同学科研究成果与高等教育学的对话与交流，并最终纳入高等教育学学科知识理论框架，对之进行高等教育学科化建构。

开放性对高等教育学来说是一把“双刃剑”，既可能是高等教育学的活力之源，又可能是高等教育学的“终结者”。高等教育学的过度开放，将导致高等教育学落入研究领域论范式，丧失学科边界和学科自身的理论内聚力，动摇高等教育学作为学科存在的基础。作为现代学科的高等教育学是按照社会需要逻辑组织起其知识体系的，学科知识交叉叠加、连接松散，缺乏学科知识逻辑的关联性，缺乏整体的学科知识框架，难以形成严密的知识和理论体系。因此，高等教育研究成果的理论整合，还需按学科知识逻辑来对相关研究成果进行高等教育学科化建构。

高等教育研究成果的理论整合研究，只能由高等教育学术共同体来承担。这对高等教育学者的能力和素质提出了特殊要求，特别是需要具有多学科背景、现代学科思维和复杂科学思维。同时需要通过适当的学术研究组织方式开展整合研究。集体合作型的整合研究是一种重要方式，即以集体合作形式开展整合性的多学科或跨学科研究。华勒斯坦在《开放社会科学》中提出了几种具体的组织形式。[21] 集体合作型的整合研究，必须由具有充分研究协调能力和学术功底的高等教育学者担任负责人，以高等教育学者为主体，邀请来自相关学科的研究者组成特定课题研究小组，围绕高等教育理论整合问题，进行不同学科对话，共商问题的解决。其中，高等教育学者必须发挥领导和协调作用，以“对松散联合的研究中所出现的混乱现象提供一定程度的概念和分析方面的条理性”[22]。

（二）关于在学科建制中进一步提升高等教育学学科地位问题

1983 年，高等教育学列入我国学位与研究生教育学科专业目录，标志着高等教育学在我国获得了正式的学科建制。虽然只是将高等教育学作为教育学的二级学科列入，但仍极大地促进了高等教育学学科建设和高等教育研究的繁荣。当前，高等教育学学科建设的当务之急是发展一级学科的高等教育学，以进一步提升高等教育学学科地位，促进高等教育学的再学科化。关于在我国建设作为一级学科的高等教育学的必要性和重要性，我们曾发表有关文章进行过阐述，[23] 这里不再赘述，仅就如何建设和发展一级学科的高等教育学谈两点认识。

1. 需要国家学科管理部门的大力支持

我国学科专业目录的编制，事实上遵循着两条逻辑原则——学科逻辑原则和社会需求逻辑原则。所谓社会需求逻辑原则，即把对经济社会发展和思想文化建设具有重要影响和支撑作用的领域列入学科范围，并提升其学科地位。如2005年国务院学位委员会和教育部决定在《授予博士、硕士学位和培养研究生的学科、专业目录》中增设马克思主义理论一级学科。我国之前确立高等教育学的二级学科建制，并不是因为当时高等教育学已经发育成熟了，而是因为高等教育在经济社会发展中的地位和作用越来越重要，需要大力开展高等教育研究，需要遵循高等教育规律来发展高等教育，培养现代化建设需要的高级专门人才。这就是说，在我国，社会需求是不少学科获得相应学科建制的原因。目前，我国正在实施科教兴国战略和人才强国战略，《教育规划纲要》提出了“基本实现教育现代化，基本形成学习型社会，进入人力资源强国行列”的战略目标，高等教育在其中发挥着关键性和主导性作用。高等教育的发展是我国建设创新型国家和国家创新体系，提高综合国力和国际竞争力的重要保障。因此，应该从满足国家重大战略需求的高度，重视高等教育学学科建设，提高高等教育学学科地位。建设作为一级学科的高等教育学，有助于高等教育学增强服务高等教育改革发展，服务经济社会发展和国家建设的能力，受益的不只是高等教育学科本身，还有我国的高等教育事业以及创新型国家建设。

2. 需高等教育学学术共同体的一致努力

除了上述的高等教育学术共同体开展高等教育研究成果的理论整合研究，按学科逻辑对相关研究成果进行高等教育学科化建构，以建立和发展高等教育学自身的核心理论之外，我们还需要特别强调高等教育学术共同体必须坚持高等教育学的学科信念、学科立场和学科情感。如果说三十多年前高等教育学在我国取得二级学科建制，源于我国高等教育学的倡导者和开拓者们要把高等教育学建设成为一门学科的坚定学科信念的话，那么，今天我们建设一级学科的高等教育学，则需要高等教育学学术共同体共同坚持学科信念、学科立场和学科情感。我国高等教育学三十余年的建设和发展成就斐然，但目前在受惠于高等教育学这门学科的第二代、第三代学者中，出现了一种丧失基本学科立场和学科情感的现象，他们对高等教育学缺乏自信和尊重，甚至以所谓科学学科的名义或者用研究领域论范式来否定高等教育学，解构高等教育学。这不能不引起重视。建设一级学科的高等教育学，需要高等教育学术共同体增强学科凝聚力和促进学科发展的使命感。

参考文献

［1］［3］周晓虹．社会学理论的基本范式及整合的可能性［EB / OL］.http：//www.snzg.cn.2006-11-13.

［2］左玉河．中国近代史研究的范式之争与超越之路［J］．新华文摘，2014，（17）.

［4］［9］赵炬明．学科、课程、学位：美国关于高等教育专业研究生培养的争论及其启示［J］．高等教育研究，2002，（4）.

［5］程恩富．范式革命与常规理论发展——经济学的分化与综合［N］．光明日报，2004-1-20.

［6］李均．作为一级学科的高等教育学——基于学科政策与学科历史的视角［J］．高等教育研究，2011，（11）.

［7］［10］张应强．超越“学科论”和“研究领域论”之争——对我国高等教育学学科建设方向的思考［J］．北京大学教育评论，2011，（4）．

［8］［14］华勒斯坦，等．学科·知识·权力［M］．北京：生活·读书·新知三联书店，1999.44-45、51.

［11］［22］伯顿·克拉克．高等教育新论——多学科的研究［M］．杭州：浙江教育出版社，2001.3、3.

［12］奥利韦拉．比较教育：什么样的知识［A］．赵中建，顾建民．比较教育的理论与方法——国外比较教育文选［C］．北京：人民教育出版社，1994.314.

［13］埃伦·康德利夫·拉格曼．一门捉摸不定的科学：困扰不断的教育研究的历史［M］．北京：教育科学出版社，2006.6.

［15］华勒斯坦，等．开放社会科学——重建社会科学报告书［M］．北京：生活·读书·新知三联书店，1997.160.

［16］托尼．比彻，等．学术部落及其领地——知识探索与学科文化［M］．北京：北京大学出版社，2008.30.

［17］伯顿·克拉克．高等教育新论——多学科的研究［M］．杭州：浙江教育出版社，1988.22.

［18］克拉克·科尔．大学的功用［M］．南昌：江西教育出版社，1993.80.

［19］朱丽·汤普森·克莱恩．跨越边界——知识·学科·学科互涉［M］．南京：南京大学出版社，2005.11.

［20］［21］吴玫．多学科高等教育研究的整合机制［J］．高等教育研究，2008，（11）．

［23］张应强，郭卉．论高等教育学的学科定位［J］．教育研究，

2010,（1）.

［21］［23］教育部办公厅.关于2013年连片特困地区乡村教师生活补助项目实施情况的通报［EB/OL］.http：//www.jyb.cn/info/jyzck/201403/t20140327_575700.html.

本文选自《教育研究》2014年第12期

推进高等教育治理现代化：目标、价值与制度

瞿振元

党的十八届三中全会通过的《中共中央关于全面深化改革若干重大问题的决定》（以下简称《决定》）指出，“全面深化改革的总目标是完善和发展中国特色社会主义制度，推进国家治理体系和治理能力现代化”，将“国家治理体系和治理能力现代化”提高到了国家战略高度。《决定》文本中24次明确运用“治理”这一概念，涉及国家治理、政府治理、社会治理体制、公司法人治理结构、事业单位法人治理结构、学校内部治理结构等多个方面，这是对我国治理理论的一次系统诠释，形成了中国特色治理体系的完整框架。从我们过去习惯的“管理”到今天的“治理”，虽然只有一字之变，但却有着极为深刻的内涵，标志着党在执政理念与治国方略上实现了新的重大思想解放。

在推进国家治理现代化进程中，教育治理体系现代化是国家治理体系现代化的重要组成部分。高等教育作为教育体系的最高层次，担负着人才培养、科学研究、社会服务的重要使命。大学与社会的关联度极高，这就使其在社会公共治理中承担着不同于其他阶段教育的重要职责，也使其在与政府、社会和市场的关系中具有不同于其他阶段教育的许多特点。同时，由于大学自身组织体系极其复杂，表现为：行政权力与学术权力相互交织、学术的高度专业化与学者间的松散耦合、社会组织的管理秩序与知识分子的自由习性所产生的冲突，等等，于是有学者把大学称为“人类社会创造的最复杂的组织机构之一”[1]。总之，大学复杂的内外部关系需要我们加强高等教育治理体系建设；迅猛变化的社会环境，人民群众对高等教育发展的多元关切，更需要

我们加快推进高等教育治理体系和治理能力的现代化进程。

就当下我国高等教育治理状况而言，我们正面临着一系列有待全面研究和系统解决的问题，需要进行深入研究，开展复杂而艰巨的改革实践。

一、高等教育治理现代化需要目标导航

目标，是个人、部门或整个组织愿意为之共同奋斗并希望实现的愿景。目标犹如远航中的灯塔，给人们以方向；目标凝聚人心、激发人们为之奋斗的热情和力量。一项事业如果不能确定科学的目标，不论思想如何重视，方法如何先进，工作如何努力，都不可能达至胜利的彼岸。

党的十八大提出的“两个一百年”的奋斗目标和习近平同志提出的实现中华民族伟大复兴的“中国梦”，是我们国家发展的战略目标。当前，我国教育改革发展的阶段性目标十分清晰，集中体现在《国家中长期教育改革和发展规划纲要（2010—2020年）》的表述之中，即“到2020年，基本实现教育现代化，基本形成学习型社会，进入人力资源强国行列”，简称“两基本一进入”。这一目标是“两个一百年”奋斗目标的第一个百年的阶段性目标，那么，在实现这个目标之后，第二个百年的奋斗目标和与实现中华民族伟大复兴的“中国梦”相适应的教育事业的发展目标是什么？通过学习理解习近平同志关于教育工作的重要论述，我们认为这一目标就是“发展具有中国特色、世界水平的现代教育”。

习近平同志在2013年的教师节贺信中第一次明确提出，希望广大教师“为发展具有中国特色、世界水平的现代教育作出贡献”[2]。在2014年第30个教师节来临之际，习近平同志在与北京师范大学师生代

表座谈时，再次强调，希望广大教师“为发展具有中国特色、世界水平的现代教育，培养社会主义建设者和接班人做出更大贡献”[3]。习近平同志在两个教师节两次提出“发展具有中国特色、世界水平的现代教育”，不仅是对人民教师的殷切希望与嘱托，同时也是向全国人民描绘了教育事业在实现中华民族伟大复兴的“中国梦”奋斗目标中的宏大愿景。

“中国特色、世界水平的现代教育”，是一个完整的科学概念，蕴涵着我国教育发展应当具有的中国道路、国际视野、时代特征等深刻内容。

其一，“中国特色、世界水平的现代教育”必然是传承中华文化血脉、扎根中国大地、践行中国特色社会主义道路、有效服务国家发展的教育。其二，“中国特色、世界水平的现代教育”必须具有国际视野，能以宽广的胸怀和平等、包容、互鉴的态度对待其他各国教育；通过不断地交流和沟通，学习和借鉴，提升并达到国际先进水平，合作解决世界面临的共同问题，推动人类文明进步。其三，“中国特色、世界水平的现代教育”必然呈现出鲜明的时代特征，是不断改革创新、与时俱进的现代教育。总之，“中国特色、世界水平的现代教育”应该是促进人的全面发展、释放每个人的全部潜能、满足现代社会发展需要的教育，应该是包括发达的幼儿教育、高水平的义务教育、人人乐业的职业教育、优质的高等教育和健全的终身教育的完备的教育体系。有了这样的教育，我们的人才就会大量涌现，我们的国家就会拥有强大的竞争力[4]。

“发展具有中国特色、世界水平的现代教育”是我国教育事业发展的根本目标，而教育治理，特别是高等教育治理现代化，是全面深化高等教育改革的总目标。相对于教育事业发展的根本目标，高等教育治理现代化既是我国教育事业发展的重要组成部分，更是实现教育事业发展根本目标的路径选择和实现方式，具有工具性意义。正因为如此，推进高等教育治理现代化就显得更为重要、更加紧迫。

二、高等教育治理现代化需要价值引领

推进高等教育治理现代化的进程，既是制度完善、能力提升的过程，同时也是精神构建、价值彰显的过程。这是因为，任何治理体系的确立、运行和维护，都需要以一定的思想观念、道德规范和价值判断作为支撑。教育是直面人的生命、为了人的生命质量的提升而进行的社会活动，是以人为本的社会中最能体现生命价值的一种事业。因此，推进高等教育治理现代化，需要先进性、科学性、人民性相统一的价值体系来引领。这个价值体系包括社会主义核心价值观、优秀传统文化、公共伦理、社会心理，等等，但最重要的是社会主义核心价值观。

现代国家的进步与发展，离不开先进的核心价值观引领方向。核心价值观是兴国之魂，它承载着一个国家的精神追求，决定着一个社会的发展方向。习近平同志曾指出，社会主义核心价值观反映了国家层面的价值要求、社会层面的价值要求和公民层面的价值要求，回答了我们要建设什么样的国家、建设什么样的社会、培育什么样的公民的重大问题[5]。因此，在深化教育改革、推进教育治理现代化进程中以坚持社会主义核心价值观为引领，就是从根本上回答“培养什么人”这一教育核心问题。

古往今来，任何治理体系的选择、构建和完善都是以一定的价值体系为指引的。正如有学者指出，“教育治理现代化的改革，是一个教

育治理价值导向调整优先于教育治理技术革新的过程，只有深刻把握这一原则，教育治理现代化才能坚持正确的方向”[6]。在当今中国，是否有利于国家发展、包括高等教育的发展，是否有利于社会进步，是否有利于公民素质提升，是判断高等教育治理现代化成功与否的价值尺度。

改革开放30多年来，我国教育领域发生的诸多重大改革，包括教育体制改革的不断深化，都是在明确的价值观念引领下进行的，而各个时期对价值观念的具体表述则是基于对当时主要矛盾的认识和对教育改革发展所处阶段的正确把握。1985年，党中央决定启动教育体制改革，以邓小平同志提出的“教育要面向现代化、面向世界、面向未来”为指针，确立了教育体制改革的根本目的是“提高民族素质、多出人才、出好人才”。以这一根本目的作为核心价值取向，确立了教育改革必须为社会主义建设服务、社会主义建设必须依靠教育的根本指导思想，因此，高等教育改革的重点在于改变政府对高校统得过多的管理体制，同时扩大高校的办学自主权，加强高校同社会各方面的联系。正是在这个正确的价值观念引领和对改革的整体谋篇布局下，高等教育改革得以顺利展开，进而使高等教育战线焕发出勃勃生机。

进入20世纪90年代，建立社会主义市场经济体制、加快社会主义现代化建设步伐对我国教育事业的改革发展提出了新的要求，党和国家坚定不移地把教育摆在优先发展的战略地位，实施“科教兴国”战略。“兴国”作为这一时期的价值引领，有力地推动了我国高等教育事业发展步入快车道，开启了世纪之交高等教育大发展的序幕。

当21世纪的钟声即将敲响之际，面对科技进步日新月异、知识经济方兴未艾的新形势，民族素质和创新能力日益成为世界各国综合国力竞争的核心要素。从迎接新世纪挑战的战略高度出发，党中央做出“深化教育改革，全面推进素质教育”的决定，以全面推进素质教育作为价值引领，推动了世纪之交高等教育的大改革、大建设、大发展。

进入21世纪第2个十年，党中央为迎接“第一个百年”的到来，对教育事业发展进行了整体设计、全盘谋划，提出了通过深化教育领域综合改革，实现“两基本一进入”的宏伟蓝图，为高等教育治理现代化指明了方向。

改革开放30余年来，从启动教育体制改革到教育优先发展战略地位的确立，从全面推进素质教育到深化教育综合改革，每一发展目标、每一发展举措，无不体现着教育事业对国家、社会、公民的责任担当，无不体现着崇高的价值追求，价值引领犹如一条红线贯穿于这30余年的教育改革发展的伟大实践之中。

十八大以来，我们对社会主义核心价值观的认识又达到了一个新的高度，更加自觉地在社会主义核心价值观的引领下，推进中国特色高等教育治理体系建设，从而实现高等教育治理体系和治理能力现代化。

三、高等教育治理现代化需要强化制度建设

推进高等教育治理现代化，就是要顺应时代的要求，以实现教育现代化为目标，以构建政府、社会、学校新型关系为核心，以深入推进“管办评”分离为切入点，建立系统完备、科学规范、运行有效的制度体系，形成政府宏观管理、学校自主办学、社会广泛参与的格局，更好地调动中央和地方两个积极性，更好地激发每个学校的活力，更好地发挥全社会的作用[7]。实现这一目标，不仅需要坚持中国特色社会主义教育发展道路、需要科学的教育理论指导，同时需要在依法治教的理念下，强化高等教育制度建设。

首先，要增强制度自觉。所谓制度自觉，就是对制度建设的地位和作用的深刻认识、对制度执行的自愿自觉、对制度创新的责任担当[8]。客观地讲，几千年来我国社会是以血缘关系为基础的“人情社会”，在处理事情上人们喜欢拉关系，逢事喜欢讲熟门熟道，人情容易介入权力领域，于是带来许多问题，集中表现为在治国理政上“人治”的色彩很重，不适应现代社会的发展要求。当前，我国正在推进“五位一体”的社会主义现代化建设，而现代社会的一个基本要求就是要摒弃“人治”传统，建立法治社会。在法治社会中，法律是最有效、最合理和最完善的治理手段，服从法律规则和信仰法律是一个成熟的现代社会的标志。卢梭曾说，一切法律中最重要的法律，既不是刻在大理石上，也不是刻在铜表上，而是铭刻在公民的内心里[9]。法律要发挥作用，需要全社会信仰法律，如果一个社会没有法治信仰、缺乏法治精神，法治只能成为无源之水、无本之木[10]。这种对于法律和制度的敬畏和自觉，是法治社会最可靠、最重要的根基。党的十八届四中全会通过了《中共中央关于全面推进依法治国若干重大问题的决定》，为实现中华民族伟大复兴的“中国梦”提供了法治保障。教育战线工作者要自觉把依法治国的理念、思想、精神、要求，全面、有效地贯彻到教育改革的各项工作中去，从而实现依法治教。依法治教是依法治国在教育领域的最好贯彻和体现。实行依法治教，就是要把教育治理纳入法治化轨道，这就需要教育战线广大干部和教师的制度自觉。只有依靠这种制度自觉，才能不断推进中国特色高等教育制度体系的自我完善和创新发展。

其次，要提高制度能力。所谓制度能力，最核心的就是制定制度和有效实施制度的能力。“徒善不足以为政，徒法不足以自行”。完成任何一件事情，目标确定之后，路径选择和制度安排很重要，但同时，健全有效的制度执行机制更不容忽视。因为制度的生命、制度的权威都在于实施。应当肯定的是，目前，我国已经初步建立了高等教育的基本制度体系。以“宪法”“教育法”“高等教育法”为核心的一系列法律、规章、条例、规定，以“党章”“中国共产党普通高等学校基层组织工作条例”为核心的一系列党内规章，共同构成了我国高等教育的基本制度体系框架。各高校也已经建立了许多与上位法相衔接、与校情相适应的内部规章制度体系。但同时我们也应看到，我国高等教育制度体系还不够完善，如不少大学还没有制定大学章程，还有一些上位法如《高等教育法》，由于立法时间较早，有的地方已不能很好地适应快速发展的高等教育事业出现的新情况，需要进行修正与完善，等等。但是，我们发现，在高等教育战线的实际工作中，更为突出的问题是已有制度执行不力，落实不到位。目前，制度能力不足已成为制约我国高等教育发挥制度优势的主要因素。因此，下大力气提高制度能力已成为推进高等教育治理现代化的重要课题。

提高制度能力，关键在于提高高等教育战线各级领导班子和广大干部处理学校内外部复杂事务的治理能力，要以干部的制度自觉和制度能力的提升开创依法治教、依规治校的新局面。

最后，发挥教育科研优势，为高等教育制度体系科学化服务。我国所要建设的“中国特色、世界水平的现代教育”是人类历史上前无古人的伟大事业，一方面没有现成可以拿来使用的模式，另一方面也没有可以适用于所有国家的制度体系。因此，我们必须在不断学习吸收人类文明共同成果的基础上，从我国国情出发，进行具有中国特色的制度建构与制度创新。

发展和完善中国特色高等教育制度体系，必须加强对高等教育制度体系的理论研究。我们要努力发挥各级各类高等教育研究学术组织的优势，凝聚力量、积极参与，为制度建设建言献策，为制度建设科学化提供丰富而有效的理论支持，努力营造有利于制度实施的社会环境和舆论氛围。高等教育理论研究工作要注重从我国的国情出发，注重对基层改革发展实践的关切，改变“开花多，结果少”的现象，为实践创新提供有力的服务，这也是在推进高等教育治理现代化进程中每一个高等教育理论研究工作者的责任和使命。

我们坚信，在发展中国特色、世界水平现代教育的伟大进程中，随着中国特色高等教育治理现代化的不断推进和深入发展，中国特色现代高等教育的世界意义必将逐步显现。

参考文献：

［1］史静寰 . 现代大学制度建设需要“根”“魂”及“骨架”［J］. 中国高教研究，2014（4）.

［2］教师节到来之际，习近平向全国广大教师致慰问信［EB/OL］.（2013-09-09）http：//news.gog.com.cn/system/2013/09/09/012666020.shtml.

［3］习近平 . 做党和人民满意的好老师——同北京师范大学师生代表座谈时的讲话［EB/OL］.（2014-9-9）http：//news.xinhuanet.com/2014-09/09/c_1112413723.htm.

［4］瞿振元 . 发展具有中国特色 世界水平的现代教育［N］. 人民日报，2014-9-10.

［5］习近平 . 青年要自觉践行社会主义核心价值观——在北京大

学师生座谈会上的讲话［EB/OL］.（2013-5-5）http：//news.xinhuanet.com/2014-05/05/c_1110528066.htm.

［6］范逢春.教育治理现代化需价值引领［N］.中国教育报，2014-09-26.

［7］瞿振元.建设中国特色高等教育治理体系 推进治理能力现代化［J］.中国高教研究，2014（1）.

［8］秦宣.制度自觉、制度自信和制度创新——学习习近平总书记关于完善和发展中国特色社会主义制度的重要论述［J］.中国特色社会主义研究，2014（3）.

［9］［法］雅克·卢梭.社会契约论［M］.何兆武，译.北京：商务印书馆，1963：3.

［10］大众日报评论员.让法治成为全民信仰——六论学习贯彻十八届六中全会精神［EB/OL］.（2014-11-3）http：//cpc.people.com.cn/pinglun/n/2014/1103/c78779-25962419.html.

本文选自《中国高教研究》2014年第12期

新时代中国高等教育研究的责任与担当

杜玉波

党的十九大报告指出，“加快一流大学和一流学科建设，实现高等教育内涵式发展”[1]。2018 年《政府工作报告》又提出，“发展公平而有质量的教育”，同时特别强调，“以经济社会发展需要为导向，优化高等教育结构，加快‘双一流’建设，支持中西部建设有特色、高水平的大学”[2]。这是新时代党和国家发布的高等教育发展新的动员令，也是我国高等教育最紧迫的战略任务。围绕党的十九大报告和 2018 年《政府工作报告》对高等教育发展提出的新要求，开启建设高等教育强国新征程的新任务正等待我们去落实。在这样的历史时刻，我国高等教育研究应该沿着什么道路前进、应遵循什么原则、用什么方法指导，不仅是高等教育学术界深入贯彻落实党的十九大精神的大事要事，也是高等教育战线贯彻落实党的十九大精神写好“奋进之笔”的关键任务。

一、新时代中国高等教育研究要运用“新思维”、抓准“真问题”

习近平新时代中国特色社会主义思想始终强调的一个核心理念，就是始终坚持人民主体地位，坚持以人民为中心。这在总书记关于哲学社会科学有关论述中同样得到充分体现，他强调，我国哲学社会科学为谁著书、为谁立说，是为少数人服务还是为绝大多数人服务，是必须搞清楚的问题。世界上没有纯而又纯的哲学社会科学。世界上伟大的哲学社会科学成果都是在回答和解决人与社会面临的重大问题中创造出来的[3]。高等教育研究作为哲学社会科学的一个方面，同样必须坚持以人民为中心的研究导向。换句话说，高等教育研究要有所建树、有所作为，必须树立为满足人民对高等教育的需要，促进高等教育公平而有质量的发展而做学问的理想；必须自觉把个人学术兴趣转移到服务国家需求、回应社会关切上；必须自觉把个人学术追求同国家和民族发展紧密联系在一起，力争作出经得起实践检验，对实践有价值的理论成果、咨询建议、改革方案等[4]。这是新时代高等教育研究需要具备的“新思维”。

习近平总书记还多次强调，坚持问题导向是马克思主义的鲜明特点。问题是创新的起点，也是创新的动力源。只有聆听时代的声音，回应时代的呼唤，认真研究解决重大而紧迫的问题，才能真正把握住历史脉络、找到发展规律，推动理论创新[3]。新时代高等教育研究要突出“问题导向”，必须着眼于我国高等教育面临的重大理论和实践问题，聚焦关键环节，抓准“真问题”，提出解决问题的新思路和新办法。我国高等教育研究为促进教育理论创新、指导教育实践做出了贡献、发挥了作用。但是不容忽视，高等教育研究中也存在一些“假大空”的问题。这些问题不是源自高等教育实践，而是从书本资料中得来的假说和空想，闭门造车式地进行所谓的理论建构，提出的问题既无理论根据，又无实践根基，往往还会以繁琐、冗长、晦涩且高深莫测的论述去阐发不证自明的问题或者根本就不存在的伪问题。这样的研究如何能担当起高等教育研究的社会责任，如何能指导高等教育实践，如何能推动高等教育理论创新？新时代高等教育研究迫切需要运用新思维、探索新方法、抓准真问题，推进高等教育研究达到新境界。

教育部把2018年作为调查研究之年[5]，调查研究是谋事之基、成事之道。高等教育研究领域要切实抓好调查研究工作，把调查研究作为基本功，不论是高等教育理论工作者还是实践操作者，都必须坚持问题导向，在调查研究的基础上，发现真问题、研究真问题、解决真问题。只有这样，高等教育研究才能焕发活力，彰显价值。

二、新时代中国高等教育研究要探索“新模式”、做好“真研究”

“不忘初心”是高等教育研究者时刻要反思和警醒的事情，只有明确“初心”所在，才能廓清高等教育研究的终极目标与核心要义。高等教育研究的“初心”就是要解决高等教育存在的实践问题。但随着学科化的发展，高等教育研究逐渐出现了一种倾向，即偏重于著书立说、发表文章以及申报各类课题，片面强调高等教育研究成果化。通过研究形成著作、文章，对于学科建设固然重要，但是把高等教育研究看成“唯成果论”，这就偏离了高等教育研究的“初心”和出发点。高等教育研究的出发点和落脚点是满足人民对美好教育的需求，是解决高等教育发展进程中遇到的各种现实问题。如果高等教育研究仅仅是从书本到著作、从资料到文章，仅仅只是空讲学术观点，这就忘记了高等教育研究为什么出发。

既然高等教育研究的目的在于解决高等教育实践中所产生的各种问题，那我们就要有目的地转变高等教育研究现有的模式，积极去探索高等教育研究的“新模式”。这种新模式就是要基于“真问题”，提倡探索“边实践、边研究、边应用、边总结、边宣传、边推广”[6]的新模式。这六个方面是相辅相成的，只有从实践中进行的研究，才是“真研究”。这样的研究成果形成之后要在实践中应用，并在实践中去检验其是非成败，然后进一步总结经验、吸取教训，形成可供指导实践的理论。好的经验和成果还要借助各种途径广泛宣传，从而在高等教育领域得到推广。这样的研究路径就形成了由实践到理论、理论再指导实践的完整的研究链条，这是马克思主义认识论在高等教育研究中的具体运用，应成为新时代高等教育研究要探索的“新模式”。

改革开放40年来，我国高等教育研究领域出现了一批优秀的成果，在理论与实践上促进了我国高等教育的发展，但仍存在一些不容忽视的问题。在我国高等教育研究领域中，还存在着数量不少的华而不实的“伪研究”。这些“伪研究”打着各种课题的名义，采用不着实际的方法，得出似是而非的结论，不仅扰乱了高等教育研究理论体系的构建，而且还误导了高等教育领域的实践探索。那么，如何做高等教育研究的“真研究”呢？这就需要从“真问题”出发，真正广泛收集实践经验，采用正确的研究方法，认认真真做调研，扎扎实实进行实证研究，踏踏实实做好案例库和数据库建设，切实保证研究程序不走过场、不摆样子。只有这样，才能保证高等教育研究能够形成规律性的认知成果。

三、新时代中国高等教育研究要开拓“新境界”、推动“真创新”

党的十八大以来，习近平总书记多次强调要办好“中国特色、世界水平的现代教育”[7]。党的十九大报告围绕“优先发展教育事业”作出新的全面部署，指出“建设教育强国是中华民族伟大复兴的基础工程，必须把教育事业放在优先位置，深化教育改革，加快教育现代化，办好人民满意的教育。”高等教育研究要紧紧围绕新时代中国特色社会主义优先发展教育、不断深化教育改革、加快推进教育现代化建设、加快一流大学和一流学科建设、实现高等教育内涵式发展这个大方向，扎根中国大地，传承中华优秀传统文化，以国际视野充分借鉴他国经验，开拓新时代中国特色世界水平的高等教育研究“新境界”。同时，如同前面所述，新时代高等教育研究需要具备的“新思维”是建立在以人民为中心的发展思想之上的，这里所指的“新境界”也必须建立在这一发展思想之上。习近平总书记指出：“以人民为中心的发展思想，不是一个抽象的、玄奥的概念，不能只停留在口头上、止步于思想环节，而要体现在经济社会发展各个环节。”[1]在推进高等教育现代化、建设高等教育强国的过程中，必须把人民对美好生活的向往作为奋斗目标，研究人民的教育需求，倾听人民的意见和建议，让高等教育改革与发展的成果更多更公平地惠及全体人民。

习近平总书记在哲学社会科学工作座谈会上指出，理论的生命力在于创新。创新是哲学社会科学发展的永恒主题，也是社会发展、实践深化、历史前进对哲学社会科学的必然要求[3]。高等教育研究要真正做到总结好中国经验，真正做到反映高等教育发展规律、服务高等教育改革创新。高等教育研究者应该从我国高等教育改革和发展的实践中发现新问题、提出新观点、构建新理论。加强对改革开放40年以来高等教育实践经验的系统总结，提炼出指导高等教育实践的新理论，从而推动高等教育研究“真创新”，构建新时代中国特色高等教育理论体系。

四、新时代中国高等教育研究要作出“新贡献”、确保“真管用”

新时代高等教育研究要运用“新思维”，抓准“真问题”，探索“新模式”，做好“真研究”，最后的落脚点是要作出“新贡献”。“新贡献”不能限于学科建设，不能止于学术发表，不能囿于理论构建。习近平总书记在全国高校思想政治工作会议上指出，我国高等教育发展方向要同我国发展的现实目标和未来方向紧密联系在一起，坚持“为人民服务，为中国共产党治国理政服务，为巩固和发展中国特色社会主义制度服务，为改革开放和社会主义现代化建设服务。”[8]总书记提出的“四个服务”思想，为我国高等教育发展提供了理论指导和发展方向，是新的历史条件下我国高等教育发展的重要指针。高等教育研究必须始终坚持正确的政治方向，牢牢把握并不断强化“四个服务”意识。“新贡献”就要满足新时代高等教育发展与改革的现实需要，以“大格局”做“大研究”，真正把高等教育研究与新时代人民群众对高等教育的美好向往紧密结合在一起，始终与服务国家重大需求同向而行，在回应关切、服务需求中作出“新贡献”。

这种“新贡献”至少应该包含以下四个方面：一是满足各级政府的高等教育决策需要，为制定高等教育政策建言献策；二是为高校治理现代化服务，针对高校发展面临的实际问题提出解决方案；三是为高校师生发展所面临的各种问题排忧解难；四是助力高等教育学科建设。

高等教育研究要抓好“成果导向”，确保研究成果“真管用”，这也是检验教育研究成果贡献度的重要标准之一。邓小平同志曾讲：“学马列要精，要管用的”[9]。这个“精”就是马克思主义的立场观点方法，这个“用”，就是实现马克思主义理论的中国化。就是坚持从中国的实际出发，把马克思主义的普遍真理与中国的具体实际相结合，这个相结合的理论成果，就是中国化的马克思主义。习近平新时代中国特色社会主义思想就是马克思主义中国化的最新成果。当前，推进高等教育研究科学发展，就是要以习近平新时代中国特色社会主义思想为指导，坚持以人民为中心、以问题为导向，担当起高等教育研究的社会责任，使高等教育研究真正满足服务人民、回应需求、创新理论、科学决策、推动实践等多方面需求，做好资政、咨教、咨询服务，切实保证研究“真问题”、做“真研究”，所取得的成果“真管用”。

参考文献

[1] 习近平在中国共产党第十九次全国代表大会上的报告[EB/OL].(2017-10-28)[2018-3-9] http://cpc.people.com.cn/n1/2017/028/c64094-29613660.html.

［2］李克强．政府工作报告——2018 年 3 月 5 日在第十三届全国人民代表大会第一次会议上［EB/OL］．（2018-3-5）［2018-3-9］http：//www.gov.cn/zhuanti/2018lh/2018zfgzbg/zfgzbg.htm.

［3］习近平．在哲学社会科学工作座谈会上的讲话［EB/OL］．（2016-5-18）［2018-3-9］http：//www.xinhuanet.com/politics/2016-05/18/c_1118891128.htm.

［4］逄锦聚．把握“根”与“魂”开拓新境界［J］．中国社会科学，2016（11）．

［5］中共教育部党组关于在教育系统大兴调查研究之风的意见［EB/OL］．（2018-2-27）［2018-3-16］http：//www.moe.gov.cn/srcsite/A27/zhggs_other/201803/t20180320_330734.html.

［6］杜玉波．发挥新型教育智库作用 推进重大理论实践研究［J］．中国高等教育，2018（2）．

［7］习近平向全国广大教师致慰问信［EB/OL］（2013-9-10）［2018-3-19］http：//cpc.people.com.cn/n/2013/0910/c64094-22864548.html.

［8］习近平：把思想政治工作贯穿教育教学全过程［EB/OL］．（2016-12-8）［2018-3-21］hup：//www.xinhuanet.com/poiitics/2016-12/08/c-1120082577.htm.

［9］邓小平．在武昌、深圳、珠海、上海等地的谈话要点［N］．人民日报，1993-11-6.

本文选自《中国高教研究》2018 年第 5 期

扎实推进世界一流大学和一流学科建设

钟秉林

在2018年9月10日召开的全国教育大会上，习近平总书记发表重要讲话，在教育优先发展的战略地位、认识教育事业的规律性、坚持立德树人、加强教师队伍建设和深化教育体制改革等方面作出了精辟论述，对我国高等教育事业发展作出了重要战略部署，提出了战略任务，明确强调“加快一流大学和一流学科建设”。建设世界一流大学和一流学科（以下简称“双一流”建设）是提升我国高等教育综合实力和国际竞争力、建设高等教育强国和人力资源强国的重要战略举措。从2015年国务院公布《统筹推进世界一流大学和一流学科建设总体方案》，到2017年教育部、财政部、国家发改委联合发布我国世界一流大学和一流学科建设高校及建设学科名单，“双一流”建设受到社会各界和国际教育界的广泛关注。主动应对教育内部和外部的新挑战，准确把握“双一流”建设的实质与内涵，积极探索体制和机制创新，是高等学校扎实推进“双一流”建设的关键。

一、主动应对新时代的新挑战

“双一流”建设要有大视野、大格局，在教育发展、经济社会发展、科学技术发展和国际化发展的宏观背景下，须理性看待、科学研判新时代“双一流”建设面临的机遇与挑战。

（一）教育改革发展的新挑战

21世纪以来，我国教育事业发展成就显著，教育规模急剧扩张，教育普及化程度迅速提高，教育发展主要矛盾转化，教育公平和质量问题凸显，教育发展方式正在转变。

首先，教育规模剧增，教育事业发展成就显著。2017 年，我国普通高等学校 2 631 所，在读学生 3 779 万，专任教师 163 万，高等教育毛入学率达到 45.7%，正在快速从大众化阶段迈向普及化阶段，我国高等教育发展水平已进入世界中上行列。①

其次，主要矛盾转化，公平和质量问题凸显。当前，我国高等教育发展过程中的主要矛盾已经从上大学难转变为上好大学难。一方面，人民群众接受公平、优质、多样化的高等教育的诉求强烈；另一方面，优质高等教育资源供给短缺且发展不均衡。解决这个矛盾的根本途径是加强内涵建设，提高办学质量，办好每一所大学，扩大优质高等教育资源覆盖面。发展教育、办好大学需要遵循内在规律，长期积累、厚积薄发。精良的教师队伍，优良的办学传统、校园文化、校风学风及鲜明的办学特色，需要几代乃至十几代人的长期努力，不可能一朝一夕一蹴而就。当前，提高教育质量的周期性与人民群众接受优质高等教育的迫切期盼之间存在鲜明的反差。

另外，发展方式转变，内涵建设任务繁重。我国高等教育发展方式正在发生根本性的转变，从以规模扩张和空间拓展为特征的外延式发展，转变为以提高质量和优化结构为核心的内涵式发展。近期国家出台的一系列教育改革举措，都体现了质量为本的价值取向。比如，启动新一轮高考综合改革，逐步取消招生录取批次，增加考生和学校之间的双向选择机会，倒逼高校调整专业结构、提高办学质量；建立周期审核、动态调整与自主审核相结合的学位授权审核机制，制定设置标准，在学位授予单位和一级学科增设工作中突出保证质量和优化结构的导向；改革学位证书发放方式，由学校自行设计、印制和发

① 本文数据未标识出处的，均来自教育部官网“2017 年教育统计数据”。

放，使学位证书回归学校本位，推动学校提高人才培养质量、改善社会声誉。

“双一流”建设大学要增强使命感和责任感，不断强化质量意识，把主要精力放到提高学科建设水平和人才培养质量上，放到优化内部治理结构和学科专业结构上，切实推进内涵式发展，为建设高等教育强国做贡献。

（二）经济社会发展的新挑战

我国经济发展方式正在发生转变，国家提出了一系列旨在促进创新驱动的战略任务，其实现依赖于科技进步、劳动者素质提升和管理方式创新。要贯彻落实习近平总书记全国教育大会重要讲话精神，“提升教育服务经济社会发展能力”，“推进产学研协同创新，积极投身实施创新驱动发展战略”，为经济社会发展提供人力支持和智力支持，主动应对新的挑战。

首先，人力资源需求变化。经济结构调整、增长方式转变带来了社会职业的变化，传统职业内涵在更新，新职业不断产生，这必然导致人力资源需求的变化和就业市场的变化。“双一流”建设大学要及时研究变化趋势，适时调整人才培养规格、专业结构、专业方向和课程体系，提高人才培养效果与经济社会发展需求的契合度。

其次，高等教育投资体制改革。社会主义市场经济的发展，要求构建政府、社会、大学、学生及其家庭共同参与的高等教育成本分担新机制。在办学过程中，学校要多种渠道筹集办学资金，这是国际高等教育发展的普遍趋势。大学生、研究生缴费上学后，其角色转变为教育消费者，他们更加关注教育收益率，民主诉求意识和维权意识大为提高。“双一流”建设大学要坚持以学生为本，加强质量建设，改善办学条件，保障学生诉求渠道畅通并及时研究反馈，调整完善学生管理规章制度，提高依法治校的能力和水平。

另外，大学生就业形势严峻。2018 年，我国大学毕业生数量达到 820 万，占到新增劳动力人口的一半以上。受国际金融危机、债务危机及我国经济增长速度下调的影响，今后大学生就业形势会更加严峻。“双一流”建设大学要深化人才培养模式改革，重视学生适应能力和竞争能力的养成；加强就业观和创业观教育，开展创新创业和就业的指导服务，在破解结构性就业难题方面做出示范。

（三）科学技术发展的新挑战

现代科学技术迅猛发展，与教育教学的融合加速，给大学的教育观念、人才培养和科学研究工作带来了直接的挑战。

首先，学科发展综合化。当前，学科发展一方面高度分离，另一方面高度融合，综合化是主要趋势。“双一流”建设大学要认真学习习近平总书记全国教育大会重要讲话精神，“调整优化高校区域布局、学科结构、专业设置，建立健全学科专业动态调整机制”。积极探索学校内部教学、科研、学术资源的整合，促进学科之间的交叉融合，加强跨学科研究和跨专业（类）人才培养，提高师生知识融合、学科交叉和课程整合的能力。这涉及学校内部学术治理结构的调整、学科专业结构的优化，也涉及管理体制机制的创新。

其次，信息量飞速增长，知识更新和成果转化周期缩短。大学教育必须摈弃“终结式”培养的思维惯式，人才培养方案必须体现终身学习的理念。“双一流”建设大学要研究如何重构课程体系和教学内容，调整人才培养目标和规格，重视学生自主学习能力的养成，使他们走上社会后能够从容应对科学技术发展和经济社会发展带来的种种挑战。

再次，科技领域孕育重大突破。进入21世纪，网络技术、生物技术、新能源、新材料、航天工程和海洋工程等学科和技术领域的重大突破初见端倪。人类社会进步史表明，科技革命和技术创新必然影响人类的生产生活和学习方式。“双一流”建设大学要增强前瞻意识、早做准备，进一步凝练学科方向和科研方向，优化人才培养的专业机构、课程体系和教学内容。

最后，网络信息技术与教育教学加速融合。近年来，知识数字化、互联网、虚拟现实、人工智能技术飞速发展，以慕课、微课程、翻转课堂、混合式教学等为代表的基于现代信息技术的教学和学习方式应运而生，正在改变着人类获取知识的渠道和方式。知识传递方式从单向转为多向互动，大学的知识权威和学术垄断地位受到威胁，实际教育效能遭到质疑与批判。大学教师的角色正在由学生知识的传授者转型为学习活动的设计者和指导者，与学生形成新型的学习伙伴关系；大学的教育观念、教学组织、教学方式、管理机制乃至教室布局都受到直接的冲击。“双一流”建设大学必须保持敏锐目光，密切跟踪发展趋势，积极进行多样化的探索，在转变教育教学观念、融合线上与线下教学、改革传统课堂教学模式、引导学生自主学习与合作学习等方面有所建树、做出表率。

（四）教育国际化进程的新挑战

随着经济全球化进程的推进，教育国际化已是大势所趋。“双一流”建设的目标是提升高等教育国际竞争力，教育国际化进程为“双一流”建设带来新的挑战和机遇。

首先，人力资源跨国流动势头迅猛。近年来，我国教师国际化流动明显加快，留学生数量大幅增加。2017年，我国出国留学人员超过

60万，来自204个国家和地区的来华留学人员接近49万，均实现了两位数增长。中国成为美国国际学生第一大来源国，也是亚洲地区的第一大留学目的地国。

其次，教学资源跨国流动和传播速度加快。中外合作办学项目和机构是教学资源流动的重要载体，近年来，我国中外合作办学项目和机构逐渐增多。到2017年年底，总数已达2 342个，促进了国际化课程、教材和课件等教学资源的跨国流动和共享，为我国利用国际优质高等教育资源创造了条件。同时，我国大学还积极探索利用自身的资源优势，在海外建立分校或二级学院。

最后，教育理念与教育模式在传播中融合。师生与教学资源的国际流动促进了先进的教育教学理念、现代的教学与学习方式、科学的教学管理和学生事务管理模式在传播中融合。这为我国大学学习借鉴国外先进理念和成功经验创造了条件；也对弘扬中华优秀传统文化、促进多元文化发展，让越来越多的外国留学生融入中国校园文化提出了挑战。

“双一流”建设大学要拓展国际视野，加强国际化战略思维。一方面，贯彻落实习近平总书记全国教育大会重要讲话精神，“要扩大教育开放，同世界一流资源开展高水平合作办学”，借鉴国际先进教育理念和成功经验，提高自身办学水平和国际声誉；另一方面，要积极推进中国优质教育教学资源的国际拓展，促进中外人文交流，参与教育国际治理，为高等教育国际化做出中国贡献。

二、准确把握建设实质与内涵

厘清世界一流大学和一流学科建设的实质和内涵，是实现“双一流”建设目标的重要前提，也是形成改革共识与发展合力的重要基础。

（一）一流大学建设的实质与内涵

建成世界一流大学，要高度重视和深入研究共性问题，并通过多样化的路径进行实践探索。一流大学建设目标的实现，必须遵循规律、厚积薄发，需要在以下七个方面扎实探索、有所突破。

第一，明晰的办学理念和目标定位。大学要科学定位、各安其位，坚持特色发展和多样化探索。目标定位科学合理、内涵清晰，才能凝聚人心，在校内形成改革发展的共识与合力，得到政府和社会的重视与支持。第二，先进的人才培养模式和有效的质量保障体系。应明确人才培养目标和规格，抓好专业建设和改革，优化课程体系和教学内容，加强能力和素质培养，改革教学方式和方法，构建有效的学校内部质量监控和保障体系，在培养拔尖创新人才方面有所突破。第三，优质的学科建设和科学研究。产出国际水平的学术成果、做出高水平的国家贡献，是一流大学建设的重要任务，也是大学学术声誉的重要载体。第四，开放的国际视野和实质性的国际交流与合作。借鉴国际经验、促进双向流动、做出中国贡献，是一流大学建设的重要价值取向，也是提高大学国际影响力的重要路径。第五，精良的人力资源和物质资源保证。须抓好教师队伍和管理干部队伍建设，吸引优秀生源，为一流大学建设提供人力资源保障；增加经费投入，改善办学条件，为一流大学建设提供物质条件保障。第六，科学的治理结构和运行机制。应探索现代大学制度建设，推进学校内部治理结构优化与治理能力提升，创新教学、科研和学科管理体制机制，为一流大学建设提供制度保障。第七，优良的校园文化和育人氛围。重视办学传统凝练、校风学风建设和大学文化建设，为人才培养和学科建设营造优良氛围和环境，是立德树人的重要基础和一流大学建设的生态保障。一流大学建设的高校要励精图治、科学谋划，加强系统研究、注重顶层设计，深化综合改革、多样化实践探索，朝着建设目标扎实迈进。

（二）一流学科建设的实质和内涵

何谓学科，学者从不同的视角对其内涵和外延进行了大量研究。笔者认为，从本质上言，学科是一门学问的知识集成，是知识体系。从这个角度出发，学科建设的过程就是知识的保护、传承和创造的过程，是知识体系的构建、维护和更新的过程。建设世界一流学科，需要把握以下六个共性问题。

第一，凝练学科方向。顺应学科发展趋势，适应国家和地方发展需求，促进学科交叉与融合，实现重点突破，强化学科特色，形成学科优势。第二，优化学科结构。把握经济社会和文化科技发展趋势，结合学校特色优势，构建和完善学科体系。第三，汇聚学科人才。坚持引进和培养高层次人才并重，倡导团队精神，弘扬奉献精神，组建攻坚团队，为一流学科建设提供人力资源保障。第四，搭建学科基地。从实验室、仪器设备、图书资料和建设资金等方面，为一流学科建设提供物质资源保障。第五，创新体制机制。优化大学内部学术治理结构，建立协同创新机制，健全学科建设绩效评价机制和动态调整机制，完善学科建设激励机制和约束机制，为一流学科建设提供体制和政策保障。第六，制定学科建设规划。明晰学科建设目标、策略和举措，平稳推进一流学科建设。

学科建设成果是评价学科建设水平的重要维度，主要体现在以下两个方面。一是培养出基础扎实、创新能力强和综合素质突出的拔尖创新人才。二是产出原创性成果，一流学科的研究成果要符合国际标准，做出国家贡献；具有中国特色的人文社会科学学科，要形成中国学派，取得国际话语权。

在一流学科规划和建设中，要明确两个基本的关系判断。一是特色学科不代表高水平学科。每个学校在长期办学过程中都会形成学科和专业特色，但特色并不意味着高水平，特色学科也不能简单地等同于一流学科。二是主学科不等于一流学科。每个学校在办学实践中都会形成支撑人才培养和科学研究的主学科，但主学科并不意味着高水平学科。一流学科建设大学必须保持清醒的头脑，系统科学规划，注重内涵建设，经过长期积累，将学科特色转化为比较优势和核心竞争力，并得到国内外学界公认，才能真正建成一流学科。

（三）一流人才培养是“双一流”建设的重要内涵

人才培养是大学的核心功能，一流人才培养是“双一流”建设的重要内涵，一流本科教育是建设世界一流大学和一流学科的重要基础和基本特征。[1]

第一，明确人才培养的目标和规格。优化大学生的知识、能力、素质结构，明确大学生毕业之后面向的特定市场需求或社会需求。以应用型人才培养为例，不仅是指培养工程技术人才，也包括文科、理科、经济学、法学和管理学在内的各领域的应用型人才。培养应用型人才不仅是地方本科院校、新建本科院校的重要使命，也是“双一流”建设大学的重要使命之一，只是两类高校应用型人才培养的规格不同。也正是由于这种差异性，才使得高校可以在长期实践探索中形成自己的专业特色和优势。第二，加强专业和学科建设。专业和学科是人才培养的重要平台，专业是指广义的课程组合，而学科是一个知识体系。在各类人才培养过程中，都需要以知识作为基础，以知识体系作为支撑。从人才培养角度而言，学科建设和专业建设是相互支撑、相互促进、相互耦合的辩证关系，应该进行一体化建设。人才培养可以促进学科建设水平的提升，学科建设支撑一流人才培养。学科、科研资源与教学资源如何相互转化，学科建设和科学研究如何反哺人才培养，这是“双一流”建设的难点之一。第三，创建良好的条件和环境。要营造大学发展、学科建设和人才培养的优良氛围，创建优良的制度环境和校园文化，提供优良的师资和国际化培养平台。

大学的办学质量尤其是学生质量和创新能力，是大学和学科排名指标体系的重要测量维度，也是大学的声誉载体。世界大学排名中心（CWUR）发布“2018—2019 世界大学排名”，北京大学、清华大学入围 100 强，排名分别在第 92 位、98 位；美国大学占去半壁江山，3 所日本大学和 1 所韩国大学排名都比中国大学靠前。[2] 在教育质量、教师素质、研究成果、影响力等方面，我国大学与世界一流大学还有较大差距。“双一流”建设大学，需要在培养拔尖创新人才方面多方位探索、有所建树。

三、积极探索体制机制创新

推进一流大学和一流学科建设，必须完善现代大学制度，推进大学综合改革和体制机制创新，提高大学治理能力，建立内涵式发展的长效机制。政府及其教育行政部门要进一步扩大和落实大学办学自主权，加强宏观管理和分类指导，构建政策和制度保障体系。要贯彻落实习近平总书记全国教育大会重要讲话精神，“深化办学体制和教育管理改革，充分激发教育事业发展生机活力”，在“双一流”建设过程中，深入研究、积极探索六个机制。

（一）择优遴选机制

构建择优遴选机制，是“双一流”建设的重要前提。本轮“双一流”建设名单的确定方式较以往有重要的调整，以遴选制代替了申报制。首先，“双一流”建设专家委员会第一次会议对遴选标准进行了审议和表决，而不是具体讨论某所大学或某个学科；然后，将学校的相关数据事实与遴选标准进行比对，符合要求的则进入“双一流”建设名单；最后，根据国家有关政策对名单进行必要的微调。这种遴选机制坚持了客观公正的原则，体现了开放性和竞争性。

“双一流”建设的遴选工作在遴选指标体系设计方面进行了创新，参考了国内外大学综合排名和学科排名的排行榜，分别赋予不同的权重，是综合各种指标体系进行优化的结果。同时，在指标体系中强化了人才培养工作的导向；剔除了一些“数人头”的指标，如具有各种头衔的教师数等，避免人才的无序竞争与流动。人才队伍建设成效的评价，应该体现在大学的绩效评价当中，在遴选标准及指标体系中已有充分的体现。“双一流”建设大学在建设过程中，要不断完善择优遴选机制，遵循教育教学和科学研究规律以及不同学科的规律及特点，构建科学的遴选指标体系，加强建设、重点突破，引导和扶持一批特色学科和专业形成优势、脱颖而出，推进学校整体办学质量和水平的提升。

（二）绩效评价机制

“双一流”建设会带来大规模的国家和地方财政投入，研制绩效评价指标体系，对“双一流”建设大学进行科学的绩效评价，改善资金投入的使用效率，是“双一流”建设取得成功的重要保障。有学者认为，当前，我国对“双一流”建设评价体系的研究存在本体理论基础薄弱、评价过程不科学、评价对象不明确等问题。[3] 笔者认为，构建“双一流”建设的绩效评价机制要抓住核心要素。一是明晰的质量标准。质量标准既是国际上可以衡量和比较的，也需要立足本国国情和特色。二是科学的指标体系。通过定量与定性结合的方式将质量标准具体化和形式化到指标体系之中，以指导建设、开展评价。三是科学的评价方式。将大学的实际运作情况客观、准确地反映在指标体系之中，以进行分析、做出诊断。四是有效的反馈和改进工作机制。切实改进大学的人才培养、科学研究和学科建设工作，让教师和学生直接受益。

从国际视角看，高等教育质量保障呈现出更加重视教育资源的使用效率、注重学生学习效果的跟踪与评价、重视提高学校内部质量保障体系的有效性等共性发展趋势。“双一流”建设的绩效评价，应借鉴国际先进理念，着眼学校建设成效的考评，构建可对接国际标准、体现中国特色的绩效评价体系。“双一流”建设大学要遵循办学规律、结合学科特色，构建学校层面的绩效评价机制，扎实推进一流大学和一流学科建设目标的实现。

（三）动态调整机制

“双一流”建设是一项复杂的系统工程，也是一个长期的动态建设过程。在某种意义上，“双一流”建设项目可以结束，但“双一流”建设进程只有起点没有终点；“双一流”建设目标的实现只有通过长期积累，厚积薄发，没有捷径可循。世界一流大学和一流学科建成，不是靠行政发文宣布，更不是靠学校自我宣称，也不取决于学生规模大小和学科布局结构是否综合，关键是集中精力抓好内涵建设，提高人才培养质量、学科建设水平和办学声誉，得到国际学界和国际社会的广泛认可。

“双一流”建设必须建立动态调整机制，依据建设标准，坚持公开透明，体现滚动竞争、优胜劣汰的价值取向。“双一流”建设的动态调整机制要与绩效评价紧密挂钩，吸取以往建设项目、工程的经验教训，避免身份固化和“贴标签”倾向。一流大学和一流学科的建设名单，不应固化不变、只进不出，而应在绩效评价的基础上实现动态微调、有出有进。

动态调整机制的构建与实行，对增强大学内生动力和办学活力、健康平稳推进“双一流”建设具有重要的政策引导和制度保障作用。因此，“双一流”建设大学要增强质量意识、竞争意识和风险意识，集中精力抓好内涵建设和特色发展。在学校有关宣传和行文中要严谨求实，不要随意冠以“双一流大学”的称谓，而应写明是“一流大学建设高校”或“一流学科建设高校”。

（四）统筹协调机制

“双一流”建设的系统性强、复杂性高，既涉及人力资源、财力资源和物质资源的合理配置，也涉及政策制定和管理创新。完善“双一流”建设统筹协调机制，是“双一流”建设取得成功的制度性保证。

首先，构建大学内部的统筹协调机制。“双一流”建设大学要遵循大学发展规律和学科发展规律，重视发挥学术权力作用，克服“行政化”管理倾向，合理规划学校发展和学科建设，提高驾驭全局和学校治理的能力；系统梳理学院、学科之间的关系，调整学术治理结构和运行机制，建立有效的资源配置和协调机制，加强协同推进、深化综合改革，避免重申报、轻建设以及各自为政、分散重复建设等资源浪费现象，力求实现有限教育资源使用效益的最大化。

其次，构建大学外部的统筹协调机制。“双一流”建设的管理涉及多个上级主管部门。有关部门及其内部各司局在转变职能、探索宏观指导和分类管理路径与手段、推进“双一流”建设的过程中，要打破不同管理部门间的壁垒，克服部门本位倾向，加强统筹协调、联合调研和论证，加强绩效评价和动态调整机制的建设，及时总结改革经验和成功案例，推进大学深化综合改革，充分尊重大学的办学自主权，从制度和机制上保证“双一流”建设的协调性和延续性。

最后，处理好塔基、塔身和塔尖的关系。“双一流”建设大学是我国高等教育系统的塔尖。我国还有一大批地方大学及新建本科院校和高职高专院校，它们构成我国高等教育的塔身和塔基。夯实塔基、筑牢塔身，塔尖才能铸造得更高更尖。要通过拓展专项计划等措施，引导和支持不同地区、不同层次与类型的高等学校差异化发展、协调发展，优化高等教育区域布局结构、层次类型结构和学科专业结构，构建科学的高等教育体系。

（五）自主办学机制

进入一流大学和一流学科建设名单的大学和学科，是根据遴选标准和指标体系严格遴选产生的，体现了国家标准和择优原则。前已述及，一所大学的主学科与一流学科之间并不存在简单的等同关系。事实上，不少“双一流”建设大学进入一流学科建设名单的学科并不是学校的主学科，因此，在学校制定学科发展规划时面临着选择性困惑。

笔者认为，“双一流”建设大学应从学校发展和学科发展全局出发，加强战略思维和顶层设计，结合国家和地方需求及学校特色，科学制定学科建设规划，自主确定学校的重点建设学科和相应的支撑学科。克服“依附”心理，学校自筹经费既要“锦上添花”，配套支持进入国家一流学科建设名单的学科；更要“雪中送炭”，依据规划支持学校的主学科、特色学科和支撑学科的建设发展，力争更多的学科能够脱颖而出。“双一流”建设主管部门亦应尊重学校的办学自主权，引导学校依法自主发展、自我约束。

（六）监督问责机制

“双一流”建设启动伊始，就受到社会各方和国际社会的高度关注，影响远远超出高等教育领域。建立和完善“双一流”建设的监督问责机制，优化“双一流”建设的环境和氛围，是“双一流”建设取得成功的生态保障。

政府主管部门要研究社会力量依法参与“双一流”建设的机制和路径，避免信息不对称带来的质疑；正确引导社会舆论，让社会公众对“双一流”建设有理性的认识和合理的期盼，避免吸引眼球的炒作现象；保证政府和社会公众对“双一流”建设大学的有效监督和问责，避免监督不力、问责不实的现象，推进“双一流”建设取得实效、实现目标。

“双一流”建设大学要不断完善民主管理制度，健全校务公开和信息透明制度，切实保证大学利益相关者和社会公众的知情权、参与权和问责权，激发一流大学和一流学科建设的内生动力，优化一流大学和一流学科建设的学术环境和文化氛围。

我国大学通过深入学习、贯彻落实党的十九大和全国教育大会精神，强化质量意识、特色意识和竞争意识，理性对待、科学借鉴国外大学先进理念和成功经验，探索体制机制创新，深化综合改革，致力内涵建设，未来一批大学和学科一定会屹立于世界一流大学和一流学科之林。

参考文献：

[1]钟秉林，方芳．一流本科教育是“双一流”建设的重要内涵[J]．中国大学教学，2016，(4)．

［2］世界大学排名中心．CWUR 世界大学排名 2018—2019［DB/OL］．http：//www.cwur.org/2018-19.php.

［3］梅雄杰，李志峰．本体与模式："双一流"建设评价体系研究述评［J］．现代大学教育，2018，（2）．

本文选自《教育研究》2018 年第 10 期

出版说明

教育是国家进步、社会发展、经济繁荣和民族振兴的基石。改革开放40年来，我国教育学科无论在理论上还是在实践上，无论在研究的范围上还是深度上都取得了令人欣喜的新发展。

改革开放40年来，伴随着教育制度体系的不断完善，我国教育学科理论研究水平得到进一步提升。这期间，无论是1985年《中共中央关于教育体制改革的决定》还是2017年颁布的《关于深化教育体制机制改革的意见》，每一次国家教育政策的出台都充分依靠和吸收了教育学科理论的新发展。而梳理、总结我国教育学科40年来所获得的大发展，对丰富和发展中国特色社会主义教育理论体系，坚定中国特色社会主义教育自信无疑地具有非常重要的意义。

40年来我国教育学科各分支学科在改革开放的大背景下都实现了各自不同的快速发展。本丛书分为高等教育学、教育哲学、教育经济学、教育技术学、比较教育学、课程与教学论、教育管理学、教育社会学、教育政策学九卷，从不同学科角度体现改革开放推动我国教育科学获得的重大发展。

丛书撰写既面向世界，又立足中国。每卷内容主要分为两部分，第一部分在厘清该学科产生与发展的背景基础上，阐释改革开放促进这些学科在中国的建立与发展（包括理论研究、人才培养、学术共同体建设等），体现时代性。该部分在丰富翔实的资料的基础上，集中梳理、阐释该学科改革开放40年以来所取得的重大进展；第二部分汇集了这一时期学科研究的代表性论文，作为重要文献积累，意在从另一个角度呈现中国教育学科的重建、发展、改革和创新的真实历程，体现教育学者对相关学科发展的思考与探索。为建构中国特色社会主义教育理论体系尽一份绵薄之力是我们出版这套丛书的初衷。

必须说明的是：从本丛书的主题选择到分卷主编的选定，以及丛书名的确定都得到了我国著名教育家顾明远先生的热情鼓励和亲切指导。2018 年 1 月，年近九旬的顾明远先生冒着严寒亲临丛书编写会并主持讨论，对丛书编写的意义、体例、内容、实施做了十分具体的指导，给了与会者很大的激励。但是，顾先生几次声明不做丛书主编，他相信各位分卷主编的专业能力和学术素养，因此，丛书只设编委会，不设总主编。尽管如此，顾先生一直关注着丛书的撰写和出版进度，并不辞辛苦地给予具体指导。在我们的力邀下顾先生撰写了丛书序言，在此我们对尊敬的顾先生表示由衷的谢意！

由于丛书从选题确定到付梓周期很短，这期间各位分卷主编和相关编者能够在百忙之中，倾情投入丛书的撰写，并对丛书的编辑出版工作给予了大力支持，在此也向他们表达我们由衷的感谢！感谢所有被选文章的作者，正是他们的真知灼见，推动了教育学科的向前发展！感谢授权我们选用文章的作者和各家期刊社，正是他们的授权，让本丛书能够更好地展现教育学科 40 年来的发展。

为保护知识产权，我们向选文权利人（作者或期刊）邮寄了授权协议书，部分权利人收到并签署了授权协议。但由于种种原因（如联系方式变动），希望一些尚未收到协议书的权利人看到本书后能主动与我社取得联系。在此，先对由此给有关学者或期刊造成的不便表示歉意。

在编辑过程中，为保留选文的原貌，我们只对个别错字、讹误按编辑规范进行了改动，并根据图书的出版要求对部分文章的版式进行了调整。由于时间仓促，这套丛书一定还有很多不完善之处，希望读者多提宝贵意见和建议，以便重印和再版时更正。

高等教育出版社有限公司

2018 年 11 月 20 日